■■■ 21世纪广播影视一体化系列教程

编委会成员

主 任

陈祖继

副主任

张乐平　廖全京　徐先贵

编委（按姓氏笔画排名）

王志杰　曲　斌　刘益君　刘　彤　向　东
李佳木　宋永祥　贺莉娅　徐　荐　黄晓峰
韩治学

YINGSHI BIANJU
JIAOCHENG

影视编剧教程

陈祖继 于宁◎编著

中国传媒大学出版社
·北京·

广播影视教育"一体化"模式，是一种有益的探索(代序)

改革开放以来，人民物质生活水平极大提高，随之而来的是如何满足大众的精神领域需求，广播影视事业的蓬勃发展无疑顺应了这一趋势。但是，随着科学技术的不断进步，尤其是目前全球已经进入了信息化时代，网络、手机等新媒体的兴起，使得传统广播影视倍感压力；同时，越来越多的国外广播影视机构纷纷进军我国，也对本土的广播影视事业带来了冲击。为了应对严峻挑战，广播影视从业人员必须改变传统思维模式来适应不断变化发展的新形势。此外，高等院校影视类理论研究和实践课程一直滞后于行业发展，市场的需要、科技的发展，促使影视传媒教育必须转变思路，转换模式。

要建构起这种模式，我个人觉得，必须了解国内媒体所处的现状以及对人才的要求。

媒体大环境的转变给众多一线操作人员带来了全新的挑战。2009年8月28日，《中国新闻出版报》发布了《中华新闻报》停刊清算公告，此前该报曾多次试图引进战略资本，但都未能如愿。作为首家因经营不善而倒闭的中央级新闻媒体，这一消息无疑对于传媒界来说犹如晴天霹雳。传统媒体的工作人员或许即将面临"被跳槽"到网站、电子杂志等新媒体的境遇，他们原有的技能又明显无法满足新媒体时代的要求，亟待升级、更新。要想培养一名优秀的影视传媒人才，传统意义上的"积累工作经验"是不够的，教育工作者还要对在校学生进行"深加工"。这就需要在平时尽量让他们多参与活动策划、社会实践，多进行拍摄和编导实际操作，融入不同的工作环境，接触不同的行业，从而积累自身的职业经验。

从事媒体管理的人都知道：人才转型是一个艰难的过程。尽管我们已经培养了大量的媒体工作者,但在新媒体、全媒体时代,一切都要从头开始。例如电子杂志,对记者的要求明显高于传统杂志,特别是技术含量、知识含量。以前记者参加一个产品发布会,写一篇文章就够了。而现在,记者在采访前首先要写一篇关于"某公司将要发布一个新产品"的新闻在网站公布;然后,记者参加新闻发布会,掌握了新闻材料和现场情况,再通过网站在网民中调查:这款新产品哪些功能是新的、哪些是旧的?功能表现怎么样?最后把网友的代表性意见在杂志中汇总,发表评论文章,有时还要链接某项社会调查和策划。

我们已经认识到这种社会转型的存在,也意识到课堂转型的必要性和紧迫性。因此,我们必须培养学生多角度的、动态的采编能力:他们不但要具备传统媒体工作者的策划能力,而且要把握新媒体受众的心理,用最合适的形式展示信息;既要学会运用网页的版式、色块、标题,提高点击率,又要善于用最精练的语言,发布最有冲击力的信息;既要具备传统的语言概括能力,又要掌握运用 3D、视频、音频呈现信息的新技术。

为了培养适应新媒体时代,特别是全媒体时代要求的媒体人才,满足市场对人才动态变化的需求,作为一所新建的独立艺术学院,成都理工大学广播影视学院逐步改变传统的教学模式,面向市场办学,加强实践环节,极大地锻炼了广大学生的实践能力。特别是编导与戏剧影视文学系更是在学院的大力支持和精心扶持下,在各教学组织中脱颖而出,逐渐形成与广播影视事业鱼水相依的教学特色,提出了"一体化"的人才培养模式,即:"采、编、播、摄、录、演,服、化、导、音、美、照"全方位培养。"一体化"的培养模式应具备"一体化"的实践性课程体系和教学目标,具体体现在多层次、多规格、多样化、开放式的教学特色,全面培养学生掌握"镜头+笔头+口头+手头"的"四种能力",逐步探寻出一条以市场动态为导向,不断激活传统课堂的静态模式,同时注重新型师资力量的培育和毕业论文设计的改革,适应了数字技术和网络时代发展对于影视传媒人才培养的需要,促进了教学质量的提高。

由成都理工大学广播影视学院编导与戏剧影视文学系组织编写的这套"广播影视一体化系列教程",可以说是基于时代的需要,融会贯通了这种"一体化"的人才培养模式,试图通过研究广播影视在新媒体和全媒体时代的发展,探寻市场动态,丰富我们的教学培养模式和育人方式。

其一,以大传播的理念、全媒体的视野,植根广播影视,面向传媒界。这是"一体化"人才培养模式的应有之义,也是该丛书的首要特点。该丛书为广播、电视、电影、报刊、网络、出版及新媒体竭诚服务,在成都理工大学广播影视学院马洪奎院长提出的办学方针,即"在学生掌握专业理论知识的同时,突出实践能力的培养,努力做到在校学习专业能力与将来岗位工作能力'零距离'接近"的基础上,提炼出鲜明的特色和优势。该丛书一方面力争将自己的研究对象置于理论层面上加以审视,从传统文化传承中寻求对特定问题的解释,并以此观照中国广播影视的发展;另一方面,又十分注重用市场的需求来反观影视人才培养的历史、现状和未来。在大量的实际操作和宽阔的实习平台中,构建一个开放的、动态的、科学的、零距离接近的育人模式,这是"一体化"培养模式的内涵。

其二,培养时代需要的新型的复合型人才,既是"一体化"人才培养模式的目标,也是该丛书的立足点。很多高校都提出过培养复合型人才的目标,但多数对复合型人才的界定,仅仅体现在动手能力的多元化和技术运用的多元化方面。在新媒体和全媒体时代的今天,我们需要在直面传媒市场的基础上,实施"产学研,实践第一"的人才培养方式,对复合型人才进行重新界定。北京影视艺术家协会理事、北京华谊兄弟影业投资公司董事长王中军认为,当前影视传媒行业的现状,最缺的不是演员而是管理人才和制片人,制片人可以是综合整个影视公司的管理人才。他说:"制片人担起了关键角色,从对电影规模的把握到选择导演,选择演员,都是制片人的任务。如冯小刚导演不光是个导演,也是制片人,从选题材、抓剧本,到最后怎么拍、怎么卖,全权负责。"如何培养具有管理素质和市场运作能力的媒体人才,一直是我们探寻的问题。目前,我国高校影视传媒类专业非常多,但是在传媒管理人才和市场运作能力培养方面却比较弱。国内总共有5000多家媒体,从业人员近百万,而实际上真正懂得媒体经营管理的人不到1%,传媒企业的管理人员大多数来自于业务岗位。国家广播电影电视总局发展与研究中心研究员李岚介绍说:"激烈的市场竞争使很多的传媒机构不得不通过猎头公司来引进传媒业之外的高级管理人才,这些人才又存在转型过程,不熟悉传媒运作特性。作为传媒经营管理人才,首先他应当熟悉中国传媒经营业务的国情,要懂得运用经营管理和传媒知识,一定要是一个职业经营管理人。传媒高级管理人才,还必须有一定的媒体经营才能并熟悉资本市场。具体而言,这些人应该有三种能力:一是要把握体制政策;二是熟悉传媒业务;三是要懂得企业经营管理方面的知识。"因此,影视传媒高校真正要培养的人才是既懂业务又懂政治和资本市场运作的新型的复合型人才。此外，川籍著名导演毛卫宁也曾经多次说过培养新型的影视人才，首先是培养学生的一种"观念"。本丛书作者就是期望能够从日常的教学过程中去努力探索一条道路，即从仅仅培养业务上的人才向具备以上三种能力的新型的复合型人才过渡，这正是"一体化"人才培养模式的最终目标。

其三，丛书的作者来自两个方面：一是具有较深学养的院校专业教师和研究人员；二是具有丰富实践经验的一线工作人员。其构成不仅仅说明了"一体化"人才培养模式理论和实践的紧密结合，理论为实践服务，重视突出实践，同时也为该丛书的可读性提供了保证。该丛书既可以作为各大院校相关专业的教材，也可以成为从业人员的进修读物。

当然，影视类人才培养的模式还在不断向前发展，丛书难免存在种种不足。但我相信，这只是一个开始，同时，也希望能有更多的年轻同志投入这项工作，因为，新媒体和全媒体时代更多是属于你们的！今时今日，或许我们还无法看清新媒体时代特别是全媒体时代的庐山真面目，但是，这肯定应该成为我们影视传媒教育努力和思考的方向！我们愿意将这种"一体化"的人才培养理念奉献给读者，抛砖引玉。

是为序。

陈祖继

2010 年 10 月 1 日

（陈祖继教授系中国作家协会、中国电视艺术家协会、中国戏剧家协会会员，四川省新闻教育学会副会长，成都理工大学广播影视学院副院长）

目 录
contents

第一章 影视编剧概说
第一节　源流：姗姗来迟的造梦者　/3
第二节　地位：不可或缺的奠基者　/9
第三节　前景：任重道远的救荒者　/23

第二章 形态与类型
第一节　影视剧本的形态样式　/45
第二节　影视剧本的文体类型　/76

第三章 创作与格式
第一节　影视剧本的创作意识　/111
第二节　影视剧本的创作方式　/125
第三节　影视剧本的创作步骤　/130
第四节　影视剧本的常见格式　/159

第四章 创意与选题
第一节　剧作的起源——创意的生成　/181
第二节　编剧的起步——选题的确立　/197

第五章 人物与冲突
第一节 影视剧作的人物设置 /219
第二节 影视剧作的冲突设计 /239

第六章 时空与结构
第一节 影视剧作的时空设计 /249
第二节 影视剧作的时空结构 /261

第七章 情节与细节
第一节 情节发展的结构 /271
第二节 情节编织的技法 /277
第三节 细节设计的功用 /302

第八章 语言与风格
第一节 影视剧作的语言 /307
第二节 影视剧作的风格 /331

第九章 变革与展望
第一节 电影变革趋势展望 /341
第二节 电视剧变革趋势展望 /359

参考文献 /381

第一章 影视编剧概说

第一节　源流：姗姗来迟的造梦者
第二节　地位：不可或缺的奠基者
　　一、导　　演：不用剧本是误传
　　二、美国编剧：好莱坞的新星
　　三、日本编剧：人红带动戏红
　　四、韩国编剧：跻身偶像行列
第三节　前景：任重道远的救荒者
　　一、中国影视行业的困境
　　二、中国影视行业的症结
　　三、中国影视编剧的前景

从 2007 年 11 月 5 日至 2008 年 2 月 12 日,因不满好莱坞制作商的新合约条款,美国编剧协会举行了长达 100 天的罢工,要求得到更多的影视作品在新媒体领域的收益。期间,上万名编剧几乎停止了所有影视文稿的创作,好莱坞影视产业受到重大影响,数十部影视作品被迫搁置,数万名从业人员因此失去工作或无事可做,经济损失估计超过 15 亿美元。而据洛杉矶经济发展公司首席经济学家杰克·基谢尔估计,这次罢工给美国影视业重镇洛杉矶造成的直接和间接经济损失高达 32 亿美元。①

这次美国编剧罢工事件让世界见识了影视编剧们的力量。那么,"影视编剧"是一个什么样的行业群体呢?

---

① 参阅《美国编剧罢工宣告结束 影视产业损失超过 15 亿》,http://ent.qq.com/a/20080214/000179.htm。

第一节　源流：姗姗来迟的造梦者

2011年12月5日至8日，年过七旬的美国剧作理论家罗伯特·麦基[1]受邀在北京举办了为期四天的编剧培训讲座。麦基曾教导他的学生："创作时，你就是上帝！"

上帝？

是的。这并不是玩笑之言，凡是热衷于剧本创作的人，皆有同感。

2006年初，曾为《黄飞鸿》系列、《新龙门客栈》（1992年）、《东方不败之风云再起》（1993年）等电影故事片撰写剧本的香港"鬼才编剧"张炭[2]赴浙江卫视参加访谈节目。主持人问他，看到自己的剧本被拍摄成影片时是怎样的感觉？张炭回答说：那一刻有了一点做上帝的感觉！

《黄飞鸿之三：狮王争霸》海报

《东方不败之风云再起》海报

---

[1] 罗伯特·麦基，男，1941年生，被《电影在线》杂志评选为"好莱坞最受欢迎的编剧领袖"；《名利场》杂志将其称为"好莱坞的福音传教士""好莱坞最受欢迎的编剧导师"；其理论著作《故事——材质、结构、风格和银幕剧作的原理》在1997年出版，被译成20多种文字，至今仍是畅销书。

[2] 张炭，男，1966年生，香港浸会大学历史系毕业，长期活跃于香港主流影视创作的第一线，主要编剧作品有电影故事片《新龙门客栈》（1992年）、《黄飞鸿之二：男儿当自强》（1992年）、《黄飞鸿之三：狮王争霸》（1993年）、《东方不败之风云再起》（1993年）、《少年黄飞鸿之铁马骝》（1993年）、《天龙八部之天山童姥》（1994年）、《无极》（2005年）、《新倩女幽魂》（2011年）、《白蛇传说》（2011年）等，以及电视连续剧《新龙门客栈》（1996年）和电影故事短片《十分钟年华老去之百花深处》（2002年）。

其实，这里所谓的"上帝"，只是一个个"银幕之梦"和"荧屏之梦"的缔造者。

曾与张炭有过合作的中国电影第五代导演领军人物陈凯歌说过："电影是很多人在黑暗中聚会，去分享同一个梦想。"而美国著名电影编剧尼古尔斯则在《电影：理论蒙太奇》一书中说："我认为编剧在电影制作工作方面是最主要的。电影的梦中人、想象者、构思者便是编剧。"

如果说上帝是高高在上的"造物主"，那么，影视编剧则是深入人间的"造梦者"。

"人生如戏，戏如人生。"很多人一定看过电影故事片《楚门的世界》（1998年），这部黑色喜剧片由彼得·威尔执导，安德鲁·尼科尔编剧，金·凯瑞主演。

影片中，主人公楚门（金·凯瑞饰）是一档真人秀节目的主角，却并不知道自己的演员身份，在毫不知情的情况下被制造成举世闻名的电视明星。这档真人秀节目的创作者克里斯托弗（埃德·哈里斯饰）集制作人、编剧、导演大权于一身，创造了整个"楚门的世界"。

他让楚门从刚出生起就在他的镜头前长大，蒙在鼓里近30年。他派出了许多演员去充当楚门的母亲、朋友、同学、同事、初恋情人、久别重逢的父亲、缺乏共同语言的妻子……他的摄影棚是个庞大的空间。一切都是制造出来的，包括空气、大海、城市、打雷和下雨……他让楚门每天生活在这个虚拟的空间中。在这么多年的时间里，这个电视直播节目全天24小时滚动播出，从不间断。创造这个世界的克里斯托弗完全剥夺了楚门的自由、隐私乃至尊严，让其成为大众娱乐工业的牺牲品。①

《楚门的世界》海报

《楚门的世界》——这部超现实的电影故事片夸张地诠释了影视剧创作者们"上帝"的地位。但在现实之中，影视编剧是无法以"上帝"自居、高高在上、随心所欲的。相反，他们要深入人间，用自己的智慧和辛劳为观众们缔造一个个"银幕之梦"和"荧屏之梦"。

这些"梦"，既源于生活，又高于生活；既可以让观众陶醉，又可以让观众痴狂；既可以让观众平添对生活的感慨，又可以让观众暂忘其生活的烦恼。

这就是可爱可敬的影视编剧。他们虽非真正的"造物的上帝"，却是当之无愧的"造梦的天使"。

那么，何谓影视编剧呢？

---

① 参阅百度百科，http://baike.baidu.com/view/112293.htm。

简单地说,影视编剧就是影视剧本的创作者,是影视剧中故事的源泉,又被称为影视剧的"一度创作者"。取得一定成就的资深影视编剧又被敬称为"剧作家"。

如果将一部影视剧的制作比喻为一段造梦旅程的话,那么编剧则是这班列车上一位姗姗来迟的造梦者。

1895年3月22日,法国的奥古斯特·卢米埃尔和路易·卢米埃尔兄弟在巴黎法国科技大会上首次放映了世界第一部影片《工厂大门》。同年12月28日,卢米埃尔兄弟在巴黎卡普辛路14号大咖啡馆的地下室公开售票,正式向社会公映他们摄制的一批纪实短片,有《火车进站》《水浇园丁》《婴儿的午餐》《工厂大门》等12部影片。

奥古斯特·卢米埃尔和路易·卢米埃尔兄弟

《火车进站》画面　　　《水浇园丁》画面　　　《工厂大门》画面

电影史学家们认为,卢米埃尔兄弟的拍摄和放映活动已经脱离了实验阶段,因此,1895年12月28日——电影首次公映之日,被定为"电影"的诞生之日。但电影编剧却是在十几年后才出现的。

1930年,英国广播公司(BBC)在伦敦试验播出了第一部真正意义上"声像俱备"的多幕电视剧《花言巧语的人》(或译《嘴里叼花的人》),被公认为世界上第一部电视剧。从此,"电视剧"在世界舞台上正式诞生。但这实际上是一部由意大利剧作家路伊吉·皮兰德娄①创作的多幕舞台剧,电视剧编剧的出现则是在几年之后。

由此可见,在影视艺术诞生与发展的过程中,影视编剧是姗姗来迟的一员,曾经处于可有可无、无足轻重的地位。这是什么原因呢?

电影诞生之初尚属"默片时代","默片时代"的早期,电影只是对生活的简单模仿、机

---

① 路伊吉·皮兰德娄(1867—1936),男,意大利小说家、戏剧家,一生创作了40多部剧本;主要剧作有《诚实的快乐》、《六个寻找剧作者的角色》、《亨利四世》、《寻找自我》等;1934年以作品《寻找自我》获诺贝尔文学奖,其获奖理由是"他果敢而灵巧地复兴了戏剧艺术和舞台艺术"。

《月球旅行记》海报

《雨果·卡布里特》海报

械照相，内容极为简单，大多是一些生活情景的片断，且多为即兴之作，最长也不过几分钟而已，仅是满足当时人们猎奇心理的消遣之物，毫无故事性可言，例如卢米埃尔兄弟拍摄的《火车进站》之类的纪实短片。摄影师自己就是全方位的电影创作者，身兼构思、导演、摄影、剪辑等数职。

稍晚些时候，银幕上开始出现一些稍加编排的、表现有趣的生活情景的短片，但还是诸如《水浇园丁》之类的样式。这些短片开始需要做一些拍摄前的创意构思了，但仍非故事片的样式。

真正为电影开启"造梦之旅"的是法国电影艺术家乔治·梅里爱①。他使电影从拍摄简单的场景进步为拍摄故事，从而确立了电影排演在电影制作中的地位；其拍摄的《月球旅行记》于1902年9月1日上映，长约21分钟，被公认为世界上第一部电影故事片。百余年之后的美国电影故事片《雨果·卡布里特》（2011年）②，追缅和再现了梅里爱对早期电影艺术发展的卓越贡献。

之后的1903年，美国爱迪生电影公司的摄影师埃德温·鲍特拍摄了电影故事片《一个美国消防队员的生活》和《火车大劫案》，进一步探索电影的叙事性，但两部片子时长都仅有六分钟。

这些早期的电影故事片在内容上仍然比较简单，时长也比较短，故事情节往往都在导演的头脑之中，至多在拍摄前列一个情节提纲或故事梗概，标明画面的大致内容、镜头的排列顺序。这是一种"提纲式脚本"，而非剧本。

随着电影故事片的兴起，一些电影制片公司开始寻找和购买"电影故事"。在1908年之前，这些"电影故事"的创作者大多是一些默默无闻的文人、失业的新闻记者、落伍的演

---

① 乔治·梅里爱(1861—1938)，男，法国电影导演、戏剧导演、魔术师，是世界上第一位电影艺术家；一生拍摄了几百部戏剧结构的电影，其创作的影片是电影真正成为艺术的开端。
② 《雨果·卡布里特》，美国3D电影故事片，改编自布莱恩·瑟兹尼克的同名畅销小说，由马丁·斯科塞斯执导，约翰·罗根编剧，阿沙·巴特菲尔德、科洛·莫瑞兹、本·金斯利主演，获第84届美国奥斯卡金像奖最佳视觉效果、最佳音响效果、最佳音效剪辑、最佳艺术指导、最佳摄影五项大奖。

员或者不出名的政论家……他们大多选择一些小说、戏剧等叙事性作品来进行加工,改写成银幕上的简短剧目。这些"电影故事脚本"大多只是对几个场景的简单说明,其详细程度还不及埃德温·鲍特的"提纲式脚本",导演需在拍摄影片时临时增加具体细节。

1908年之后,真正意义上的"电影编剧"才开始出现。

在美国,电影审查制度于1907年至1908年间兴起。到1908年,编剧、导演、演员、摄影、冲印等工作都成为独立的电影制作部门;一批名作家开始加入编剧群体,创作电影剧本,如理查德·哈定·戴维斯、雷克斯·比奇、埃尔伯特·哈伯特等。到1914年,一批专业电影编剧出现,他们大部分来自电影界和新闻界,当过演员、评论员或新闻记者。[1]

在法国,"艺术电影"于1908年兴起。拉菲特兄弟在1908年创办了制作高品位电影的"艺术电影公司",约请法国最有名的作家阿纳托尔·法朗士、朱尔·勒梅特尔、拉夫当、里什潘、萨尔杜、罗斯当等创作新的剧本;其第一部电影故事片《吉斯公爵的被刺》由拉夫当编剧,于1908年12月上映,获得成功,被誉为杰作。[2]

在德国,"作家电影"于1913年兴起。电影公司寻求高尚文学作品加以改编,并且邀请著名作家撰写原创剧本。例如,"作家电影"的奠基之作——电影故事片《另一个人》(1913年)改编自著名剧作家保罗·林道的舞台剧,获得戏剧专业杂志的高度评价;另一部代表作《乡村小路》(1913年)则根据保罗·林道的原创剧本摄制完成。[3]

此时,电影编剧虽已出现,却并非必不可缺的岗位和部门,完善的电影编剧制度也尚未形成。例如,美国电影大师大卫·格里菲斯[4]在拍摄《一个国家的诞生》(1915年)等电影故事片时,就没有事先写好的剧本,全盘计划都装在心里,在具体拍摄过程中则依靠直观能力和即兴发挥。

大卫·格里菲斯的创作方式毕竟只属于"默片时代"。到20世纪20年代后期,"有声片"出现,编剧就开始在电影制作过程中占据不可替代的关键位置,其奠基作用已不可熟视无睹。在法国黑白电影默片《艺术家》(2011年)[5]中,女主人公米勒(贝热尼丝·贝乔饰)邀请男主人公——默片明星瓦伦丁(让·杜雅尔丹饰)与自己合作出演"有声片"时,首先让司机送去的就是一本厚厚的

《艺术家》剧照

---

[1] 参阅张觉明:《实用电影编剧》,中国电影出版社2008年版。
[2] 参阅乔治·萨杜尔:《世界电影史》,徐昭、胡承伟译,中国电影出版社1982年版。
[3] 参阅克莉丝汀·汤普森、大卫·波德维尔:《世界电影史》,陈旭光、何一薇译,北京大学出版社2004年版。
[4] 大卫·格里菲斯(1875—1948),男,美国著名电影导演,被认为是对早期电影发展作出极大贡献的开创性、大师级人物;其最著名的电影作品包括《一个国家的诞生》(1915年)和《党同伐异》(1916年)。
[5] 《艺术家》,法国黑白电影默片,由法国导演迈克尔·哈扎纳维希乌斯自编自导,获第84届美国奥斯卡金像奖最佳影片、最佳导演、最佳男主角、最佳服装设计、最佳配乐五项大奖。

电影剧本。

正如匈牙利电影理论家巴拉兹在其所著的《电影美学》中所说的那样:"有声电影诞生后,电影剧本就自动跃居首要位置。"

1926年,华纳兄弟影业公司拍摄了用唱片来配唱的歌剧片《唐璜》。

1927年10月6日,华纳公司又首映了有歌唱、对白、声响的影片《爵士歌手》。这是世界上第一部有声电影故事片。

《爵士歌王》海报

电影史上之所以对《爵士歌王》给予高度评价,主要原因还是在于把它定位为"有声电影"。声音首次成为电影的一部分,而不再像以前那样剥离在外。片中只有很少几段对白,但足以让当年的观众大吃一惊。

其实,《爵士歌王》能成为"有声电影"也是无心之举造成的。当时,男主角乔尔森在唱完一首歌曲后,随口说了两句台词:"等一会儿,等一会儿,我告诉你,你不会什么也听不到。"后期制作时,这两句台词被无意中保留下来,于是,影片就这样"误打误撞"地成了"有声电影"。

1928年7月6日,华纳公司推出了"百分之百的有声片"——《纽约之光》。自此,有声电影全面推开。

至1930年,除卓别林继续拍摄了几部无声片外,全部故事片均为有声片。而卓别林也在1931年拍摄了他的第一部有声片《城市之光》。

有声片诞生以后,电影艺术和技术的发展日趋成熟,分工也日趋详细。在拍摄电影故事片时,必须有细致的电影剧本,以防止拍摄过程中出现不必要的差错,保证影片的拍摄效率。编剧成为专门的、必不可缺的岗位和部门。

到1930年电视剧诞生之时,电影编剧制度已逐步完善。

1936年11月2日,英国广播公司建立了世界上第一座电视台,在伦敦市郊的亚历山大宫播出了一场规模盛大的歌舞,这是公认的世界电视事业的开端。而电视剧成为电视台的主要节目,其口号是"每天一剧",长度在10分钟至30分钟之间。

此时,电视对编剧的需求量大增,于是,电视剧编剧应运而生。而由于影视艺术的共通性,电影的编剧制度也相应地被应用到电视剧领域。从1937年起,出现了一些具有独创性的电视剧,如丁·比赛尔·托马斯的《地铁谋杀案之谜》、阿加莎·克里斯蒂的《黄蜂窝》、雷诺德的《拐弯》等。[①]

时至今日,影视编剧已被公认是影视剧创作过程中举足轻重、不可或缺的一员。

---

① 参阅曾庆瑞:《电视剧原理》(第一卷·本质论),中国传媒大学出版社2006年版,第6—7页。

第二节 地位:不可或缺的奠基者

业界有句行话:"在影视剧创作中,演员是重要的,导演是主要的,编剧才是首要的。"

美国影人温斯顿在其《作为文学的电影剧本》一书中说:"创造性的电影制作所包括的不是一个而是几个过程或阶段。这些阶段,通常叫做写作、导演和剪辑。"

而苏联电影大师米哈伊尔·罗姆对编剧作用的肯定则更进一步,他在《电影创作津梁》一书中说:"一部影片的基础是剧本。剧本决定着影片的成功,既确定思想上的成果,也确定艺术上的成果。"

即便是那些着力于打造"视听盛宴"的商业巨制,要想取得成功,也绝不敢忽视剧作环节。曾制作过《加勒比海盗》系列、《国家宝藏》系列等商业电影的好莱坞金牌制片人杰瑞·布鲁克海默[1]就曾说道:"一个好的故事才是电影(电视剧)成功的关键。"这正是他的作品取得商业成功的秘诀之一。

著名美国电视剧《六人行》[2]的导演罗杰·克里斯汀森则说:"我是一个情景剧的创作者,但我不是编剧,而是一个导演。我知道编剧很重要,我所做的工作就是支持我们整个团队来完成编剧的意图。"

美国著名脱口秀主持人杰·雷诺[3]也说:"我与编剧们一起工作了20年。如果没有他们,我就没有幽默感,死气沉沉。"[4]

可见,在一部优秀影视剧的创作过程中,编剧有着不可或缺的地位和作用。但业内也有一种观点认为:编剧并非不可或缺,一部影视剧,尤其是电影故事片,要取得成功并非一定要有剧本,而且还举出了一些名家名作来作为佐证。

这种错误观点的形成其实是源于对西方电影思潮的误解。

---

[1] 杰瑞·布鲁克海默,男,1945年生,美国影视界最成功的制片人之一,创办了杰瑞·布鲁克海默电影公司,在电影故事片和电视剧领域都久负盛名;其制作的影片在全世界反响强烈,极大地影响着影视业和大众文化。他制作的电影和电视剧目前至少已获得过39次奥斯卡提名,6次捧得奥斯卡小金人;8个格莱美奖提名,5次获得格莱美奖;23个金球奖提名,4次获得金球奖;59个艾美奖提名,16次获得艾美奖;16个人民选择奖提名,11次获得人民选择奖;此外还有无数次MTV奖。

[2] 《六人行》,又名《老友记》,是美国NBC电视台从1994年开播、连续播出10年的一部幽默情景喜剧,也是美国历史上甚至全球范围内最成功、影响力最大的电视剧之一。

[3] 杰·雷诺,男,1950年生,美国著名脱口秀主持人,从1992年至2009年的17年间一直在美国NBC电视台主持脱口秀节目《杰·雷诺今夜秀》;该节目一直保持着高收视率,长期位居每周收视榜首。

[4] 参阅李国政:《咱们编剧有力量》,来源:《扬子晚报》,http://ent.xinmin.cn/2012/03/04/13887382.html。

一、导演：不用剧本是误传

在法国电影新浪潮运动中，特吕弗①等人提出了"作者电影"的口号，即"拍电影，重要的不是制作，而是成为电影的制作者"。1954年1月，巴黎《电影手册》发表了特吕弗的论文《法国电影的一种倾向》。他提出了"导演应该而且希望对他们表现的剧本和对话负责"的"作者电影"概念。他认为，一部影片的真正作者应当是导演；影片应当明显体现导演的个性；导演应当像作家一样，通过他的所有作品表现他对生活的观点；一个导演的作品的价值是由他一贯表现出的思想和艺术特征所决定的。这种要求"编导合一"的"电影作者论"对法国新浪潮电影以及各国现代电影的发展产生了重大影响。②

▶▶【资料链接】西方重要电影流派

法国新浪潮电影简介③

法国新浪潮电影兴起于1958年的法国。当时安德烈·巴赞主编的《电影手册》聚集了一批青年编辑人员，如克洛德·夏布罗尔、特吕弗、戈达尔等50余人。他们深受萨特的存在主义哲学思潮影响，提出"主观的现实主义"口号，反对过去影片中的"僵化状态"，强调拍摄具有导演"个人风格"的影片，又被称为"电影手册派"或"作者电影派"。

他们所拍的影片刻意描绘现代都市人的处境、心理、爱情与性关系，与传统影片不同之

《四百下》剧照

处在于充满了主观性与抒情性。代表作家作品有：特吕弗的《四百下》（1959年）、戈达尔的《精疲力竭》（1959年）等。

法国左岸派电影简介④

左岸派是20世纪50年代末至60年代初法国电影的一个派别。在法国新浪潮电影兴起的同时，在巴黎有另外一些电影艺术家，也拍出了一批与传统叙事技巧大相径庭的影片。

---

① 弗朗索瓦·特吕弗（1932—1984），男，法国电影新浪潮运动中最具影响力的导演，"电影作者论"的主要倡导者，电影代表作有《顽童》（1958年）、《四百下》（1959年）等。
② 参阅百度百科，http://baike.baidu.com/view/1031388.htm。
③ 参阅百度百科，http://baike.baidu.com/view/222894.htm。
④ 参阅百度百科，http://baike.baidu.com/view/230433.htm。

《精疲力竭》海报　　　　　　　《广岛之恋》海报　　　　　　　《偷自行车的人》海报

由于他们都住在巴黎塞纳河左岸，因此被称为"左岸派"。他们是阿仑·雷乃、阿涅斯·瓦尔达、克利斯·马尔凯、玛格丽特·杜拉斯和亨利·科尔皮等。

"左岸派"导演们对人和精神的发展过程感兴趣，其影片有着明显的侧重人物内心描写的倾向。他们的电影成名作都是在20世纪50年代末至60年代初问世的，如雷乃的《广岛之恋》(1959年)、科尔皮的《长别离》(1961年)（两片均由杜拉斯编剧）、雷乃的《去年在马里昂巴德》(1961年，由罗布－格里叶编剧)、瓦尔达的《克列奥的两小时》(1961年)等。

意大利新现实主义电影简介①

新现实主义电影是二战结束前后在意大利出现的西方现代电影流派之一；多以真人真事为题材，描绘法西斯统治给意大利普通人民带来的灾难；表现方法上注重平凡景象细节，多用实景和非职业演员，以纪实性手法取代传统的戏剧手法。

该流派首部影片是《罗马——不设防的城市》(1945年，导演R.罗西里尼)，其他代表作有《偷自行车的人》(1948年，导演德·西卡)、《罗马11时》(1952年，导演G.德·桑蒂斯)、《希望之路》(1950年，导演P.捷尔米)、《大地在波动》(1948年，导演维斯康蒂)、《艰辛的米》(1949年，导演德·桑蒂斯)、《擦鞋童》(1946年，导演德·西卡)、《堕落的青年》(1947年，导演捷尔米)、《在法律的名义下》(1949年，导演捷尔米)、《屋顶》(1956年，导演德·西卡)等。

原本在影视剧的创作流程中，编剧和导演各自负责一个创作环节，编剧向导演提交文学剧本，作为二度创作的基础。但在"编导合一"的前提下，导演不再是一个执行者，而是对电影创作实施全面控制的人，往往兼任编剧的工作。

导演兼任编剧，就省略了提交剧本的环节。有些导演将剧本大致敲定，甚至只是"成

---

① 参阅百度百科，http://baike.baidu.com/view/256138.html。

竹在胸",就开始进入二度创作了。而一些极具个人风格的导演原本是将剧本"成竹在胸",但进入二度创作后又在胸中反复调整了。

于是,我们就发现,一些导演在拍戏时要依据登场人物的临场反应来进行安排,经常朝令夕改。有时一组镜头反复拍了多次,最后成片时却没用。演员往往在开机前还见不到剧本,不知道自己到底在演什么,也不知道后面要拍什么……犹如没有剧本。

香港著名电影导演王家卫就是这类导演中广为人知的一位代表人物。很多人由此认为,王家卫这类导演在拍戏时是不需要剧本的。但王家卫是世所公认的电影大师,在2011年台湾评选的"五十大华语导演"中位列三甲。

那么,如此优秀的电影大师拍戏却不需要剧本,岂非有力证明了编剧环节的可有可无?

▶▶【资料链接】台湾版"百大华语电影"与"五十大华语导演"[①]

2011年1月27日,台北金马影展执行委员会组织评选的"影史百大华语电影"与"五十大华语导演"名单出炉。金马影展执委会邀请台湾、内地、香港以及海外的122位专业人士参与评选,共推荐了483部影片。

"五十大华语导演"前十位依序是:侯孝贤(台湾)、杨德昌(台湾)、王家卫(香港)、李安(台湾)、胡金铨(香港)、张艺谋(内地)、蔡明亮(台湾)、李行(台湾)、许鞍华(香港)、陈凯歌(内地)。

"百大华语电影"中得票数最高的10部依序是:侯孝贤的《悲情城市》(1989年)、杨德昌的《牯岭街少年杀人事件》(1991年)、侯孝贤的《童年往事》(1986年)、王家卫的《阿飞正传》(1990年)、费穆的《小城之春》(1948年)、李安的《卧虎藏龙》(2000年)、杨德昌的《一一》(2000年)、侯孝贤的《恋恋风尘》(1995年)、胡金铨的《龙门客栈》(1966年)、王家卫的《花样年华》(2000年)。

其实,这种认识可谓"一叶蔽目,不见泰山"。

首先,见不到剧本并不代表没有剧本,只不过有时具体化、书面化的剧本变成了思维化的"剧本"。这些所谓的"不需要剧本"的导演已将剧本"成竹在胸"。

就以王家卫为例。2008年,其电影作品《东邪西毒》"终极版"上映时,他曾与北京师范大学的学生做过一次交流。他说:"不用剧本是神奇的误传。大家都以为我拍戏很潇洒、很随性,其实那不是真实的。在当导演之前,我是编剧出身的,做了快十年的编剧;我当然知道剧本的功能,也知道剧本的重要性。如果想让投资方出钱,经常要把一场戏完整地叙述出来,还要讲得有意思。但是所有的人也都知道写剧本是一回事,电影最后拍出的成品会有很大的不同。我事前当然要准备,要拍什么也有方向;只是我习惯在拍戏的时候才开

[①] 《台北金马影展执委会评选"百大华语电影"》,来源:中国新闻网,http://www.tianjinwe.com/rollnews/201101/t20110127_3302049.html。

始每天拿一些对白给演员。演员知道自己要讲什么话之后,就开始简单地走位,做到一个最起码的热身动作就够了。"①

之所以会形成这种边拍边写的"习惯",是因为王家卫的影片中总是体现出强烈的个人风格特征,拍摄时往往要将个人的思维带入剧情,但这种个人思维是不断变化的,所以王家卫的剧本写作方式才与众不同。他自己曾介绍说:"我的剧本不是先写出来的,而是写的时候就已经想好了这个演员,根据这个演员量身定制。"

这种创作方式当然会直接给演员造成不适。曾与王家卫有过多次合作经历的女星张曼玉曾说过:"他习惯于一直拍下去,找那个角色的感觉。在他没有找到感觉之前,大家也都不知道是在演什么,角色怎么样;每天都有考试的感觉。"②

参演王家卫的电影故事片《一代宗师》的赵本山则"抱怨"道:"传说中,王家卫拍戏特慢,其实,他比传说中还慢。有人说,十年磨一戏,我现在相信了这是真话。"③

但久而久之,王家卫形成了相对固定的创作队伍,常与他合作的演员也都有了合作经验与默契,知道导演想什么、要什么,拍戏时也就无需陷在文字之中。而在不熟悉他的"外人"看来,就产生了误解,以为这些故事性很浓的"王家卫电影"当真是在没有剧本的情况下拍出来的。

>> 【资料链接】王家卫电影代表作与主要演员

《旺角卡门》(1989年):刘德华、张学友、张曼玉、万梓良

《阿飞正传》(1990年):张国荣、张曼玉、刘嘉玲、刘德华、张学友、梁朝伟

《东邪西毒》(1994年):张国荣、林青霞、张曼玉、梁家辉、梁朝伟、张学友、刘嘉玲、杨采妮

《重庆森林》(1995年):梁朝伟、王菲、金城武、林青霞

《堕落天使》(1996年):黎明、李嘉欣、金城武、杨采妮、莫文蔚

《春光乍泄》(1997年):梁朝伟、张国荣、张震

《花样年华》(2000年):梁朝伟、张曼玉

《2046》(2004年):梁朝伟、章子怡、巩俐、王菲、刘嘉玲、木村拓哉、董洁、张曼玉

《蓝莓之夜》(2007年):诺拉·琼斯、裘德·洛、瑞秋·薇姿、娜塔莉·波特曼、大卫·斯特雷泽恩

《一代宗师》(摄制中):梁朝伟、章子怡、赵本山、宋慧乔、张震

---

① 《王家卫澄清:拍电影不用剧本是误传》,来源:《天天新报》,http://news.163.com/09/0313/13/549QT88G000120GU.html。
② 参阅百度百科,http://baike.baidu.com/view/19227.htm。
③ 《赵本山"抱怨"王家卫动作慢》,来源:《成都晚报》,http://ent.ifeng.com/movie/news/mainland/detail_2010_11/22/3184443_0.shtml。

王家卫部分电影代表作海报

其实,王家卫这种剧本写作方式只是少数导演的"个人习惯",与当今的影视剧制作流程是不相适应的,并不值得提倡。即便是许多技艺娴熟的导演,也往往因此而影响作品的拍摄进度。

美国剧作理论家罗伯特·麦基就曾尖锐地指出:"是有王家卫的这种创作方式,但会很危险。要是演员现场找不到灵感,就可能是一场灾难。"[①]

所以,王家卫在与好莱坞合作时,虽然还是习惯在每天拍摄前再次修改剧本,但他也必须按制片方的要求在正式拍摄前向他们提交一个完整的剧本。道理很简单,在好莱坞制片商眼中,编剧工作是奠基环节,剧本是他们的"定心丸"。

可见,在国外的影视剧创作过程中,影视编剧居于重要位置,备受重视。尤其在电视剧创作方面,美国、日本、韩国等电视产业发达的国家中,优秀的编剧是电视剧创作的核心。他们可以挑选演员、导演,甚至负责拍摄过程中所有的事务,其影响力贯彻创作始终。优秀编剧还深受广大观众的认可和追捧,很多观众都有明显的"编剧情结",就像追明星一般追捧知名编剧。人们往往因为喜爱编剧而带动一部新剧的热播。

下面简述一下美、日、韩三国影视编剧的地位与现状。

二、美国编剧:好莱坞的新星

2007年至2008年的美国编剧罢工事件之后,推动好莱坞这台大机器运转的编剧们走到了前台。他们以这种方式证明了自己在缔造成功影视剧作品的整个机制中发挥着关键

---

① 《好莱坞名编剧罗伯特·麦基:讲好中国故事,别学好莱坞》,来源:《北京日报》,http://www.bjd.com.cn/10wy/201112/05/t20111205_1280420.html。

作用，并在关于"编剧、导演，谁是故事的主人"的争论中留下了难以抹去的痕迹。

《欲望都市》和《迷失》等美国电视剧的巨大成功可以归功于大众对编剧越来越认可。他们已经成为知名人物，并在创作时兼顾制作商和观众。在2009年出炉的"最赚钱的好莱坞编剧"排行榜上，名列前三位的是在电影和电视剧之间自由穿行的艾伦·鲍尔、迪亚布洛·科迪和查理·考夫曼。

1. 艾伦·鲍尔（第72届奥斯卡最佳原创剧本奖获得者）

20世纪90年代，艾伦·鲍尔就涉足过电视剧《Cibyll》，但是真正让他出名的是电影。2000年，鲍尔凭借萨姆·门德斯执导的电影故事片《美国丽人》（1999年）获得第72届奥斯卡最佳原创剧本奖，成为众人瞩目的焦点。

随后，他凭借电视连续剧《六英尺下》巩固了自己的地位。这部电视剧以菲舍家的私人殡仪馆为背景，展现了各个家庭成员的不同人生历程。剧中塑造的大卫（迈克尔·霍尔饰）、克莱尔（劳仑·安布罗饰）、纳撒尼尔（理查·詹金斯饰）这三个角色极其生动。三人在父亲去世后像陀螺一样毫无目的地乱转，最终，他们找到了自己的人生方向。该剧展现了生活带来的痛苦。《六英尺下》证明了鲍尔最擅长的是人物塑造，然而要摆脱这种成功的光环并不容易，鲍尔之后的所有创作都被拿来跟这部与其说是电视剧不如说更接近文学的作品相提并论。

近年来，他的两部作品都改编自文学原著。2008年上映的电影故事片《阿拉伯佬》（又译《无处藏私》）是鲍尔的电影导演处女作，改编自艾利西亚·埃里安的同名小说，主角是"洛莉塔"式的阿拉伯裔美国少女贾西娜（莎莫·比施尔饰）。另一部鲍尔自编自导的电视剧《真爱如血》，改编自畅销小说《南方吸血鬼》，以酒吧女招待苏琪和吸血鬼比尔的关系为主线，讲述了一系列犯罪事件。剧中，吸血鬼靠日本人发明的人造血填饱肚子，但世界并没有因此安稳。

2. 迪亚布洛·科迪（第80届奥斯卡最佳原创剧本奖获得者）

女编剧迪亚布洛·科迪与艾伦·鲍尔恰好相反，她的创作之路是从撰写博客文章开始的。她编剧的第一部电影故事片《朱诺》（2007年）获得了2008年第80届奥斯卡最佳原创剧本奖。这部电影以简单而坚实的叙事风格取胜，讲述了少女朱诺（艾伦·佩姬饰）意外怀孕后决定找人领养自己孩子的故事。对话的流畅性、人物的真实性及其行为的自然性是科迪作品的一大特色。

科迪编剧的电视连续剧《倒错人生》由史蒂文·斯皮尔伯格制作，托妮·克莱特主演，具备了取得成功的一切因素。这部电视剧讲述了拥有多重人格的女主角塔拉（托妮·克莱特饰）的故事。

科迪给笔下的每个人物赋予了其自身的语言，这一点与习惯在人物对话中插入自己声音的鲍尔不同。但是，科迪与鲍尔一样多以社会问题为创作内容，例如家庭、同性恋和社会偏见等。科迪在《朱诺》中以新的角度探讨了流产与收养的问题。而观众在她编剧的电影故事片《珍妮弗的肉体》(2009年)中则会看到一个被魔鬼附身的拉拉队队长残杀同班同学的惊悚故事。

3. 查理·考夫曼(第77届奥斯卡最佳原创剧本奖获得者)

1999年,查理·考夫曼的编剧处女作——电影故事片《傀儡人生》被导演斯派克·琼斯搬上银幕。考夫曼因此片而一举成名,被称为电影界的"鬼才编剧"。这部作品脱胎于情景戏剧《达娜·卡维秀》,电影情节充满独特的想象:一个木偶戏演员偶然发现了位于某幢大楼7层半的一个秘密空间,从那里可以进入演员约翰·马尔科维奇的大脑,从此,木偶戏演员通过操纵马尔科维奇的意志来逼迫其过自己没能拥有的生活。

考夫曼并不在意故事的连续性。他的放荡不羁使得一些作品成为电影史上的"阳春白雪",如《人性》(2001年)、《危险思想的自白》(2002年)、《改编剧本》(2002年)和《美丽心灵的永恒阳光》(2004年)等。

考夫曼在谈到编剧的角色时斩钉截铁地说:"一部电影的唯一完全创造者就是编剧。导演理解剧本,演员诠释剧本,所有人都以剧本为准。"

2005年,考夫曼凭借米歇尔·冈瑞执导的《美丽心灵的永恒阳光》(2004年)获得第77届奥斯卡最佳原创剧本奖。他在剧中以充满诗意的笔调描述了失忆的过程,男主角乔尔(金·凯瑞饰)和女主角克莱门蒂娜(凯特·温丝莱特饰)分手后重拾两人一起生活时的点滴记忆。

这场华丽的梦境结束后,考夫曼进军导演界只是时间问题。2008年,查理·考夫曼自编自导的电影故事片《纽约提喻法》上映,这是他的导演处女作。

 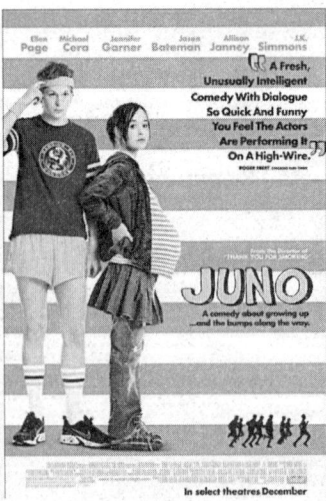 

《美国丽人》海报　　　　《朱诺》海报　　　　《美丽心灵的永恒阳光》海报

艾伦·鲍尔、迪亚布洛·科迪和查理·考夫曼都以各自独特的风格在编剧界占据了稳固的地位。但事实上,除了高质量的创作外,认可他们的观众、尊重他们的评论界,尤其是充裕的制作资金,也是他们获得成功的重要因素。1944年开始涉足剧本创作的雷蒙德·钱德勒认为,尊重编剧作品的唯一方法就是让编剧成为影视行业这台大机器的组成部分,摒弃"创作艺术家"的身份。实际上,这种转化已经在进行。[①]

三、日本编剧:人红带动戏红

这里主要介绍日本电视剧(简称"日剧")的编剧。日剧一般采取周播制,每周播一集,每集45分钟左右。一些著名编剧,诸如"恋爱之神"北川悦吏子和"鬼才编剧"野岛伸司,都拥有与"日剧天王"木村拓哉一样的收视号召力。在电视剧开播之前,他们利用自身的影响力,就已经吸引了相当多的注意力;播出之后,同样主导着收视率的高低。可以说,他们是剧组中的核心。与他们相比,日本电视剧的导演往往显得不那么受人瞩目,他们被认为仅仅是按照剧本要求完成拍摄任务而已,甚至可能一部电视剧由几个导演轮流拍摄。

在日本,制作方会将总制作费的10%左右分配给剧作家,以保证其创作的积极性。每部日剧由编剧定下内容,构想细节与对白。编剧的风格和基调贯穿全剧,并得到充分尊重,这也是日本盛产名编剧的原因。同时,编剧还可以根据剧本选择适合的导演来合作,同时决定演员的角色归属。很多观众都有明显的编剧情结,就像追明星一般追捧知名的编剧。2004年6月,著名编剧野泽尚[②]去世,就在日本社会引起大规模的哀悼之潮。

21世纪以来,随着"韩流入侵",日剧总体水平有所下滑,北川悦吏子等一些剧作家在创作上也显得萎靡不振。但一些编剧界的中流砥柱仍旧以自己的方式为日本影视剧续写着辉煌,例如浅野妙子、野岛伸司、佐藤嗣麻子三位"60后"编剧。

1."经久不衰"的浅野妙子

毕业于庆应大学文学部佛文科的女编剧浅野妙子,从编写第一部电视剧《35岁坠入爱河》(1996年)起,就受到业内的广泛关注。该剧当年创下平均19.3%的不俗收视率。之后,她又创作了《恋爱世纪》(1997年)、《神啊,请多给我一点时间》(1998年)以及《大奥》系列等高收视率电视剧。近年来,她还参与编剧了《娜娜》(2005年)、《大奥》剧场版(2006年)、《女座头市》(2008年)等电影故事片。

浅野妙子是一个很擅长学习的编剧,《恋爱世纪》和《神啊,请多给我一点时间》是其早

[①] 参阅纳塔利娅·热洛斯:《剧作家:好莱坞的新星》,阿根廷《民族报》2009年7月15日文章,转载于《参考消息》2009年8月5日。
[②] 野泽尚(1960—2004),男,日本职业剧作家,编剧作品有电影故事片《不夜城》(1998年)、《名侦探柯南:贝克街的亡灵》(2002年)等,电视剧《恋人啊》(1995年)、《冰之世界》(1999年)等;凭《沉睡的森林》(1998年)荣登以著名女作家向田邦子命名的"向田邦子大奖";2004年6月在东京的办公室上吊自杀,年仅44岁。

期代表作。《恋爱世纪》以《东京爱情故事》加《悠长假期》的纯爱戏路创下收视新高。《神啊,请多给我一点时间》则有野岛伸司式的禁忌话题和大段说教。这两部作品先后捧红了松隆子和金城武。

电视剧《最后的朋友》(2008年)是浅野妙子重返偶像剧领域的又一力作,堪称"日本版《不要和陌生人说话》",从开播起就因为题材过于敏感、场面过于火爆而争论不断。剧中充斥着太多的日本现实问题。浅野妙子就像剥洋葱一样,把人的内心层层扒开,最后赤裸呈现,表现出人类的终极孤独。但主题的晦涩却并未影响该剧的高收视率。

2. "卷土重来"的野岛伸司

作为20世纪90年代日剧巅峰的缔造者之一,野岛伸司和他编剧的电视剧可谓是中国"80后日剧迷"的集体回忆。早年简单的纯爱剧《101次求婚》(1991年)让国内观众认识了日剧,而之后播出的《在爱的名义下》(1992年)、《同一屋檐下》(1993年)、《同一屋檐下2》(1997年)则伴随着许多"日剧迷"一同成长。

不过,在日本真正为野岛伸司奠定地位的是"高校三部曲"——《高校教师》(1993年)、《人间失格》(1994年)以及《未成年》(1995年)三部电视剧。剧中大谈禁忌类话题,笔触延伸到边缘人物,以几近残忍的写实确立了其独树一帜的风格。

但之后,倔强的野岛伸司在收视率面前还是做出了让步。巅峰时期,野岛伸司放弃了残酷美学,尽可能屈就于理想的结局,如《同一屋檐下2》的结局让柏木雅也(福山雅治饰)与柏木小雪(酒井法子饰)"有情人终成眷属",《圣者行进》(1998年)中的智障少年们终于有了良好的栖身之所。这和野岛伸司过去作品的悲剧结局形成强烈反差。这期间,他和酒井法子正处于热恋,但最后美人另嫁他人,也让不少人为之唏嘘。

后来,野岛伸司的作品在口碑和收视率上都每况愈下。自2005年的《牵绊的爱》之后的几年间,他没有再推出新作。

11集电视连续剧《没有玫瑰的花店》(2008年)是野岛伸司沉寂多年之后的倾情之作。故事看似有点平庸,从开始就奠定了基调:一个善良的人付出爱也得到爱,但野岛伸司不会让剧情陷入俗套,他巧妙地运用伏线,为剧作增加悬疑成分。该剧成为2008年冬季档日剧的收视冠军。①

3. "左右逢源"的佐藤嗣麻子

女编剧佐藤嗣麻子活跃在电影、电视剧、广告、游戏等众多领域,既做编剧,又当导演,且皆享有盛誉,可谓是"左右逢源"。她于1987年远赴伦敦国际电影学院留学。其自编自导的电影处女作——日英合拍片《吸血鬼传说》获1992年东京国际幻想电影节大奖;之后,自编自导的电影故事片《黑暗法师2》(1996年)又获日本夕张幻想国际电影节大奖"批

---

① 参阅朱雯婷:《日本金牌编剧的潮起潮落　日剧迷的集体回忆》,东方网,http://enjoy.eastday.com/e/20080710/u1a3705490.html。

评家奖"(南俊子奖)。

佐藤执导的作品并不多,她更多时间还是为电影和电视剧创作剧本。她编剧的热门电视剧《不公平》(2006年)是其近年来公认的佳作。该剧改编自秦建日子的第一部推理小说,起点相当高。佐藤嗣麻子的改编也很成功,剧情层层递进,结构相当饱满,尤其是女主人公雪平(筱原凉子饰)和男主人公安藤(瑛太饰)的感情处理得很有节制、格外动人。

《不公平》获得成功之后,佐藤嗣麻子先后自编自导了《不公平》的2007年剧场版和2011年剧场版以及金城武、松隆子主演的电影故事片《怪人二十面相传》(2008年)。

《怪人二十面相传》改编自日本推理小说"本格派"[1]创始人江户川乱步最脍炙人口、最具悬疑刺激的名侦探系列同名小说。原作自20世纪70年代出版之后,已有多个改编版本。小说中,"怪人二十面相"是个化妆高手,总是用高明的手段窃取艺术品,与侦探明智小五郎相互较劲,是个反派角色。

佐藤嗣麻子在人们所熟悉的角色基础上,撰写了影片的原创剧本。"怪人二十面相"(金城武饰)变成了正面人物,而侦探明智小五郎则变成了反派角色。佐藤表示:"我希望制作一部大家以前都没有看过,所以都想要去看的电影。"[2]

《大奥》海报

《不公平》海报

《怪人二十面相传》海报

"日本编剧的地位在不断提高。"日本广播作家协会理事长市川森一说。如今,建立"剧本档案馆"的呼吁已得到了来自日本官方和民间的支持,电视剧剧本将被作为电视文化的重要部分来保存。这又大大提升了日本编剧的地位。[3]

---

[1] 本格派,推理小说流派,又称古典派。小说以解谜为主,强调以科学的逻辑推理作为侦破的重要手段,运用现实主义手法反映社会现象。

[2] 《"怪人二十面相"见面会 金城武发表"最棒"宣言》,来源:粉丝网,http://movie.ifensi.com/article-158817.html。

[3] 参阅《日本:编剧人红带动戏红》,《北京商报》2008年4月21日文章,http://www.bjbusiness.com.cn/site1/bjsb/html/2008-04/21/content_28128.htm。

四、韩国编剧：跻身偶像行列

进入新世纪以来，以影视剧为代表的"韩流"文化以强劲势头席卷亚洲，其最根本的原因就在于韩国拥有完善的影视剧制作体系。其中，编剧起了非常重要的作用。

在韩国，对电影编剧和电视剧编剧的界定十分明确。韩国的电影导演一般习惯于自己写作剧本。除了极少数的青年编剧会兼顾电影、电视剧两个领域外，大多数编剧都只专注于电视剧创作。韩国目前大约有700名职业编剧，平均年龄在35岁左右，女性居多，他们全部隶属于拥有1700名会员的韩国作家协会。

近年来，人们将好奇的目光投向这些热门电视剧的编剧。为了迎合观众的好奇心理，《人鱼小姐》(2002年)、《小妇人》(2004年)、《On Air》(2008年)等韩国电视剧也将主人公的身份设定成编剧。

韩国电视剧（简称"韩剧"）主要由三大电视公司，即MBC（韩国文化广播公司）、KBS（韩国广播公司）、SBS（首尔广播公司）来制作和播出。编剧是其质量和收视率的保证，地位极其重要。一部优秀编剧创作的高质量作品可以为电视公司带来巨大的经济收益。

例如，被誉为"点金手"的著名女编剧金英贤，以创作历史剧见长，她为MBC编剧的代表作《大长今》(2003年)和《善德女王》(2009年)均是收视率突破40%的"国民剧"。

《大长今》是金英贤创作的首部历史剧，要仅凭史料上有关女御医的几百字记载来写作剧本。为了完成这部长篇电视连续剧，她提前了将近两年时间开始搜集各种资料。她说，剧本不能随随便便写，要写就写最好的。所以，她总是花很多时间搜集资料，然后才开始动笔。

《大长今》于2003年9月15日开始在韩国播映，收视率一直保持在50%左右，大结局时的收视率竟达到57.8%，播映达七个月之久，直接收益100亿韩元。该剧不仅在亚洲各地热播，还将劲风刮到大洋彼岸的美国，成为一部在东西半球均创造收视奇迹的电视剧。而2009年的电视剧《善德女王》则在播映期间总计创下433亿韩元（约2.5亿元人民币）的广告收入，成为韩国历史上广告收入最多的电视剧。

一般来说，一部韩国电视剧的筹拍周期为两年半，由电视台或者编剧确定选题后，再由导演、编剧、制作人三方共同策划剧本、选择场景。

韩国编剧在创作上很有权威，导演不能擅自修改编剧的剧本，演员修改台词也是对编剧的大不敬。很多韩剧甚至是编剧负责制，投资人看编剧投资。编剧可以自己选择导演和演员。剧本完成后，韩国编剧并不像好莱坞编剧一样退居二线，而是参与选择演员、选定剧名、熟习剧本等每一个环节。许多优秀编剧身兼数十个职务，甚至连外景场地都由他们选定。

近年来，金秀贤、任成汉、文英楠、李庆熙四位金牌女编剧被并称为韩剧"四大编剧"，皆以创作言情剧而声名远播。

1."语言魔术师"、"韩剧教母"——金秀贤

年近七旬的金秀贤在韩国素有"语言魔术师"和"韩剧教母"之称,曾以感性的语言为无数电影和电视剧撰写剧本,牢牢吸引了观众。电视剧《爱情是什么》(1991年)、《澡堂老板家的男人们》(1995年)、《火花》(2000年)等,都是她的代表作。金秀贤从业30余年,至今仍笔耕不辍、细致认真。

金秀贤在2010年接受韩国《中央日报》采访时,还对现今的韩剧创作提出批评和告诫:"现在,大多数韩国电视剧就像由各种低俗素材组成的拌饭,到处是身世秘密、令人难以接受的三角恋甚至四角恋关系、没完没了的复仇故事、不正常的感情表达、错综复杂的故事情节……低俗电视剧可能会导致观众文化意识倒退、价值观混乱等负面效应,是一种巨大的、对社会有消极影响的信息传播。"①

>> 【资料链接】韩国青春偶像剧五大常见情节

情节一:男主角的职业一般都是艺术家,要么就是黑社会、模特、医生、警察、律师、建筑师或者电脑能手。

情节二:男女双方都有过另外至少一次爱情,并且在他们真心相爱后还与曾经的感情纠缠不休。世界永远都那么小,男主角在偷偷与另一个女孩约会时永远会被女主角碰到。

情节三:女孩在犹豫间,男孩突然拉起她的手,潇洒地在街头狂奔,或许还要边跑边叫:"我爱你,我这辈子只爱你一个。"然后女孩的秀发在空中飘起,表情或惊讶或甜蜜……

情节四:雨雪天的约会必不可少,或是分手或是和好,总之眼泪往往伴随雨雪飘洒在爱情的天空。

情节五:男女主角约好在某地相聚,一人必然发生突如其来的变故,结果另一个也自作聪明地不问原因、不与其联系,默默等待或是离开,误会上几个星期甚至几年,待各自有了归宿,才恍然大悟——自己错过了一生的幸福。于是,只有自欺欺人地默认命运的安排。真相永远只有观众明了,至于当事人自己,总是被蒙在鼓里,即使最后真相大白也早已是凉透了的黄花菜。②

2."韩国言情剧扛鼎之作"的缔造者——任成汉

任成汉擅长编写家庭情感长剧。1998年,她因编写电视剧《看了又看》而声名大噪,其

---

① 《韩剧教母指责当前韩剧低俗 难以看下去》,http://news.sina.com.cn/w/2010−03−16/112919874512.shtml.
② 《破解韩剧走红之谜:韩剧补习班一》,来源:大洋网,http://www.cctv.com/news/entertainment/20010308/466.html.

后编剧的《乞丐王子》（2000年）等作品也很成功。

之后，她慧眼识珠，起用长期担任配角的女演员张瑞希在其力作《人鱼小姐》（2002年）中饰演女主人公雅俐瑛。该剧自2002年在MBC开播后，创下连拍九部、长达247集的纪录，身披"九项大奖"的光环，被媒体誉为"韩国言情剧扛鼎之作"，并在亚洲掀起"雅俐瑛旋风"。张瑞希也因主演该剧而一举获得2002年MBC演技大奖的五项大奖，收获"五冠王"称号。

任成汉也因其多部电视长剧被央视引进播出，而为中国观众所熟悉。央视版《看了又看》长达170集，而央视版《人鱼小姐》长达164集，是央视收视率、重播率最高的韩剧。

3. "催泪女王"——文英楠与李庆熙

文英楠素有"催泪女王"之称，其编剧的电视剧皆以剧情内容来感染观众，且都是低成本制作，既不花费巨资去国外取景拍摄，也不请当红明星出演主角；主角往往是新人或人气不高的演员，导演也没有很大的名气。但其作品的收视率却能长期位居前列，可谓以编剧一人之力撑起全剧。其代表作有电视剧《爱情的条件》（2004年）、《玫瑰色的人生》（2005年）、《传闻中的七公主》（2006年）等。

李庆熙也擅写悲情戏，观众戏称她惯于"折磨有情人终不得眷属"。她编写的剧本大多哀婉低调，却又不失搞笑成分，创作的人物形象、故事情节都比较新颖、特殊，大多以悲剧人物为主，让人在浅笑的同时又生出浓浓的伤感。其代表作有电视剧《小盖子》（2000年）、《对不起，我爱你》（2004年）、《圣诞节会下雪吗》（2009年）等。

《善德女王》海报　　　　　　　　　　《人鱼小姐》海报

根据以上所述，可见韩国编剧在其业内的成就、地位和话语权。韩国对编剧的培养很重视，有专门的编剧培训班来解决编剧人才的供应问题，且收效显著，可以源源不断地为韩国影视业输送编剧人才。他们通常都是通过正规的考试被录取,进入专门的编剧研究学院深造,并在进行过相应的培训之后才正式成为编剧的。①

第三节　前景:任重道远的救荒者

2011年2月28日,由中共中央外宣办召开的"深化文化体制改革新闻发布会"在北京举行。会上发布消息称,中国电影产量由2003年的100部以下上升到2010年的526部,电影票房每年增速连续6年保持30%以上;2010年中国国内电视剧产量达1.4万集,为五年来最高,稳居世界第一;中国已成为世界第三大电影生产国和第一大电视剧生产国。

中国的电影和电视剧产业在21世纪第一个十年的结束之际均达到一个关键节点:

第一,中国电影步入"百亿时代"。

国家广电总局网站上显示,2010年全国电影票房收入达到101.72亿元;而2011年全国电影票房收入则达到131.15亿元人民币,较2010年增长28.93%;其中,20部国产电影票房过亿,中国成为仅次于美国和日本的世界第三大电影市场。2011年,国产故事片产量达到558部。而在2002年,中国电影票房还不足10亿元,国产电影产量也只有100部左右。

中国电影集团董事长韩三平则预言:在5到10年的时间里,中国电影票房能达到350亿至400亿元。中国电影市场的火热也带动了影院投资,院线产业发展迅速。2011年全年新增影院803家,新增银幕数3030块,平均每天新增8.3块银幕,银幕总数达9200多块,增幅为历年之最。

第二,中国电视剧产量"世界第一"。

国家广电总局下发的《广电总局关于2011年度全国国产电视剧发行许可证颁发情况统计结果的通告》中显示:2011年度全国生产完成并获得许可证的剧目共计469部、14942集。

预计未来几年,中国电视剧产量将在每年1.3万集至1.5万集之间波动。

国家广电总局副局长张海涛介绍道:"十一五"期间,广播电视收入以年均20%的速度增长,2010年达到2238亿元。

目前,全国已有35家电影制片厂、70家电视剧制作机构、204家省市电影公司、293家电影院等国有经营性事业单位完成转企改制,9家广播影视企业重组上市,亚洲最大的国家中影数字制作基地等一批影视、动漫产业基地已建成。中影集团、上影集团等近十家影视企业将在国内或海外上市。②

---

① 参阅《韩国:编剧年收入超过33亿韩元》,《北京商报》2008年4月21日文章,http://www.bjbusiness.com.cn/site1/bjsb/html/2008-04/21/content_28125.htm。
② 参阅《中国电影生产量世界第三　电视剧生产量世界第一》,来源:新华网,http://news.xinhuanet.com/politics/2011-02/28/c_121130553.htm。

中国影视产业看上去一派"蓬勃之象"。在这些令人欣喜的数字的印证下,中国影视剧的发展似乎真的进入了"黄金时代"。但浮华背后,现实并非一片美好。

一、中国影视行业的困境

拨开这些"数字迷雾",现今中国影视业的真实处境到底是怎样的呢?

1. 中国电影:"百亿时代"="黄金时代"?

2011年的中国电影市场上,国外进口分账片①和批片②对国产片展开了"全面围剿"。

2011年的中国电影市场总票房为131.15亿元人民币,而20余部进口分账大片就超过49.1亿元,占37%。国产片总票房为70.31亿元,仅占票房总额的53.61%。

2011年的进口片有17部过亿,总收入比国产片略低;但国产片登上大银幕的有180部,进口片仅62部。

2011年,共约55部国产电影销往海外,海外票房和销售收入达20.46亿元人民币,比2009年的27.7亿元和2010年的35.17亿元均有所下降。③

2. 好莱坞的"电影续集大军"

《功夫熊猫2》《变形金刚3》《加勒比海盗4》《速度与激情5》《哈利·波特7》……你方唱罢我登场。2011年,好莱坞电影的"续集大军"在中国电影市场上攻城略地、狂卷票房。

比北美地区晚上映的《变形金刚3》于2011年7月11日在中国内地上映后,在50天内卷走近11亿元人民币的票房,占中国内地全年总票房的近一成,平均日票房就超过2000万元。《功夫熊猫2》42天卷走超过6亿元的票房。而《加勒比海盗4》则以4.6亿元的成绩跻身2011年进口片票房三甲。

在进口片全年票房排行榜前十强中,位居前列的还有《哈利·波特与死亡圣器(下)》(约4亿元)、《速度与激情5》(约2.4亿元)、《蓝精灵》(约2.6亿元)和《洛杉矶之战》(约2.2亿元)。这七部影片的总票房超过30亿,占内地总票房的近三分之一。

而在国产片全年票房排行榜前十强中,位居前列的有《建党伟业》(约4.2亿元)、《失

---

① 分账片,即本国影片在其他国家和地区放映的票房收入按照分成比例分配。国际通行的票房分账形式中,进口大片的各方收入分成比例是:制片方35%、发行方17%、放映方48%。中国内地开始引进分账片后,海外片商可以拿到纯票房(即票房扣税后所得)的13%,余下的87%纯票房则由负责引进发行的中影、华夏两家公司与院线按照一定比例进行分成。

② 批片,是指发行公司以一定价格买断影片在中国市场的放映权,一般是多国别、多体裁、多样式的进口影片;因为多是打捆批量操作,而被业内称为"批片";通常一年在30部左右。

③ 《2011电影票房报告出炉 "131亿"背后嘘声四起》,来源:《南方都市报》,http://ent.oeeee.com/a/20120120/509836.html。

恋 33 天》（约 3.5 亿元）、《新少林寺》（2.16 亿元）和《窃听风云 2》（约 2.14 亿元）。张艺谋的《金陵十三钗》和徐克的《龙门飞甲》在 2011 年贺岁档发威。两部影片总票房累积到 12 月 31 日，已经分别有 4.73 亿元和 4.22 亿元，成为 2011 年国产片票房的冠亚军。①

可见，在中国内地电影票房一路前行、高奏凯歌的同时，票房增长的主力仍然是好莱坞电影。

2012 年 2 月 18 日，中美双方就解决 WTO 电影相关问题的谅解备忘录达成协议。中国每年将增加 14 部美国进口大片，以 IMAX 和 3D 电影为主；美国电影票房分账比例从 13% 提高到 25%。

显然，国产片抵御进口片侵袭的压力将进一步加大，业内人士纷纷惊呼"狼来了"。但在中国影坛面临"狼灾记"的同时，却是质量低劣的国产"奇葩片"近年来遍地开花。2011 年，全年生产国产电影共 791 部，但能登上银幕的仅 180 部左右。

据《北京晨报》报道，第十一届"海峡两岸暨香港电影导演研讨会"于 2011 年 1 月在海南开幕，168 名导演从电影创作上剖析了华语电影现状。中国第四代电影导演、北京电影学院教授郑洞天在研讨会上列举了一些数据：2010 年拍摄出的影片中真正进入院线上映的只有 120 部左右；也就是说，4/5 的电影拍完就算了。"如果按照内地票价平均 50 元计算，观影人数需达到 2 亿次；而这其中有重复观影，那么计算下来，意味着中国只有 2000 万人会去看电影；这 2000 万人决定着中国电影发展的方向。"在 2010 年的 101 亿元票房中，国产片占 67%。其中，有 17 部票房过亿的影片，收入占据了一大半，而这也意味着绝大多数影片是挤不进电影市场的。

再来看营收构成。有资料显示，美国电影业的银幕所得（票房）和非银幕所得（广告、版权、衍生产品等）的比例是 1∶4——即 20% 的营收来自银幕，80% 的营收来自非银幕所得。但在中国内地，这一比例恰好相反，电影的盈利还是主要依赖票房。

那么，按照国际电影行业票房收入的分成方法——发行公司 10%、院线 50%、投资者 40%——来计算，如果单纯依靠票房收入来回收成本，那么影片投资和票房的比例要维持在 1∶2.5。这样，从投资回报率的角度来分析，国产影片的盈利状况就不容乐观了。

例如，影片《孔子》投资高达 1.5 亿元人民币，票房收入为 1.6078 亿元人民币；

影片《未来警察》投资超过 1 亿元人民币，票房收入为 6003 万元人民币；

影片《杨门女将之军令如山》投资额为 2000 万美元，票房收入为 3750 万元人民币；

影片《战国》投资高达 1.5 亿元人民币，票房收入为 8000 万元人民币；

……

虽然有些影片还有海外的版权或票房收入，但即便加上 DVD 版权销售及其他衍生产

---

① 《进口片内地票房占前　好莱坞技术加艺术抢钱示范》，来源：《信息时报》，http://media.people.com.cn/GB/40606/16808517.html。

品的收入,相对于其高额的投资,都很难实现盈利。

大片尚且如此,小片盈利更难,很多充当了"影院一日游"的"炮灰片"。票房激增的"百亿时代"绝不等同于盈利激增的"黄金时代"。

当然,也有一部分投资回报率比较高的影片,值得学习与借鉴。

例如,影片《全城热恋》投资2000万元人民币,票房收入为1.3165亿元人民币;

影片《杜拉拉升职记》投资不足2000万元人民币,票房收入为1.2881亿元人民币;

影片《喜羊羊与灰太狼之虎虎生威》投资1400万元人民币,票房收入为1.2685亿元人民币;

影片《观音山》投资1200万元人民币,票房收入为8000万元人民币;

影片《武林外传》投资1700万元人民币,票房收入为1.831亿元人民币;

影片《将爱情进行到底》投资2000万元人民币,票房收入为2.028亿元人民币;

影片《失恋33天》投资900万元人民币,票房收入为3.5165亿元人民币;

……

《全城热恋》海报　　　《杜拉拉升职记》海报　　　《喜羊羊与灰太狼之虎虎生威》海报

3. 中国电视剧:"产量第一"="质量第一"?

2010年6月21日的《成都日报》报道:有关国产电视剧的最新统计数据显示,2009年,中国投入到电视剧上的资金有50亿元,但它创造的产值不到17亿元。这样的营收格局已经维持三年。中国目前有从事电视剧制作的机构近2500家,真正盈利的只有10多家。

国产电视剧量多质劣已是一个不争的事实。一方面,中国确实已成为世界第一电视剧生产大国;另一方面,中国每年近1.3万集的电视剧生产量中,真正能播出的只有一半。

近三年来,国家广电总局平均每年通过申报的电视剧数目都在千部左右,但每年的实际生产量为400至500部,即一半的电视剧在申报备案后并没有按时生产出来。而电视剧的审批数目与实际播出数目的比例约为10∶1,即10部通过审批立项的电视剧中只有1部制作出来后有播出平台。

年份	审批数目	播出数目
2008	807 部	152 部
2009	809 部	78 部
2010	951 部	26 部

国家广电总局发布的官方数据也显示,实际每年电视剧产量和播出量的比例为5∶3,即40%已经生产出来的电视剧无播出平台。①

例如,2010年4月16日,改编自第六届茅盾文学奖获奖小说《张居正》的电视连续剧《万历首辅张居正》登陆浙江、东方、北京三大卫视,但距该剧杀青已过去四年。

这正是国内电视剧行业的真实境况。投入到电视剧产业的资金越来越多,导致电视剧产量激增,达到"产量第一"。从电视剧产量上来讲,已远是供大于求;但从电视剧质量上来讲,却远是供不应求。

4. 个案:"生不逢时"的《万历首辅张居正》

由湖北作协副主席熊召政创作的四卷本长篇小说《张居正》再现了与明代"万历新政"相联系的一段广阔繁复的历史场景,塑造了张居正这一复杂的封建社会改革家的形象,并展示出其悲剧命运的必然性。

由原著作者熊召政亲自编剧的40集电视连续剧《万历首辅张居正》在2006年即已摄制完成。但由于种种原因,该剧至2010年正式播映时已被"雪藏"四年。其中的一个重要原因,就是受到2007年初开始的"历史剧低谷期"的影响。

自从进入新世纪以来,中国历史剧曾维持了长达数年的"创作繁荣期"。《雍正王朝》(1997年)、《康熙王朝》(2001年)、《乾隆王朝》(2002年)、《天下粮仓》(2002年)、《走向共和》(2003年)、《孝庄秘史》(2003年)、《沧海百年》(2004年)、《汉武大帝》(2004年)……力作迭出,频掀热潮。

但在历史剧产量攀升的同时,也出现了题材雷同撞车、质量良莠不齐等严重问题。仅2006年至2007年,就有《卧薪尝胆》与《越王勾践》、《贞观之治》与《贞观长歌》、《昭君出塞》与《王昭君》、《大汉巾帼》与《大汉悲歌》(又名《辛追传奇》)、《传奇皇帝朱元璋》与《朱元璋》等"孪生剧"同时制作或播出。

2007年初,央视八套的《卧薪尝胆》、湖南卫视的《大明王朝1566》、央视一套的《贞观长歌》三部"开年历史剧"相继遇冷,或是收视不佳,或是恶评如潮。中国历史剧的创作开

---

① 《我国电视剧产量创5年新高 近半数无平台可播》,来源:《法制晚报》,http://news.qq.com/a/20110301/001108.htm。

始进入低谷期,一些电视台开始排斥历史剧。许多历史剧已制作完成,却无法播出。

尚属制作精良的《万历首辅张居正》正是"生不逢时"之作。该剧导演苏舟曾回忆说:"那时候电视台黄金档播出古装戏的时间很少,这部戏就是这样耽误下来了。"①

饰演张居正的著名演员唐国强也曾直言:"历史剧的确有水平很差的,但是任何一种题材都有很烂的剧。我看现在的一些现实主义作品,里面的精神就是封建糟粕;一些打着'红色历史'题材的年代剧格调也不高;而一些严肃的历史剧,其精神非常积极向上,借古喻今,有着很强的现代感。因为有烂剧就对整个题材进行限制,是不公平的。荧屏上应该百花齐放,好的作品不应该受那么多限制。"②

此外,从 2010 年的播映版本来看,剧中主人公塑造也存在着"高大全"的弊病,甚至被戏称为"大明公仆张居正"。创作者显然因诸多限制而被束缚了手脚,无法推陈出新,比之题材相近的《大明王朝1566》也颇为逊色。

《万历首辅张居正》的坎坷播出经历,创作者们应当引以为戒。

熊召政(左四)于 2006 年 10 月 16 日赴成都理工大学广播影视学院讲学

二、中国影视行业的症结

纵览 2011 年占据票房榜前列的国产电影故事片,许多票房过亿的影片在口碑上并不理想。

与往年一样,2011 年国产电影的票房主力依然是古装片。《战国》、《关云长》、《杨门女将之军令如山》……"伪大片"纷至沓来;《新倩女幽魂》、《画壁》、《白蛇传说》……非妖即怪,群魔乱舞。

此类影片多主打全明星阵容,每部影片都会有多位大牌明星加盟;同时增加魔幻、战争等与大场面相适应的宏大元素,以此营造中国式古装大片。可在宣传噱头背后,漏洞百出的剧情、苍白薄弱的人物、对历史的各种"意淫"及自我阐释,都成为观众对其抱怨的焦点。③

---

① 《〈张居正〉"软禁"四年终播出 剪掉精彩忘年恋》,来源:《成都商报》,http://yule.sohu.com/20100414/n271510892.shtml。
② 《〈万历首辅张居正〉雪藏四年终播出》,来源:《齐鲁晚报》,http://ent.sina.com.cn/v/m/2010-04-14/15062929250.shtml。
③ 《2011 华语电影依然在路上 影片质量与票房不对称》,来源:《新京报》,http://media.people.com.cn/GB/138367/16678870.html。

2010年5月,香港著名导演关锦鹏在接受采访时就感言:"说'中国电影'的时代来了,更多的是一些具体的票房数字。票房飙升,银幕发展,大城市饱和了,开始发展二三线城市,盖商场、电影院,财大气粗,但创作是否饱满、丰盛、多元化,我看未必。内地电影这个环境很快跳过了香港(上世纪)80年代初那个创作期,一下子跳到香港电影沦落期……"①

有媒体也发表评论称,在口红效应、热钱凶猛、烂片渐欲迷人眼之际,不由让人担心当下内地电影是否真像那句烂熟的狄更斯名言所描述的一般——"这是最好的时代,也是最坏的时代。"

2011年影视题材又出现了大撞车的情况②,具体如下:

两张封神榜:克雷格·韦曼与黄成中编剧的《封神天下》,徐兵编剧的《封神榜》。

三组杨家将:黄子桓编剧的《杨家将》,于仁泰执导的《千秋忠烈杨家将》,陈勋奇执导的《杨门女将之军令如山》。

四位关云长:甄子丹领衔主演的《关云长》,刘恒编剧、孙红雷主演的《关公》,杨子投资拍摄的《武圣云长》,高希希执导的《三国·关云长》。

四个孙悟空:张纪中版电影《美猴王》,郑保瑞执导、甄子丹主演的《大闹天宫》,陈文强编剧的《除魔传奇》,紫禁城影业筹拍的《孙悟空》。

……

那么,中国电影的症结究竟何在呢?

"中国电影的'剧本荒'越来越严重了。"2010年初,在第一届中国影协杯"优秀电影剧本"表彰典礼上,黄式宪、吴冠平、苏叔阳等多位专家一针见血地指出了中国电影的这一症结,言辞中都显露出一种危机感,认为目前中国电影票房虽然呈现井喷状态,但与之不符的却是好剧本的严重稀缺,使得中国电影圈难免出现些"怪现象"。

北京电影学院黄式宪教授甚至毫不客气地指出:好剧本的稀缺,使得中国电影不辨美丑,追捧山寨和恶搞,形成了不可忽视的负面文化现象。

曾执导《血战台儿庄》(1986年)等影片的著名导演翟俊杰也表示,自己手头的剧本有几十个,但是好的不出两个。

博纳影业公司总裁于冬也表示,好剧本很难找,"《十月围城》的剧本在陈可辛手里酝酿了10年,这10年大大小小的地方改了上千次。"

北京新影联院线副总经理高军则说:"编剧的成熟与否不能仅仅从年龄上去衡量,更多的时候要看他们对剧本的理解和打磨能力。"每年送到自己手上的剧本不下200部,而最终能拍成电影的不超过5%。"现在电影公司也好,院线也好,资金都很充裕,关键是缺乏优秀的剧本。大多数编剧都注重剧本的深刻含义而缺乏讲故事的技巧,剧本不接'地

---

① 《谍海风云:烂片之海很大》,来源:《东方早报》,http://hb.qq.com/a/20100618/000174.htm。
② 《2011影视题材流行撞车》,来源:《信息时报》,http://www.m1905.com/news/20110106/412898.shtml。

气',观众不买单。"①

众位专家均呼吁:"剧本作为电影创作的第一步,必须要走稳。"黄式宪教授表示,任何产业的策划都不能替代剧本的写作,如果"剧本荒"不解决,中国电影的前途会受到波及。②

>> 【资料链接】"中国影协杯"优秀电影剧本推选活动

"中国影协杯"优秀电影剧本推选活动是电影文学行业内总结经验、表彰优秀、研讨学术的活动,目的是为了繁荣剧本创作、提高剧本质量。

中国电影家协会常务副主席康健民表示,中国离电影工业强国的目标还有很大的距离,文学在电影中的支撑作用并没有完全体现出来,"现在很多电影文学形式大于内容,创作出更多更好的剧本是亟须解决的问题"。③

2010年第一届"中国影协杯"获选作品与编剧

优秀电影剧本:《铁人》(刘恒)、《清水的故事》(程晓玲)、《梅兰芳》(严歌苓、陈国富、张家鲁)、《沂蒙六姐妹》(苏小卫,笔名"思芜")、《走四方》(李灌宏)。

特别表彰优秀电影剧本:《惊天动地》(柳建伟、马维干、康丽雯、王戈洪)。

2010年第一届"中国影协杯"部分获选作品海报

---

① 《电影编剧生存现状》,来源:《华西都市报》,http://media.people.com.cn/GB/138367/16690503.html。
② 《中国影坛需解剧本难题》,来源:《北京青年报》,http://bjyouth.ynet.com/article.jsp?oid=63042970。
③ 《"中国影协杯"入围电影名单揭晓》,来源:《北京青年报》,http://bjyouth.ynet.com/article.jsp?oid=76349056。

2011年第二届"中国影协杯"获选作品与编剧

优秀电影剧本:《十月围城》(郭俊立、秦天南、陈嘉仪、阮世生、吴兵)、《人在囧途》(圣堂创作工作室、田羽生、史晨赟)、《老寨》(邢原平)、《岁月神偷》(罗启锐、张婉婷)、《我是植物人》(谢晓东、周展)、《唐山大地震》(苏小卫)、《惊沙》(秦天)。

2012年第三届"中国影协杯"获选作品与编剧

优秀电影剧本:《飞天》(柳建伟、刘宏伟、王强、赵峻防、梁水宝)、《岁岁清明》(程晓玲)、《成成烽火》(郎云)、《金陵十三钗》(刘恒、严歌苓)、《幸福的向日葵》(黄丹、张铂雷、赵玉莹)、《钢的琴》(张猛)、《信义兄弟》(邢原平)。

特别表彰优秀电影剧本:《我的少女时代》(张海迪)。①

冯小刚导演也曾指出,大多数电影赔钱的致命原因还是剧本太烂。"那就是因为大多数人还是觉得不好看!比如宁浩,谁也不认识他,他就是一个新人,但拍出来的《疯狂的石头》好看,自然就有票房。那些电影只是有明星,但还要有好剧本、好导演!比如《唐山大地震》,如果没有好剧本,我就根本不敢拍。"②

如其所言,许多在剧作环节上就粗制滥造的电影是难以赢得观众的,票房也就达不到预期,难以实现盈利。例如,台湾著名导演朱延平执导的影片《刺陵》(2009年)投资达1亿元人民币,票房却只有6775万,即使算上海外市场以及版权收益,也是严重亏本。

朱延平电影的一贯策略其实都是"人保戏",从与释小龙、郝邵文合作"童星电影"到与周杰伦合作《功夫灌篮》(2008年,又名《大灌篮》),再到与赵本山师徒合作《大笑江湖》(2010年),莫不如此,而对于剧本创作等环节则往往敷衍了事。

对于《刺陵》,朱延平曾解释说:"有人说剧情有些混乱,那是因为我们拍得太长了,最终剪出来才110分钟。其实,这就是部娱乐片。从画面上看,我觉得很不错了。"③在这种心态的主导下,朱延平在该片制作之初就已经将票房保证寄托在主演周杰伦、林志玲的明星人气上。因此,《刺陵》虽然云集了岸西、张炭、叶云樵、林超荣、邵慧婷等诸多港台编剧,但剧情却委实如同梦游、不知所云。这样的劣质片遭遇激烈的市场竞争时,票房失利是自然而然的,明星的人气再高也于事无补。

也有一部分剧情糟糕的影片由于投资回报率比较高而侥幸实现了盈利,但仍旧是恶评如潮。例如,《三枪拍案惊奇》(2009年)投资不足8000万,取得了2.61亿的票房收入;《花田喜事2010》(2010年)成本为1000多万,票房近6000万,都可谓稳赚。但糟糕的剧本依旧使它们成为评论界、媒体界和观众们"口诛笔伐"的对象。

---

① 参阅百度百科,http://baike.baidu.com/view/5124936.htm。
② 《十赌九输 九赔一赚　中国电影等于烧钱黑洞》,来源:《精品购物指南》,http://enjoy.eastday.com/e/20100716/u1a5334444.html。
③ 《周杰伦现身为〈刺陵〉 暗示今年不上春晚》,来源:《天天新报》,http://ent.sina.com.cn/m/c/2009-12-18/10062814717.shtml。

较之于票房有限的窘境,国产电影在品质与票房上的不对称,则是更为可怕的顽疾。"佳作遭冷眼,烂片称霸王",对电影作品不满的观众迟早会向创作者们发出警示。

>> 【资料链接】中国最差电影"金扫帚奖"[①]

"金扫帚奖"由《青年电影手册》创办,网友和独立影评人参与评选,是华语电影史上首个为年度最差影片颁发的奖项。入选"金扫帚奖"提名有一个"门槛",除了影片够"烂",还要有知名度;大制作、大导演、大明星、大宣传、大名声、大票房,最起码有一项才可以入选。

《刺陵》海报

2010年第一届"金扫帚奖"获奖名单

最令人失望影片:《三枪拍案惊奇》、《南京!南京!》、《刺陵》。

最令人失望导演:张艺谋《三枪拍案惊奇》、陆川《南京!南京!》。

最令人失望男演员:小沈阳《三枪拍案惊奇》。

最令人失望女演员:林志玲《刺陵》。

2011年第二届"金扫帚奖"获奖名单

最令人失望影片:《孔子》、《大笑江湖》、《非诚勿扰2》。

最令人失望导演:胡玫《孔子》、冯小刚《非诚勿扰2》。

最令人失望男演员:周立波《唐伯虎点秋香2之四大才子》。

最令人失望女演员:徐熙媛《未来警察》、《剑雨》、《龙凤店》。

最令人失望广告植入影片:《唐山大地震》。

最令人失望续集翻拍影片:《唐伯虎点秋香2之四大才子》。

2012年第三届"金扫帚奖"获奖名单

最令人失望影片:《战国》、《杨门女将之军令如山》、《关云长》。

最令人失望中小成本影片:《B区32号》、《堵车》。

最令人失望影片评委会特别奖:《金陵十三钗》。

最令人失望导演:高晓松《大武生》、陈勋奇《杨门女将之军令如山》。

最令人失望男演员:孙红雷《战国》。

最令人失望女演员:张柏芝《杨门女将之军令如山》、《无价之宝》。

---

① 参阅百度百科,http://baike.baidu.com/view/3224679.htm。

最令人失望集体表演:陈奕迅、莫文蔚、钟镇涛、黄奕、郑伊健等《东成西就2011》。

最令人失望动画片:《西柏坡》。

最令人失望引进片:《青蜂侠》。

在电视剧的创作上也存在同样的问题,甚至更加严重。SMG尚世影业总经理苏晓坦言:"过去一年(2011年),电视剧市场热门的多,优秀的少,雷人的多,严谨的少。"

早在2007年初,广电总局电视剧司副司长王卫平就说:"中国电视剧的年产量是世界第一,但质量不高。为保护国产剧,国家出台了政策,包括进口剧不许在黄金时段播,但质量还是没有明显提升。不说和美国、欧洲的电视剧相比,仅仅和韩国比,人家的制作水准够我们追几年的。韩国电视剧年产量不到2000集,但是人家能红遍亚洲。"在政策襁褓下过活的国产电视剧,如今依然保持着数量上的优势,可在质量方面仍然让人没法乐观。[①]

中国传媒大学艺术研究院苗棣教授认为,中国电视剧虽然数量多,但质量上却供不应求。在已经播出的电视剧中,有将近一半的电视剧都是烂剧。"每年1.4万多集的电视剧,其中最多只有三四千集是精品。"

北京电影学院陈山教授指出:"中国电视剧的从业成员良莠不齐,它的制作体制必须得改变。像国外的电视连续剧,它是一边播一边改;播出几天,看见好了,继续往下写。它是直接跟收视率挂钩,根据收视率变化不断调整,甚至它的内容也不断调整。咱们没有这么一个灵活的机制,它跟观众之间的互动关系没有这么密切,这是一个体制问题。"[②]

因此,中国电视剧的质量、售价、收视三者之间并不成正比。近年来,电视剧质量良莠不齐的问题已愈加严重。跟风剧、山寨剧、雷人剧、劣质剧,充斥荧屏的滥竽充数之作越来越多,堪称中国电视剧"四害":

跟风剧:湖南卫视版《宫锁心玉》、江苏卫视"海岩三部曲"、浙江卫视版《亮剑》。

山寨剧:《丑女无敌》、《回家的诱惑》、新版《还珠格格》、《太平公主秘史》。

雷人剧:《一起来看流星雨》、新版《水浒传》。

劣质剧:浙江卫视版《西游记》。

盲目跟风、题材重复、扎堆泛滥已经成为当下电视剧创作中存在的恶性循环。一部《潜伏》(2008年)红透大江南北,接着就是谍战剧充斥荧屏,如《风声传奇》(2011年)、《风语》(2011年)、《螳螂》(2011年)等。一部《宫锁心玉》(2011年)火了,清宫剧、穿越剧便成为电视荧屏的主色调,如《回到三国》(2012年)、《剑侠情缘》(2012年)等。表面上看似繁荣,实际上题材匮乏,这恰恰反映出编剧及剧本缺乏原创性。

一些编剧一味追求速度,只盯着利益,需要一年以上才能创作完成的剧本,往往几个

---

① 《"电视剧第一大国"是否实至名归》,来源:《半月谈》,http://news.xinmin.cn/domestic/gnkb/2011/03/23/9884675.html。

② 《中国电视剧产业现状:投入50亿产值不到17亿》,来源:凤凰网,http://tech.ifeng.com/v/detail_2010_06/20/1644511_0.shtml。

月就能拿出来。最终,剧本没有经过精细打磨,常常漏洞百出。还有一些编剧在家闭门造车,抄袭网络作品和他人创意,这一现象已经受到不少同行的指责和批判。著名编剧王兴东①痛斥其为"枪手！抢手！扒手！"话虽难听,却也属实。②

可见,中国影视界急需编剧人才,从而解决"剧本荒"这一制约中国影视业发展成长的难题。

三、中国影视编剧的前景

如今,张艺谋、陈凯歌、冯小刚三位导演号称拉动中国电影前进的"三驾马车",而编剧往往成为他们前进中最为忧心的一只车轮。著名主持人白岩松就曾提到,张艺谋、陈凯歌的困境,归根到底还是缺编剧。③

例如,张艺谋的电影创作团队的软肋从来都是剧本。从1987年的导演处女作《红高粱》算起,张艺谋迄今为止执导的18部电影故事片中,有13部是根据小说改编的。拍摄《三枪拍案惊奇》(2009年)时,张艺谋选择从好莱坞购买版权,翻拍科恩兄弟的《血迷宫》(1984年)。制片人张伟平透露,光是买剧本版权就花了3000万元人民币。④

>> 【资料链接】张艺谋电影作品改编情况

由小说改编的电影作品
1987年:《红高粱》——莫言《红高粱家族》
1990年:《菊豆》——刘恒《伏羲伏羲》
1991年:《大红灯笼高高挂》——苏童《妻妾成群》
1992年:《秋菊打官司》——陈源斌《万家诉讼》
1994年:《活着》——余华《活着》
1995年:《摇啊摇,摇到外婆桥》——李晓《门规》
1996年:《有话好好说》——述平《晚间新闻》
1998年:《一个都不能少》—— 施祥生《天上有个太阳》
1999年:《我的父亲母亲》——鲍十《纪念》
2000年:《幸福时光》——莫言《师父越来越幽默》

---

① 王兴东,男,1951年生,创作投拍《蒋筑英》(1993年)、《孔繁森》(1995年)、《离开雷锋的日子》(1996年)、《建国大业》(2009年)、《辛亥革命》(2011年)等20余部电影剧本,先后获中国电影政府奖最佳编剧奖、金鸡奖最佳编剧奖,多次荣获中宣部"五个一"工程奖,并有多部作品获国际电影节奖项。
② 《曲折前行 编剧枪手的无声岁月》,来源:《北京商报》,http://roll.sohu.com/20120228/n336062325.shtml。
③ 《白岩松:东北二人转》,来源:《晶报》,http://sports.sohu.com/20051221/n241057814.shtml。
④ 《中国需要啥大片?》,来源:《北方新报》,http://news.163.com/09/1223/11/5R7F4VM2000120GR.html。

2006 年:《满城尽带黄金甲》——曹禺《雷雨》
2010 年:《山楂树之恋》——艾米《山楂树之恋》
2011 年:《金陵十三钗》——严歌苓《金陵十三钗》
非小说改编的电影作品
1989 年:《代号美洲豹》——编剧:程十庆
2002 年:《英雄》——编剧:李冯、张艺谋、王斌
2004 年:《十面埋伏》——编剧:李冯、张艺谋、王斌
2005 年:《千里走单骑》——编剧:邹静之
2009 年:《三枪拍案惊奇》——编剧:徐正超、史建全

在非小说改编的张艺谋电影中,只有邹静之编剧的《千里走单骑》尚属佳作,其余影片均在剧作上大有缺陷。

那么,是什么原因造成了"连张艺谋都找不到好编剧"的困顿呢?

问题出在编剧的待遇和权益上。收入少、待遇低、维权难,使得中国影视编剧处于尴尬境地。

1. 中国影视剧要走出困境,编剧的待遇和收入均有待提高

有数据显示,国外影视剧的编剧收入一般占总投资比例的 10% 至 20%。国外编剧们的身价也像他们的地位一样,高高在上。

在韩国,编剧年收入超过 33 亿韩元,酬劳非常高。知名编剧每集电视剧的稿酬约 2000 万韩元(约合人民币 14 万元),著名编剧的薪水甚至高过明星,以亿韩元来计算。除稿酬外,编剧们还可获得部分分红。

稿酬最高的,制作方甚至会给编剧开一张空白支票,让他自己去填数字。以韩国著名编剧金秀贤为例,她为 SBS 电视台 2009 年播映的电视剧撰写剧本时,就与电视台签订了价值 33.88 亿韩元(约合人民币 2550 万元)的协议。

当然,不同级别的编剧,酬劳也会有所不同。以刚刚入行的编剧为例,他们每创作一集电视剧仅能获得 250 万至 400 万韩元(约合人民币 1.7 万至 2.8 万元)的稿酬。

在美国,电视剧的制作是一个非常成熟的工业化体系,广告收入有 56% 归制作公司,确保了编剧们有稳定而丰厚的收入。剧本的好坏决定着电视剧的精彩程度,从而影响到收视率,继而波及广告。所以,编剧居于核心地位,使导演和演员成为其手下的棋子。

电视台给黄金档电视剧剧本开出的最低价格是每集 2.1 万美元(喜剧类)或每集 3.1 万美元(剧情类)。按照惯例,美国编剧的税前收入一般占到制作成本的 4%;但是编剧可以与制作方签订附加条款,从热卖剧集的净收入中提取 2%。

而美国六大电影公司为每部原创电影剧本至少会付出 10.6 万美元的酬金。好莱坞所在的洛杉矶县人均年收入为 5.26 万美元,而好莱坞编剧的平均年收入为 20 万美元。

其中,只需扣除3.1万美元的医保费用和国家税收。

同样,在美国编剧协会的1.2万名成员之中,既有年收入500万美元的电视剧编剧兼制片人,也有每年挣不到5万美元且时刻有失业危险的新手们。①

但相较于中国很多编剧的收入不稳定、生活无保障,美国编剧的处境还是要好得多。"我们有编剧协会。在协会中登记自己的剧本,不仅可以保护版权,还可以有一些收入,保障基本生活。"(罗伯特·麦基语)②

而在中国,编剧收入勉强能达到总投资的5%,甚至更少。一些不知名的编剧每月收入仅有数千元。由于编剧的待遇普遍偏低,编剧人才流失严重。年轻编剧会觉得投入与产出不成正比,愈发心态浮躁,陷入了收益与质量的恶性循环,致使剧本故事平淡、乏味。③最终,造成了"连张艺谋都找不到好编剧"的困顿。

可见,过低的收入成为编剧创作不出好作品的原因之一。

北京电影学院表演学院副院长王劲松曾叹息道:"一名普通编剧面对如此之低的报酬,为了满足生活的需要,他们通常还要同时接四五个甚至更多的剧本,这其中还要打出一两个投资方不能如约付款的富余。这么可怜的稿酬,怎么能出高质量的剧本!"④

正所谓"穷则思变"。如今,优秀剧本的缺乏使得业界对编剧愈加重视,其待遇也随之逐步得到提高。

2009年,《京华时报》曾报道,现在国内金牌电视剧编剧身价已达到每集10万元,首批进入"10万元俱乐部"的编剧有6位,分别是高满堂、邹静之、张永琛、王宛平、王海鸰和海岩。知名编剧张永琛在受访时表示,编剧身价涨、地位高是必然趋势。⑤

>> 【资料链接】中国电视剧"金牌编剧"代表人物

高满堂:"平民史诗"

高满堂是既能写大时代又能写小人物的通才编剧,其作品以平民史诗见长,题材既有艰苦卓绝的奋斗史,也有普通百姓的小人生。他特别善于用平民视角讲故事,善于准确捕捉普通百姓的生活方式和情感状态。他的剧作中有一个重要品质,即围绕普通人、普通家庭的命运与情感来展开。

---

① 聂灿:《日韩美编剧稿酬探秘》,来源:《深圳商报》,http://finance.qq.com/a/20100402/001098.htm。
② 《罗伯特·麦基点评喜剧电影:周星驰很伟大》,来源:《华商报》,http://ent.people.com.cn/GB/16490152.html。
③ 《原创匮乏的"剧本荒"》,来源:中工网,http://news.china.com.cn/rollnews/2010-06/25/content_2850799.htm。
④ 《中国第一家剧本工业公司诞生 挑战编剧行规》,来源:新浪网,http://ent.sina.com.cn/v/m/2005-04-18/ba706092.shtml。
⑤ 《6位金牌编剧身价达10万元1集 高满堂居榜首》,来源:《京华时报》,http://news.163.com/09/0519/09/59LS8J7I000120GR.html。

海岩:"阴谋与爱情"

海岩是言情小说名家和造星机器。根据其小说改编成的电视剧大多具有超高收视率,先后捧红了徐静蕾、孙俪、佟大为、陆毅等众多耀眼明星。他长于创作惊心动魄、生死离别的公安涉案、爱情警匪故事。他的剧本借鉴了好莱坞电影的许多元素。

悬念与爱情,是海岩剧屡试不爽的两大法宝。海岩剧就是凭借着"案件+爱情+正义+现实"这一模式,自成一派。唯美的画面、曲折的情感、感人至深的背景音乐,都是海岩剧的独家标志。

王海鸰:"第三者旋风"

王海鸰在影视界被誉为"中国婚姻家庭剧第一写手"。她擅写家庭伦理剧,自其第一部正面描写"第三者"的电视剧《牵手》(1998年)问世之后,荧屏上情感剧的"第三者旋风"就越刮越猛。她的作品写尽当代婚恋生活的各种形态,真诚地探索了当代中国婚恋的"雷区",并作出了客观的回答。其作品温情而不滥情,深刻而不故弄玄虚,把婚姻中的细碎小事叙述得条理清晰又真实自然。①

▶▶【资料链接】知名编剧创作情况

高满堂代表作:《闯关东》、《家有九凤》、《错爱》、《钢铁年代》、《我的娜塔莎》

邹静之代表作:《康熙微服私访记》、《铁齿铜牙纪晓岚》、《琉璃厂传奇》

张永琛代表作:《末代皇妃》、《像雾像雨又像风》、《京华烟云》、《夜幕下的哈尔滨》

王宛平代表作:《金婚》、《幸福像花儿一样》、《甜蜜蜜》

王海鸰代表作:《牵手》、《中国式离婚》、《不嫁则已》、《新结婚时代》、《大校的女儿》

海岩代表作:《便衣警察》、《玉观音》、《拿什么拯救你,我的爱人》、《一场风花雪月的事》、《永不瞑目》、《你的生命如此多情》、《五星大饭店》

诸如高满堂、王海鸰、海岩、邹静之等金牌编剧已经开始尝试"编剧中心制"的电视剧制作模式。而刚入行的年轻编剧们的前景又如何呢?

北京新影联院线副总经理高军介绍说,目前国内编剧行业的收入相差很大,一线编剧一部戏的要价在400万左右,而刚刚入行的编剧一部戏可能也就只能卖几万元。

但是,如果能创作出优秀的剧本,又何愁不能"鱼跃龙门"呢?

国家广电总局负责人表示,推动我国从影视产业大国向影视产业强国迈进,关键是实现从"以数量增长为主"向"以质量效益提高为主"的转变。为此,广电总局将在评奖宣传等方面向编剧倾斜;不仅要宣传导演、演员,还要宣传编剧和其他主创人员;既要有导演、演员大奖,也要有编剧大奖。

---

① 参阅李国政:《咱们编剧有力量》,来源:《扬子晚报》,http://ent.xinmin.cn/2012/03/04/13887382.html。

另外，广电总局将加大对剧本创作的投入和对编剧的奖励。从 2012 年起，广电总局将组织实施"剧本精品创作工程"，设立优秀剧本奖励基金，着力扶持优秀剧本项目。具体措施为每年拿出 3000 万元，向全社会征集弘扬社会主义核心价值体系的优秀剧本，每部优秀影视剧本给予 100 万元至 300 万元的奖励。

此外，广电总局从 2012 年起将实施"百人计划"，计划用 5 年左右时间，每年选拔 100 名以上的编剧、导演、演员及摄、录、美和后期制作领域的青年影视专业人才进行系统培训，加强影视产业的专业人才培养。①

可见，影视编剧的培养已开始受到前所未有的重视，前景将越来越好。

2. 中国影视剧要走出困境，编剧的合法权益必须得到保障

中国编剧维权之声最早出现在 2008 年。最初的维权还只是停留在"把编剧的名字加在作品的字幕中"。然而，彼时的大洋彼岸，众多美国编剧却开始罢工，目的是争取更多的薪水。

美国剧作理论家罗伯特·麦基曾介绍说，美国编剧维权有诸如"编剧协会"等组织，"每过十年编剧就罢工一次。罢工的原因往往微不足道，目的就是让导演、演员、制片人知道，如果缺了编剧，大家就没活干了。美国每天有上百个频道，对节目的需求量非常大，但是人才有限。所以，这些人才在讨价还价的时候是占主动地位的。如果有人请我来做电视剧的编剧，就必须让我做制作人或者监制。如果我能够达到好的收视率，我就能够掌控主导权，只要有观众，编剧就有权利。这就是为什么美国电视的剧本是最棒的。"②

美国的编剧们可以加入"编剧协会"，而中国的编剧们则长期处于游离状态，因此，侵权现象时有发生。近年来，中国编剧讨要稿酬、为署名权与片方发生争执等纠纷更是屡见不鲜。

曾创作《孔繁森》(1995 年)、《离开雷锋的日子》(1996 年)、《建国大业》(2009 年)等影片的著名编剧王兴东就曾感叹："现在好多编剧连报酬都拿不到，编剧维权的太多了。编剧真是很难做的。我做了 35 年，我觉得自己很尴尬。以前我觉得编剧很好，因为编剧是影视产品的第一个创意者；这个作品是你思想的表达，就像早年我写《飞来的仙鹤》。但是现在拍摄上各方面也不怎么重视编剧。"③

中国影视剧要走出困境、蓬勃发展，"编剧维权"的问题就必须得到重视。

一方面，国家应通过立法等方式来切实保障编剧的合法权益。

---

① 《广电总局：影视评奖宣传将向编剧倾斜》，来源：《人民日报》(海外版)，http://news.xinhuanet.com/newmedia/2012—02/20/c_122724953.htm。

② 《罗伯特·麦基来京授课：鼓励原创反对模仿》，来源：《华西都市报》，http://ent.sina.com.cn/c/2011—12—05/14553499275.shtml。

③ 《姜昆携提案对广播电视无偿播放曲艺作品维权》，来源：《南方日报》，http://china.nfdaily.cn/content/2010—03/14/content_10062800.htm。

在 2008 年全国"两会"期间,王兴东就曾提交过一份《国内影视编剧权益屡受侵犯应该引起关注》的提案。他说:"我这次提案指出,《电影法》要把著作权作为一个法定位置固定下来。《著作权法》,其中有四项人身权是永远不能改变的,发表权、修改权、署名权、保持作品完整权。著作权还规定了四项财产权利,比如摄制权、汇编权、翻译权、改编权。你使用这些权利要付费。"

这份提案得到十几位委员的签名支持。对此,时任文化部副部长于幼军表示,编剧的劳动理应得到尊重。在 2010 年全国"两会"期间,王兴东又和著名作家张抗抗联合向大会提出建议:华表奖、金鸡奖、百花奖、飞天奖应增设"最佳改编剧本奖"。

另一方面,编剧们也需要团结协作,共同维权。

2009 年 5 月,"中国影视编剧塘栖雅集"在杭州古镇塘栖发起。该活动每年一届,旨在沟通、交流、探讨、合作,在发展文化产业大背景下,加强编剧之间、编剧与制作方之间的交流合作,提高影视编剧的地位,开拓新创作领域,促进影视剧的创作和生产。

刘恒、芦苇、万方、王宛平、石康、顾伟丽、文隽、薛晓璐、冉平等 60 名中国编剧参加了 2009 年的首届"塘栖雅集",共论编剧行业发展前景。

2010 年 6 月,中国电视剧编剧年会在上海召开,众多国内著名编剧齐聚一堂,共同讨论成立"编剧协会"等事宜,主要目的就是解决编剧的回报与认可问题。中国编剧的创作与生存状态开始受到外界的广泛关注。

2011 年 4 月 28 日,经过众多编剧长达三年的努力,中国电视剧编剧工作委员会在北京成立。高满堂当选首任会长,刘和平、周振天、王丽萍当选常务副会长。

高满堂表示:"这是中国电视剧产业发展的必然结果。现在,中国每年要制作太多部电视剧,电视剧编剧的队伍也在不断壮大,编剧们需要一个自己的组织去参与这项产业。"

天津籍著名编剧张永琛表示,编剧工作委员会的成立也是保证编剧自身权益、巩固其文化责任感的基础。"电视剧编剧需要一个稳定的组织来保证创作。"

制片人李东则说:"以前中国电视剧制作是电视台找到制作公司,制作公司再找来导演、编剧、演员。这里面,编剧的地位很容易被忽略,收入也是最低的。委员会成立的好处之一,就是编剧们今后可以依靠自己的组织,直接和电视台这样的制作方进行规范的对话,这是电视剧产业良性发展的开端。"

中国电视剧编剧工作委员会的成立,预示着中国电视剧编剧将以一个全新的整体出现在人们面前。①

此外,一些著名影视编剧也摸索出一条"求人不如求己"的新路,开始兼做制片人或导演,以求进一步参与甚至主导影视剧的运作。

例如,上海籍编剧马中骏在上世纪 90 年代中期投入制作人队伍之中,创立慈文影视

---

① 参阅百度百科,http://baike.baidu.com/view/5650206.html。

制作有限公司,并担任董事长。其公司迅速成为民营制作公司中的翘楚,近年来制作的《半生缘》(2002年)、《射雕英雄传》(2003年)、《神雕侠侣》(2006年)、《七剑下天山》(2006年)、《雪山飞狐》(2007年)等电视剧均在海内外市场取得了良好业绩。

浙江籍编剧赵锐勇则创立长城影视集团,并担任董事长,近年来集团创作的电视剧《红日》(2009年)、《五星红旗迎风飘扬》(2011年)等均受到业界和社会的好评。

《雍正王朝》(1997年)的编剧刘和平[①]在摄制电视剧《大明王朝1566》(2007年)时,兼任编剧和总制片人,进一步掌控了这部"高端剧"的制作;该剧在播出时引起高端人群的强烈反响,被誉为"中国电视剧未有之高峰"。

娱乐剧编剧于正建立了自己的工作室,从2008年开始以编剧、制片人的双重身份制作《美人心计》(2010年)、《宫锁心玉》(2011年)等电视剧。

曾创作《半路夫妻》(2005年)、《亲兄热弟》(2007年)、《你是我兄弟》(2011年)等热播剧的著名编剧彭三源则签约华谊兄弟公司,成立自己的工作室,担任制片人。

曾创作《武林外传》(2006年)等热播剧的金牌编剧宁财神也于2011年受聘担任SMG尚世影业公司的创意总监。

《海洋天堂》海报

尝试"自编自导"的编剧更是越来越多。王兴东介绍说:"很多编剧现在'自编自导'。有一个叫薛晓路的编剧,她是北京电影学院文学系的副教授,写过陈凯歌的《和你在一起》、《不要和陌生人说话》等剧本。她自己今年要自编自导一部剧叫《海洋天堂》,李连杰看了剧本后没要片酬就要演。她今年才40多岁,给我们编剧树立了一个很好的榜样……还有黄丹教授,以前当编剧,现在也当导演。还有庄宇新教授,《爱情的牙齿》也是自编自导。还有曹宝平的《光荣的愤怒》、《李米的猜想》等等。这条路子就是市场逼出来的。不重视编剧,拍电影、拉投资靠什么呢?不全是靠名气,还得靠好剧本。就是你这个构思非常好,你这个剧本非常好,剧本包括了拍摄的一切内容、情节、人物、发展关系。那站在编剧的角度,我有能

---

① 刘和平,男,1953年生,历史学者,国家一级编剧,中国电视剧编剧工作委员会常务副会长;创作的舞台历史剧《甲申祭》获"曹禺戏剧文学奖"和文化部"文华奖";执笔编剧的四十四集电视连续剧《雍正王朝》(1997年)囊括"飞天奖"与"金鹰奖"的最佳编剧奖,编剧的电视剧作品还有《沧海百年》(2004年)、《大明王朝1566》(2007年)等。

力,何不自己来导?我有好本子,我就抓住了主动权。"

尽管中国编剧的维权之路仍然任重道远,但对于中国影视编剧的前景,王兴东还是很乐观。他认为:"中国文化产业已进入了蓬勃旺盛的发展期。这样的时期需要好的政策,要出台法律,建立一整套的激励机制。就是抓可持续发展的根本方向,抓好故事、好剧本。原创力需要机制来激励。这几年呼吁大家能够保护版权、尊重剧作,给他们以保持作品完整权、报酬权、荣誉权等,使他们热爱这个行业,使更多人从事这个行业;然后成立专业队伍,越做越好,给影视产业不断提供能源。"[1]

作为中国影视剧的"救荒者",编剧同仁们可谓任重而道远。电影故事片《清水的故事》(2008年)的编剧程晓玲曾坦言,编剧是一个在幕后默默承受孤独的行业。青年导演、编剧陆川也曾说:"艺术创作就是一厢情愿。"

《光荣的愤怒》海报

青年导演陆川部分电影作品

---

[1] 《姜昆携提案对广播电视无偿播放曲艺作品维权》,来源:《南方日报》,http://china.nfdaily.cn/content/2010-03/14/content_10062800.htm。

诚然，中国影视编剧行业还存在着诸多不尽如人意的问题，但对于有志有识之士来说，只要坚持不懈、孜孜以求，仍旧大有可为。借用冯小刚导演在电影故事片《甲方乙方》（1997年）中的一句台词——"一切都会好起来的！"

>> 【资料链接】成功之道，贵在坚持——影片《我要成名》的启示

成功之道，贵在坚持。香港电影故事片《我要成名》（2006年）对于从事影视行业的人士都会有所启迪。该片由香港导演刘国昌执导，阮世生、方晴、罗耀辉编剧，曾获2007年第26届香港电影金像奖最佳编剧提名。

在片头中，黎耀祥饰演的角色说道："做一名演员这是命，做一个不红的演员也是命，做一个被公认演技好而又不红的演员更加是命。"面对这样的困境，梁家辉饰演的影帝刘华告诫刘青云饰演的主人公潘家辉："就是这样。其实当所有人都让你走的时候，你就一定要坚持住。只要你不死，就肯定有机会的！"

片尾，主人公潘家辉说道："不管你怎样看我，做得好与不好，我都会尽自己的能力做好它。不对的，也说对，当没看见，我不行。以前不行，现在不行，将来也是一样。无论你们觉得我行不行都好，我就是行。"正是如此，要想成名，或是要想做好一件事情，天分、机遇、努力、忍耐、坚持，一样也不能少。

在香港，刘青云与黄秋生、吴镇宇并称"三大演技派男星"。吴镇宇曾说过："我演过烂戏，但没演过烂角色。"对自己的工作一丝不苟是他们能够叱咤影坛的重要原因。刘青云在片中的表现很真实。有人说，他演的正是自己。从1993年的电影故事片《新不了情》开始，他先后七次获得香港电影金像奖最佳男演员提名，却一直无缘获奖。而该片终于使他如愿以偿，获得了期待已久的"金像影帝"。

第二章 形态与类型

第一节　影视剧本的形态样式
一、剧本的概念与起源
二、影视剧的"舞台之缘"
三、影视剧的剧本形态

第二节　影视剧本的文体类型
一、电影故事片剧本
二、电视连续剧剧本
三、电视系列剧与电视单元剧剧本
四、电视短剧与电视栏目剧剧本
五、电视单本剧与电视电影剧本

中国四大古典名著中的故事曾屡屡被搬上戏曲舞台。《黛玉葬花》、《群借华》、《失空斩》、《李逵负荆》、《三打白骨精》……这些传统经典剧目可谓久演不衰。而近年来，四大古典名著又被频繁地改编成影视剧作品。

2010年5月，朝鲜版舞台歌剧《红楼梦》来华公演。2010年6月，新版电视连续剧《红楼梦》登陆荧屏。

2008年7月10日，系列电影故事片《赤壁》的上集公映，而其下集则于2009年1月7日公映。2010年5月，电视连续剧《三国》在各大卫视开播。

2011年8月，新版电视连续剧《水浒传》在各大卫视正式播映。而自2008年起，系列电视电影《水浒英雄谱》已在中央电视台电影频道播出多部。

2012年春节期间，张纪中版电视连续剧《西游记》在各大卫视正式播映。另由张纪中打造的3D版电影故事片《美猴王》也已开始筹拍。

……

林林总总，可谓"乱花渐欲迷人眼"。

那么，何谓"舞台剧"，何谓"影视剧"？电影故事片、系列电影故事片、电视连续剧、电视电影……又各是什么样的类型样式？它们的剧本创作又有何区别呢？本章将一一道来。

第一节 影视剧本的形态样式

在影视剧创作中,有句俗话——"剧本、剧本,一剧之本。"
那么,何谓"剧本"?"影视剧本"又是一种什么样的形态样式呢?

一、剧本的概念与起源

我们首先来明确"剧本"的概念。

一方面,剧本是一种主要以代言体方式来展现故事情节的文学样式,在文学艺术领域中是一种独特的文体。

所谓"代言体",即是创作者在叙事性作品中"代"人物立"言",假托作品中人物的口吻来完成故事的叙述;通过叙述口吻的转移和替代,用人物语言来推动情节发展,而第三者(他者)的叙述功能则被大大弱化。这种代言叙述的方式,是文学作品中故事叙述的基本方式之一,也是剧本创作的主要表现方式。

另一方面,剧本是戏剧艺术创作的文本基础,是导演、演员等其他创作人员进行二度创作的出发点。因此,在戏剧艺术领域中,剧本是一切戏剧创作的根本出发点。

舞台剧、广播剧、电影故事片、电视剧、网络剧……都属于广义的戏剧艺术范畴。因此,按照应用范围的不同,剧本可以分为舞台剧剧本、广播剧剧本、电影(故事片)剧本、电视剧剧本、网络剧剧本等。而我们所说的影视剧本,指的自然是电影(故事片)剧本和电视剧剧本。

我们在第一章中曾讲过,电影(故事片)剧本和电视剧剧本的出现均是在电影和电视剧诞生之后的逐步发展成熟之际。

从世界第一部电影故事片《月球旅行记》(1902年)到中国最早的电影故事片《难夫难妻》(1913年)和《庄子试妻》(1913年),从世界第一部电视剧《花言巧语的人》(1930年)到中国第一部电视剧《一口菜饼子》(1958年),影视剧可谓是"拄着舞台剧的拐棍"诞生的,并曾长时间置身于舞台剧的阴影之中。

那么,影视剧的剧本是如何区别于舞台剧的剧本,成为一种独特的剧本形态的呢?

先来追溯剧本的起源。

剧本大致出现在戏剧艺术正式形成并成熟之际。古希腊戏剧、中国古代戏曲和古印度梵剧并称"世界三大古剧"。这三大古代戏剧体系的成熟皆是以一批传世剧本的出现作为标志的。

1. 古希腊戏剧及其剧本

在古希腊祭祀中,合唱队会表演歌舞来祭祀酒神狄奥尼索斯,这种歌舞被称为"酒神颂"。"酒神颂"发展到后来,逐渐扩大到神话、史诗和英雄传说的范围,逐步发展成为一种有合唱队伴奏、有演员表演并依靠幕布、背景、面具等塑造环境的艺术样式,即西方戏剧的雏形——古希腊戏剧。而其成为一种独立完整的表演艺术样式的根本标志就是一批悲剧剧本的出现,这些世代流传的悲剧故事至今仍是影视剧创作的热门题材。

>> 【资料链接】古希腊戏剧的"三大悲剧诗人"

古希腊历史上诞生了著名的"三大悲剧诗人",他们分别代表了古希腊悲剧艺术"兴起——繁荣——衰落"各个时期的最高成就:

埃斯库罗斯

被誉为"悲剧之父"。代表作《被缚的普罗米修斯》讲述了"盗火者"普罗米修斯从天界为人类带来光明与温暖并甘受宙斯惩罚的故事。

相关影视作品:美国电影故事片《诸神之战》(1981年版、2010年版)。

《诸神之战》(1981年版)海报　　《诸神之战》(2010年版)海报

索福克勒斯

被誉为"戏剧艺术的荷马"。代表作《俄狄浦斯王》是标志着希腊悲剧艺术完美结构的典范,全剧以倒叙"追凶"的方式讲述了俄狄浦斯王发现自己就是"弑父恋母"的罪魁祸首的故事。其悲剧的感染力使人震撼,而"俄狄浦斯情结"也被后世心理学家作为"恋母情结"的代名词。

相关影视作品:意大利电影故事片《俄狄浦斯王》(1967年)。

欧里庇得斯

被誉为"心理戏剧的鼻祖"。代表作《美狄亚》讲述取回金羊毛的英雄伊阿宋的妻子美狄亚不惜杀害自己的孩子来复仇的故事。在后来的女权主义者看来,该剧最早提出了妇女问题。

相关影视作品:美国电影故事片《伊阿宋与金羊毛》(1963年)、意大利电影故事片《美狄亚》(1969年)。

《俄狄浦斯王》海报

《伊阿宋与金羊毛》海报

《美狄亚》海报

古希腊悲剧主要不是写悲,而是在于表现崇高壮烈的英雄主义思想。根据亚里士多德的定义,古希腊悲剧"描写的是严肃的事件,是对有一定长度的动作的模仿;目的在于引起怜悯和恐惧,并导致这些情感的净化;主人公往往出乎意料地遭到不幸,从而造成悲剧,因而悲剧的冲突成了人和命运的冲突"。[①]

2. 中国古代戏曲及其剧本

"北曲杂剧,南曲戏文。"中国戏剧成熟的最确实的证据是杂剧和南戏剧本的出现。

---

① 参阅百度百科,http://baike.baidu.com/view/110135.htm。

所谓"杂剧",最早见于唐代,泛指歌舞以外诸如杂技等各色节目;到了宋代,"杂剧"逐渐成为一种新的表演形式的专称,包括歌舞、音乐、调笑、杂技等。它是中国戏曲艺术发展到成熟阶段的最早的戏曲种类,以其发展演变的地域和时期的不同,又可分为宋杂剧、金院本和元杂剧,就其音乐——北曲来说,则是一种早期的以曲牌体为特色的重要声腔系统。① 最能代表杂剧创作成就的,是"元曲四大家"——关汉卿、马致远、郑光祖、白朴。

所谓"南戏",亦称"戏文",在明清两代则被称为"传奇",是宋元时期流行于长江中下游和东南沿海一带的戏曲艺术,由宋杂剧、唱赚、宋词和当地民间村坊小曲等综合发展形成,并以南曲演唱为其形式特征。今知剧本有 200 多种,大部分已经散失,全本留传的仅有《小孙屠》《张协状元》《宦门子弟错立身》《拜月亭记》《荆钗记》《白兔记》《杀狗记》《琵琶记》等少数几种,而且大都经过明代人的增删或改写。②

在中国"四大古典名剧"(或称"四大古典爱情剧")中,除《西厢记》为"元杂剧"以外,《牡丹亭》《长生殿》《桃花扇》均为由南戏演变而来的"明清传奇"。

>> 【资料链接】中国"四大古典名剧"与相关影视作品

《西厢记》(元·王实甫):电视电影《西厢记》(2006 年)、电视连续剧《西厢传奇》(2001 年)和《西厢记》(2010 年)。

《牡丹亭》(明·汤显祖):电影故事片《牡丹亭》(1986 年)、电视连续剧《牡丹亭》(2009 年)。

《长生殿》(清·洪昇):电影故事片《盛唐危机》(2012 年)、电视连续剧《大唐芙蓉园》(2007 年)和《杨贵妃秘史》(2010 年)。

《窦娥冤》(元·关汉卿)

《赵氏孤儿》(元·纪君祥)

《西厢记》(元·王实甫)

---

① 参阅百度百科,http://baike.baidu.com/view/45216.htm.
② 参阅百度百科,http://baike.baidu.com/view/320821.htm.

《桃花扇》(清·孔尚任):电影故事片《桃花扇》(1963年)、电视连续剧《桃花扇传奇》(2000年)和《魂断秦淮》(2001年)。

3. 古印度梵剧及其剧本

印度古典梵语戏剧,即梵剧,起源于公元前8世纪,但没有当时的剧本流传下来。现存剧本均出自公元后。最早的是公元1至2世纪佛教戏剧家马鸣的三部戏剧残卷,包含了其创作的《舍利弗传》等剧本。而公元元年前后也正是印度古典戏剧步入成熟的时期,这些残卷标志着当时古典梵语戏剧已处在成熟阶段。继马鸣之后,戏剧家跋娑活跃一时。1909年,跋娑创作的13部富有民间色彩的剧本被发现,通称"跋娑十三剧"。

梵剧从题材上看,一是取材于史诗和传说故事,这类题材是印度古典戏剧的主要部分,如以描写宫廷生活为中心的《摩罗维迦和火友王》(迦梨陀娑著)、在传说故事中融入新意的《沙恭达罗》(迦梨陀娑著)等;二是取材于现实生活,以刻画都市世态人情为主,如《小泥车》(首陀罗迦著)等;此外还有一些以宗教宣传为主旨的作品,如《马鸣戏剧残卷》等。①

《流浪者》剧照

公元12世纪以后,随着梵语古典文学的衰落,梵剧也逐渐消亡,但其对当今印度的戏剧影视创作有着不可磨灭的深远影响。在印度宝莱坞②电影中,我们既可以看到影片《流浪者》(1954年)之类的反映社会现实的经典之作,又可以看到影片《阿育王》(2001年)之类的绮丽悲情的商业史诗巨制。

《阿育王》海报

二、影视剧的"舞台之缘"

通过对剧本起源的追溯,我们认识到,剧本出现在戏剧艺术成熟之际,即舞台剧的剧本出现在舞台剧成熟之际。那么,电影(故事片)剧本和电视剧剧本的出现也均是在电影和电视剧诞生之后的逐步发展成熟之际。

---

① 参阅百度百科,http://baike.baidu.com/view/1712249.htm。
② 宝莱坞,位于印度孟买电影基地的印地语电影产业的别称,是世界上最大的电影生产基地之一,拥有数十亿观众,对印度乃至整个南亚次大陆、中东、非洲和东南亚的流行文化都有重要影响,并通过南亚的移民输出传播到整个世界。

从戏剧艺术的整个发展序列来看，影视剧诞生之时，舞台剧已是完全成熟的戏剧艺术形式。由于两者存在天然的联系，在诞生之初无所适从的影视剧便开始向舞台剧皈依，从舞台剧这种最古老的戏剧艺术中汲取到无穷的发展活力。

但这种"舞台之缘"从另一个角度上来说，又是对影视剧发展的桎梏。

无论中国古代戏曲，还是古希腊戏剧和古印度梵剧，都诞生于传统农业社会。因此，可以说，舞台剧是诞生于农业社会的、最适宜于生活在农业社会的人观赏的戏剧艺术。例如，中国的老戏台上有这样一对楹联：

古往今来顷刻间演过千秋世事，
天涯海角平方地可走万里河山。

一出戏，演过了古往今来的"千秋世事"，却只在"顷刻间"；方寸戏台不过"平方地"，却代表从天涯至海角的"万里河山"。这种表现形式与农业社会的观赏条件以及人们的观赏习惯相适应。

对于舞台剧来说，上联讲的就是一个"时间"概念，而下联讲的则是一个"空间"概念。两者结合，即在有限的时间和有限的空间内去展现一个特定的故事，这就是舞台剧的时空特性，也是舞台剧的剧本创作所要遵循的时空处理原则。

从西方戏剧的角度来说，这个"特定的故事"一般要求符合"三一律"，即时间、地点、情节三者保持统一、集中。因此，在剧本创作中，时间空间、人物情节、矛盾冲突均需达到高度的紧凑和集中。例如，赖声川创作的话剧《暗恋桃花源》就讲述了两个互不相干的剧组在同一个夜晚、同一个剧场的舞台上同时进行彩排这样一个"戏中戏"故事。

从中国戏曲的角度来说，这个"特定的故事"可以通过程式化和虚拟性的手法来进行表现。程式化是指演员的角色行当、表演动作、音乐唱腔等都具有特殊的固定规则；虚拟性则是指演员"以形写神"，以写意性的表演动作来比拟现实情境或对象，从而虚实相生地表现生活。这样，剧本创作就在一定程度上突破了舞台时空的局限性，可以更为灵活地表现故事，所谓"三五步走遍天下，六七人百万雄兵"，正是此意。例如，京剧《三岔口》中著名的一场"摸黑打斗"全靠两个演员一系列的虚拟动作来表现。

但无论是西方戏剧的"三一律"，还是中国戏曲的程式化和虚拟性，都使剧本创作无法完全突破舞台剧在时空表现力上受到的局限，无法随心所欲地讲述故事。

京剧《三岔口》剧照

例如，在梅里爱拍摄的诸如《月球旅行记》(1902年)之类的早期电影故事片中，运用了"停机再拍"的手法，用一个镜头拍摄剧情中的一段戏，每段戏都类似舞台剧中的一幕或一场，而每段戏之间的转换也就犹如舞台剧的换幕。显然，这仍是舞台剧的时空处理方式。

所以，当影视剧的创作还停留于"舞台思维"时，其文学剧本仍旧近似于舞台剧剧本，无法形成独立的剧本形态样式，更不可能出现真正的分镜头剧本。

1. 中外电影的"舞台之缘"

法国电影导演乔治·梅里爱是世界上第一位电影艺术家。他以银幕作舞台，把电影从"生活记录"引向"舞台戏剧"之路，把"电影技艺"发展为"电影艺术"。

梅里爱建立了世界上最早的"摄影棚"。而他所建造的摄影棚其实是一个"照相室和剧院舞台的结合体"，摄影机就放在舞台的对面。

梅里爱首次将舞台戏剧的绝大部分元素和戏剧艺术的诸般法则系统地引入电影制作。演员、服装、化妆、布景、机器装置以及景或幕的划分等，都原封不动地运用到电影中，从而创立了电影的戏剧化传统。

从此，导演、演员以及后来的编剧……这些剧组成员的称谓，被从戏剧(舞台剧)领域借用到影视剧领域。拍戏、演戏、戏剧性、戏剧冲突、戏剧结构……这些名词也都成为影视剧领域里的行话。

梅里爱把许多优秀的舞台戏剧搬上了银幕。他的默片中，演员们的表演注重夸张的动作和手势，而不重表情。他用自己喜欢的自然光线构图。他把摄影机架在舞台对面的套间里，然后津津有味、不知疲倦地拍下整部戏剧。他所拍摄的几百部影片都是舞台戏剧结构的表现形式。可以说，梅里爱创造了"戏剧电影"，他也被誉为"戏剧电影之父"。

但是，"成也萧何，败也萧何。"梅里爱的电影事业兴起于"舞台"，也衰败于"舞台"。他把舞台搬上银幕，却拘泥于舞台剧的表现手法，坚决拒绝使用外景；在他的电影拍摄过程中，除去表现物体运动的移动摄影特技之外，摄影机是从不变换角度的，始终静止地面对着舞台空间。摄影机的取景框就是舞台的画框，画面中自然缺乏运动感和景别变化，观众所面对的银幕空间仍旧隶属于舞台的结构空间。

法国电影史学家乔治·萨杜尔在其著作《世界电影史》中提到梅里爱的影片《灰姑娘》(1900年)时说："《灰姑娘》一片是一部拍摄下来的哑剧。它不过是把舞台上演员们的表演，原封不动地照样搬到银幕上来而已。"

在我们现在看来，电影的叙事画面应当是分别拍摄的，再运用蒙太奇手法把众多的镜头剪辑起来，以叙述故事、表达思想，从而构成一部为广大观众所理解的影片或段落。

但在当时，保守的"舞台思维"限制了梅里爱在电影艺术上取得更进一步的发展。真正开始尝试"电影化叙事"的是只受过很少教育的美国导演埃德温·鲍特。

埃德温·鲍特最早在美国电影中采用特写、交替切入、停机再拍、摇拍等技巧。他拍摄的《一个美国消防员的生活》(1903年)虽然很不成熟，但却是美国第一部经过剪辑的影片。之后的《火车大劫案》(1903年)更具开拓意义,被美国电影史学家们誉为"美国电影史上划时代的作品"。

影片《火车大劫案》根据1900年发生在美国的一个强盗抢劫火车的社会新闻事件改编而成,以真实的自然环境作为叙事背景,以强盗抢劫火车上旅客的钱财、最终被警察追击而受到惩罚的故事作为依托,具有强烈而紧张的外部动作和冲突。

该片共分14段,每一段都是由一个镜头拍摄下来的完整事件中的一部分,将发生在不同地点的平行动作交替切入,摆脱了实际时间的束缚,从而打破了传统戏剧顺时叙事的原则,创造了真正符合电影艺术规律的叙事时空。而其叙事中被省略的那部分时空,则由观众自己凭借生活的经验去进行补充。

《火车大劫案》中的这些镜头,在画面内部信息的组织上,在镜头之间时空交错的切换技巧上,创造性地发展了电影叙事的流畅性和连贯性。同时,这种叙事方式不需要任何文字叙述语言的注释便可以使观众一目了然。①

而《火车大劫案》的"提纲式脚本"也已经初具分镜头剧本的雏形。

更重要的是,埃德温·鲍特将大卫·格里菲斯引进了电影界。把电影从舞台戏剧的桎梏中解放出来的,正是大卫·格里菲斯这位美国电影大师。

格里菲斯将戏剧性空间加以分解,再以适应观众思维与情感参与的方式加以组合。从此,镜头替代场面成为电影的基本单位,场面或段落由若干个镜头组成。这就是蒙太奇艺术产生的基础。

大卫·格里菲斯(1875—1948)

例如,在格里菲斯拍摄的《一个国家的诞生》(1915年)等电影故事片中,他把每段戏中的事件和动作再加以分解,并在布景前换取不同的方位拍摄,或运用不同景别的镜头,以造成空间运动超出舞台范围的印象;同时,选用外景,让叙事范围明显地越出舞台的有限空间,以省略掉原来的事件和动作中的部分环节,形成电影自由处理时空的转换原则。至此,影视剧的时空处理方式开始形成。

而在电影故事片《党同伐异》(1916年)中,格里菲斯丰富和发展了平行蒙太奇,巧妙地运用隐喻手法,第一次把时空相距很远的事件组织在一部影片里,彻底打破了舞台戏剧的"三一律",使电影发展成为独立的艺术。

当然,使默片发展到巅峰时期的格里菲斯仍旧喜

---

① 参阅百度百科,http://baike.baidu.com/view/847475.htm#3。

欢即兴式的创作方法,将拍摄计划(文学剧本)都装在心里,或者只写一个较为详细的情节构思和故事梗概,在拍摄时也没有分镜头剧本。但是,与格里菲斯同时期的美国导演托马斯·英斯①已与编剧基恩·马希斯②一起开创了电影分镜头剧本,这是此时电影艺术发展的必然。

中国电影在诞生之初即与舞台结缘,并与中国的传统戏曲和说唱艺术结合,发展出一种独特的电影类型——舞台戏曲片。

1905年,中国第一部电影——京剧纪录片《定军山》在北京丰泰照相馆诞生。这一年,适逢著名京剧老生表演艺术家谭鑫培的六十寿辰。应北京丰泰照相馆老板任庆泰的邀请,谭鑫培在镜头前表演了自己在京剧《定军山》中最拿手的"请缨"、"舞刀"、"交锋"等几个片段。影片随后被拿到前门大观楼熙攘的人群中放映,万人空巷。

《党同伐异》海报

《定军山》是有记载的中国人自己摄制的第一部电影,标志着中国电影的诞生。作为中国电影百年诞辰的纪念之作,2006年上映的电影故事片《定军山》就表现了中国第一部电影诞生的整个过程。京剧大师谭鑫培的后人——谭元寿在片中饰演了自己的曾祖父。

在20世纪前三十年,电影被中国人通称为"影戏",更像是舞台剧的延伸。将电影视作戏剧,是当时电影创作的核心观念。

中国早期电影制作机构的成员大多来自戏剧舞台,所以当时的电影题材和内容大多源于传统戏曲和"文明戏"。他们在创作中大量借鉴舞台戏剧的经验,并结合默片的摄制条件来拍摄电影故事片。技巧上,用传统的戏剧观念来处理电影,布景空间层次的设计具有明显的舞台痕迹;拍摄上,沿用戏剧舞台的一套办法,摄影机基本固定,镜头的景别变化不大;表演上,也依旧留有舞台剧的表演痕迹。

所谓"文明戏",就是中国早期的话剧,其表演采用的是"幕表制"。

"幕表制"就是演出前根本没有剧本,演出时全凭演员即兴发挥。演出组织者只是提供一张"幕表",上面写有主要人物名单、出场次序、大致情节或主要台词。然后,便由演员自行排演,有时连排练也没有。或者是演出组织者将故事梗概画成连环画或缩写在纸片

---

① 托马斯·哈伯·英斯(1882—1924),男,美国电影导演,好莱坞的创建者之一;于1924年突然逝世在美国报业大王威廉·伦道夫·赫斯特的游艇上,成为好莱坞的"未解之谜"。
② 基恩·马希斯(1892—1927),女,美国早期电影业最重要的编剧之一;提倡导演与编剧合作,共同商讨影片情节。

上,张贴于后台,供演员上场前看上几眼。演员上场后就全凭临场发挥了,有时甚至上场后还不清楚情节。

显然,这种"台上见"的"幕表制"根本无法保证艺术质量,甚至也无法保障戏剧情节的整一性。作为中国现代话剧和电影的奠基人之一,欧阳予倩①曾经回忆当时的演出情景:一次他扮演的小姐与一位先生正在花园里倾诉爱情,小姐由于婚姻无法自主而痛心低泣;此时,两个扮演丑角的人在场边肆意耍丑,闹得观众哄笑不止;小姐与先生的爱情戏没法演下去,弄得扮演先生的演员挥舞文明棍,把两个丑角追打到后台去。②

在1920年之前,中国早期电影的制作一直处于"幕表纸片"的时代,从舞台上承袭了"幕表制",将故事内容分为四项,即幕数(场数)、场景(内外景)、登场人物、主要情节,再进行细化加工。这种简单的"幕表式故事脚本"只相当于现代电影的"故事梗概",而具体的对白与演出,则多靠演员们在拍摄现场即兴发挥。

《难夫难妻》剧照

例如,中国第一部故事片《难夫难妻》(1913年,又名《洞房花烛》)由郑正秋编剧、张石川与郑正秋执导,而所有角色都由"文明戏"演员扮演。中国电影的垦荒者——郑正秋为这部片长40分钟的电影故事短片专门撰写了1000多字的"幕表式故事脚本"。

郑正秋认为戏剧必须是改革社会、教化群众的工具。他选择以自己家乡广东潮州的封建买卖婚姻习俗为题材;故事从媒人撮合说起,经过种种繁文缛节,直到把互不相识的一对男女送入洞房为止。影片情节简单,却抨击了社会现实。

可以说,郑正秋是中国第一位电影编剧。但《难夫难妻》的"幕表式故事脚本"却难以称为"中国第一部电影剧本",因为它是按照"文明戏"的结构形式编写的,大致是五场戏:

第一场,乾家的家长共同商量要为长大了的儿子髫龄娶亲;

第二场,乾家托媒人说亲,媒人接受委托;

第三场,媒人花言巧语地劝说坤家的家长把女儿标梅嫁给乾家,坤家的家长表示同意;

第四场,乾坤二家择吉日成亲;大喜之日,一对素不相识的少男少女像傀儡一样任人摆布,结拜天地,送入洞房;

---

① 欧阳予倩(1889—1962),男,著名戏剧、戏曲、电影艺术家,中国现代话剧创始人之一,与梅兰芳并称"南欧北梅";一生创作、改编话剧40余部,导演话剧50余出,创作、改编、修改戏曲剧本近50部,编剧、执导影片13部。

② 参阅百度百科,http://baike.baidu.com/view/494002.htm。

第五场,瑳令和标梅这对少年夫妻成婚之后,过起了他们"难夫难妻"的艰难生活。①

张石川在《自我导演以来》一文中说:"导演技巧是做梦也没有想到过的。摄影机的地位摆好了,就吩咐演员在镜头前面做戏。各种的表演和动作,连续不断地表演下去,直到二百尺一盒的胶片拍完为止……镜头地位是永不变动的,永远是一个'远景'……倘使片子拍完了而动作表情还没告一段落,那么续拍的时候,也就依照这种动作继续拍下去。"②

《庄子试妻》剧照

可见,这部影片无非是把一出"文明戏"用摄影机完整地拍摄下来。

几乎与《难夫难妻》同时,被誉为"国片之父"的黎民伟创作了电影故事短片《庄子试妻》(1913年)。该片是香港出产的第一部电影故事片,也是中国第一部在海外放映的电影;由黎民伟改编自当时的粤剧《庄周蝴蝶梦》,开创了后来的"粤剧电影";担任导演的是黎民伟的胞兄黎北海。该片故事大致是:庄子尸骨未寒,庄妻便另结新欢,为讨好新欢,庄妻不惜扰及死去不久的丈夫的坟墓;而这个新欢其实是庄子假扮的,庄子只是以诈死来考验妻子的忠贞。

1921年,"中国影戏研究社"③创作了中国第一部电影长故事片《阎瑞生》。该片取材于上海滩的真实案件——"阎瑞生案"④,时长2小时左右,拍摄技巧自然,虽然有些粗糙,但总体上看仍是一部相当成功的商业片。

1920年,上海戏剧团体就已将"阎案"改编成"文明戏"搬上舞台,取剧名为《阎瑞生》,且颇为轰动,久演不衰。但影片没有照搬"文明戏",而是以这部"文明戏"为蓝本,进行大胆创作,基本上保持了生活的原貌。

该片由杨小仲改编、任彭年执导。其实,影片故事是陈寿芝、邵鹏、施彬元、徐欣夫、顾肯夫、陆洁与编剧、导演一起集体创作而成的。他们都有较高的文化水平,且喜好外国电影。所以,该片深受美国电影,尤其是美国侦探片的影响,情节紧凑,表演精彩,扣人心弦。为追求逼真感和现场感,影片拍摄大多使用实景实物,带有很强的纪实性。字幕说明则采

---

① 参阅百度百科,http://baike.baidu.com/view/84422.htm。
② 张映光:《当摄影机遇到文明戏》,来源:《新京报》,http://ent.163.com/ent_2003/editor/movie/feature/040418/040418_239301.html。
③ "中国影戏研究社"是上海的青年电影事业家陈寿芝、邵鹏、施彬元、徐欣夫、顾肯夫、陆洁等,为拍摄影片《阎瑞生》而于1920年集资创办的电影爱好者团体,于1922年冬宣告关闭。徐欣夫、顾肯夫、陆洁后来成为著名电影导演。
④ 阎瑞生案:1920年,上海洋行买办阎瑞生谋财害命,勒毙名妓王莲英,被捕后获判死刑。此案在报纸上披露后引起轰动。

用通行的白话文,通俗易懂。

同时,比"幕表式故事脚本"更为详细的"电影本事"出现了。所谓"电影本事",是中国早期电影的一种具有故事性质的原始文学剧本形式。它对影片的基本故事内容作扼要介绍或说明,包括基本情节、主要人物及其动作,还有字幕说明;其叙述文字比较精练,更接近于现代电影的"剧本大纲"。

影片《阎瑞生》的"电影本事"发表在同年的《电影周刊》上,成为最早被印刷在纸媒上的电影创作文字。

而张石川与郑正秋于1922年创作的电影短故事片《劳工之爱情》(又名《掷果缘》)也开始摆脱"舞台思维"的羁绊,可以明显地看到多样的电影语言和基本的分镜头组合。这部时长仅有22分钟的短故事片也是现存尚可放映的最早的一部中国电影。

郑正秋为该片创作了"电影本事",发表于同年的《申报》。在"电影本事"的基础上,张石川于影片拍摄前编写了导演工作台本。早期电影导演程步高回忆:"张石川早年所用的导演镜头本,根据幕表,每场情节分成若干镜头;每个镜头另起一行,包括号码、人物、动作、表情、对白;写在活页纸上。"①可见,张石川的导演工作台本也已接近于真正的电影分镜头剧本。

《劳工之爱情》诞生于"电影短片时代"即将结束之际,是中国电影短故事片创作经验的集大成者,可谓"压卷之作"。

1923年,张石川与郑正秋创作了电影长故事片《孤儿救祖记》,终于摆脱了"文明戏"式的舞台化表演风格。郑正秋编剧的影片故事引人入胜。作为导演的张石川在场景设计和电影语言的运用上也展现出更为明显的电影化手法,力求影片的形象、情景生活化并具有真实感。影片公映后,立刻获得空前热烈的反响,成为第一部在商业和艺术上获得巨大成功的中国电影故事片。

之后的1924年,留美归国的洪深②终于创作出中国第一部较为完整和规范的电影文学剧本——《申屠氏》(也作《申徒氏》),为后来中国电影剧本的写作树立了严格的技术规范。

该剧本取材于笔记小说,讲述了宋朝时福州长乐女子申屠希光的事迹。全剧分成七大段、五百九十二个景,以镜头、景别为组合单位,还运用了"渐显"、"渐隐"、"化入"等换景及镜头的专业术语。这部剧本于1925年发表在《东方杂志》上,但因为电影公司的资金问题而未能投拍。

之后,洪深先后执导了《冯大少爷》(1925年,自编自导)、《早生贵子》(1925年,郑正秋编剧)、《四月里底蔷薇处处开》(1926年,郑正秋编剧)、《爱情与黄金》(1926年,自编,与张

---

① 程步高:《影坛忆旧》,中国电影出版社1983年版,第141页。
② 洪深(1894—1955),男,中国现代话剧和电影的奠基人之一,导演、剧作家、戏剧理论家和批评家、教育家、社会活动家,从中国话剧和电影的草创时期开始就进行了编剧、导演、表演等全面的实践和理论探索。

石川合导)等影片。

1931年,张石川执导的中国第一部有声电影故事片《歌女红牡丹》公映。洪深为该片编写了电影剧本。从此,拍摄电影故事片就需要有严格规范的电影文学剧本了。

2. 中外电视剧的"舞台之缘"

电视剧,在英美被称为"电视戏剧",在苏联被称为"电视故事片",而在日本则被称为"电视小说"。

1928年9月11日,位于美国纽约附近谢奈克塔德的通用电气公司广播电台(WGY),在发明家亚里克·山德森的领导下,试播了哈特莱·曼纳斯的独幕舞台剧《女王的信使》。因为当时的电视图像信号和伴音系统还是分别传送的,所以这部时长40分钟的舞台剧由广播和电视同时播出;声音与动作通过空间同时传来,高度同步,严丝合缝。《女王的信使》是一部老式间谍情节剧,选择这部戏用于试验,是因为剧中只有两个角色,可以轮番出现在电视摄像机镜头前。美国在20世纪30年代播出的试验性电视剧大部分根据百老汇经典戏剧改编而成。

1930年,英国广播公司(BBC)在伦敦试验播出了第一部真正意义上"声像俱全"的多幕电视剧《花言巧语的人》(或译《嘴里叼花的人》),被公认为世界上第一部电视剧。在播映中,观众既可以听到演员在屏幕上的对白,又可以看到放在桌子上拿着雨伞的手以及不同的手势和面部表情。而这也是一部由意大利剧作家路伊吉·皮兰德娄创作的多幕舞台剧。

可见,电视剧诞生之初其实是对舞台剧进行直播。由舞台剧改编而来的电视剧在荧屏上的优势一直持续到二战之后的20世纪50年代中期。

二战之后,在彷徨中发展的电视剧艺术进一步向电影艺术靠拢,从中吸取活力;同时,弱化舞台剧对其的影响。其实,电视剧诞生之初,电视剧创作者就已开始有意无意地从已经发展得相当成熟的电影艺术中借用成套的叙事及表现手段。毕竟归根结底,电视剧与电影才是姊妹艺术,在视听语言和表现手法上的相同或相近之处更多。

例如,英国电视剧在1951年之后就进入了一个较为具有独创性的阶段。

1953年的科幻电视连续剧《第四种物质的实验》就以其革新性和独创性获得观众的欢迎。该剧由著名电视剧作家尼歇尔·克尼尔编剧、鲁道夫·卡蒂埃执导。

1954年,麦柯米克专门为BBC创作的第一部大型电视剧《好伙伴们》长达80分钟。

1955年9月22日,商业化的英国独立电视台(ITV)[①]正式开播。大笔的广告收入刺激和促使编剧们去创作更为大众化的电视剧。

20世纪60年代,英国、美国等国家的电视剧已基本放弃了直播形式,多机拍摄、现场

---

① 英国独立电视台,简称ITV,1955年正式开播,是英国最早的商业电视台,也是英国最大的综合电视台之一,覆盖英国全境,是英国广播公司(BBC)的最大竞争对手。

切换的录制方式成为主流并延续至今。

在 ITV 开播约三年之后,中国中央电视台的前身——北京电视台于 1958 年 5 月 1 日正式开播,随后于同年 6 月 15 日播出了中国第一部电视剧《一口菜饼子》,成为中国电视剧的发端。

据中央电视台文艺部第一代导演邓在军回忆,当时"全台除一辆改装的黑白电视转播车外,还有一个十几平方米的演播室;全台职工约二三十人,文艺部只有五六人;而台里仅有的那台电视转播车,信号覆盖半径仅北京周围的 50 公里"。在当时,北京仅有 50 台左右的黑白电视机,观众屈指可数。①

中国电视剧在 1958 年至 1966 年的初创阶段也主要以电视直播剧为主,8 年间共生产直播电视剧 200 部左右,而由北京电视台播出的有 90 部。

在中国,所谓"电视直播剧",是指将在演播室演出的戏剧,经过多机拍摄、镜头分切等艺术处理,运用电视直播的方式,通过电视屏幕传达给观众的一种电视剧形态。

由于当时条件简陋,电视直播剧的表演、播出、观赏是同步进行的,需要各部门的协作,一气呵成,因而带有浓厚的舞台剧痕迹。演员一方面为看不见的观众表演,另一方面又要小心翼翼地配合忙忙碌碌的摄制人员,以免走出景框。摄制人员既要考虑构图、角度、焦距,又要顾及自身的位置与声响,竭力避免弄出杂音或走入镜头。整个摄制过程紧张忙乱,形同战斗。

电视直播剧的制作也比较粗糙,当时的人形容其为"一条主线,两三个场景,四五个人物,七八场戏,六十分钟,二百个镜头"。② 由于是现场直播,节目无法保存,各电视台之间也难以交换,重播意味着重演。

例如,中国第一部电视直播剧《一口菜饼子》时长 20 分钟,在北京电视台临时演播室中搭景,采用黑白图像直播方式,由中央广播实验剧团演出,表演、摄像、录音、合成也全都在直播间完成。而该剧的文学剧本是编剧陈庚根据当时《新观察》杂志上一篇由许可创作的同名短篇小说改编而成的。

该剧在叙事上采取第一人称的串讲方式。剧中的姐姐,既是角色的扮演者,又是串讲人。这种由串讲人引导观众进入剧情的形式,在当时苏联、匈牙利、波兰等国的电视剧中经常运用,被认为是播映效果较好的一种形式。

该剧故事讲的是:解放后的农村,一个小女孩吃过饭后,拿着一块丝糕逗小狗玩。姐姐发现后制止了妹妹,并给妹妹讲述了她们一家在旧社会穷苦、悲惨的生活遭遇。那时,父母双亲带着姐妹俩出外逃荒,父亲病死在路上,母亲也病倒在一个破草棚里。姐姐到地主家去讨饭,又被地主家的恶狗咬伤了腿。姐姐逃回草棚后,看见年幼不懂事的妹妹正哭

---

① 《中国电视剧走过风雨 50 年　第一大国日产 40 集》,来源:新浪论坛,http://arts.ifensi.com/article-144746.html。
② 蔡骧:《关于电视剧的"电影化"和"广播化"》,原载《文艺研究》1980 年第 4 期。

着要吃的,病危的母亲从怀里掏出仅有的一口菜饼子给妹妹。姐姐让妹妹把菜饼子留给母亲吃。在推让之中,母亲含泪死去。妹妹听完姐姐的回忆,又看到妈妈留下来的那一口菜饼子,痛悔自己忘记了过去的苦难。

1958年正值"大跃进"时期,该剧的创作正是为了配合党中央关于"忆苦思甜"、"节约粮食"的宣传精神。

这部电视剧显得相当粗糙、幼稚。因为受直播方式和技术条件所限,它的剧情结构形态基本上还是一出舞台剧,拍摄镜头和角度变化也不够丰富和自如。场景虽然安置在室内摄影棚,但仅起到戏剧舞台的作用。

尽管如此,《一口菜饼子》依然显露出电视剧与舞台剧不同的一些特征:其一,突破了舞

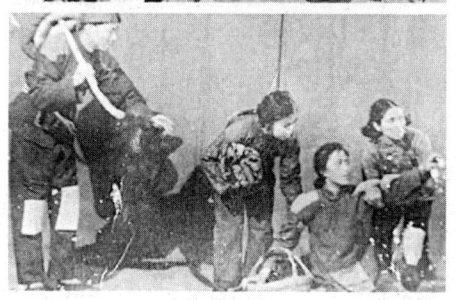

《一口菜饼子》剧照

台剧的时空限制,在演播过程中插入了电影《智取华山》中风雨摇撼树木、闪电照亮夜空的空镜头;其二,按剧情需要搭制了布景,真实地表现了房屋漏雨的情景;其三,演员的调度与表演都按照镜头艺术的要求进行了处理,如注意捕捉人物表情的细部、突出关键动作等。

1958年9月4日,北京电视台又播出了第二部电视直播剧《党救活了他》,反映的是上海广慈医院全体医务人员全力抢救为保护国家财产而被大面积烧伤的炼钢工人邱财康,终于使他转危为安的真实感人的事迹,播出后引起强烈反响。当时的文化部副部长夏衍指出,电视剧是很有发展前途的艺术品种。

该剧是中国第一部电视直播报道剧,由编剧高方正改编自1958年9月3日《人民日报》上的一篇通讯。从报纸刊出通讯到电视直播剧播出,相距不过30个小时。由于时间紧,该剧没有固定台词,演员只能根据连夜赶写的提纲一边琢磨台词、一边排练。

这部电视单本剧虽然从内容上讲与《一口菜饼子》同样具有鲜明的时代烙印,但还是有其独特意义:其一,与《一口菜饼子》不同,这部电视直播剧动用了两个演播室、一段走廊、三个场景,由三部摄像机拍摄而成;其二,在镜头剪接中也运用了实景与布景的结合。这些技术上的改进使其有了较为鲜明的电视艺术色彩。

如果说《一口菜饼子》尚未摆脱舞台剧痕迹的话,那么《党救活了他》则从电视的本体上进行了有益的探索:一方面,在结构布局、场景衔接上都更符合电视传播特性;另一方面,发挥了电视传播迅速及时的优势;两方面的有机结合,大大拓展了电视直播剧的影响力。

1958年10月11日,著名编辑、记者欧冠云在《新民晚报》上发表了《电视剧是怎样的》一文,认定电视剧"要根据文学剧本编写分镜头剧本"。就这样,中国电视剧发展的历史,在它的第一页记录下来:文学剧本是电视剧的"一剧之本"。①

　　1959年10月17日,北京电视台播出了当时规模最大、播出时间最长的电视直播剧《新的一代》。这部向国庆十周年献礼的电视剧由高方正编剧、王扶林执导,播映时长为70分钟,是中国电视剧史上第一部多场景大型电视直播剧。

　　该剧反映了清华大学建筑系中工农出身的大学生在参加首都"十大建筑"设计时的学习和生活情况,以及他们争相为新中国建设作贡献的先进事迹。全剧场景多、容量大,共有十余个人物,需转换六七个场景,并且横跨三个季节。这给当时的排练与演播带来很大困难。为开辟更丰富的表演区域,在当时直播场地较狭窄的情况下,在演播室外的走廊以及与走廊相通的一间屋子内都搭了景;还利用16毫米胶片到清华大学、颐和园乃至建筑工地上拍了一些外景,直播时适时地插入,用于回忆、倒叙、转换场景等。

　　可见,电视直播剧更接近于舞台剧,而非电影。"遵循戏剧的模式,以戏剧的美学观念为基本支撑点;它以戏剧的矛盾冲突为基础,采用戏剧结构原则,具有开端、纠葛、发展、高潮、结局等要求,遵循时间、地点、动作同一的'三一律',戏剧情节高度集中,着重刻画和表现人物,带有较强的舞台假定性",②因此常被称为"电视小戏"。

　　北京电视台初期只能播出一些场景单一、情节集中、人物简单的电视直播剧。例如,《一口菜饼子》的背景只是一块灰天幕,场景只是一个草棚子和一些简单的道具;《党救活了他》、《我的一家》等都是一部剧一个场景。因此,早期电视直播剧在场景的安排上多以室内景为主,类似舞台独幕剧的形态。

　　1960年春,北京电视台启用了新的600平方米的比较正规的演播室。"这是一间中型演播室,四面都可以悬挂天幕。有灯光设备,可以同时使用三台便于移动的黑白摄像机。话筒装在移动车上。播出时,演员、摄像师、音响师、化服道临场人员都在屋里。导演、副导演以及配乐人员在控制室;他们面前有一排监视器,各种开关、按钮、指示灯。演出一开始,便不能停顿,要一气呵成。"③

　　从此,多场景、多人物、播放时间长达两至三小时的电视直播剧开始出现,如《焦裕禄》(1966年)等。而镜头切换和摄像机的机位运动,又给场景设计提出了摆脱舞台独幕剧布景模式的要求,电视布景的特色日益鲜明。④

---

① 曾庆瑞:《电视剧文学剧本——文学的新样式》,来源:中国作家网,http://www.chinanews.com/cul/news/2010/05—17/2285428.shtml。
② 北京广播学院电视系学术委员会、《中国应用电视学》编辑委员会编著:《中国应用电视学》,北京师范大学出版社1993年版,第272页。
③ 蔡骧:《关于电视剧的"电影化"和"广播化"》,原载《文艺研究》1980年第4期。
④ 参阅孙宝国:《起步时期的农村题材电视剧研究》,《北方传媒研究》,来源:人民网,http://media.people.com.cn/GB/22114/50421/230445/15658710.html。

归纳而言,1958 年至 1966 年间的中国电视剧基本上是为配合政治形势的宣传教育而创作的,或是忆苦思甜,或是缅怀先烈,或是礼赞楷模,或是倡导新风,具有鲜明的时代特色;其在选题上注重现实性,在手法上遵循纪实性,在传播上强调时效性,剧作多以真人真事为素材,而近似于舞台剧的电视直播剧形式最直接地与之相适应。

例如,长达 100 分钟的电视直播剧《焦裕禄》(1966 年)从剧本定稿到正式播出只用了 13 天时间,迅速及时地展现了真实感人的模范事迹。该剧播出后反响强烈,人们深深地为主人公鞠躬尽瘁的奉献精神所打动。而这部电视剧也是"文革"前拍摄的最后一部电视直播剧。

经历"文革"期间的停滞之后,中国电视剧创作终于开始逐步摆脱政治宣传的束缚和舞台戏剧的桎梏,从而获得迅速发展。1978 年 5 月 1 日,北京电视台更名为中央电视台(CCTV),简称"央视"。

"文革"结束后,中国观众开始接触到国外的长篇电视剧,如美国电视剧《大西洋底来的人》(1977 年)和《加里森敢死队》(1967 年)。中国电视剧创作者也开始借鉴国外电视剧的创作经验。

1981 年 2 月 5 日,中央电视台开播了由王扶林、都郁执导的 9 集电视连续剧《敌营十八年》,这是中国第一部电视连续剧。虽

《加里森敢死队》剧照

然由于制作条件所限,该剧还显得很粗糙,但却产生了广泛的社会影响。

《敌营十八年》原本是编剧唐佩琳创作的一部电影文学剧本。央视导演王扶林认为这部剧本很曲折、有悬念,就请唐佩琳修改成一部电视连续剧剧本。

唐佩琳用了半个月的时间,尝试用章回体结构,以每集 50 分钟的长度,写出了 10 集的剧本。每集之间既有连贯性,又能给观众留下一定的悬念。电视剧拍摄完成后,剪辑成 9 集。

文艺评论家、《当代电视》杂志原主编王啸文分析说:《敌营十八年》借鉴了《渡江侦察记》(1954 年)等电影的长处,首次在电视剧里运用悬念,开了反特、战争剧的先河。而且,剧中人物比较集中,男一号江波的性格成长、性格刻画,成为全剧的核心。不管过去多少年,一提起《敌营十八年》,人们马上就会想起张连文饰演的江波,这就是电视剧的成功之处。此外,该剧第一次采用蒙太奇的艺术手法,通过时空的转换,增加了情节的紧张感,制造出了扣人心弦的效果。

《敌营十八年》(1981年版)海报

《敌营十八年》(2008年版)海报

中国人民大学教授陈阳认为,上世纪80年代初,中国的电影市场已经出现了一些娱乐片;但是,告别说教、更偏重于戏剧性和娱乐性的电视剧,是从《敌营十八年》开始的。从今天文化产业的角度讲,它的那种娱乐精神是最可贵的。

该剧导演王扶林则说:"《敌营十八年》开创了一种新的娱乐形式。它是第一部采用情节剧模式制作的、最早产生广泛影响的通俗电视连续剧。"①

从此,在中国影视界,电视剧终于真正成为"影视大家庭"中一门独立的演剧形式;电视剧剧本也成为既不同于舞台剧剧本,也不同于电影剧本的一种独特的剧本文体类型。

可见,随着拍摄技术的不断探索、创作观念的不断进步和表现手法的不断拓展,影视剧的创作终于开始扔掉舞台剧的拐棍,从舞台和室内一跃而起,在有声片出现后,开始塑造出绘声绘色、炫目动听、丰富多彩的视听世界。之后诞生的影视剧本不再局限于人物对话和舞台动作,而是通过视听语言的描绘,在银幕或荧屏上讲述故事,塑造出更加感性直观的形象。

与诞生于农业社会的舞台剧不同,影视剧是诞生于工业社会,在后工业社会(即信息社会)继续蓬勃发展的戏剧艺术,其拍摄和传播手段均以现代科学技术为依托,集造型与运动、视觉与听觉、时间与空间、再现与表现于一身,彻底突破了时空的局限,极大地拓展了时空表现力和叙事灵活性。

三、影视剧的剧本形态

一部影视剧是由"编、导、演、服、化、道、摄、

---

① 参阅百度百科,http://baike.baidu.com/view/932766.htm。

录、照"等各部门相互配合、共同创作而成的。在影视剧创作的不同阶段,实际上存在着三种不同的剧本形态样式,即文学剧本、分镜头剧本和完成台本。

1. 文学剧本

文学剧本,又被称为"一剧之本",是由编剧完成的,为影视剧提供了完整的故事和人物关系、清楚的人物对白和动作,明确了影视剧的主题、人物、情节、结构、风格等基本元素,是未来影视剧的基础和框架,在影视剧创作过程中起着奠基的作用,占有关键的地位,也常被称为影视剧创作的"施工蓝图"。

▶▶【范例】30 集电视连续剧《铁血》(2008 年)文学剧本第一集开端段落

该剧根据陈祖继、韩太康的同名长篇报告文学《铁血》改编,由宋歌、许泰彰、韩太康编剧,郑方南执导。

1-1 片头
航拍的川滇高原景色,一列列车穿山越岭……
叠印题记:
金属般沉重的历史使命,沉淀在血液里的爱情——
谨以此片,献给在艰难岁月中创造成昆铁路这一伟大杰作的人们。
如血如火的映山红由远及近,幻化成片名:

铁　血

铿锵激越的列车铁轨声由强渐弱,剧中镜头闪回,主题歌声响起《脊梁》——

第一集
1-2(当代)成昆铁路刘湾展线上　日　外
81 岁的王城石拄着一根木棍走着。在这条铁路展线上可以同时看到好几条蜿蜒而上的铁路线。

《铁血》剧照

一列火车迎面而来。

火车从王城石的身边驶过。

风掀动起他的衣服和头发,他的神情威严而肃穆。

王城石掏出手机,拨了一个号:梅子,听到了吗?对,是火车开过的声音,是电气化列车驶过成昆铁路的声音……我现在在哪里?我在刘湾展线呢。对对对,这里对别人来说,也许只是一道风景;对你、对我,还有咱们筑路职工、铁道兵官兵,那是一座永恒的精神丰碑……我知道……梅子,你说什么?哦,我会的,我代表你,敬礼……

列车风驰电掣地开过。

王城石饱经沧桑的脸。

王城石庄重地慢慢举手,向列车致军礼……

1-3 西南铁路工程总指挥部外 日 外

(叠化)50多年前的王城石充满朝气地正向面前的老首长敬礼。

首长笑着还礼。

王城石笑着:老首长,有什么新任务?

首长:王城石,成渝线这一仗你们打得不错,下一步……

王城石:是不是要上成昆线了?

首长一脸严肃地:修成昆线还轮不到你。

王城石一脸的不解:那把我调回来干什么?

首长:去打仗。

王城石惊喜:打仗?什么战役?

首长:一场前所未有的大战役。不过,你现在的任务是去大凉山区,那里有几股土匪在活动。

王城石觉得不过瘾似的:就让我去打几个小土匪啊。

首长:这可是一场大战役的序幕。中央决定修成昆铁路,西南铁路设计院已经派出几支勘测小分队前往大小凉山一带进行实地勘测。但那里土匪出没,勘探工作受阻。目前总指挥部的设计师正与铁路建设苏联专家对成昆线最终线路走向进行论证。

王城石:定下来了吧?定下来咱就干啊。

首长:没那么容易,现在蓝总设计师急需西线勘探分队的第一手的资料。你马上带领一支武装分队进入大小凉山担任勘探队的保卫任务,并把有关工程技术人员和重要勘测资料押送回来。

王城石:明白了。

首长:你到了那里,要想办法找到一个叫吴川的工程师。

王城石:吴川?

首长:这个人很重要,一定要亲自把他本人和有关沙木拉达地区的资料安全带回来。

总指挥已通知西南军区派部队前去支援。

王城石：好，我马上出发。

首长：还有，那里是彝族聚集区，正在进行民主改革，奴隶主制度还没有革除，一部分国民党的残兵败将和特务混迹其中，情况复杂。你们去了，一要注意民族政策，二人注意人身安全，三嘛……

王城石：消灭土匪武装。

首长：你光想着打仗！第三点，也就是我要特别提醒你的，不许恋战，把工程师和地质资料带回来就行，打土匪的任务由解放军剿匪部队执行。明白了吧？

王城石憨笑着：见着土匪不让打，这手上痒痒啊。

首长笑笑：打几枪可以。但完不成任务，我拿你是问。

王城石急忙再次敬礼：保证完成任务！

首长：等等。

首长看了看一边站着的一个年轻人：吉坡，你过来。

吉坡走过来。

首长：王城石，这是吉坡同志，彝族人。他了解情况，地形也熟。他陪你一起去。

王城石看看吉坡：好。

2. 分镜头剧本

分镜头剧本，是导演在文学剧本的基础上，根据拍摄场景的实际情况，按照自己对未来影视剧画面和场面调度的设想，改写成的可直接用于拍摄的台本，又称"导演工作台本"。分镜头剧本以镜头为基本单位，细致到单个镜头的分切，通常以表格形式列出镜号、景别、摄法、画面内容、音乐音响等，并提出具体说明，甚至逐一绘出草图（如动画片的分镜头剧本），犹如详细的"工作流程图"。

▶▶【范例】电视单本剧《阳光伙伴》（2010年）分镜头剧本开端段落

该集由王凌非编剧，丁汝骏执导。

总镜号	分场镜号	景别	摄法	内容	备注
1	1	大全	低机位	1.操场 日 外 雨（雨打塑胶）	
2	2	大全	俯拍	一抹白红色在雨中移动。	表演楼四楼
3	3	小全	正	某高级中学男生钟诚身着白红相间校服跑步，在大雨中从头到脚被雨水淋透。	
4	4	大中	正	有力的双脚溅起巨大的水花。	

续表

总镜号	分场镜号	景别	摄法	内容	备注
5	5	特		钟诚的眸子里滚动的泪水与雨水交织，稚嫩的脸上透着少年不多见的坚毅。	声音渐进，火热的比赛，加油声、喊叫声愈响愈烈
6	6	近		大雨中，钟诚落寞的神情。	
7	7—10	全中近特（四级跳）		OS①：银幕深处一个少年心灵的喁喁独白： 钟诚："我知道生命中没有那么多的如果，可是如果真的有可能，我愿意付出我的所有去换回那场比赛的胜利。"	影像焦点变软发虚，渐变为黑白
11	1	全	空镜	2.赛场 日 外（闪回） 同样的一条跑道，阳光直射。	黑白
12	2	特		叠画钟诚的脸。	
13	3	全	正	钟诚作为队长，在队伍的中间，带领着九零九中学的"阳光伙伴"队员向着目标奔跑。	
14	4	小全	轨道侧跟	钟诚的脸上流着汗，"阳光伙伴"人人奋勇争先。	
15	5	特		电子计时从四秒开始不停地蹦字。画外永不停歇的加油声和催促声："快点，再快点，要破纪录啊……"	
16	6	特		钟诚热血沸腾的脸与计时器反复切换。 (OS)钟诚："不能落后！我要夺冠军！我要夺冠军！"	
17	7	特		钟诚突然提腿加大了步伐，队伍顿时乱了阵脚。	脚
18	8	小全		全队稀里哗啦倒在地上。	慢动作
19	9	特		计时器归到零。	
20	10	近		摔倒在地的钟诚，泪水汗水流在一起。	
21	11	中近		女伙伴伤心痛哭。	
22	12	中近		男伙伴捶胸顿足。	
23	13	近		钟诚仰望苍穹，无比坚定。	渐隐渐显
24	1	特		3.体育器械室 日 内 一双脚在跑步机上奔驰。	
25	2	特		钟诚大汗淋漓的脸。	

① 影视剧中的画外音也称为OS，是未出现在画面中的人物的声音，以及画中人的内心独白。"OS"这个标记一般只出现在剧本中。

续表

总镜号	分场镜号	景别	摄法	内容	备注
26	3	中	横移	"钟诚……钟诚……"孙吉老师边喊着边跑进器械室。 钟诚急忙迎上:"孙老师,校长批准了吗?" 孙吉:"看你高兴的样儿。你可要想好,上一届'阳光团队'只有你一个人了,能担得起来吗?"	前景器械
27	4	近		钟诚态度真诚:"老师,我能行!你说过要永不放弃,我从哪跌倒了就从哪站起来,我要回报'阳光伙伴'团队,我要拿下这个冠军!"	
28	5	近	跟	孙吉老师默默点头:"新队员都召齐了吗?" 钟诚:"这届队员有些参差不齐,有怕苦怕累的杨娇娇同学,还有陈阳这样的胖墩。" 孙吉:"高昂呢?这可是个体育素质很全面的学生;他的协调能力很强,有带动力、号召力。团队需要这样的人。"	
29	6	近		钟诚:"新队员里,我想的第一个就是高昂。可他怪怪的,很难接近。"	
30	7	二人中		孙吉:"我们'阳光团队'能融化一切人,高昂也不例外,因为人人都需要阳光嘛。" 钟诚:"老师的话,我记住了,我一定把高昂搞定。"	
31	1	特		4.篮球场 日 外 一个新篮球,英文签名:迈克尔·乔丹。	
32	2	中		几个高大的篮球队员围着,惊讶不已。 甲:"哇,迈克尔·乔丹?!是真的吗?" 乙:"我见过乔丹的签名,好像是真的!" 丙:"我看不像!社会上造假的事多了,有些人造假世界一流!"	
33	3	中近		高昂抱着一个用精致篮球袋包裹的篮球,不屑地:"去去去,你们懂什么,老妈为这个签名就花了几千美金……"	

续表

总镜号	分场镜号	景别	摄法	内容	备注
34	4	小全		乙低声地:"我看不假,听说高昂他妈妈在美国能着呢!"	
				甲:"高昂,让我们玩玩吧,沾沾仙气。"	
				众:"对对对,让咱们都沾沾仙气。"	
				高昂用力推开大家:"就你们这臭手,玩什么球也不灵……"转身独自运球走去。	
35	5	大中		众:"什么了不起的,瞧他那样儿,富二代都这德性!咱们自己玩。"	
				众人自己玩起来。	
36	6	小全		高昂在另一侧自己玩,一个球滚进,画外传来:"高昂,把球传过来!"高昂孤傲地瞟了一眼,理也不理。	
37	7	中		铁网外,钟诚注视着一切。	
38	8	大中		众球员:"这小子也忒狂妄!"	
				"谁让人家有钱有本事还学习好!真奇了怪了!"	
				"找时间教训教训这小子!""对!对!……"	

>> **【范例】26 集动画连续剧《乌兰·其其格》(2006 年)分镜头剧本片段**[①]

该剧由杨莺歌编剧,陈向农执导。

---

① 《〈乌兰·其其格〉分镜头台本片段》,来源:央视网,http://www.cctv.com/program/dhc/20061129/102605.shtml。

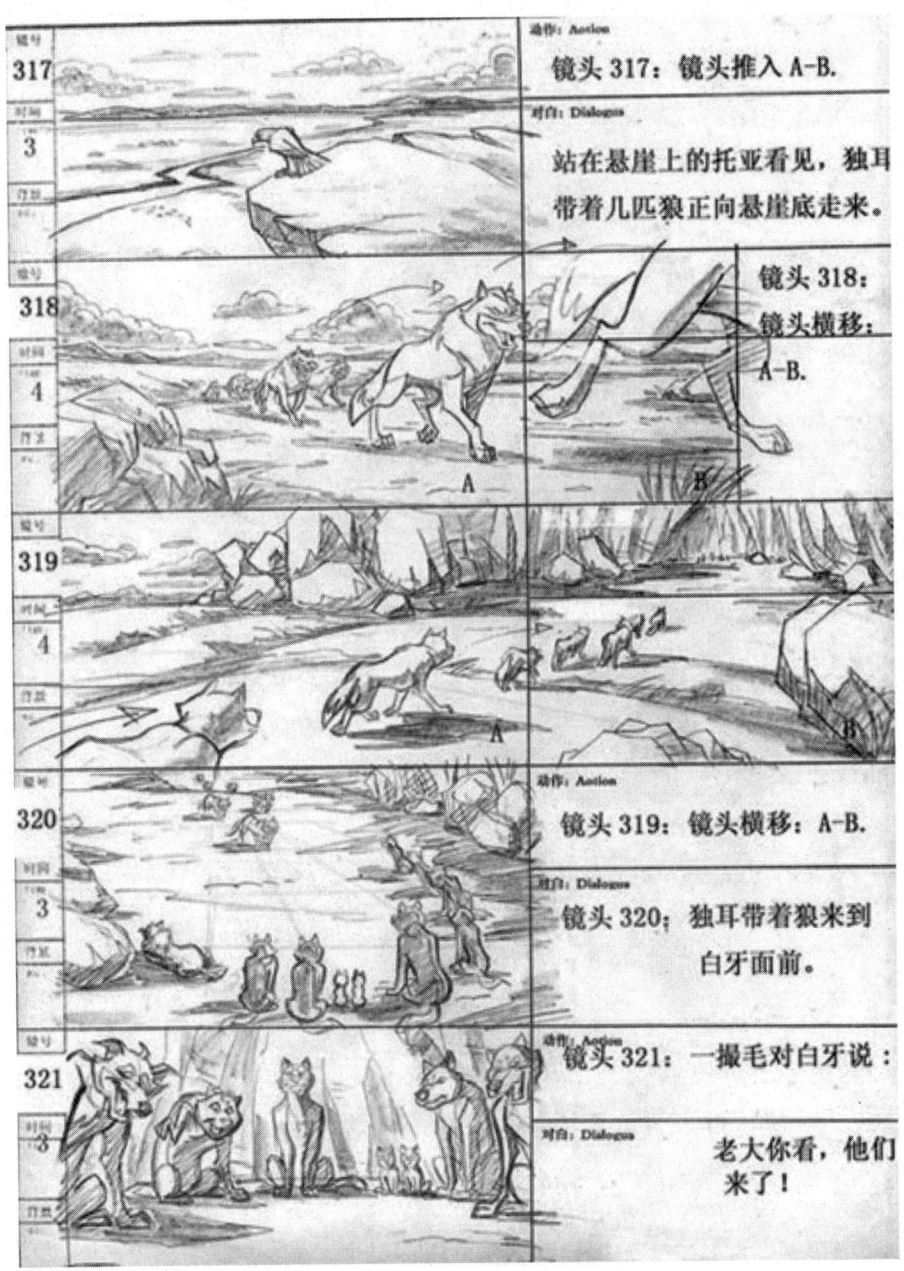

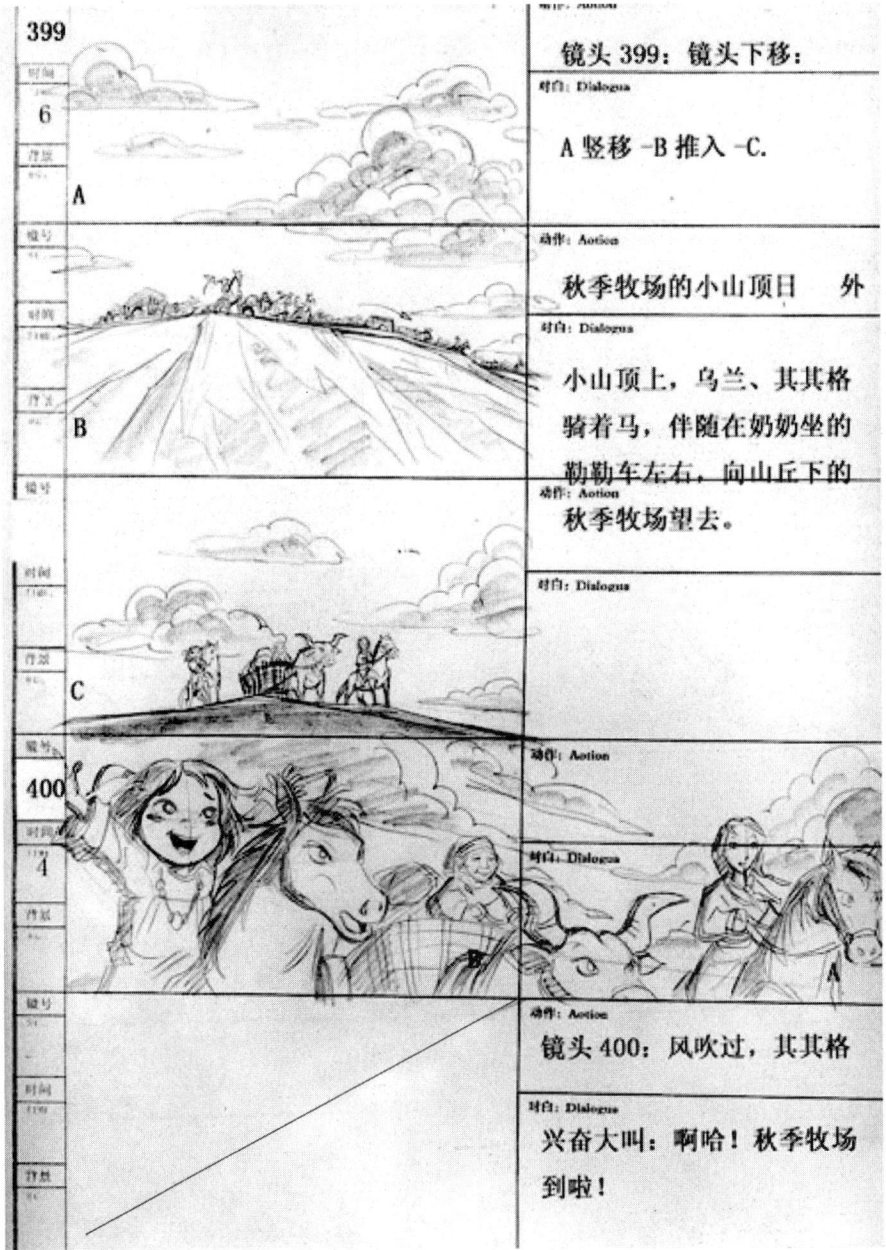

镜头399：镜头下移：

A 竖移 -B 推入 -C.

秋季牧场的小山顶日　外

小山顶上，乌兰、其其格骑着马，伴随在奶奶坐的勒勒车左右，向山丘下的秋季牧场望去。

镜头400：风吹过，其其格兴奋大叫：啊哈！秋季牧场到啦！

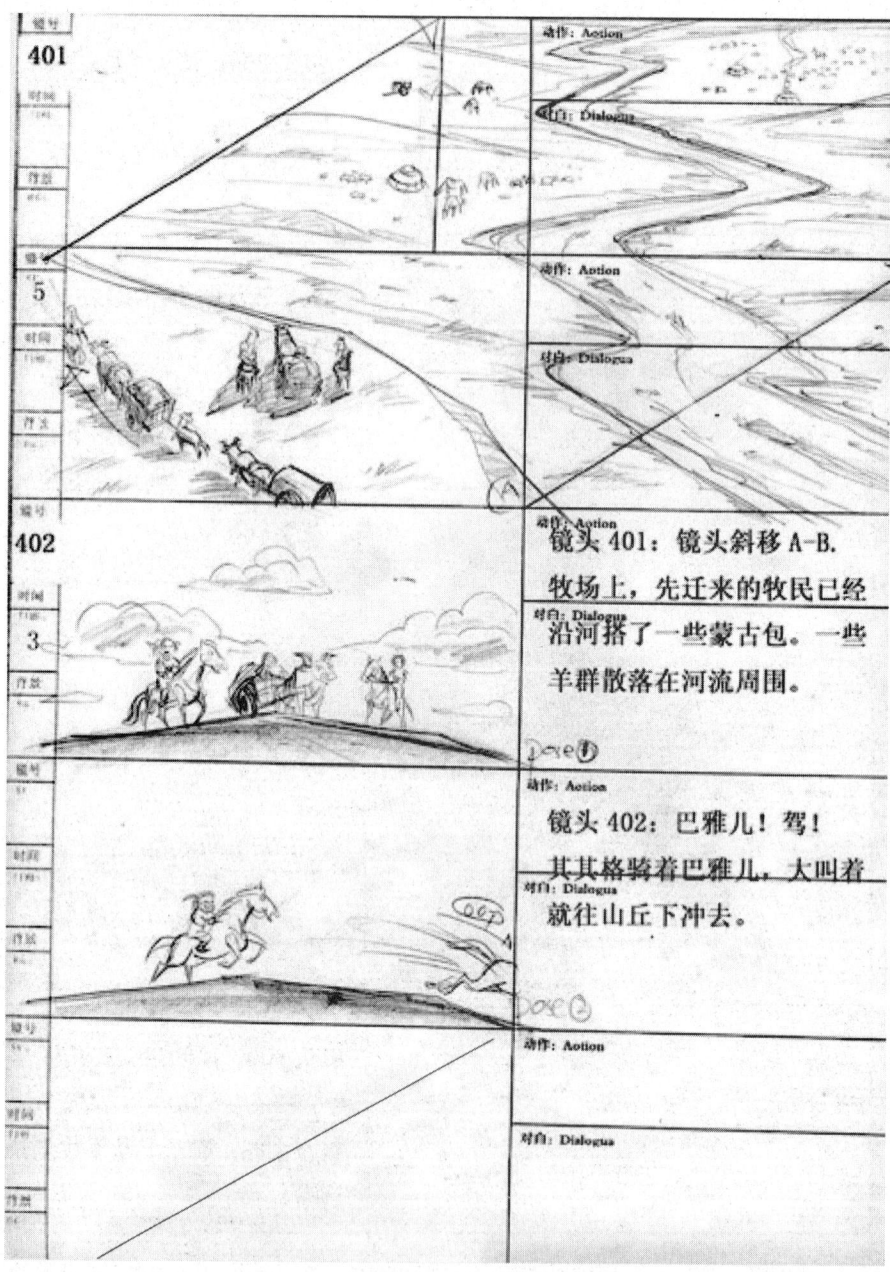

3. 完成台本

完成台本，又称镜头记录本，是在影视剧制作完成之后，由场记完成的，将其中的一切艺术、技术内容，如场次、镜号、镜头长度、拍摄方法、场面调度、人物对白、音乐音响等，完整、详细地记录下来的台本形式；与分镜头剧本的形式基本相同，是更为完整、准确的影视剧完成形态的文字记录；可作为保存资料，也可供研究者参考。

▶▶【范例】电影故事片《绝代－末代女土司》(2011年)完成台本结局段落①

该片根据黄晓萍的同名小说改编而成，由金琛、黄晓萍、郎启波、姚建云编剧，金琛执导。

镜号	景别	摄法	内容	长度	音乐	效果
621	大全	俯	彝格土司和诺黑土司的两队人马，在慕莲府山寨外会合。	03＋04		
622	中		彝格：诺黑，你敢趁火打劫，我老彝格拼了命也要把你脑袋砍下来。	08＋13		
623	中		诺黑：哼哼，老彝格，我就是要打慕莲府，也要把二夫人救出来再打。	09＋15		
624	中		郑玉堂抱拳：谢诺黑日抹。	10＋08		
625	全		两队骑马继续向慕莲府寨门行进。	09＋14		
626	全	推	乌萨站在台上慷慨激昂地：慕莲府的子民们，大家好好想想吧，想想天虎神十七年对宁武府的降罪吧，再想想大日抹是怎么死的！	25＋12		
627	小全	移	众人在听。乌萨OS：大日抹是替她受过。	09＋15		
628	中		乌萨右入画，对绑在柱子上的彝兰说：彝兰，别怪我。当初悔不该用神牛把你引进慕莲府。如今也是为了慕莲府，你就认命吧。来人，给我拉下去烧了。	30＋07		
629	小全	移	沙玛莫抱着阿继走进：住手吧！	15＋02		
630	小全		沙玛莫等人走上台子，拿出刀，将捆绑彝兰的绳子割断。	18＋01		
631	近		彝兰似乎什么都明白了，看着沙玛莫。	07＋01		

---

① 《电影〈绝代〉完成台苹》,http://www.chinaculture.org/cnstatic/service/movie/filmnew2008/juedai2.xls。

续表

镜号	景别	摄法	内容	长度	音乐	效果
632	近		沙玛莫庄重地看着彝兰,往后退了几步。	05+12		
633	小全		沙玛莫跪下举起大印:彝兰妹子,幕莲府阿尕和我就交给你了。 彝兰也赶紧跪下:阿姐。	13+14		
634	近		乌萨:大夫人,你疯了,只有阿尕才是真正的主人。	07+12		
635	近		沙玛莫:乌萨,醒醒吧,阿尕不是当吐司的料。	09+07		
636	近		乌萨听了沙玛莫的话愣住了。	03+12		
637	近		沙玛莫转身对大毕摩说:大毕摩,害死大日抹的是我,该死的人也是我。	15+11		
638	中		众人议论纷纷。	02+08		
639	全		彝格和诺黑的两队人马冲了进来。彝格:彝兰。	11+02		
640	小全		彝兰看到父亲大声喊:阿爹,别动手,我没事。	04+12		渐隐
641			空镜头:白云飘过幕莲府的房顶。	06+00		
642	中	移	沙玛莫:彝兰妹子,我错怪你了,你原谅我吧。沙玛莫一阵疼痛,口角流出了鲜血。彝兰上前抱住沙玛莫:阿姐,阿姐,你怎么了? 沙玛莫:我就把阿尕交给你了,你可要像对亲生儿子一样对待他。沙玛莫的声音越来越小:我求求你……沙玛莫的头歪倒在彝兰的怀里。彝兰:阿姐,你不能死啊。阿姐,阿姐,阿姐……	71+05		渐隐
643	中		桌上香炉插着香,凤世雄的遗物放在旁边,乌萨端起一杯毒酒:大日抹,大夫人,乌萨跟你们来了。说完,把毒酒一饮而下。	31+06	音乐止	渐显 渐隐
644	特		登基的号角吹响了。	04+09	音乐起	
645	全		家丁、侍女在前引路,彝兰步履坚定地走在前面,彝格、诺黑等头人紧随其后。	18+06		
646	中		彝兰走着。	07+05		

续表

镜号	景别	摄法	内　容	长度	音乐	效果
647	全		彝兰的队伍走出寨门。（歌声起：我想对你娓娓诉说）	04＋05		
648	大全	升	慕莲府神坛，一切都显得庄严神圣。彝格和诺黑等九山十八寨的头人跪在红地毯两边。	03＋14		
649	小全	移	彝兰坚定的步伐。（亘古不变规矩已破）	05＋09		
650	中	移	彝兰身着土司服，淡然若定。	04＋07		
651	小全	移	众人跪。	05＋13		
652	近		彝兰充满了自信。（爱断情殇已成往事）	07＋07		
653	大全		彝兰稳健地一步一步走向神坛。（恩恩怨怨留下寂寞，千年干戈化为玉帛）	24＋07		
654	近		彝兰从容的脸。	03＋12		
655	大全		众人跪着等待登基的仪式。	04＋00		
656	中		跪在一旁的彝格。（世代情仇随风吹过）	02＋02		
657	中		跪在一旁的诺黑。	02＋12		
658	近		大毕摩征询的目光。	02＋04		
659	近		彝兰点点头，示意仪式开始。	03＋06		
660	近		大毕摩喊：鸣炮。（悲歌一曲千古绝唱）	04＋14		
661	中近	移	彝兰现在看起来成熟、大气。（绝代佳话后人传说）	06＋01		叠画
662	近一全	升	彝兰身着女王的盛装，脸上浮现出淡定的自信与从容。（镜头摇向蓝天）出字幕：彝兰用爱征服统一了整个诺苏部落后，兴办学堂，开山拓路；所统领的彝族地区，彝汉交汇，团结和谐，土民悦服；成为彝族历史上最具影响力的女土司。	35＋07		渐隐
663			滚屏	200＋3		

在这三种剧本形态样式中，我们通常所说的影视剧本都是指由编剧完成的文学剧本。当然，编剧也可以写作分镜头剧本，但这时就已然涉及导演的工作领域了。

第二节　影视剧本的文体类型

我们在第一节中讲到,影视剧本包括电影(故事片)剧本和电视剧剧本。作为姊妹艺术,电影与电视剧有许多相同之处,都是现代科学技术的产物,又都是演剧艺术;都采用画面、声音、蒙太奇等手段,在表现手法上也有不少相似或相同之处。但两者之间又有各自独具的特征,并影响到其剧本创作。

首先,是技术条件上的不同。

电影和电视采用的是两种完全不同的技术原理。电视荧屏比之于电影银幕,其画幅相去甚远,不可等量齐观。

相比于电影,电视剧的画面面积较小,清晰度也较差,难以表现众多的人物和较大的场面。因此,电视剧中的大场面难以呈现出其视觉效果。电视剧在镜头运用方式上应多用中、近景和特写,少用远景和全景;场景转换也不宜太快,以便让观众看清楚人物和剧情。

所以,一般来说,电影以影像(视觉)为中心,而电视剧则以对白(听觉)为中心。这也就直接决定了编剧对于电视剧的影响力要远大于电影。在电视剧的制作中,导演的影响力远远不及编剧的影响力。

其次,是观赏方式上的不同。

电影是在影院封闭的空间内、特定的观赏氛围中,通过银幕向特意来观赏电影的观众放映的。因此,其观赏方式是封闭的、内向的、强制的。在这一点上,电影更类似于戏剧。

而电视剧不同,它是在家庭开放的时空内、松散随意的观赏环境中,通过荧屏来播映的。因此,其观赏方式是开放的、外向的、随意的。

对于电视剧,观众可以随意选择收看,并当场评论。如果其剧情不能吸引观众,观众就会立即调换频道,所以更加考验编剧的水平。

相比于电影,电视剧更需照顾到观众对剧情内容的兴趣,调动各种艺术手段来吸引观众;在情节、场景、表演等方面,根据观众的审美心理来做出特殊的艺术处理,给观众以想象的空间和介入的机会,尽量使观众对剧中人物产生移情和共鸣,从而达到引人入胜的艺术效果。

再次,是制作规模上的不同。

在中国,摄制一部电影的资金至少也在人民币百万元以上,多则上亿;而摄制一集电视剧,资金投入最少只需十万至二十万。

相比于电影,电视剧的制作周期短,成本较低,因而能够深入生活,及时展现现实生活中观众普遍关心的问题。同时,电视剧在剧情内容、演员表演、服装道具、环境布置等方面,也都要求更加亲切、自然和生活化,直接和逼真地反映生活。

可见，相比于电影，电视剧从创作、传播到观赏都有独特之处，其类型也就更加多样。

因此，按照文体（即文本体裁或样式，是文本构成的规格和模式）类型的不同，影视剧本大致可以分为五大类：

- 电影故事片剧本
- 电视连续剧剧本
- 电视系列剧与电视单元剧剧本
- 电视短剧与电视栏目剧剧本
- 电视单本剧与电视电影剧本

一、电影故事片剧本

电影故事片是运用影像和声音等手段进行叙事的电影作品。凡是由演员扮演角色、具有一定故事情节、表达一定主题思想的影片，都可称为电影故事片。按题材、风格、样式等因素，电影故事片可以分为警匪片、喜剧片、动作片、惊险片、科幻片、歌舞片、伦理片、动画片等。

警匪片《无间道》

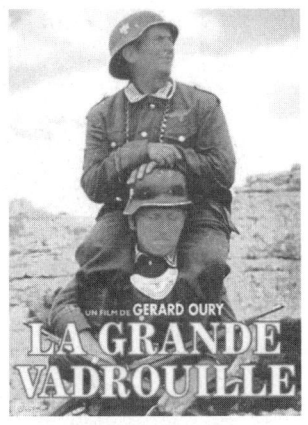

喜剧片《虎口脱险》

动作片《敢死队》

动画片《风之谷》

歌舞片《红磨坊》

伦理片《饮食男女》

从容量上来说,电影单片的放映时间一般在 90 至 120 分钟之间,长一些的可能超过 200 分钟;剧本字数一般在 3.5 万字以上。

例如,由弗朗西斯·福特·科波拉编剧并执导的《教父》三部曲,每部的片长均在 160 分钟以上。其中,《教父 2》(1974 年)全片时长超过 200 分钟。而由詹姆斯·卡梅隆编剧并执导的科幻巨制《阿凡达》(2009 年)的片长也达到 162 分钟。

放映时间越长,事件的容量也就越大,《教父 2》中的事件就达到了 39 个。因此,这种电影故事长片甚为考验编剧的创作能力。

 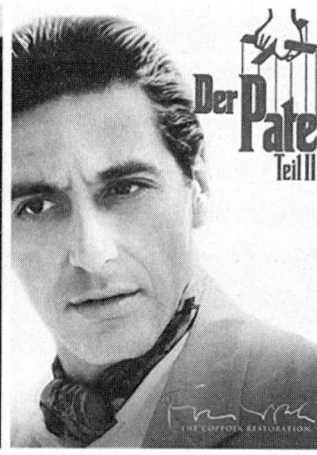 

《教父 1》(1972 年) 　　　　《教父 2》(1974 年) 　　　　《教父 3》(1990 年)

【资料链接】影片《教父 2》的事件梳理①

系列电影故事片《教父》三部曲,是美国最负盛名的电影经典之一,改编自美国作家马里奥·普佐的同名小说,讲述了美国黑手党教父维托与其家族的兴衰史;其导演是"科波拉家族"②的核心人物——弗朗西斯·福特·科波拉。而《教父 2》是该系列中公认的艺术水准最高的一部。

- 事件 1:影片在意大利西西里岛的柯里昂山村开场,那里是老教父维托的故乡,维托

---

① 参阅百度百科,http://baike.baidu.com/view/967991.htm。
② "科波拉家族"是美国艺术世家、电影世家,在现代美国电影业中赫赫有名。家族源于意大利裔美国作曲家卡曼·科波拉。他的子辈中,有导演弗朗西斯·福特·科波拉和女演员塔利亚·谢尔。他的孙辈中,有影星尼古拉斯·凯奇、杰森·舒瓦兹曼、导演索菲亚·科波拉、演员罗曼·科波拉及音乐家罗伯特·卡曼。
　　其中,弗朗西斯·福特·科波拉曾获奥斯卡最佳导演奖,并于 2009 年获奥斯卡终身成就奖;其代表作有电影故事片《教父》三部曲、《巴顿将军》(1970 年)、《对话》(1974 年)、《现代启示录》(1979 年)等。他的女儿——女导演索菲亚·科波拉的代表作有电影故事片《迷失东京》(2003 年)、《在某处》(2010 年)等,《迷失东京》获得奥斯卡四项提名和最佳原创剧本奖,《在某处》获得 2010 年威尼斯国际电影节金狮奖。

的父亲因为侮辱地方首领"其其教父"而被谋杀。在葬礼进行中,维托的母亲被告知她的大儿子、维托的哥哥也被杀死。孤单的母亲带着维托到其其教父的庄园中向他求情,请求他放过小维托,但被其其教父拒绝。于是,母亲遇害,维托出逃。维托在其父亲一个朋友的帮助下逃到美国。这时是1901年,当时的维托还是个孩子。

- 事件2:1958年,内华达州,维托的幼子麦克·柯里昂举行一场宴会。席间,麦克在自己的办公室与内华达参议员派特·盖里进行了短暂的洽谈,麦克表示要退出在内华达的生意,不过会谈破裂,麦克与政府产生矛盾。
- 事件3:老教父维托的辩护律师法兰基见到麦克的兄长弗雷多,抱怨见不到麦克。
- 事件4:麦克在会客厅接见强尼·赫拉(迈阿密的海门·罗斯的手下)。他表示罗斯将对麦克的行动全力支持。
- 事件5:第三个会谈是在麦克和他的妹妹康妮之间。麦克想让到处旅行瞎逛的康妮和他以及母亲到一起来住,并离开她的丈夫莫尔。
- 事件6:晚上的舞会中,麦克与法兰基面谈。法兰基不愿意让出克罗曼沙死后留下的三块地盘,并想借麦克之手除掉自己的一些对头,还想对海门·罗斯动手。两件事皆遭到麦克拒绝,麦克认为父亲维托在世的时候一直与海门·罗斯有商业来往。法兰基指出尽管如此,维托从未信任过海门。
- 事件7:麦克回到舞会,与妻子凯跳舞。二人谈及凯腹中的孩子,凯表示像是男孩。
- 事件8:麦克收到儿子安东尼放在他与妻子卧室中的画(为之后的第三部做铺垫)。之后,房间遭到枪击,所幸无人受伤。凯开始对麦克的"生意"产生疑问。麦克要求洛克找到暗杀者,并说明要活口。在房间里,麦克表示暂时将一切事务交给汤姆·哈金,并向汤姆暗示有内奸。洛克发现两具尸体,认为他们属于两个从纽约来的客人,但自己并不认识。
- 事件9:1917年,纽约。维托的大儿子山提诺出生。维托在意大利剧院里遇到当地的地头蛇——黑手党人员方诺西。
- 事件10:在家中,维托偶然收到克罗曼沙的手枪,对方让他帮自己收好。这就是后来维托杀方诺西的手枪。
- 事件11:方诺西把自己的手下送到维托老板的店中。老板不得已解雇了维托。回家后,维托把一只梨子放在了桌子上,关于被解雇的事他只字未提。
- 事件12:克罗曼沙在市场上找到维托,带维托去偷地毯。维托自此与克罗曼沙结为一伙。
- 事件13:麦克到迈阿密去找海门·罗斯,认为是法兰基制造了那天晚上的谋杀,因为自己拒绝了法兰基的请求。麦克表示战争即将打响,请求罗斯帮忙。
- 事件14:麦克找到法兰基,说自己知道是海门·罗斯安排了那场枪杀,表示要制造出自己和罗斯仍旧互相信任的假象,从而找出他曾向汤姆提起的内奸。

- 事件15:弗雷多在睡觉的时候接到强尼·赫拉(海门·罗斯的手下)打来的电话。他要弗雷多再一次提供有关麦克行动安排的信息。
- 事件16:法兰基在酒馆遭到谋杀,谋杀者声称这是来自柯里昂的问候(事实上是海门·罗斯的指使)。由于警察的出现,谋杀未遂。这是后来法兰基指控麦克事件的起因。
- 事件17:汤姆制造参议员盖里谋杀妓女的现场,以此为要挟,得到政府方面的帮助。
- 事件18:汤姆封锁麦克的庄院,以保证麦克家人的安全。
- 事件19:麦克将生意做到了古巴首都哈瓦那。他来到古巴参加古巴总统召开的会议,会议结束后他看到革命党制造的自杀爆炸事件。
- 事件20:场景转换到拉斯维加斯。这天恰巧是海门·罗斯的生日。身体不好的罗斯表示自己愿意在过世后,将所有在哈瓦那的资产转到麦克的控制之下。麦克从刚才的自爆事件中得出古巴革命党很可能获得胜利的启示,并告诉罗斯。罗斯不以为然。罗斯与麦克私谈,要求麦克提供二百万美元支持古巴总统竞选。
- 事件21:弗雷多为麦克带来二百万美元。麦克暗示自己知道弗雷多是内奸。麦克说出自己的计划,在新年到来之前杀死罗斯。麦克说自己知道是罗斯制造了那天晚上的暗杀,弗雷多在谈话中显得焦虑不安。
- 事件22:麦克向罗斯表明自己不会参与支持古巴总统竞选。麦克提及罗斯企图谋杀法兰基并栽赃给自己的事情,罗斯要其做选择。
- 事件23:一直跟在麦克身边的保镖暗杀罗斯失手。在罗斯被送到医院后,保镖用枕头捂在罗斯头上,但被赶到的警察枪杀。罗斯幸存。
- 事件24:革命军获得最终胜利。麦克向二哥弗雷多明示自己知道他就是内奸。弗雷多逃跑。
- 事件25:回到内华达,麦克得知凯流产。生意和生活上的受挫让麦克心灰意冷。
- 事件26:回到维托的年代,以小弗雷多得了肺炎为开场。开车的维托被方诺西要求交保护费。维托表示要跟弟兄们(克罗曼沙和赛西欧)商量之后再给方诺西答案。回到家后,维托说出了他最著名的一句话:我要和他讲道理。在几天后的节庆上,维托暗杀了方诺西,自此发迹。
- 事件27:法兰基的手下西其收到法院的传讯。
- 事件28:再次回到维托的年代,这时的维托已经成为"教父"。之后的事件意在表明维托的地位。维托和克罗曼沙开始做橄榄油生意。
- 事件29:麦克的行为最终让他接到了法院的传票。他在庭上否认自己的一切犯罪行为,参议员盖里在舆论上支持麦克。
- 事件30:麦克将弗雷多赶出家门。

- 事件 31：当初被罗斯算计的法兰基以为是麦克的意图,现在想要揭发麦克的所有犯罪事实,但在庭上却发现麦克的身边坐着自己的兄长。法兰基推翻之前一切对麦克的指控。
- 事件 32：凯向麦克说出自己堕胎的事实,两人大吵起来。
- 事件 33：再次回到维托的年代。维托回到故乡西西里,见到好友马西诺,杀死当年害他家破人亡的老其其教父。在逃跑时,马西诺腿部中枪,从此成为"瘸子教父"。
- 事件 34：麦克的母亲去世,弗雷多回到家,麦克表示原谅弗雷多。两兄弟拥抱,麦克的手紧紧地抓着弗雷多的后脑勺,意味深长地看了亚尔一眼。
- 事件 35：麦克得到新闻消息,在他的策动下,幸存的海门·罗斯被以色列政府拒绝返籍,被遣送回美国。麦克决定刺杀罗斯。之后,罗斯在飞机场大厅内被枪杀。
- 事件 36：凯被赶出柯里昂家。
- 事件 37：汤姆·哈金到 FBI 军营中去探望法兰基,暗示要其自杀。汤姆离开后,法兰基被发现在浴室中割腕自杀。
- 事件 38：亚尔在渔船上处决了弗雷多。
- 事件 39：麦克回忆起年轻时为父亲过生日。在他的三位兄长(包括汤姆·哈金)得知他要参加海军陆战队的时候,弗雷多是唯一一个祝贺他的人。

但电影剧本绝不是写得越长就越好。因为观众的视觉神经是有限度的,经过一定的观影时间后就会产生疲劳。保证电影观赏效果的临界点一般在 90 至 120 分钟之间,过长必然影响观赏效果。

例如,美国电影大师大卫·格里菲斯自编自导的巨作《党同伐异》(1916 年),由于主题过于庞大,将"母与法"、"基督受难"、"圣巴多罗缪的屠杀"和"巴比伦的陷落"共四段相隔数千年、互不相关的故事连缀在一起,以致耗资达 190 万美元,粗剪后长达 8 小时。

《党同伐异》在 1916 年公映时片长达 197 分钟,结果票房惨败,给格里菲斯带来了巨大的损失。不得不说,影片过长的放映时间是其票房失利的重要原因之一。

》》【资料链接】电影史上"辉煌的失败"

美国电影故事片《党同伐异》使用了史无前例的剪辑手段;四个故事之间,不是讲完一个接着再讲一个,而是被分割成细小的片段,再经过重新排列后交替出现,其间只以一个母亲摇晃摇篮的镜头作为过渡;其在艺术上的探索性使之成为非线性叙事的"第一个吃螃蟹者",这种过于先进的电影理念超越了它所处的时代。

但《党同伐异》在影像结构、叙事结构以及镜头运动、剪辑节奏上的创新对世界电影的艺术表现手法影响极大,被誉为"世界电影史上的鸿篇巨制"。1958 年,在布鲁塞尔国际博览会上,该片被评为电影史上 12 部最佳影片之一。

在中外电影史上,这种"辉煌的失败"并不少见。例如,20 世纪福克斯公司出品的美国

《埃及艳后》海报

电影故事片《埃及艳后》(1963年),这部至今传映不绝的经典影片时长192分钟,当时耗资4千万美元,相当于现在的4亿多美金。

《埃及艳后》是好莱坞电影史上投资最大,同时也赔得最惨的古装巨制。作为20世纪50、60年代好莱坞巨片风潮的产物,《埃及艳后》的拍摄过程极其奢华。由于当时没有先进的计算机数码技术,制作人员为追求最真实的效果而进行了大规模的布景修建,以至于有人说《埃及艳后》剧组打算重建一个罗马城。

因此,一些电影故事片在摄制完成后又不得不进行删减压缩,以保证剧情紧凑、长度适中,往往必须忍痛割爱。

例如,麦兆辉、庄文强自编自导的香港电影故事片《窃听风云2》(2011年)中,主人公之一、退伍军人司马念祖(吴彦祖饰)精通军方窃听装备和技术。剧本中原本设定了一段情节来交代司马念祖的军方背景来历:司马念祖在年少时听到其父——证券商司马祥(胡枫饰)与人商议炒高一只股票,于是背地里去买这只股票;其父发现后,一怒之下将他赶去新加坡;之后,司马念祖在新加坡入伍。但为保证剧情紧凑,这段情节无奈被删。最终,该片时长被压缩在两小时左右。

而许多故事容量太大的电影巨作往往选择分部分集制作和上映,于是形成了"系列电影故事片"。

例如,北京电影制片厂摄制的电影故事片《红楼梦》(1989年)就是分部分集上映的。6部8集的容量和篇幅使其得以较为全面地展现贾家宁荣二府的兴衰史;全片故事丰满、人物众多、手法细腻,熔现实、虚幻于一炉,见典雅、豪放于一色,称得上是改编之作中的巨制。

该片由谢铁骊、赵元执导,谢铁骊、谢逢松编剧;谢铁骊因该片而荣获1990年第十届中国电影金鸡奖最佳导演奖。

▶▶【资料链接】"北影版"《红楼梦》主要演员表

贾宝玉——夏　钦(原名夏菁)　　　王熙凤——刘晓庆
林黛玉——陶慧敏　　　　　　　　　贾　母——林默予
薛宝钗——傅艺伟　　　　　　　　　刘姥姥——赵丽蓉

贾元春——李秀明	史湘云——马晓晴
贾迎春——杨世华	邢夫人——宫景华
贾探春——曾　丹	秦可卿——何　晴
贾惜春——丁　岚	妙　玉——何赛飞

影片《红楼梦》(1989年)剧照

相比之下，香港邵氏电影公司出品的电影故事片《金玉良缘红楼梦》(1977年)，则因为片长仅有108分钟左右，所以重点在"宝黛钗"的爱情上着墨，其余则难以顾及。

该片由邵逸夫监制，李翰祥自编自导，是根据《红楼梦》改编的电影作品中质量颇佳的一部；曾荣获第十五届台湾电影金马奖最佳剧情片美术设计奖、第二十四届亚太影展最佳服装及最佳美术设计奖。

【资料链接】"邵氏版"《金玉良缘红楼梦》主要演员表

林青霞——贾宝玉	妞　妞——蒋玉菡	尤翠玲——晴　雯
张艾嘉——林黛玉	岳　华——贾　政	惠英红——麝　月
米　雪——薛宝钗	欧阳莎菲——王夫人	狄波拉——紫　鹃

《金玉良缘红楼梦》海报

林青霞反串贾宝玉

对于"系列电影故事片",编剧在创作剧本时就需要注意——既要为每一部(集)确立一定的独立性,又要保持各部(集)之间的连续性。

具体来说,"系列电影故事片"的制作模式分为三种,即分拍式、套拍式、续拍式。

1. 分拍式

分拍式,即剧本全部创作完成后,再切分成几部分,逐一进行拍摄,形成系列。这类"系列影片"的特点是,整个系列连接在一起才是一个完整的故事,而每一部(集)都只是整个系列中必不可缺的一个组成部分,且具有明显的不完整性。

例如,乔治·卢卡斯在20世纪70年代完成了《星球大战》的电影剧本,但是鉴于其故事内容庞杂、资金投入太大,难以毕其功于一役,所以只得切分成三部。先摄制完成剧本的前三分之一,即《星球大战1:新希望》(1977年);大获成功之后,又先后拍摄了《星球大战2:帝国反击战》(1980年)和《星球大战3:绝地归来》(1983年)。20世纪末,乔治·卢卡斯又先后完成了《星球大战前传》三部曲。

2. 套拍式

套拍式,即整个系列全部拍摄完成后,剪辑成几部分,逐一上映,形成系列。其特点与分拍式类似,但整个系列的整体性显得更强,各部(集)的划分也显得更匀称。

"北影版"影片《红楼梦》即是采用的这种模式。再如,彼得·杰克逊执导的系列电影故事片《指环王》剪辑成《护戒使者》(2001年)、《双塔奇兵》(2002年)、《王者归来》(2003年)三部。吴宇森执导的《赤壁》(2008—2009年)公映时也剪辑成上下集。

3. 续拍式

续拍式,其实就是为影片拍摄续集,往往在拍摄某部影片时,并没有续拍的计划,或者只有一个预想。一般来说,当这部影片成功后,续拍计划就会提上日程。之后,筹备剧本,重新建组,开始一部一部地拍下去。

例如,《哈利·波特》系列电影故事片的制片人大卫·海曼在1997年准备物色一部儿童电影的剧本。他选中了罗琳创作的《哈利·波特与魔法石》,开始筹拍。之后,《哈利·波特》系列小说在全球热销,而影片《哈利·波特与魔法石》(2001年)也大获成功。

于是,制作《哈利·波特》系列影片的计划正式启动。十年间,《哈利·波特与密室》(2002年)、《哈利·波特与阿兹卡班囚徒》(2004年)、《哈利·波特与火焰杯》(2005年)、《哈利·波特与凤凰社》(2007年)、《哈利·波特与混血王子》(2009年)、《哈利·波特与死亡圣器(上)》(2010年)、《哈利·波特与死亡圣器(下)》(2011年)先后问世。其中,《哈利·波特与死亡圣器(上)》与《哈利·波特与死亡圣器(下)》采取的是"套拍式"。

再如,《加勒比海盗》系列电影故事片也是在首部《加勒比海盗1:黑珍珠的诅咒》(2003年)大获成功之后,才接连拍摄了《加勒比海盗2:亡灵宝藏》(2006年)、《加勒比海盗3:世界尽头》(2007年)、《加勒比海盗4:惊涛怪浪》(2011年)。其中,《加勒比海盗2:亡灵宝藏》与《加勒比海盗3:世界尽头》采取的是"套拍式"。

与电影故事长片相对应的是电影故事短片。在北美,通常将片长介于20到40分钟之间的电影称作短片,美国电影艺术与科学学院将其设定为40分钟以内;而在欧洲、拉美和澳洲则可以更短一些。

电影故事短片的容量虽小,却往往能"以小见大",同样考验编剧的功力。著名导演陈凯歌曾表示,创作短片比创作长片更难。"因为你要在最短的时间内,做到言之有物,并找到你要表达的方式。"① 而陈凯歌执导的《十分钟年华老去之百花深处》(2002年)就是一部构思独特、寓意深刻的优秀电影故事短片。

> > 【资料链接】"好酒沉瓮底,愈陈而愈香"——《十分钟年华老去之百花深处》②

《十分钟年华老去》(2002年)由15位世界大师级导演每人拍摄一部10分钟的短片来组成。每位导演在10分钟内所选择的主题和题材不拘一格。这十五部短片分为大提琴篇和小号篇。《百花深处》是小号篇的第七部。

---

① 《陈凯歌:短片比长片难拍》,来源:《天津日报》,http://ent.xinmin.cn/2012/03/11/13980349.html。
② 参阅百度百科,http://baike.baidu.com/view/297994.htm#sub5778894。

从表面上看,该片讲述了一个荒诞不经的滑稽故事。一位"老北京"冯(疯)先生请人为自己搬家,而所要搬的那个"家"实际上已不存在。在冯先生类似于疯癫的坚持之下,一出模拟搬家的喜剧在那片被拆迁的废墟之上上演。陈凯歌用这种方式来表现时间的主题,在短短的十分钟里表现了虚与实的交错、历史与现实的传承,以及对于过往细腻而繁杂的怀恋。

影片从搬家开始,最初映入眼帘的是新家的情境。在阵阵鞭炮声中,崭新的大楼下是人们忙忙碌碌,又欢欢喜喜的搬家场景。搬家,这是一个暗藏隐喻的事件,它本身包含了一个由旧到新的历史转变过程,代表着随着时间的流逝人们必须要面临的迁移或者新生。

接下来随着镜头的辗转,一个破败的"旧家"慢慢出现在我们的眼前。当搬家的汽车穿过七零八落的残垣断壁,停靠在一片空荡荡的拆迁工地上时,我们看到的只是一棵孤单伫立的老槐树。相对于整洁繁荣的"新家",这里显然是一片破败和衰落。但是,那个被困于对废墟的想象中的冯先生却坚持这里就是他的家,并且绘声绘色地向大家描绘了一个古香古色、带着浓郁传统气息的家的景象。于是,一场虚拟的搬家表演开始了,紫檀的衣橱、精致的鱼缸、古董的灯座,工人们小心翼翼地搬抬家具,上下台阶,并表现出很吃力的模样。在这里,导演通过一个虚拟化或许是带些欺骗性质的模拟戏将虚幻和现实融合在一起,在新旧明显的对照中又创造了一个想象中的美好。此时,观众还只会将这种荒诞归结在冯先生滑稽可笑的疯癫上。

但是,随后发生的事情让我们了解了导演的真实意图。冯先生在深埋的土堆中找到了象征着"历史遗留物"的"铛儿"。与他手中那确实存在、被视作宝贝的"铃儿"结合在一起,我们听到了充满着古朴记忆的清脆的铃铛声。这时,原本只是因为功利原因而进行表演的工人们也开始迷惑了,冯先生的"疯"似乎并不完全,而所谓的"虚"也并非完全的虚。真实和虚幻在这一刻合而为一。虚拟的鱼缸里出现了水的声响。原本作为一个背景实体而存在的光秃秃的老槐树通过定格焦点的渐渐虚化,变幻成一幅古色古香的四合院的立体构图,进而再幻化成一幅虽然有些粗糙却不失宁静和谐的中国水墨画。而那土坡中曾经掩埋着的破碎铃铛的美妙乐声也在夕阳的废墟中变得清晰而温暖。

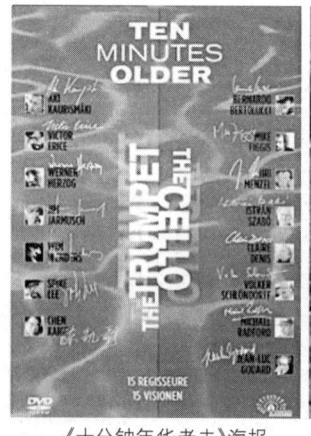

《十分钟年华老去》海报

《百花深处》剧照

陈凯歌通过这种虚实对照、转变、最后彻底融合的手法向观众讲述了一个"疯人不疯"的怀旧故事。但他的出发点绝不是为了塑造一个停留在过去、被时代抛弃的堂吉诃德式的角色。事实上,无论是由新至旧的倒行结构,还是画面表现的场景构图(如:从废墟窗框向外看汽车疾驰而过,汽车行驶时反光镜中的废墟作为背景实体渐行渐远,以废墟为前景的背景中呈现出现代化的高楼大厦……),还是铃与铛的隐藏寓意,影片都表现出陈凯歌一贯的对于历史的关注,以及在历史和现实的对照中所表现的隔离与承接。

二、电视连续剧剧本

电视连续剧是分集播出、连续成篇的多集电视剧,特点在于一集又一集地连续不断;往往故事情节较为复杂曲折,人物数量也较多,但其中主要人物和情节都是连贯的;每集只演播全剧中的一段故事,并在结尾处留有悬念,以待下集中人物与情节继续发展,从而吸引观众连续收看。在中国,电视连续剧在整个电视剧大家庭中占据着主要位置。

电视连续剧每集时长一般在 45 至 60 分钟之间。在中国,每集时长大致在 45 分钟左右,每集剧本的字数一般在 1.5 万字以上,每集的"场景"数大致在 35 至 45 个。

一般从集数上来说,3 至 5 集为短篇电视连续剧,6 至 20 集为中篇电视连续剧,20 集以上则为长篇电视连续剧。从商业运作的角度上来说,电视连续剧集数越长,每集所花费的成本就越低,也就能形成规模效益。因此,中国电视连续剧目前多为 20 集以上的长篇剧,甚至达到一百多集。

电视连续剧每集之间的接连方式主要依赖悬念的设置与破解,类似于章回体长篇小说或长篇评书。在古典章回体长篇小说中,每一回都有几段故事,故事中有起伏、有高潮,引人入胜,并总是在故事发展到高潮时突然中断,来一个"欲听后事如何,且听下回分解"的扣子。电视连续剧为了吸引观众在第二天还能观看下去,在每一集的结尾处也会留下这样的悬念,借以引起观众连续不断的观赏兴趣。

相较于电影剧本,电视连续剧剧本的总体长度要大得多。所以,其故事容量可以更大,叙事手段可以更多样,人物可以更多,时空可以更多变化,线索可以更错综复杂,节奏可以更舒缓……既可以大容量、全方位、多角度地反映复杂的社会生活,又可以从容不迫地展现人物的性格与风貌。以下是近些年来比较有代表性的电视连续剧佳作:

1. 电视连续剧《大宅门》

郭宝昌[①]以毕生心血自编自导的电视连续剧《大宅门》(2001 年),描写了老北京医药

[①] 郭宝昌,男,北京人,1940 年 8 月出生在北京一个贫困工人之家,父亲冻死于街头,两岁时被母亲卖掉;几经转卖之后,被同仁堂乐家乐四老爷(乐镜宇)收为养子;1965 年毕业于北京电影学院导演系;在任广西电影制片厂艺术总监期间,大力支持张艺谋、田壮壮等年轻电影人进行有益的尝试,推出了《一个和八个》(1984 年)、《黄土地》(1984 年)等影片;执导的电影作品有《神女峰的迷雾》(1980 年)、《春兰秋菊》(1982 年)、《联手警探》(1989 年)等;而小说《大宅门》早在他十六岁上高中时,就已开始创作。

世家"百草厅白家老号"长达一个世纪浮沉起落的传奇故事,以地道的京腔京味展示了独特的北京风俗、都城文明和举世闻名的中医文化,情节跌宕起伏,人物命运多舛,矛盾冲突此起彼伏。

该剧的人物角色众多,演员阵容也十分强大;荣获 2001 年中央电视台收视冠军,在港台地区乃至国际上也获得了极佳的口碑,被观众们称为"五好电视剧":

"故事好":从一开篇就悬念迭起,环环紧扣,戏剧因素齐备,全没有现在诸多电视剧拖沓的通病。而这要归功于郭宝昌四十余年的锤炼。

"演员好":从二奶奶斯琴高娃、三爷刘佩琦到老爷子杜雨露、常公公黄宗洛,满眼的大腕名角却丝毫没有"作秀"的痕迹,每个演员都一丝不苟、兢兢业业,每个人物都个性鲜明。

"导演好":郭宝昌用生命的意义来表述一部戏,全身心地投入到拍摄之中,几十年的功力绵绵不绝,每个场面、每个细节都精到厚实,故事讲得让人欲罢不能。

"后勤好":从服装设计到化妆、道具,没有一点马虎敷衍之处,一场场戏下来,令人赏心悦目;大宅门里的衣食住行都真真切切,细琐之处洋溢着浓郁的"宅门文化"。

"气氛意蕴好":大宅门表现出的浓浓的京味让人觉得过瘾;而宅门里折射出的社会变迁、人性斗争、世相百态,从充满传奇色彩的故事背后传达给观众,让这部戏有了历史人文的深度。①

【资料链接】《大宅门》部分演员表

陈宝国——白景琦	赵小锐——郑老屁	刘佩琦——白颖宇
斯琴高娃——白文氏	杜旭东——韩荣发	艾丽娅——白玉芬
何赛飞——杨九红	蒋雯丽——白玉婷	姜 文——府台大人
张丰毅——季宗布	茹 萍——黄 春	宁 静——珍 儿
赵 毅——白敬业	雷恪生——王喜光	毕彦君——白颖轩
张艺谋——李莲英	陈凯歌——府衙差官	黄志忠——黄 立
李雪健——于八爷	申军谊——河野大佐	杜雨露——白萌堂
何 群——皮头儿	于荣光——白 化	田壮壮——田 木
郭宝昌——沈树仁	贾 妮——大格格	黄宗洛——常公公
李 强——韦先生	侯 咏——中 村	谢 兰——李香秀

---

① 谭诚东:《〈大宅门〉收视创新高 被观众称为"五好电视剧"》,来源:《长江日报》,http://ent.sina.com.cn/v/41274.html。

陈凯歌饰府衙差官

张艺谋饰李莲英

雷恪生饰王喜光

刘佩琦饰白颖宇

刘佩琦赴成都参加"传媒发展与影视教育高峰论坛"

2. 电视连续剧《大染房》

陈杰[①]编剧、王文杰执导的24集电视连续剧《大染房》(2002年),讲述了民国年间印染业奇才陈寿亭(侯勇饰)的传奇人生。该剧故事年代从清朝末年直到抗日战争爆发,主人公陈寿亭的印染事业从周村起步发家,到青岛成长壮大,在济南达到全盛,委实曲折多彩。该剧既可谓对个人奋斗的一次深情礼赞,又堪称对民族工业的一曲悠长挽歌。

3. 电视连续剧《闯关东》

高满堂、孙建业编剧的电视连续剧《闯关东》(2008年),以朱开山(李幼斌饰)一家人闯关东的经历为主线,故事情节曲折感人,人物刻画淋漓尽致,不仅再现了苍凉悲壮的"闯关东"历史画卷,还展示了中华民族忠义、诚信、坚韧、善良的民族性格,也弘扬了不畏艰险、拼搏进取的时代精神。

[①] 陈杰(1956—2006),男,山东淄博籍著名编剧,被誉为"中国商战剧第一编剧";其电视剧处女作《大染坊》(2002年)在央视和全国各地卫视播映后收视率连创新高;荧屏绝唱《旱码头》(2010年)则以周村百年开埠为历史背景。2006年,电视剧《旱码头》开机两个多月后,陈杰与世长辞。

《闯关东》剧照:朱开山全家福

《上海,上海》海报

4. 电视连续剧《上海,上海》

毛卫宁执导的 31 集大型年代剧(即民国剧)《上海,上海》(2010 年),以上海"大世界"娱乐城创始人刘恭正(段奕宏饰)的传奇一生为故事主线,全景式展示了上海滩几十载的风云变幻,弘扬了自强不息、敢为人先的海派精神。该剧投资高达 4000 万元人民币,再现了老上海大量地标性建筑,如大世界、新世界、八大公馆、十六铺码头等。

导演毛卫宁说,《上海,上海》是一部跨越时代的大戏。"上世纪二三十年代是旧上海最辉煌的年代。这部电视剧要改变人们印象中的阴暗陈旧的老上海,让当代人去感知一个富丽堂皇、流光溢彩的上海滩。"[1]

【资料链接】电视连续剧《上海,上海》主创人员

导　　演:毛卫宁　　　　剧本改编:曹路生、陆寿钧
剧本策划:朱苏进　　　　领衔主演:段奕宏、左小青
编　　剧:邓海南

5. 电视连续剧《铁血》

宋歌、许泰彰、韩太康编剧的 30 集电视连续剧《铁血》(2008 年)改编自陈祖继、韩太康的同名报告文学作品,以中国西南战略大后方建设为背景,以成昆铁路建设为主线,着力描写了悲壮沉雄的筑路历程和真实感人的建设者群像;首次展示了 40 万筑路大军在老一辈无产阶级革命家的战略部署下浴血奋战,突破被外国专家称为"筑路禁区"的攀西大裂谷区域,修建成昆铁路的英雄壮举。

---

[1] 《〈上海,上海〉热播　段奕宏饰演上海大老板》,来源:《成都商报》,http://ent.sina.com.cn/v/m/2010－09－17/06533090368.shtml。

《铁血》导演郑方南(中)

《铁血》剧照

可见,电视连续剧在展现以上这类以全景式构架、多时空跨越为特色的题材巨作时,最能展现出其天然的艺术优势。

当然,中国电视连续剧在制作上还存在着诸多不足之处。

中国第一部电视连续剧是中央电视台于1981年2月5日开播的9集电视连续剧《敌营十八年》,起步较晚。发展至今,虽已取得长足进步,但相对于总的播出数量,较优秀的作品显得太少,其品质急需提升。

三、电视系列剧与电视单元剧剧本

电视系列剧也是一种分集播出的电视剧,一般有统一的主题与风格,而故事情节自成单元,不相联系;每集都是一个完整的、独立的故事,观众可以连续收看,也可以任意选看。电视系列剧通常有贯穿全剧的主要人物,如电视系列剧《济公》(1985年);也可以只具有贯穿始终的主题,而人物与故事每集更新,如电视系列剧《聊斋》(1986年)。

在中国,电视系列剧每集时长一般也在45分钟左右,每集剧本的字数也在1.5万字以上。

电视系列剧与电视连续剧的区别在于内容和结构上。

一方面,电视连续剧无论多长,其故事必须是一个整体,就像一部长篇小说,不只人物贯穿始终,故事也连为一体;每一集的故事既要承接上一集的故事,又要为下一集的故事发展留下伏笔。

而电视系列剧则不同,尽管也可以有贯穿全剧的主要人物,但每一集都是一个相对完整的故事,与后集之间一般没有必然的因果关系,因此独立性更强。系列剧要吸引观众,就更需注重单集的水平。

为了以单集故事来吸引观众,很多中外电视系列剧都以惊险故事、警探情节、曲折案件为题材,每集都以紧张、奇特的情节来吸引观众,例如美国26集电视系列剧《加里森敢死队》(1967年)、中国电视系列剧《重案六组》。

另一方面,如果说电视连续剧是以一环扣一环的悬念来吸引受众,那么电视系列剧则是依靠人物的魅力和全剧的整体风格来打动观众。在电视系列剧中,人物性格往往是固定的,从头至尾几乎没有发展;将其放在不同的情境中,就会演绎出不同的故事来。

因此,在中外电视系列剧中,喜剧风格的作品很多,尤其是室内剧和情景剧。例如,《编辑部的故事》(1991年)、《一手托两家》(2000年)等室内剧和《六人行》(1994－2004年)、《武林外传》(2006年)等情景剧。

也有一些电视系列剧以展现百姓日常生活为内容,讲述生活中的趣事,注重塑造鲜明多样的人物性格,其人文内涵与艺术品格也较高。例如,由林连昆、吕中、许还山、陈述等老一代明星演员演出的《冰糖葫芦》(2000年),以一群退休老人为主角,他们常常围坐在居民小院的传达室门口。该剧每一集都会讲述其中一位老人所遭遇的一件生活趣事,老人在故事中与后辈们一起卷入尴尬万分却又痛快淋漓、改变自己命运也影响别人生活的漩涡。

许还山(左)　　　　　　林连昆　　　　　　陈述(左)

《冰糖葫芦》剧照

可见,电视系列剧的优点在于:

其一,对于编剧而言,由于每集故事并不要求连贯,就可以在更广阔的层面及视点上,对社会生活、人间情景进行展现,进而使每集内容都能够精彩出新、别致有趣、引人入胜。

其二,对于制作方而言,往往可以分工合作、齐头并进,缩短制作周期;而且成本比较低,运作灵活,只要观众喜欢,就可以不断地拍下去。例如,电视连续剧《重案六组》从2000年至2010年已先后摄制了四部。

其三,对于观众而言,由于系列剧每集都是一个相对独立的故事,就不会出现看连续剧时那种因某集未看而产生中断感的遗憾。

电视系列剧与电视连续剧还杂交出一个品种——电视单元剧。它由若干相对独立的单元构成,每个单元的长度恰好相当于一部中篇或短篇电视剧的篇幅,既具有中篇或短篇电视剧的艺术优点,又具有长篇电视剧的收视优势,例如电视单元剧《新聊斋志异》(2005年)、《大敦煌》(2006年)等。

著名编剧陈文贵和邹静之都擅长创作电视单元剧,两人曾合作编剧了系列电视单元剧《铁齿铜牙纪晓岚》。

陈文贵参与编剧的电视单元剧代表作有《包青天》(1993年)、《七侠五义》(1994年)、《财神到》(1999年)等。而他参与编剧的电视连续剧《小李飞刀》(1999年)也具有电视单元剧的结构特点。

在台湾电视单元剧《包青天》中,陈文贵参与编剧的单元最多,包括《狸猫换太子》、《三击鼓》、《寸草心》、《真假包公》、《鱼美人》、《九道本》、《五鼠闹东京》七个单元。他的代表作《财神到》(1999年)则分为《财神疼好人》、《财神也是人》、《老虎不吃人》、《财神不是人》四个单元。

而邹静之编剧的电视单元剧代表作是《康熙微服私访记》系列。其中,《康熙微服私访记1》的剧作水准最高,分为《犁头记》、《八宝粥记》、《铜鼎记》、《紫砂记》四个单元。

《康熙微服私访记》海报

四、电视短剧与电视栏目剧剧本

电视短剧是篇幅最短的电视剧,一般撷取社会的某个侧面或生活的某个片段,能够迅速而及时地展现社会生活,同时以小见大地反映出具有一定普遍意义的人文内涵,被称为"电视剧中的轻骑兵"。通常情况下,电视短剧人物较少,场景有限,情节简单、集中,播映时间一般在30分钟以内,剧本字数不超过1万字。

新中国第一部电视剧就是北京电视台(现中央电视台)在1958年播映的时长20分钟的直播电视短剧《一口菜饼子》。

15分钟以内的电视短剧又常被称为"电视小品"。但电视小品绝不等于电视台经常播放的相声、小品或话剧门类中的舞台小品等。后者只是通过电视传媒来播映舞台艺术作品,真正的电视小品必须是具有影视表现艺术特色的作品。因此,绝不能将人们所熟悉的诸如"春晚小品"之类的舞台小品创作与电视小品创作混为一谈。

舞台小品《王爷与邮差》

电视小品《赶场》

例如，陈佩斯[①]、朱时茂[②]于1998年合作的春晚小品《王爷与邮差》属于舞台小品。小品中，王爷（朱时茂饰）和邮差（陈佩斯饰）到万国运动场参加田径比赛，整个过程的展现都依赖舞台上的虚拟性表演。

而两人同年合作的小品《赶场》则是在户外实景拍摄的电视小品。小品中，两个演员开着小汽车穿越沙漠，赶去参加晚会；汽车在路上抛锚，两个演员为了修车而费尽周折，发生了一系列趣事。这个小品运用视听语言拍摄完成，是无法在舞台上进行表现的。

其实，电视小品《赶场》原本是准备在春节晚会上借助蒙太奇剪接手法来呈现的。由于春节晚会的节目均要直播，《赶场》受到现场舞台的限制而只得作罢。

创作电视短剧对编剧的艺术功底与生活见识往往有最严格的检验，因为它只能截取生活中某一很小的片段，却往往要具备"匠心独运"的趣味性或精深的人文内涵，在内容挖掘与艺术表现上也同样马虎不得。例如，中央电视台曾经播映过的150集系列电视短剧《东方小故事》（1994年）就是一部优秀作品。

电视短剧虽然投资少、制作快捷，但是无法形成收视规模，也几乎不可能为电视机构

---

① 陈佩斯，男，1954年出生于吉林长春，著名喜剧表演艺术家；从20世纪80年代起，主演了多部以"二子"这一形象为主角的"二子系列"喜剧电影故事片；进入90年代，又接连拍摄了《临时爸爸》（1992年）、《编外丈夫》（1993年）、《孝子贤孙伺候着》（1993年）等"小人物系列"喜剧电影故事片，创作主旨转向对社会现象的揭露与讽刺。

1984年，在中央电视台春节联欢晚会上，陈佩斯与朱时茂表演小品《吃面条》一炮走红。之后，两人合作的央视春晚小品有《拍电影》（1985年）、《卖羊肉串》（1986年）、《胡椒面》（1989年）、《主角与配角》（1990年）、《警察与小偷》（1991年）、《姐夫与小舅子》（1992年）、《大变活人》（1994年）、《宇宙体操选拔赛》（1997年）、《王爷与邮差》（1998年）等。两人合作的电视小品有《赶场》（1998年）等。

2001年之后，陈佩斯开始转向话剧舞台，先后创作并主演话剧《托儿》、《亲戚朋友好算账》、《阳台》、《阿斗》、《老宅》等，均获得成功。

② 朱时茂，男，1954年出生于山东烟台，因在谢晋执导的影片《牧马人》（1982年）中扮演男主角许灵筠而名声大振，成为广大观众喜爱的青年演员。随后，又在影片《柯棣华大夫》（1982年）中饰演柯棣华，影片《道是无情胜有情》（1983年）中饰演连长袁翰，影片《蓝鲸紧急出动》（1985年）中饰演武仲毅，影片《我只流三次泪》（1987年）中饰演马川北等。2008年，朱时茂与丛珊再次合作影片《两个人的房间》。2011年2月，朱时茂自导自演的影片《戒烟不戒酒》上映。

带来广告效益,因而备受冷落。所以,电视短剧目前多以电视栏目剧的形态呈现在荧屏上。

电视栏目剧,顾名思义,由"栏目"和"剧"构成,就是要把电视栏目与电视短剧结合起来,在栏目中演戏,在戏中做栏目。它从概念上可以定义为:以电视栏目的形式存在,具有统一的片头、主持人及由演员演绎的故事情节的电视剧类型。其时长不超过60分钟。

电视栏目剧《雾都夜话》

重庆电视台于1994年推出的《雾都夜话》栏目开创了国内电视栏目剧的制播先河,其作为一种新兴的电视剧类型开始在国内迅速发展。目前,国内许多电视台都已开办电视栏目剧,将其作为提高收视率的重点自制节目。

从2000年至今,全国各省市县涌现出近两百个电视栏目剧节目,主要有生活类、情感类、法制类、新闻类、财经类、职场类等几大类型。全国有近80家电视台的130个各级频道播出电视栏目剧。①

近年来,国内主要的电视栏目剧如下:

名 称	所属频道(电视台)	名 称	所属频道(电视台)
《雾都夜话》	重庆卫视	《沟通故事会》	浙江经济生活频道
《疑案追踪》	上海文广	《真情》	湖南卫视
《故事会》	湖南经视	《都市碎戏》	陕西电视台
《生活麻辣烫》	重庆电视台	《麻辣烫》	四川经济频道
《狼人虎剧》	西安电视台	《岛城故事》	青岛电视台
《南京麻辣烫》	南京电视台	《真实故事》	南方电视台
《家在天堂》	浙江钱江都市频道	《本塘第一剧》	浙江影视娱乐频道
《开心茶馆》	杭州台明珠频道	《中州夜谈》	河南台公共频道
《经视故事会》	湖北经视	《百姓碎戏》	陕西电视台
《非常板扎》	昆明电视台	《新闻故事会》	武汉教育频道

---

① 《第六届全国栏目剧评优年会在我州召开》,来源:西双版纳网,http://www.bn888.com/news/newshow_9060_1.html。

重庆电视台《雾都夜话》的制片人马及人在2004年国际情景剧研讨会上正式提出了"电视栏目剧"的概念:从内容上看,"它不是情景剧,不是喜剧,它是正剧";在形式上,具有"相对固定的时间、固定的长度,以栏目的形式加以发布",可以说是电视剧与栏目的嫁接。①

电视栏目剧创作的基本特征有:

第一,故事性。电视栏目剧大多取材于社会生活,尤其是民生新闻,来源广泛,取之不绝。只要是新近发生的、具有一定典型性和故事性,并且可以进行大众传播的社会事件,皆可作为创作题材。

第二,新闻性。社会新闻事件发生后,电视栏目剧可以迅速跟进,以其为素材进行创作,从而在短时间内形成收视看点和舆论热点,同时,还可以进行事前策划。例如,可以配合一个尚未发生的重大事件来进行创作,在事件来临时再适时推出。

第三,低廉性。国内大部分电视栏目剧的直接成本每集在4000至10000元之间,周期可以控制在10天以内,成本低廉,回报见效快。而电视栏目剧一般都是当地电视台收视率较高的节目。在一些竞争激烈的地区,观众可以同时看到三种以上的方言栏目剧。

第四,时效性。由于制作周期短,制作团队相对简单,电视栏目剧可以迅速对新闻事件进行加工再创作,剧本编写、内容拍摄、播出安排可以一气呵成,趁热"炒新闻",借助突发事件上位,满足观众的收视心理。

第五,平民性。电视栏目剧多以平民阶层为主体观众,将镜头对准普通百姓的生活,关注市井民情,再现家长里短,"讲述老百姓自己的故事",具有鲜明的人本化特征。重庆电视台的《雾都夜话》就明确提出"我们的主体观众是中下层"的口号。

第六,参与性。电视栏目剧大多向社会征集演员,为民间表演爱好者创造演出机会,常出现几千人报名的壮观景象。那些出演过剧中人物的百姓演员,无不主动宣传,呼朋唤友来观看,无形之中产生了实实在在的收视率和市场份额。

第七,地域性。大部分电视栏目剧都具有鲜明的地域化特征,展现着浓郁的地域文化风采,或采用方言对话,或邀请当地群众演员,或描述当地生活故事,能够引起当地观众的共鸣。

第八,纪实性。民生新闻题材的作品一般都会采用纪实性手法,既可以有效还原事件,又可以让观众直白地了解故事情节,尤其擅长表现百姓日常生活中的矛盾冲突,如家庭、婚姻、情感等现实问题。这种看似简单白描的纪实手法,其实又是普通百姓最乐于接受的方式,也是目前最适合电视栏目剧的表现方式。

近年来,电视栏目剧在国内火爆的同时,也凸显出许多弊端,如创作团队短缺、没有长远规划、地域局限性大、制作粗糙、质量低劣等。国内大部分电视栏目剧都在本地播出,自

---

① 参阅吴斌:《国内电视栏目剧制播现状和特征》,《现代传播》2006年第6期。

产自销,没有形成营销产业链。

而创作上的问题更为突出。部分栏目剧题材重复、内容媚俗、格调低俗、表现手法单一,生活被简单化、庸俗化地描绘出来。有些栏目剧为了追求题材与叙事上的出新求异,满足观众的猎奇心理,不加权衡地把镜头对准个人隐秘,选取一些走法律和道德偏锋的故事,并刻意夸大某些暴力情色的场景片段,渐渐沦为"地摊小说"的水准,充斥着对社会的不信任和道德焦虑感,与创办之初的意图渐行渐远。①

电视栏目剧的创作要想取得突破,必须采用精品化制作手法,而首要任务是狠抓剧本质量,不能自降标准。无论主题立意,还是情节构架,都应以高水平作为创作要求。剧本应当短小精悍,矛盾更加集中,要利用有限的资源拍出好看的故事。

首先,"到生活中寻找真感情"。好的作品无一不紧扣一个"情"字,社会中的小人物和小故事往往更能引起观众的共鸣和兴趣,而生活中的真情实感则更能吸引观众长久的观看欲望。编剧应当开阔视野,到生活中去感受、记录、创作;各种流行的话题和元素,都可以提炼到剧情和对白中,从而与时俱进,反映出乐观、积极、向上的时代精神,体现出人文关怀和社会责任感。

例如,湖南电视台的电视栏目剧《大城小事》中的《意投情不合》一集讲述的是:两个奉行"不婚主义"的青年男女在父母的压力下被迫"假结婚",却在生活的摩擦与矛盾中互生好感,最终成就眷属;反映了社会上人们普遍关注的"不婚族"、"逼婚"、"剩男剩女"等问题。

其次,取材选题多样化,开拓创作空间。随着电视栏目剧创作的不断发展,更多的艺术手法开始融入其中,表现方式也可以多种多样。

例如,上海东方卫视制作的悬疑剧情类电视栏目剧《迷案记》,其每期节目由"主持人演播室讲述+剧情式演绎"两部分构成。剧情演绎部分引入专业演员来出演剧中的各个角色,而整个故事的起承转合则交由主持人在演播室中交代。

上海东方卫视节目部主任陆天旗介绍说,《迷案记》是国内电视栏目在制播历史剧情类节目上的一次全新探索,是对目前全国电视观众对兼具观赏性、思想性,具有较高品位电视产品需求的回应。

节目的一个特点是广泛招募形神俱似的

上海东方卫视制作的《迷案记》

---

① 参阅王彦奇:《把脉栏目剧——兼作〈百姓聊斋〉栏目五周年之思考》,来源:人民网,http://media.people.com.cn/GB/22114/70684/237510/16774292.html。

演员,扮演历史上重大悬疑案件中的人物,还原、描绘历史真实情景,凸显人物真实情感,展示曾经被人忽视的细节,融入最新的历史研究成果,说出好故事,说出精彩的故事,说有价值、有依据的故事。

《迷案记》在正式推出之前,征询了大量专家和电视专业制作团队的意见。剧中的案件都是根据真实案件改编而来。

例如,第一季中的《民国轰动天津的箱尸奇案:少妇被肢解》讲述的是:1947年秋,京畿重地天津市发生了一桩千古奇案,一位少妇被杀,凶手又残忍地将尸体肢解成头、身、腿三截,并将头部烧得难辨人形,装在一只柳条箱内置于他人库房。此案虽被侦破,但凶手却迟迟没有得到应有的惩处。新中国成立后,凶手才被处以极刑。若干年后,天津电影制片厂曾将此案搬上银幕,在天津乃至全国影响很大。①

最后,电视栏目剧也需要高超的营销手段,加大推广力度;还可以拓展网络渠道,进行网络联播,或量身定制网络剧。

2009年,栏目剧委员会作为中国广播电视协会的二级专业委员会正式成立,也为电视栏目剧的创作搭建起互动交流的平台。

2011年12月19日至22日,由中国广播电视协会栏目剧委员会主办的"第六届全国栏目剧评优年会"在云南西双版纳召开。本届年会共收到来自全国各地54家电视台60档栏目的118部参评作品。栏目剧委员会重点开展了"扶持特色:栏目剧的百花齐放"、"服务群众:栏目剧的'三贴近'根基"、"精品创新:栏目剧精品自制和创新"等高端主题论坛。

中广协会杨波副会长对电视栏目剧的未来发展提出了希望,强调它要坚持正确导向,坚持艺术质量,坚持改革创新;作为中国电视界的"轻骑兵",栏目剧前景广阔,要坚持走自己的路,相信栏目剧的第二个春天正在走来。②

五、电视单本剧与电视电影剧本

电视单本剧是由一个完整的故事情节构成的,有开端、发展、高潮、结局的完整脉络,而且是一次将戏演完的电视剧类型。它相当于文学作品中的短篇小说或戏剧作品中的独幕剧,时长从30分钟到90分钟不等,一般分为上下集或上中下集。

根据中央电视台的播出规定,每集50分钟、三集及三集以下的电视剧为单本剧,三集以上为连续剧。

从人物塑造、情节构成、环境展现等方面看,电视单本剧讲求构思精巧,主要人物角色

---

① 参阅百度百科,http://baike.baidu.com/view/1918330.htm。
② 《栏目剧第六届全国评优圆满结束》,来源:云视网,http://news.yntv.cn/content/73/20111231/102539_73_452834.shtml。

不宜过多,情节简练而紧凑,结构完整,具有"短平快"的特点。

一部分为上下集的电视单本剧的时长与一部电影的时长相近,而制作成本却要比电影少很多。在国外,电视单本剧中多有制作精良、质量上乘之作。中国的电视单本剧也不乏精品。

例如,电视单本剧《长江第一漂》(1986年),是以"长漂英雄"尧茂书的事迹为原型创作的。创作人员前往长江源头实地拍摄,再现了英雄撼天动地的殊死壮举,热情颂扬了大无畏的拼搏斗志和自强不息的民族精神。

该剧在拍摄时,为力求真实,主演朱时茂亲自驾驶橡皮船,顺江而下,险些遇难。该剧播映后,轰动一时,荣获第五届大众电视金鹰奖(1987年)优秀单本剧一等奖和第七届全国优秀电视剧飞天奖(1987年)特别奖。主演朱时茂获得中宣部和中国电视艺术家协会颁发的拼搏奖,导演马龙骧获得全国"五一"劳模奖章,摄制组在北京受到中宣部和中国电视艺术家协会的全国表彰,同时受到中共四川省委和四川省政府的特别嘉奖。

首都剧场颁奖典礼现场(右起:导演马龙骧、男主演朱时茂、女主演万琼、编剧之一陈祖继)

目前,电视单本剧已经逐步被"电视电影"这一节目形态所取代。

"电视电影"也称"电视故事片",是模仿电影故事片拍摄的、类似于电视单本剧的一种电视剧类型,也可以说是用电影技巧拍摄的电视单本剧,或者说是为电视播映而制作的"电影故事片"。在国外,电视电影多由电视台自制自播。

电视电影起源于20世纪60年代的美国,原本是由电视人投资的低成本电影,适合在电视上播映,按照电影的艺术规律用35毫米胶片拍摄制作。世界上有许多著名的"电影作品"其实都是电视电影,例如阿尔弗雷德·希区柯克执导的《精神病患者》(1960年)、基耶斯洛夫斯基执导的《十诫》(1989年)等。

许多著名导演、演员也是靠拍摄电视电影起

《精神病患者》海报

家的。例如，美国电影大师史蒂文·斯皮尔伯格的导演处女作《决斗》（1971年，又名《飞轮喋血》）就是一部电视电影。

该片由理查德·曼森编剧，改编自其发表在《花花公子》杂志上的一篇同名小说。当时，年仅23岁的斯皮尔伯格初出茅庐，正在环球公司打工，看到这篇小说后决定将其搬上电视荧屏。斯皮尔伯格仅用了十天时间，就拍摄完成了这部74分钟的电视电影，成本仅为30万美元。他运用希区柯克式的悬疑手法，拍出了一部带有强烈惊悚风格的公路片。

《十诫》海报

该片讲述了一个荒谬的故事：主人公戴维·曼在空无一人的州际公路上独自驾车。一辆装载易燃物品的大卡车出现了。两车分别超了对方的车。之后，卡车司机如同发疯一般追逐戏弄着戴维的车，甚至还要把他逼上绝路。被逼无奈之下，戴维只得与这辆欲置自己于死地的卡车展开决斗，并最终得以逃生。

该片在电视台播出后引起一定的反响。斯皮尔伯格又将其加料剪辑成90分钟的剧场版，在欧洲上映时为环球公司赚了几百万美元，并得到影评人的高度赞扬，还获得了美国电视界最高奖项——美国电视艾美奖的最佳音效剪辑奖。

《决斗》剧照

在国外，电视电影创作所选择的题材很广泛。可以从"小"着笔、单线叙事，如这部《决斗》；也可以笔生波澜、多线交错，如美国电视电影《人口贩卖》（2005年），该片描述了警方与人口贩卖组织之间的艰险斗争，揭露了国际人口贩卖活动的罪恶行径，发人深省。

电视电影还可以依史为据、修志立传。例如，日本朝日电视台制作的电视电影《男装的丽人》（2008年）根据村松有视的同名原著改编而成，以小说家加贺美的回忆作为主线，刻画了川岛芳子（黑木明纱饰）这位历史人物扭曲而又富有悲剧性的一生，较为客观地展现了日本军国主义的罪恶侵华史。

《男装的丽人》海报

李香兰(堀北真希饰)与川岛芳子

我国第一部电视电影是著名导演杨亚洲于1998年拍摄的《别了,冬天》。

自1995年起,中央电视台电影频道开播,逐渐培育起观众在电视上收看电影的接受方式和习惯。为解决节目源不足的问题,央视电影频道于1999年起开始自行制作电视电影。第一部在电影频道播映的电视电影是在1999年春节期间推出的由"第五代导演"戚建执导的《岁岁平安》。

《别了,冬天》海报 《岁岁平安》海报

该工程自启动以来,电视电影逐渐从稳定数量的初创期进入提高质量的发展期。这些年来,电视电影受到了国内外影视界越来越多的关注,更多的优秀人才投身到电视电影的制作队伍中,并涌现出了高希希等一批新锐导演。电影频道自2001年起设立电视电影

"百合奖",以表彰优秀电视电影作品。华表奖、金鸡奖等重要奖项都专门设置了电视电影奖。

> **【资料链接】高希希早期"电视电影"作品**

《劲舞苍穹》(1999年)　　　　　　《翻身》(2001年)
《公鸡打鸣母鸡下蛋》(2000年)　　《数字英雄》(2001年)
《冬天的记忆》(2000年)　　　　　《兵哥》(2001年)
《祝你平安》(2000年)

电视电影因其低成本、表达自如、传播渠道(由电视台播出)便捷和拥有广大受众而为越来越多有才华的影视创作者所关注。

中国电视艺术委员会副主任、著名影视评论家仲呈祥说:"电视电影作为近年电影频道大力扶植的新艺术形式,已经成为中国影视剧创作当中短片剧(即单本剧)的主导力量,扭转了中国电视剧短片创作每况愈下的情况。我认为,这不仅对中国的电影艺术,也对中国的电视艺术作出了一个很重要的贡献。在电视剧语言形态的日益完善、审美能力的日益发现当中,短片创作起到探索的作用,并且在某种意义上成为了电影的一个实验基地。甚至我现在感觉,在一定意义上,可能将来电视电影这种形式要取代电视剧创作里面的短片创作。"[①]

电视电影的题材丰富多彩而又相对通俗,具有结构完整、叙事晓畅、节奏舒缓等特点,其低成本运作的投资低风险性也是传统电影所无法比拟的最大优势之一。

从技术标准上来看,相对于一般电视剧,电视电影是更精美的制作,比一般电视剧的影像更清晰。

从艺术标准上来看,专门为电视电影创作的剧本既要区别于电影的题材,又要有电影剧本那样严谨的结构、独特的电影语言及较高品位的内涵,有比电视剧更深化的主题。

目前,中国电视电影的整体艺术水准不断提高,平均年产110部,质量上乘的作品超过三分之一。

例如,舒崇福与王一兵编剧、舒崇福执导的《我和连长》(2001年)通过一个刚下部队的新兵的视角描述了一个正直、朴实、能干、爱兵如子的连长形象,展现了部队中为国防事业默默奉献的普通官兵的风采和他们平凡而真实的生活。

宋方金编剧、青年导演乔梁执导的电视电影《飞》(2006年)讲述了一个心怀飞翔梦想的农民所遭遇的现实挫折。该片在2006年的韩国釜山电影节上获得了来自评委们的一致褒奖,主演赵毅也被赞为"中国最具潜力和灵气的男演员之一"。

---

① 参阅百度百科,http://baike.baidu.com/view/591869.htm。

该片是一个关于理想主义的寓言:山东农民刘百刚(赵毅饰)由于行为与众不同,从小就被人视作精神上有毛病,连他母亲也对他极度失望,只有邻居小姑娘李小猜(吴浇浇饰)愿意相信他的"胡说八道"。刘百刚最疯狂的行为是要造一架飞机,这成为村里人的笑柄。李小猜也离开了他,和别人结了婚。尽管这一切让他痛苦,但刘百刚还是尽自己最大的努力去实现梦想……

《我和连长》海报

《飞》海报

王力羽编剧、乔梁执导的《手风琴》(2009年)展现了生活在北京的现代年轻人的生活状态,故事贴近生活,情节简单,既赞颂了伟大的父爱,又评判了年轻一代的自私自利。

聂造与阎建钢编剧、阎建钢执导的《为奴隶的母亲》(2003年)根据柔石的同名短篇小说改编而成,以特定的历史氛围、古旧的徽州老屋、灰暗的色调以及独具匠心的镜头语言赢得了广泛的赞誉。该剧女主角何琳凭借其饰演的阿秀一角于2005年11月荣获第33届国际电视艾美奖最佳女主角奖。这是亚洲女星首次获此殊荣。

从2001年起,系列电视电影开始出现。《杨门女将》(2001年)是中国内地最早的系列电视电影,极具观赏性,创造了中国电视电影有史以来的最高收视纪录。该系列电视电影分为15部①,由香港导演李国立执导,郑佩佩饰演佘赛花(佘太君),李若彤饰演杨延琪(杨八妹),宁静饰演穆桂英。

何琳(右)荣获第33届国际电视艾美奖最佳女主角奖

《杨门女将之女儿当自强》海报

---

① 分别为《女儿当自强》、《天波府风波》、《女将初征》、《再战金沙滩》、《四郎探母》、《昊天塔》、《八妹游春》、《白马贺寿》、《皇城惊变》、《巧盗凤发》、《情定穆柯寨》、《战地情缘》、《辕门斩子》、《穆桂英挂帅》、《大破天门阵》。

此后,电影频道又陆续推出了一批不同题材的系列电视电影,如历史题材的《大汉风》系列、传奇题材的《三言二拍》系列、神怪题材的《聊斋》系列、英雄题材的《水浒》系列、农村题材的《法官老张轶事》系列、军事题材的《共和国名将》系列以及武侠题材的《陆小凤传奇》系列、《镖行天下》系列、《女神捕》系列等,可谓洋洋大观。

《陆小凤传奇》系列(2006年)根据古龙小说改编,由邓衍成、袁英明执导,吴峥等编剧,张智霖饰演陆小凤,何润东饰演西门吹雪,严宽饰演叶孤城,共分十部,分别是《陆小凤前传》、《铁鞋传奇》、《大金鹏王》、《绣花大盗》、《决战前后》、《银钩赌坊》、《幽灵山庄》、《剑神一笑》、《凤舞九天》、《血衣之谜》。

《陆小凤传奇》海报

《镖行天下》系列(2007年)由香港导演邓衍成执导,朱可欣、吴峥等编剧,共分十部,分别是《天下镖局》、《龙骑禁军》、《深宅大院》、《风云际会》、《牡丹阁》、《走单骑》、《桃花劫》、《瞒天过海》、《七星端砚》、《神武大炮》。

《镖行天下前传》系列(2010年)由香港导演邓衍成执导,吴峥、巩向东编剧,马玉成、李磊担任动作导演,共分十部,分别是《四百里加急》、《至尊国宝》、《库丁之谜》、《虎口夺镖》、《漠上风云》、《燃眉危机》、《编外人选》、《烽火辽东》、《终极任务》、《决战天涯》。

近年来,许多地方电视机构也开始摄制电视电影。例如,北京东方飞云国际影视策划有限公司就分别为内蒙古卫视《儿女传奇》栏目(周五、周六晚19:35分)和辽宁卫视《北方影院》栏目(周五晚21:15分)制作了一批电视电影;其时长约90分钟,故事背景主要集中在民国时期及古代,也根据当下流行话题及热点题材进行"现写现拍"的尝试。

如今,电视电影的创作仍在蓬勃发展之中。中央电视台电影频道电视电影部艺术总监柳城先生专门为此写就《电视电影三字经》,作为总结和指导,并于2007年获得联合国教科文组织颁发的"特别文化贡献奖"。其全文如下:①

《镖行天下》剧照

---

① 摘录自柳城:《电视电影三字经》,中国电影出版社2006年版。

一、为电视,拍电影;为电影,添品种;以数字,成影像;以杜比,成音响;亦影院,亦家庭;可播出,可放映。

二、盖电影,梦非梦;凡做艺,真至诚;舞之起,由情动;跃成仞,飞成虹;音之起,由心生;兴则歌,愤则鸣。

三、曰剧作,戏之本;良与莠,定乾坤;遂创作,靠生活;愈之好,要技巧;讲故事,要单纯;牵得广,涉得深;写人物,一棵树;枝叶繁,根须固;设情节,一条河;九曲翻,十八湾;立结构,如安家;园中水,庭前花;写命运,一盘棋;走河东,看河西;写性格,莫凝止;彼一时,此一时;选题材,勿求大;取视点,多变化;重愉悦,重审美;表达够,要渗透;人忌杂,话忌多;立形象,当动作;事忌繁,场忌散;抱戏核,沥戏胆;讲风格,乃为人;弄潮人,潮中人;讲风格,求一统;思无邪,始至终;讲风格,尽异同;池水清,出芙蓉;要独创,博众长;出经典,识群贤;好细节,一瞬间;一流传,一百年;著此文,非彼文;时三分,叩人心;时六分,起波澜;凡九分,出看点。

四、曰编辑,吾之友;投木李,报琼玖;曰编辑,吾之师;识罗敷,辨东施;曰编辑,习无止;方解锁,方点石;曰编辑,最当敬;食之黍,付之乳。

五、文未竣,即投拍;断其脉,呈病态;户枢蠹,天难助;败俱损,痛自饮。

六、文本定,亦莫急;讲策划,重前期;黄金屋,建几许;颜如玉,谁家女;何以愁,何以欢;几时晴,几时雨;筹秣薪,莫忘针;三军齐,弃滥竽;策划熟,踏征途;最需问,心何如;戏入心,情才真;食无味,夜难寐。

七、曰拍戏,琢璞玉;细中粗,粗中细;悲一时,歌一曲;悯一生,一出戏;喜亦是,忧亦是;清亦是,浊亦是;场场戏,皆全局;个个人,皆相系;丝丝扣,情之带;千千结,欲之债;编导演,通灵犀;摄录美,求默契;声光色,应有情;动与静,当着意;苦思时,夜秉烛;勤耕时,中天日;十分力,一成戏;九分力,前功弃;劳其身,乃匠人;报鲜知,方为诗;一求实,二求真;三求美,四求新;最难求,寓之乐;深之浅,厚之薄;或叙事,或言情;或呐喊,或鼓动;或现代,或传统;或大众,或小众;黄金律,不可变;拍佳片,要好看。

八、抢进度,必削履;压周期,必伤体;人赶戏,才思闭;戏催人,出戏魂;人保戏,戏保人;人欺戏,戏欺人;戏保人,送帛锦;戏欺人,最残忍。

九、曰表演,两经典;一体验,一表现;体验者,重情感;讲内在,讲感染;表现者,重状态;讲理念,讲安排;两相斥,出辩才;两相溶,乃天才;观中外,看古今;好演员,由此分;曰演戏,非演戏;戏是他,他是你;他有悲,你即泣;他有欢,你遂喜;何以悲,皆在他;如何喜,皆凭你;两个人,一块泥;你捏他,他捏你;说个性,你随他;论形象,他像你;好演员,当天才;始于怀,成于台;怀才者,自不名;临台者,自无形;生活厚,技巧精;修养够,为大成。

十、文之道,人之道;艺之道,神之道;文之法,天之法;艺之法,无定法。

十一、人一世,事若成;需淡利,需忘名;唯赤爱,唯忠诚;靠投入,靠激情;轻宠辱,耐枯荣;漫漫路,踽踽行;凡妙文,本天成;凡妙手,十年功。

《电视电影三字经》问世后获得众多名家赞誉。黄宗江评价说:"翻阅《三字经》,真可谓道尽电视电影创作和摄制之秘笈。文字生动却可不陷寡白,浅显易读却又回味无穷,新意盎然却能旁引曲喻,内涵深广,竟似古典。"①

依照以上介绍的五大文体类型,在影视剧本的实际创作中,必须做到"量体裁衣"。相同的题材,选择的文体类型不同,则在内容含量、表现手法等方面也必然不同。

例如,同样是讲述"狄仁杰的故事",却可以创作出不同类型的影视作品。

唐代名相狄仁杰向来被中外读者誉为"东方的福尔摩斯",他一生断案无数,后人据此创作了《狄公案》等许多传奇故事。荷兰汉学家高罗佩更是创作了经典之作《大唐狄仁杰断案传奇》,被列入美国芝加哥大学的学生必读书目。

据此历史人物创作的影视剧作品包括:

电视单元剧:《狄仁杰断案传奇》共两部(1986—1996年)、《神探狄仁杰》共四部(2004—2010年)。

电视连续剧:《护国良相狄仁杰》共三部(2003年)、《神探狄仁杰前传》(2010年)。

电视系列剧:动画片《少年狄仁杰》(2008年)。

电影故事片:《狄仁杰之通天帝国》(2010年)、《狄仁杰前传》(2012年)。

中央电视台播映的动画片《少年狄仁杰》由杨鹏担任总编剧,计划制作104集,多是每集讲述一个侦破推理故事。因为定位为少儿动画,且每集时长只有二十分钟左右,即便是两集讲述一个故事,也只能在四十几分钟内展现,所以故事较为简单。

梁枫编剧的14集电视单元剧《狄仁杰断案传奇1》(1986年)根据高罗佩原著改编,是最早讲述"狄仁杰故事"的电视剧作品。该剧包括五个单元:《玉珠串》(第1—4集)、《黄金案》(第5—7集)、《莲花池》(第8集)、《断指记》(第9—10集)、《四漆屏》(第11—14集)。相对于系列剧,这部单元剧描述故事就可以详尽得多。

钱雁秋自编自导的电视单元剧《神探狄仁杰》至今已连续拍摄了四部,是近年来影响最为广泛的"狄仁杰题材"作品。例如,《神探狄仁杰1》(2004年)包括三个单元:《使团惊魂》、《蓝衫记》、《滴血雄鹰》。足够的篇幅使每个单元的故事可以更为详尽,波澜迭起,悬念丛生。

梁冠华版《神探狄仁杰》剧照

而张晓亚、张璐编剧的《神探狄仁杰前传》(2010年)与张晓亚编剧的《护国良相狄仁杰》都属于电视连续剧。《护国良相狄仁杰》共制作了三部:第一

---

① 参阅百度百科,http://baike.baidu.com/view/2863991.htm。

部《风摧边关》23集,第二部《古墓惊雷》20集,第三部《京都疑云》22集。从内容与风格上来说,《神探狄仁杰前传》实为《护国良相狄仁杰》的"前传"。

在电视剧《神探狄仁杰》中,几个剧中人物一搭一唱的"相声式"情节较多,许多剧情段落显得听觉效果突出、视觉效果欠缺。而在张家鲁①编剧、徐克执导的电影故事片《狄仁杰之通天帝国》(2010年)中,视觉效果的营造则居于首位,涉及推理分析的情节就被大大压缩了。这又是由影视剧各自的特性所决定的。

寇世勋版《护国良相狄仁杰》　　富大龙版《神探狄仁杰前传》　　刘德华版《狄仁杰之通天帝国》

电影故事片《狄仁杰之通天帝国》讲述的是侦探狄仁杰(刘德华饰)受命侦破"洛阳焚尸案"。相比于同题材电视剧,该片的时长仅有两小时,篇幅有限,所以在案情和涉案人物的设计上不能过于错综复杂。因此,涉案嫌疑人仅有两组——琅琊王李宵(姚橹饰)与武后(刘嘉玲饰)及国师陆离,双方相互指证;最后查明主谋是琅琊王李宵及其属下沙陀忠(梁家辉饰)。

出于电影视觉化层面上的考虑,该片摒弃了静态的分析和冗长的述说,而是突出视觉上的"奇险"。

首先是杀人手法之"奇":案发时,工部侍郎贾颐(秦焰饰)与查案的大理寺卿薛勇(刘金山饰)相继焚身毙命,并被罩上"死于符咒"的神秘色彩;查案过程中,涉案的琅琊王李宵、查案的大理寺少卿裴东来(邓超饰)也先后死于此法。

其次是涉案场景之"奇":通天浮屠、鬼市、无极观等场景的设计都极富想象力和奇观性。

再次是查案过程之"险":整个过程可分为"验尸查死因"、"鬼市访高人"、"夜探无极

---

① 张家鲁,男,台湾著名编剧,与著名监制、导演陈国富长期合作;其参与编剧的电影故事片《天下无贼》(2004年)获第四十二届台湾电影金马奖最佳改编剧本奖,参与编剧的电影故事片《梅兰芳》(2008年)获第一届"中国影协杯"优秀电影剧本奖。

观"、"救驾擒真凶"四个环节,并加入精彩的动作戏,可谓险象环生。

这些设计都大大增强了这部电影作品的观赏性。

至于近年来由国外引入中国的"剧情式纪录片",则仍应归入纪录片范畴,其遵循的仍是纪录片的基本创作原则。因此,准确地说,其脚本并不能称之为"剧本",其创作者也不能称之为"编剧"。

所谓"剧情式纪录片",是在纪录片的基本形式下,由演员出演真实的历史人物,戏剧化地再现真实的历史事件。它相对于"再现式纪录片"而言,是一种创作手法上的探索和升级。

例如,中央电视台《探索·发现》栏目制作的五集纪录片《迷徒》,号称"国内首部剧情式纪录片",展现了大陆最后一个落网的国民党将官级特务——郑蕴侠在新中国成立后的人生历程:他潜逃八年后被捕,得到新中国的宽大处理,最终得以重新做人。该片起用了专业演员进行表演,并通过人物对白来建构主体情节,但均是基于真实素材,而非编造虚构。其脚本创作者张家恕、盛振华被称为"撰稿",而非"编剧"。

> **【资料链接】剧情式纪录片的特性**[①]

1. 以追求真实性为原则,着眼并忠实于历史事件的事实。
2. 使用文学的、叙事的手法,将历史中的事件真相反映于故事中;以演员表演及对白代替解说词来推动故事进展。
3. 为了剧情效果,对于次要的历史事实,可以有一定程度的创作空间;以"场景"为影视构成单元。
4. 不滥用戏剧效果,并应避免加入创作者自己的明显具有评论性和叙述性的观点。
5. 与历史小说不同之处在于,历史小说仅仅将历史作为一个承载虚构人物的大背景。
6. 与真实电影的区别在于,比真实电影更尊重历史事件的真实性,更自由地运用解说词,增加背景信息的容量。

---

① 参阅百度百科,http://baike.baidu.com/view/217346.html。

第三章 创作与格式

第一节 影视剧本的创作意识
一、植根生活，深入生活
二、一丝不苟，百折不挠
三、团队协作，集思广益
四、尊重市场，与时俱进

第二节 影视剧本的创作方式
一、独立创作与联合创作
二、自主创作与受聘创作

第三节 影视剧本的创作步骤
一、从剧情构思到人物图表
二、从故事梗概到人物小传
三、从剧本大纲到正文写作

第四节 影视剧本的常见格式
一、小说格式
二、分场景格式

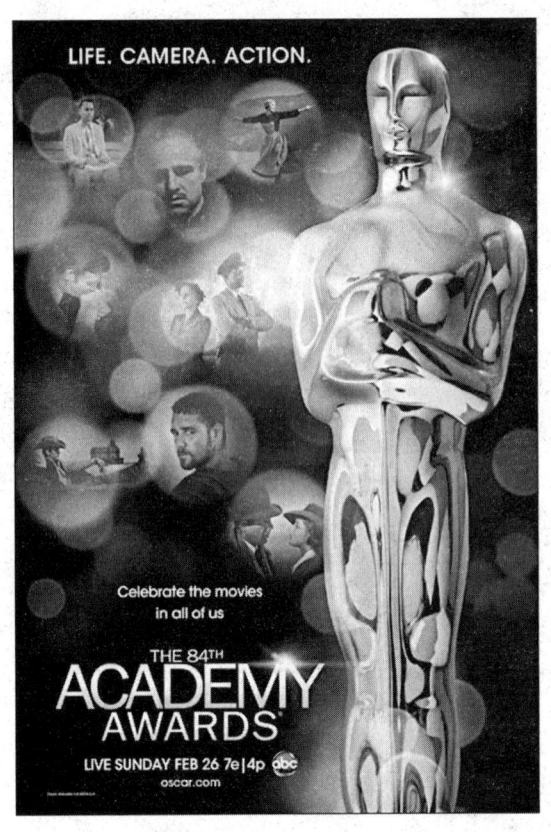

　　2012年2月26日,第84届美国奥斯卡电影金像奖在好莱坞高地中心举行,比利·克里斯托第九次主持颁奖典礼。法国导演迈克尔·哈扎纳维希乌斯自编自导的黑白默片《艺术家》(2011年)获最佳影片、最佳导演、最佳男主角等五项大奖。伍迪·艾伦凭借《午夜巴黎》(2011年)获最佳原创剧本奖。亚历山大·佩恩凭借《后裔》(2011年)获最佳改编剧本奖。

　　本届奥斯卡的官方海报以"生活、摄影机、开拍"为主题,并向八部经典影片致敬。这八部电影故事片为《乱世佳人》(1939年)、《教父》(1972年)、《卡萨布兰卡》(1942年)、《音乐之声》(1965年)、《为黛茜小姐开车》(1989年)、《巨人传》(1956年)、《阿甘正传》(1994年)、《角斗士》(2000年)。

　　"生活、摄影机、开拍!"

　　是的,让我们将目光投向生活,开始创作吧!

第一节　影视剧本的创作意识

如何才能成为一名真正的编剧，创作出优秀的影视剧本呢？

著名编剧、影视项目策划人王志军说："好的职业编剧，要有策划能力和创作能力，通过与投资者的合作和创作建立公信力。"①

创作是编剧的立身之本。而创作之首要，在于端正态度，树立正确的创作意识。

一、植根生活，深入生活

创作源自生活，又高于生活。因此，编剧必须植根生活，深入生活。

2010年10月16日（重阳节）晚，第19届中国金鸡百花电影节在江苏江阴举行闭幕晚会暨颁奖典礼，第30届大众电影百花奖同时揭晓。老艺术家于洋、田华一起获得中国电影金鸡奖终身成就奖。

于洋在领奖前回忆起其参演的新中国第一部电影故事片《桥》（1949年）时感言："(《桥》)如果说是一种电影的拍摄，更确切地说，那是一次生活的再现。今天想起来，那是多么有意义的一段生活和工作啊！"而田华则在领奖前感言："生活的海洋，帮助我创作了《白毛女》（1950年）。感谢伟大的生活！"

正如田华所言，所有创作者都应当"感谢伟大的生活"。生活是一部博大精深的百科全书，是我们取之不尽、用之不竭的创作源泉。要成为一名优秀的编剧，就必须做一个生活的"有心人"，善于观察生活、捕捉生活，从生活中提炼创作素材，并从中挖掘出具有普遍性的人生体验，再经过艺术手法的加工创作后呈现给观众。

著名电影编剧王兴东曾创作投拍《蒋筑英》（1993年）、《孔繁森》（1995年）、《离开雷锋的日子》（1996年）、《建国大业》（2009年）、《辛亥革命》（2011年）等20余部电影剧本。他在创作中就始终坚持现实主义手法，每一部原创剧本都是他经过无数次的实地调查采访后撰写而成的。

王兴东将深入生活视为创作所必需的活动。其剧作注重叙事结构的均整安排，叙事

---

① 李国政：《咱们编剧有力量》，来源：《扬子晚报》，http://ent.xinmin.cn/2012/03/04/13887382.html。

《离开雷锋的日子》海报

《建国大业》海报

节奏张弛有度,在人物塑造方面突出生活化的小细节,显得真实可信。在生活场景的铺排上除了做到真实外,还注意环境与剧情的互动作用。其剧作大都为"主旋律"作品,他认为,颂扬时代,颂扬人民,颂扬先进生产力,发掘生活的力度,写人情、人道、人性,就是时代的主旋律;没有"主旋律"就没有历史的进步。①

台湾话剧导演李宗熹说:"感性是必要的,可以用心体验生活。灵感来自生活溢出的积淀,但更重要的是理性。好的编剧更像是电子程序工作者,可以把握整体结构,懂得用什么元素、层次和结构可以打动观众。"②

在近几年的影坛上,我们可以看到《海洋天堂》(2010年)、《岁月神偷》(2010年)、《月满轩尼诗》(2010年)、《我们天上见》(2010年)、《那些年,我们一起追的女孩》(2011年)这些反映现实生活、引起观众共鸣的银幕佳作,也可以看到《我的美女老板》(2010年)、《全球热恋》(2011年)、《倾城之泪》(2011年)、《亲密敌人》(2011年)这些无根无源、凭空臆想的泡沫影片。

植根生活,还是漠视生活?其创作意识何其迥异,而其成败又何其必然!

例如,电影故事片《疯狂的石头》(2006年)对于小人物、草根群体生存现实的关注,多么具有生活的质感。这是影片成功的重要原因之一。从手机铃声到冒牌"千手观音"的歌舞表演,从《2002年的第一场雪》到月薪只要800元却没工开的工人,从不起眼的罗汉寺到卖苦力的"棒棒"……影片中的每个细节、笑料都来自观众司空见惯的生活场景。

香港导演吴思远认为,对社会现实的微妙讽刺和合理夸张,是影片迷倒观众的关键,"喜剧片其实是很难拍好的,因为它太平民化;导演如果不熟悉生活,根本没办法弄虚作假。"

《南方都市报》则指出,《疯狂的石头》的可贵在于抓住了老百姓生活的脉搏,这个戏剧因而有着真实的中国底色。这是那些日渐中产、贵族、远离大众,生活在空中楼阁里的导

---

① 《王兴东:把折射时代精神的人物扛上银幕》,来源:大连天健网,http://www.runsky.com/movie/2007-12/08/content_2372896.htm。
② 李国政:《咱们编剧有力量》,来源:《扬子晚报》,http://ent.xinmin.cn/2012/03/04/13887382.html。

演们往往已经看不到的真实。在这部电影中,大资本对中国内地企业的兼并,国有企业的腐败和困境,中国的官本位和安全环境的恶劣,贫富差距导致的社会问题,都得到了真实而敏锐的反映。片中的保卫科长老包(郭涛饰),有着许多常人的烦恼——工厂发不出工资,前列腺的困扰,爱情在贫困前的考验,群贼的虎视眈眈,都让他痛苦不已。但是,面对着生活的困难,他却从没有低头,而是鞠躬尽瘁地和群贼作斗争,和前列腺作斗争,和厂长的腐败行为作斗争。影片最后,面对背叛了全厂职工希望、将工厂和宝石都卖给房地产老板的厂长,包世宏大发雷霆,不惜以生命的鲜血保卫宝石。当老包将错以为是仿制品的宝石挂到女朋友的脖子上时,包世宏,一个黑色幽默般苦涩的小人物,就获得了人性的尊严和他人的尊敬。①

《疯狂的石头》剧照

《失恋33天》海报

再如,在2011年创造国内票房奇迹的《失恋33天》,无论在阵容上还是题材上,都是一部十足的小成本电影。所有人都认为该片会与在其之前上映的那些时装爱情类型的"炮灰片"一样,在影院"溜达"一星期就彻底消失,但它却收获了3.5亿元人民币的票房。

其实,《失恋33天》并没有多少精湛的创作技巧,有的只是对生活的真实感触。编剧鲍鲸鲸②的灵感就来自于2008年春运期间"杜登勇冒雪徒步3天3夜寻女友"的新闻。鲍鲸鲸将其写成网络连载帖子,之后又改写成小说,最终成为了一部"作者电影"。

而该片导演滕华涛曾与女作家"六六"接连合作过《双面胶》(2007年)、《王贵与安娜》(2008年)、《蜗居》(2009年)三部"生活味"极浓的电视剧;此次与鲍鲸鲸的合作,再次赋予了影片原汁原味的生活气息。片中有很多以往时尚爱情片所没有的生活原料,如男闺蜜角色的引入、80后的恋爱观、更真实的失恋体会。

除去成功的营销宣传,《失恋33天》确实是一部80后编、80后演的关于80后的爱情故事。情感上的共鸣使影片成为80后观众的最爱,最终创造出票房佳绩。③

---

① 参阅百度百科,http://baike.baidu.com/view/632542.htm#2。
② 鲍鲸鲸,85后新锐女编剧,语言风格自成一体,文风辛辣尖锐;其通篇的京式幽默略带调侃和自嘲,被评论界称为"这是一种男女通吃的风格,行文引经据典,比喻妙趣横生,颇有《围城》之风"。
③ 《2011华语电影依然在路上 影片质量与票房不对称》,来源:《新京报》,http://media.people.com.cn/GB/138367/16678870.html。

《疯狂的石头》、《失恋33天》都是所谓"接地气"的电影作品。"接地气"就是指影片能更贴近观众的生活,拍普通百姓的身边事。

相对于电影,电视剧所展现的社会生活层面还要更广一些。

"成功的电视剧首先要有一个好剧本,好剧本会成就好演员。编剧一定要有文化积淀和生活阅历,才能编出好故事。"中国传媒大学影视艺术学院教授张育华认为,叙事能力的提升是类型化电视剧日益成熟的重要标志,各种类型的电视剧都找准了自己的观众群与兴奋点。①

例如,由峨嵋电影制片厂等机构联合出品的26集纪实性电视连续剧《威胁》(2001年)以两位记者的视线为主线,讲述了发生在某煤矿的一起震惊全国的死难事件,全剧在成都拍摄完成。该剧取材于"7·17"广西南丹透水事故,编剧胡平、远方、冬立为写作剧本,在辽宁、河北、北京等地的多个矿山进行了采访。

在采访中,编剧接触到矿工真实的生活状态。他们认为,矿山出事的主因并不仅仅是腐败问题,矿工缺乏自我保护意识也是造成事故的重要原因。于是,该剧在揭示腐败现象的同时,也警醒矿工们要增强自我保护意识。②

再如,创作出《闯关东》(2008年)、《钢铁年代》(2011年)、《我的娜塔莎》(2012年)等热播电视剧的著名编剧高满堂也特别善于用平民视角讲故事,善于准确捕捉普通百姓的生活方式和情感状态。

《闯关东》海报　　　　　《钢铁年代》海报　　　　　《我的娜塔莎》海报

高满堂近期创作的剧本《矸子山》讲述的是辽宁抚顺一座废弃矿山背后一群住在日伪时期劳工棚里的老百姓的生活变迁。

---

① 《2009年中国电视剧:类型片日趋成熟》,来源:新华网,http://news.xinhuanet.com/society/2009－12/29/content_12722063.htm。

② 《关注电视剧〈威胁〉》,来源:《文摘报》,http://www.gmw.cn/01wzb/2002－07/18/05－84D935BBD7791D1848256BFA0004C858.htm。

矸子山就像"煤城"抚顺的缩影。抚顺曾经因煤而兴，后来资源枯竭，许多矿山相继倒闭。矿工们住在劳工棚里，八百多人共用一个公厕，每天清晨上厕所的大军浩浩荡荡。

棚户区里流传着这样一个故事：一位高层领导去矸子山视察，看到矿工们的生活，当即落下泪来，说对不起老百姓。此后，抚顺市大力推进棚户区改造，对3.7万户棚户区居民进行拆迁、安置、建设和回迁大行动。许多老百姓住进了高楼。

按照常规，剧本的角度是这样的：领导发现了矸子山的问题，之后访贫问苦、搬迁改造。"如果按照这个角度结构的话，就毫无意义了。而且会得出一个结论，就是中国共产党不太讲究，老百姓跟着你半个多世纪了，你才解决这个问题？"高满堂决定写几个人，就是街道办事处最基层的党组织，写他们和人民、老百姓之间的关系。

采访时，当地老百姓给高满堂讲了许多故事。其中一个故事吸引了他：

棚户区沟沟坎坎，岔路特别多。外人进了棚户区就像入了迷宫，很难走出去。小偷偷了一家人的褂子，被警察逮个正着。两人在棚户区里开始"猫捉老鼠"。追来追去，警察迷路了。正着急，屋顶上蹿出个人影："你还抓我不？"正是小偷，在屋顶行走如飞。最后小偷跟警察商量："我领你走出这棚户区，你就别再抓我了行不行？"警察合计，一件褂子也不算大罪，答应了。

"这个太好了，很生活啊！"高满堂找到了切入宏大话题的生活化角度。

创作《钢铁年代》时，高满堂从"大跃进"开始，写到所谓的"三年自然灾害"，"都是非常敏感的时期"。高满堂一度失去了方向，怎么写呢？这个年代又跨不过去。他回想起采访鞍钢时听到的一个故事：

那三年期间，全厂上下都饿着肚子。一天半夜，厂里一批技术骨干被召集到招待所开会。冶金、机械专家们以为又要搞运动了，非常紧张。

到了招待所，厂长一脸严肃："赶紧开会！"

"开多长时间？"

"一个礼拜。"

"会议材料呢？"

"没材料。"

专家们面面相觑。

厂长又发话了："走，上食堂去。"

结果，每人发一个馒头、一碗红烧肉。

厂长偷着用50吨钢换了八头猪："你们就是鞍钢的宝。我就算撤职，也要保证你们先吃饱饭！"

专家们看着碗里的红烧肉，热泪盈眶。

高满堂说:"这样写'三年自然灾害',你看我们党多么关怀知识分子。"①

这就是优秀编剧们的创作态度——植根生活,以生活为本源。正如美国剧作理论家罗伯特·麦基所指出的,中国的写作者应该和全世界任何地方的写作者一样,首先该为理解生活本身而奋斗,"这毕竟还是一场孤独的战斗。他们应该去细心核查自我的经验构成,梳理自己的想象世界,并且学会开展确凿的事实调查,把故事建立在自己对于这个世界越发敏锐的认知上;创作要从人生经验和生命体验出发,而不是循环利用那些陈词滥调。"②

二、一丝不苟,百折不挠

如今,中国影视界每每高呼:向好莱坞学习!

那么,到底要向好莱坞学什么?学技术、学设备,还是学技巧、学风格?

其实,首先应该向好莱坞学习的,是其"一丝不苟"的创作作风。

2007年,电视连续剧《贞观长歌》在中央电视台开播时,主创人员掷地有声地表示:"谁要想在《贞观长歌》的史实上挑刺,那就是鸡蛋碰石头!我们请来了包括中国唐史研究会会长在内的七位北大、人大的唐史专家做历史顾问,《贞观长歌》中每一件衣服、每一个道具都有历史学家的考证,可以说是迄今为止最考究的唐史电视剧!"

此言一出,观众们"群情激愤",纷纷为《贞观长歌》挑刺,网络上更是批评声一片。③

的确,在这部所谓的"唐史电视剧"中,我们实在看不到丝毫的"考究"。

也是在同年,好莱坞电影故事片《加勒比海盗3:世界尽头》(2007年)上映。

其实,美国系列电影故事片《加勒比海盗》讲述的是具有奇幻色彩的故事,但主创人员在对相关历史背景等细节的考究上却丝毫不马虎。制片

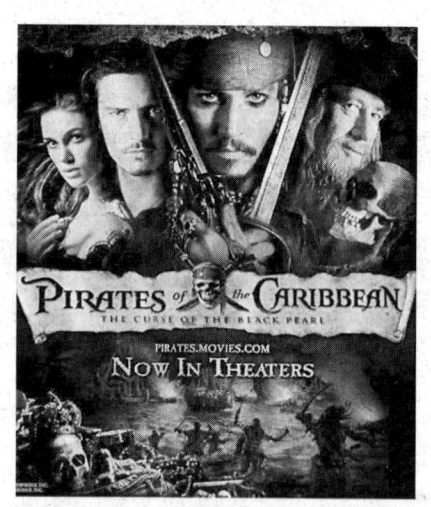

《加勒比海盗》海报

---

① 参阅李邑兰:《中国电视剧编剧的困惑和思考》,来源:《南方周末》,http://nf.nfdaily.cn/nfzm/content/2011-11/18/content_33433378.htm。
② 《罗伯特·麦基曾被"退货" 称中国编剧不应"孤独战斗"》,来源:大洋网,http://news.dayoo.com/news/201112/15/85080_20989800.htm。
③ 《〈贞观长歌〉:吴子牛"嚣张"观众们"不爽"》,来源:金羊网,http://www.ycwb.com/ycwb/2007-04/28/content_1464914.htm。

方请到对 16 至 20 世纪历史颇有研究的历史学家彼得·特维斯特作为影片顾问,向剧组的各个部门传授相关历史知识,从当时的风俗、着装的细节,到日常生活、航海和军事状况等等,从而增强了影片的历史质感。

可见,编剧在创作剧本的过程中,应当成为剧作所涉及领域的"专家",至少谈及相关知识,可以信手拈来。而这首先是一个创作态度的问题。如今,一些国产历史题材影视剧在细节问题上饱受诟病、屡成笑柄,敷衍潦草的编剧与有名无实的顾问难辞其咎。

我们举一个好莱坞的小例子。

好莱坞的两位著名演员和编剧——"好莱坞金童"马特·达蒙和"威尼斯影帝"本·阿弗莱克在刚出道时自编自演了美国电影故事片《心灵捕手》(1997 年)。

马特·达蒙原本想把故事主角设置成一位物理天才。这位前哈佛学生为此专门向一名获得过诺贝尔物理学奖的哈佛大学教授请教。结果,这位教授建议马特·达蒙把主角设置成数学天才会比较合适,并将自己的连襟——麻省理工学院的一位数学教授介绍给他。后来这两位教授都在影片字幕中被感谢。

为了一个角色身份的设置,向两所著名高校的教授请教,这就是"一丝不苟"。

1997 年,马特·达蒙和本·阿弗莱克自编自演的这部《心灵捕手》破天荒地荣获第 70 届美国奥斯卡电影金像奖最佳原创剧本奖。

有关专家曾表示:虽然很多中国导演已经开始意识到与国际接轨的重要性,希望拍出具有民族特色和国际风格的电影,可是大多数作品至今仍令国人失望。其主要原因是只学到了国外电影的皮毛,却未能领会其内涵、本质,以为依靠宏大的场面、唯美的画面和漫无边际的幻想就可以炮制出一部电影。但由于缺少良好的故事支撑,整个影片难以令人信服,以至于"自取其辱"。实际上,好莱坞的一个剧本通常会花两三年时间去打磨,每分钟的剧情要用整整一页的剧本来表述,应该在何时制造笑点、何时制造惊恐点、悬疑点,都有很严格的规定。①

罗伯特·麦基也曾以很多好莱坞优秀电影编剧来举例,这些编剧经常花四年以上的时间创作剧本,用有史以来最好的作品来衡量自己,希望作品可以流芳百世。麦基指出,现在很多年轻编剧心太急,结果只会去模仿别人。②

是的,对剧本一丝不苟的创作态度,正是好莱坞能够称雄于世的秘诀之一。且不说那些好莱坞经典名作,即便是商业娱乐片,要想取得成功,也绝不会在剧本上马虎了事。

例如,由好莱坞金牌制片人杰瑞·布鲁克海默担任制片人、著名导演乔·德特杜巴执导的寻宝题材电影故事片《国家宝藏》(2004 年),曾获得全球票房 3.5 亿美元的佳绩。

该片故事最先是由出品方博伟电影公司市场部主管奥伦·艾维夫及其创作搭档查尔

---

① 《中国影坛需解剧本难题》,来源:《北京青年报》,http://bjyouth.ynet.com/article.jsp?oid=63042970。
② 《好莱坞名编剧罗伯特·麦基:讲好中国故事,别学好莱坞》,来源:《北京日报》,http://www.bjd.com.cn/10wy/201112/05/t20111205_1280420.html。

《国家宝藏》剧照

斯·西格斯想出来的。两人最初的构想是：美国《独立宣言》被发现隐藏着一张秘密藏宝图，这至关重要的文件处在危险之中，一个男子被迫要盗取《独立宣言》。

艾维夫和西格斯带着想法找到了该片导演乔·德特杜巴。于是，编剧吉姆·科夫从1998年即开始着手撰写影片剧本。完成剧本耗费了很长时间。制片人杰瑞·布鲁克海默介绍说："当你想要拍摄一部寻宝电影，我想应该必须基于真实历史。"

编剧吉姆·科夫仅研究《独立宣言》和各种发生在美国的寻宝传奇就用了9到10个月的时间，剧本由此加入了很多历史事件。另外两位编剧考麦克·韦伯利和玛丽安·韦伯利又为剧本添加了神秘和探险内容。他们在研究史料时选取历史上最具传奇色彩、最受寻宝者热衷的"圣殿骑士"宝藏作为背景。随着研究的深入，编剧们又将秘密社团"共济会"的素材加入剧本。

为了让剧本尽可能地体现出真实的一面，主创人员曾请教真正的寻宝者，并找到了一些密码破解专家来为主人公设计出种种难题。制片人杰瑞·布鲁克海默甚至还曾请来一位犯罪专家，让他帮忙设计《独立宣言》的盗取计划。制片方还特地向业内人士咨询了该如何进入铜墙铁壁、戒备森严的华盛顿美国国家档案馆以盗取《独立宣言》，然后在拍摄中完全遵照了他们的想法。在这些专家中，就包括后来成为电影制片人的前美国缉毒署特工唐·费拉罗恩，以及曾为布鲁克海默的多部影片担任技术顾问的前海豹突击队成员哈利·哈姆弗瑞斯。[①]

这就是一部成功的好莱坞影片的编剧过程。这些好莱坞电影人的成功经验对于现今心浮气躁的中国影视界不无借鉴意义。

当然，在剧本的创作过程中，还可能遭遇各种意想不到的困难、障碍和挫折，如剧本被退稿、遭搁置、被要求修改，创作上陷入迷茫失措，意见出现分歧……其实，对于编剧而言，这些实在是"寻常之事"。

罗伯特·麦基曾坦言，自己编写的剧本也曾遭到"退货"，"这是一个很可怕的行业。实际上我本人也只是写了12个剧本就不再写了，但是这12个剧本我做了20个交易。有的剧本，我卖了三四次。我已经不会为这样的事哭了。在好莱坞，平均20部签约剧本里，也只有1部能被搬上大银幕，成活率其实非常低。"

---

① 参阅百度百科，http://baike.baidu.com/view/360179.htm? hold＝synstd&reforce＝％B9％FA％BC％D2％B1％A6％B2％D8。

因此，编剧在创作中只有具备百折不挠的精神，才可能获得成功。

例如，广受好评的电视连续剧《大宅门》(2000年)曾荣获中央电视台2001年的收视冠军，在台港澳地区乃至国际上都获得了极佳的口碑。编剧、导演郭宝昌从16岁时起开始创作《大宅门》。他在19岁时入读北京电影学院导演系。1964年，他因"为反动资本家树碑立传"而被打成"反动学生"，判刑3年，发配农场劳动改造，手稿也被付之一炬。"文革"时他又被判无期徒刑。"劳改"期间，郭宝昌再次写作《大宅门》。不过，他的"阶级斗争新动向"再次被人注意，他只得忍痛又一次将手稿付之一炬。第三次烧《大宅门》则是由于其不幸的婚姻，妻子盛怒之下，把他视如生命的手稿扔进火中。

手稿三次被毁，"劳改"生活十几年，这一切都没有泯灭郭宝昌继续创作《大宅门》的志向。近半个世纪的浓浓情结化成了他的一腔艺术激情。回首往事，郭宝昌曾说："人一辈子总有一件自己喜欢做的事。不管遇到什么样的坎坷，只要你坚持不懈地做了，即使做不成，死也瞑目；但如果你放弃了，你就失去了所有的追求。如果说，创作《大宅门》有什么收获的话，我只有四个字：不要放弃！"①

三、团队协作，集思广益

2008年，著名编剧刘恒②、邹静之③、万方④携手建立了一个很有特色的编剧团体——"龙马社"。

"龙马社"由这三位编剧坐镇，每年各创作话剧作品一部，是一个以作家为主要成员的戏剧集合体；同时，吸纳小说、戏剧、影视、媒体等相关领域领军人士加盟，推出一系列具有

---

① 《打开"大宅门"——郭宝昌和〈大宅门〉幕后故事》，来源：《新民周刊》，http://ent.sina.com.cn/v/43358.html。
② 刘恒，男，1954年生，北京市作协主席，创作长篇小说3部、中篇小说近20部、短篇小说数十篇、电影剧本十余部、电视剧剧本数百集。其作品偏重写实，对中国农村情况与农民生活有深刻了解，又时常带有现代主义色彩，擅长心理分析。他将自己的多部小说改编成影视剧，如《黑的雪》改编为《本命年》(1989年，谢飞执导，姜文主演)、《伏羲伏羲》改编为《菊豆》(1990年)。编剧的主要电视剧有《少年天子之顺治王朝》(2003年，改编自凌力小说)等，其中，《贫嘴张大民的幸福生活》(1998年)获飞天奖最佳编剧奖。编剧的主要电影故事片有《秋菊打官司》(1992年)、《漂亮妈妈》(2000年)、《集结号》(2007年)、《铁人》(2009年)、《金陵十三钗》(2011年)等，其中，《张思德》(2004年)获金鸡奖最佳编剧奖，《云水谣》(2006年)获华表奖优秀编剧奖。
③ 邹静之，男，1952年生，被誉为"中国内地电视剧第一编剧"，著有长篇小说《琉璃厂传奇》、诗集《幡》、小说诗文集《骑马上街的三哥》等。自1995年开始影视剧本创作，编剧的主要电视剧有《康熙微服私访记》系列、《铁齿铜牙纪晓岚》系列、《五月槐花香》(2004年)、《倾城之恋》(2009年)等，编剧的主要电影故事片有《千里走单骑》(2005年)、《第601个电话》(2006年)、《大武生》(2011年)等，以及歌剧《夜宴》和话剧《我爱桃花》、《莲花》、《操场》等。其剧作风格天马行空，具有解构主义反讽特色，而早年的诗歌创作更使其台词精致凝练。
④ 万方，曹禺之女，1952年生，著有长篇小说《明明白白》、《香气迷人》等，编剧的主要电影故事片有《日出》(1985年，获金鸡奖最佳编剧奖)、《黑眼睛》(1997年，获华表奖)等，编剧的主要电视剧有《牛玉琴的树》(1995年，获飞天奖)、《空镜子》(2002年，获金鹰奖)、《日出》(2002年)等。其剧作风格深受曹禺的影响，关注女性题材，对女性心理的刻画尤为精准细腻，给人以强烈、沉重之感，被誉为"言情圣手"。

"龙马社"漫画

先锋实验意识和现实主流风格的品牌戏剧作品,为京沪话剧爱好者与票友提供独具特色与个性魅力的话剧剧目。

在他们的团结协作下,"龙马社"先后排演了邹静之创作的《操场》《我爱桃花》和万方创作的《有一种毒药》等优秀话剧作品。

反观中国影视界,多数编剧还在单打独斗、孤军奋战;即便是采取联合创作的方式,也往往是临时组队、仓促赶工。可见,团队协作的编剧意识还有待进一步普及。而当多位编剧携手创作一部剧本时,只有秉持团队协作的态度,才能做到集思广益,才能合作出更为优秀的作品。

例如,青年编剧张璐与申捷是一对合作默契的情感剧编剧组合。两人出身中央戏剧学院同班,女编剧张璐喜欢美国电视剧(简称"美剧"),创作出了电视连续剧《神探狄仁杰前传》(2010年)的剧本,尝试美剧的情节模式和风格;而男编剧申捷则喜欢古典戏剧,创作出了电视剧《你是我的幸福》(2011年)的剧本,向苏联电影故事片《办公室的故事》(1977年)致敬。

两人的编剧合作始于号称"国内首部励志情感剧"的《女人不哭》(2006年)。该剧由广州东方明珠公司摄制,被称为"中国版《大长今》"。

申捷介绍说:"作为拍档,我们两个人的互补非常重要。张璐的现代感和编故事的能力非常强,而我可能在塑造人物上会比较强一些;我们两个的优势一结合,刚刚好。"

张璐则说:"角度的不同可以让我们做的戏更全面,不会去从单一的角度讲故事,人物的感情和处理方式也能照顾得更加周到。事实上我们在创作的时候经常会角色互换;一旦有一个人的思维停滞了,另一个人就会马上冲上去。"①

这种合作意识使他们的创作取得了成功。《女人不哭》播映后广受好评。之后,东方明珠又接连拍摄了他们编剧的《雪在烧》(2007 年)、《笑着活下去》(2008 年)、《我是一棵小草》(2009 年)等女性励志题材电视剧,并打造成"女人不哭"系列,接连掀起收视热潮。

再如,香港著名电影编剧、导演麦兆辉与庄文强是一对"金牌搭档",曾合作编剧过《无间道》系列、《窃听风云》系列等著名电影故事片。麦兆辉介绍说,他和庄文强在合写剧本时,常常是庄文强先写,"他比较专业,而且速度很快"。麦兆辉就时常担当修改和"剧本医生"的角色。"当然在(创作)过程中会有争执,但我们都会耐心讨论,达到最后的结论。"②

当然,"团队协作"的意识,不仅应当存在于编剧之间,还应当存在于编剧与导演及演员之间。2009 年,曾合作过电影故事片《爱情是狗娘》(2000 年)、《21 克》(2003 年)和《通天塔》(2006 年)的墨西哥著名导演亚利桑德罗·冈萨雷斯·伊纳里图和著名编剧吉勒莫·阿里加分道扬镳。阿里加抗议伊纳里图对其创作的《通天塔》剧本染指过多,伊纳里图则认为电影是"一种密切合作的艺术"。③ 最终,两人在各自的道路上渐行渐远,令人叹惋。

影视剧的确是"一种密切合作的艺术"。作为编剧,必须充分认识到这一点,端正自己的态度。如此,才谈得上"团队协作"。

例如,颇受赞誉的电影故事片《梅兰芳》(2008 年)由严歌苓④、陈国富、张家鲁编剧,陈凯歌执导。在创作过程中,导演与编剧之间都给予了对方充分的支持与尊重。谈及导演陈凯歌对编剧的具体要求,编剧严歌苓介绍说:"他(陈凯歌)就说了一句,'我们什么也不要想,不要想卖座,不要想得奖,就弄一个好戏。'"

在此基础上,他们之间的合作相当默契。严歌苓说:"电影是个团队创作的作品。编剧、导演、演员,还有各种幕后环节,都决定了一部作品的最终质量……其实在拍摄过程中,凯歌导演已经对剧本做了非常大的改动,删除了不少戏,也加了不少戏。比如,福芝芳

---

① 《编剧新贵·申捷、张璐:浓情剧"黄金组合"》,来源:《搜狐电视月刊》,http://yule.sohu.com/s2010/8950/s272222603/。
② 《第 10 届华语电影传媒大奖最佳编剧提名:麦兆辉、庄文强》,来源:凤凰网,http://ent.ifeng.com/movie/special/10cfma/ziliao/detail_2010_04/23/578607_0.shtml。
③ 纳塔利娅·热洛斯:《剧作家:好莱坞的新星》,阿根廷《民族报》2009 年 7 月 15 日文章,转载于《参考消息》。
④ 严歌苓,女,1957 年生,最具影响力的海外华人作家之一,好莱坞编剧协会会员,其父为作家严敦勋(笔名"萧马");12 岁时参军入伍,20 岁时在"对越自卫反击战"中担任战地记者,于 1978 年发表处女作——童话诗《量角器与扑克牌的对话》;其作品被译成多国文字,小说代表作有《第九个寡妇》、《赴宴者》、《扶桑》、《穗子物语》、《陆犯焉识》等,其风格被誉为"翻手为苍凉,覆手为繁华"。她将自己的多部小说改编成影视剧,如电影故事片《少女小渔》(1995 年,张艾嘉执导)、《天浴》(1998 年,陈冲执导)、《金陵十三钗》(2011 年,张艺谋执导)等和电视剧《幸福来敲门》(2011 年);根据其作品改编成的影视剧还有电视剧《一个女人的史诗》(2009 年)、《小姨多鹤》(2009 年)、《铁梨花》(2010 年,源自其父严敦勋的原作)等;由其编剧的电影故事片还包括《心弦》(1981 年)、《避难》(1988 年,韩三平执导)、《梅兰芳》(2008 年,陈凯歌执导)等。

《梅兰芳》海报

(陈红饰)登门去找孟小冬(章子怡饰)的那一幕戏就是凯歌导演加的,很出彩。"①

可以说,主创人员的通力协作,成就了《梅兰芳》这部佳作。

罗伯特·麦基也曾坦言:"当我听完他们(导演)的各种解释、最后看到演员的表演后,就明白了修改剧本的重要性。我不排除修改有时候会毁掉这个作品。但对话内容和演员不符合、剧本节奏和电影有矛盾,这些都是需要修改的。其实你写的每个剧本都是一个草稿。你要做到的就是写一个最好的草稿交给制片方。导演其实是写作的扩展,陈凯歌、王家卫他们都是从编剧起步的。这样也会让你的作品有质量保证。"②

罗伯特·麦基还指出,要懂得为演员留下表演空间。中国第六代电影导演张扬在与麦基交流时也提出一种方法:剧本创作可以事先设定情节,而具体的人物台词则可以由导演、演员等主创人员一起协商,把大家的智慧融入创作。③

在前面提到的影片《心灵捕手》(1997年)的剧本创作中,编剧马特·达蒙和本·阿弗莱克以及导演格斯·范·桑特就比较注意留给演员发挥余地。片中,西恩教授(罗宾·威廉斯饰)在办公室中向主人公威尔(马特·达蒙饰)谈及自己已故妻子的一些趣事,那些台词就是罗宾·威廉斯自由发挥的,因而显得真挚自然。

编剧也不要总是担心导演的修改会损害作品,毕竟实践会检验出真理。

例如,《心灵捕手》的导演格斯·范·桑特曾经要求马特·达蒙和本·阿弗莱克改写剧本,让本·阿弗莱克饰演的查基死于一次建筑事故。达蒙和阿弗莱克很不情愿,但还是重写了剧本。结果,范·桑特读了以后承认这是一个很糟的主意。

当然,无须讳言,如果你确实不能容忍自己的剧本创作受到他人的干涉,那么你就争取自编自导吧。这样,创作上的自由度会相对更大。

正如罗伯特·麦基所言:"你把剧本卖给工作室或剧组,就等于授权他们完全拥有你作品的版权。电影是个团队合作的东西,不能完全限死在原剧本上。他们可能会更改你的剧本。如果你真的很在乎这一点,那就应该去当导演或者制片人。这样就能以自己的

---

① 《编剧严歌苓:电影比我的剧本更好看》,来源:《齐鲁晚报》,http://yule.sohu.com/20081209/n261101146.shtml.

② 《好莱坞编剧教父谈剧本秘笈:创作时你就是上帝》,来源:《新京报》,http://ent.sina.com.cn/m/f/2011-11-01/04053465681.shtml.

③ 《好莱坞编剧名师:讲好中国故事,别学好莱坞》,来源:《北京日报》,http://culture.people.com.cn/GB/22219/16492097.html.

方式做事了。或者去写小说什么的——在美国，书的版权是完全受到保护的。"①

例如，著名的"个性导演"王家卫早年曾经在香港导演陈勋奇的永佳公司担任过编剧，那时他也必须进行团队协作。

陈勋奇回忆说："王家卫是被外界误解了，其实他是一个很有喜剧天赋的人。他当年编剧的那些桥段好笑得不得了。早期永佳的电影大多都是他的点子，比如刘镇伟的'猛鬼'系列，就是他和刘镇伟编剧的。他和刘镇伟是好朋友，但祖师还是王家卫。比如《神探POWER之问米追凶》，是我唯一拍的一部无厘头电影。编剧是陈家声，是谁呢？'陈'就是我陈勋奇，'家'就是王家卫，'声'就是左颂升……王家卫在我永佳待了七年。他只能我来用。因为他写的那些剧本，有时一句台词都不能用。让他改，改出来的还是用不了。有时候实在来不及，当天就要拍戏了，就只好我自己边写边拍。但我又知道他是个人才，又不愿意赶他出去。对他实在是又爱又恨。"

在永佳公司时，王家卫的剧本"有时一句台词都不能用"，而他后来自编自导的电影故事片却部部经典。这也算是个性导演的特例。正如陈勋奇所说："王家卫是一个很会经营自己的人。你看他戴墨镜，已经成为一个标志。他为什么这么喜欢戴墨镜呢？我常常说他是在学黑泽明。见黑泽明戴也跟着戴，戴久了都以为自己是黑泽明了。"②

那么，如果你目前还难以成为王家卫乃至一言九鼎的"黑泽天皇"，就端正态度，先做一个"团结协作"的职业编剧吧。

四、尊重市场，与时俱进

北京新影联院线副总经理、著名发行人高军曾经介绍说，目前国内年轻编剧的上升渠道不畅，除了个人因素之外，也不乏市场因素。"我们有一个专业的剧本审核队伍，可以对送来的剧本进行先期的评估。当然商业的因素是最重要的考量。我想提醒年轻编剧的是，不但影片需要包装，编剧和剧本也需要包装。一个不会自我推销的编剧是不可能得到片方和观众认可的。"③

是的，职业编剧需要自我包装，创作剧本也需要自我推销。这首先是一个"尊重市场"的态度。因为，商品属性也是影视剧本的基本属性之一。许多著名剧作家从"作家型编

---

① 《好莱坞编剧教父谈剧本秘笈：创作时你就是上帝》，来源：《新京报》，http://ent.sina.com.cn/m/f/2011－11－01/04053465681.shtml。
② 参阅百度百科，http://baike.baidu.com/view/438497.htm#6。
③ 《电影编剧生存现状：一线身价400万　业务繁忙找枪手》，来源：《华西都市报》，http://media.people.com.cn/GB/138367/16690503.html。

剧"转变为"职业型编剧",都必须跨过这道"坎"。刘恒、何冀平[①]、严歌苓、盛和煜等名家莫不如是。

例如,前面提到的张璐、申捷,本是两位创作风格不同的职业编剧,一起合作则要共同研究市场、判断市场,然后协作互补,创作出适应电视剧市场需求的作品,让"市场"来做他们之间矛盾的"裁判员"。

申捷认为,是市场选择了他们,如今把脉观众、市场为先已经成了他们作为职业编剧的守则之一。"职业编剧是什么呢?就是你要用你学到的技巧,去给人们造不同的梦。他们需要什么样的梦,你就去给他们造什么样的梦。职业编剧必须顺应市场,商品属性永远是编剧创作中的一个重要原则。观众的需求就是我们的方向。我们也会密切关注市场的走向,不断地调整。观众想看什么,我们就会立刻转型。但无论什么题材,我们都会把这种浓烈的感情穿插其中,人与人相互之间的情感是我们首要表达的东西。"[②]

《人在囧途》海报

可见,"尊重市场,与时俱进"是职业编剧应有的创作意识。编剧应当注重市场调研,尤其是对受众需求的调研。

以低成本喜剧电影故事片《人在囧途》(2010年)为例。该片源自刘仪伟的原创故事,由圣堂创作工作室和田羽生、史晨赟、徐元丰编剧,香港导演叶伟民执导,在票房和口碑上都成绩不俗。对中国内地电影市场和观众需求的精确把握,是其大获成功的主要原因之一。

该片讲述了玩具集团老板李成功(徐峥饰)与挤奶工牛耿(王宝强饰)在"春运"中结伴回家的故事,在剧情上借鉴了美国电影故事片《一路顺疯》(1987年)的套路。但编剧在充分研究市场的基础上进行了与时俱进的本土化改造,呈现出来的是一部地道的"中国式旅途电影"。

影评人毕成功指出:"《人在囧途》的编剧非常聪明。中国虽然没有公路片这个类型,但春运

---

① 何冀平,女,1951年生,中央戏剧学院戏剧文学系毕业,曾任北京人民艺术剧院编剧,创作的话剧《好运大厦》演出近百场;1988年,其创作的话剧《天下第一楼》上演,轰动京城,赢得海内外观众的盛赞,演出场次仅次于《茶馆》;1989年移居香港,至今已稳坐香港话剧界编剧的第一把交椅;其编剧的主要影视剧有《新龙门客栈》(1992年)、《龙门飞甲》(2011年)等电影故事片和《新白娘子传奇》(1992年)、《香港的故事》(1997年)等电视剧。

② 《编剧新贵·申捷、张璐:浓情剧"黄金组合"》,来源:《搜狐电视月刊》,http://yule.sohu.com/s2010/8950/s272222603/.

是每个中国人都太熟悉的事情了。所以电影避开了中国观众陌生的概念,在大家熟悉的基础上把每一个笑点都爆发开。"①

文化评论家温浩溟总结了影片《人在囧途》的四点成功要素:

第一,幕后大腕云集。领衔主演王宝强、徐峥非常适合该片的喜剧定义,两人首度联袂产生化学反应;加之重量级幕后班底——由《阳光灿烂的日子》(1995年)的监制文隽、《古惑仔》系列和《百变星君》(1995年)的导演叶伟民、《非常完美》(2009年)的造型师劳伦斯、《风声》(2009年)的美术指导杨浩宇、《无间道》系列和《挥着翅膀的女孩》的音乐作者陈光荣、《投名状》(2007年)的摄影米高等一系列幕后大腕组成,是2010年最值得期待的电影之一。

第二,该片关注民生题材,极富现实主义精神。比如,剧中以李成功为代表的富裕阶层的"婚外情",以牛耿为代表的"讨债农民工",具有现实映射;二人社会地位、阶层视角与所具有的社会独特心理容易引起观众的心理共鸣。

第三,该片精彩片段富于匠心。二人身份地位与心理感受极具对比性,同时途中遭遇极具戏剧性,笑声连连,情理之中。

第四,该片冠之以喜剧性质,大喜之外,大悲蕴含其中;剧末结尾散发人性美,受众略感一丝温暖。②

作为影视编剧,需要"自我苦修",摒弃浮躁心态,从生活出发,融入创新思维;然后在凄清寂寞中一丝不苟地坚持创作,同时做到团结协作、尊重市场,真正树立起艺术创作的责任感。唯有如此,才能创作出为观众喜爱的、被市场认可的、成功的影视剧作品。

第二节 影视剧本的创作方式

编剧参与影视剧本创作的方式有多种。按照参与人数的不同,可以分为"独立创作"与"联合创作";按照参与途径的不同,则可以分为"自主创作"与"受聘创作"。

一、独立创作与联合创作

与编剧个人独立创作不同,"联合创作"往往是由两名或两名以上编剧进行分工协作,共同完成一部影视剧本的创作。在这一方面,中国影视界应当向各部门"流水线作业"的美国好莱坞学习。

---

① 《十赌九输 九赔一赚 中国电影等于烧钱黑洞》,来源:精品购物指南,http://enjoy.eastday.com/e/20100716/u1a5334444.html。
② 参阅百度百科,http://baike.baidu.com/view/3208894.htm。

例如，美国电影故事片《国家宝藏2：夺宝秘笈》(2007年)的剧本创作就是采取"联合创作"的方式。编剧过程是格雷戈里·鲍瑞尔写故事，考麦克·韦伯利和玛丽安·韦伯利执笔，再加上黄金组合泰德·埃里奥特和特瑞·鲁西奥，两个小组不断交换意见，发掘、改进已经成型的剧本。

再以美国电视剧（简称"美剧"）的制作为例。一般来说，每部美剧都只有一位制片人，其编剧却是一个庞大的团队。例如，《迷失》的编剧团队有16人，而《白宫风云》的编剧团队则有30多人。①

美剧是边拍边播，编剧们也是边拍边写。一集电视剧通常由几位编剧共同创作。首先由核心编剧（主笔）勾勒出剧集的大方向，再由下面的编剧群来分工协作。每个编剧群的分工非常细致，谁写俏皮而又有内涵的对白，谁打磨幕后独白，谁控制节奏高潮，谁又汇总分镜头剧本和总脚本……都有明确的分工；甚至还有专门的"剧本医生"来进行修改，使之更显浑然一体并符合不同演员的表演风格。

他们共同协作、各展所长，通过"脑力激荡"，编写出最精彩的桥段。其一般流程为：

主笔设计情节——提纲作者编写提纲——对话作者撰写对白——总编辑汇成脚本——交给制片人投入摄制和播映。②

而近年来，许多取得成功、广受欢迎的国产电影故事片的剧本创作也都是采取"联合创作"的方式。

《让子弹飞》海报

例如，姜文执导的电影故事片《让子弹飞》(2010年)改编自四川作家马识途的长篇小说《夜谭十记》中的《盗官记》一节，荣获2011年台湾电影金马奖最佳改编剧本奖。剧本创作据说集合了朱苏进③、述平、姜文、郭俊立、危笑、李不空等九位编剧。这支编剧团队中有影片《鸦片战争》(1997年)、新版电视剧《三国》(2010年)的编剧朱苏进，有影片《有话好好说》(1997年)、《鬼子来了》(2000年)、《太阳照常升起》(2007年)的

---

① 《美国：编剧领导演员导演》，来源：《北京商报》，http://www.bjbusiness.com.cn/site1/bjsb/html/2008－04/21/content_28128.htm。

② 《穷编剧，富编剧》，来源：《新民周刊》，http://news.sohu.com/20071114/n253246872.shtml。

③ 朱苏进，男，1953年生，国家一级作家、著名编剧；在20世纪80年代以《射天狼》《绝望中诞生》等军旅题材小说立足文坛；20世纪90年代末开始涉足影视剧创作，成为职业编剧，先后参与编剧了电影故事片《鸦片战争》(1997年)、《让子弹飞》(2010年)等和电视连续剧《康熙王朝》(2001年)、《朱元璋》(2006年)、《郑和下西洋》(2009年)、《我的兄弟叫顺溜》(2009年)、新版《三国》(2010年)等。

编剧述平,有影片《投名状》(2007 年)、《十月围城》(2009 年)的编剧郭俊立……

该片剧组的工作人员介绍说:电影的题材取自小说《夜谭十记》中一则北洋军阀时期的传奇故事。最初只有一个男主角,就是姜文饰演的侠匪。后来,片方想到邀请发哥(周润发),便将剧本改成了"双雄会"的模式,为姜文增加了一个对立的大哥——发哥。而葛优的师爷角色在原著《夜谭十记》中其实很轻,让葛大爷(葛优)来演这个人物,有点太浪费,于是,剧本再次被翻天覆地地改动。"双雄会"再次改变结构,成为三个男人的戏。从开始到最后,姜文一共请了九位编剧,大的改动就有九次。每次姜文都是把编剧和自己关在房间里待上一周。他会设想一些常人看起来匪夷所思的场景,比如白银泻地、火车翻飞等,再请编剧们把这些充满"姜文式"激情的场景写到剧本中去。①

>> 【资料链接】近年来采取联合创作方式的国产电影故事片代表作

《投名状》(2007 年)
  监   制:陈可辛、黄建新
  导   演:陈可辛
  总策划、联合导演:叶伟民
  编   剧:须兰、秦天南、林爱华、黄建新、许月珍、何冀平、郭俊立、阮世生

《十月围城》(2009 年)
  监   制:陈可辛、黄建新
  导   演:陈德森
  友情导演:刘伟强
  原创概念:陈铜民
  编   剧:郭俊立、秦天南、陈嘉仪
  合   编:阮世生、吴兵

《建国大业》(2009 年)
  导   演:韩三平、黄建新
  友情导演:陈凯歌、陈可辛、冯小刚
  编   剧:王兴东、陈宝光

二、自主创作与受聘创作

"自主创作"是一名或多名编剧自己策划选题,然后联系制作方或投资方,在达成合作

---

① 《姜文执导传奇片〈让子弹飞〉 发短信搞定葛优》,来源:《齐鲁晚报》,http://www.sd.xinhuanet.com/news/2009—10/26/content_18043443.htm。

共识后再展开剧本创作;或者是在剧本创作完成之后,再联系投拍事宜。

"受聘创作"则是编剧受到制作方或投资方的邀请和聘用后得以参与影视剧的创作。其开始介入的创作阶段或有不同,或者是从选题策划阶段即开始介入,直至参与剧本写作;或者是在策划已定之后才受邀参与剧本的具体写作;甚至是在剧本已经写作完成之后参与统筹或修改。

无论"自主创作",还是"受聘创作",都可能需要多位编剧共同协作。在"受聘创作"中,每位编剧负责和参与的创作环节或有不同,甚至是各自为营、同时创作,然后由制作方择优取之、统筹糅合。在此过程中,真正主导剧本风格样貌的往往是制片人、导演或所谓的"总编剧"。这其实就决定了一位编剧能在多大程度上影响一部影视剧的创作。

以电影故事片《赤壁》(2008年)的编剧过程为例。该片投资额达8500万美元,制作规模巨大,先后聘用了华语影视界的十多位知名编剧参与剧本创作。

首先是剧本的"前期创作阶段"。

制片方从2004年起遍访华语影视界顶级编剧,集思广益,确定了最初的剧本大纲,将故事分为六段,分别是"刘备仁慈为民"、"二乔舍身取义"、"孔明智激周瑜"、"周瑜借刀杀人"、"孔明草船借箭"、"借东风火烧赤壁"。

被誉为"中国内地电视剧第一编剧"的邹静之最先受邀,展开创作。但该片制片人兼导演吴宇森对这个版本并不满意,希望在大背景不违背历史的情况下,影片中的人物性格有所变化:刘备不再懦弱、曹操不再奸诈、周瑜不再小心眼儿……

之后,台湾著名编剧王蕙玲①、被誉为"中国内地电影第一编剧"的芦苇②等多位编剧又先后受聘参与创作。吴宇森让每位编剧都独立创作,并事先讲明——其所创作的剧本未必会被采用。

同时,吴宇森定下了创作原则:在内容上,"去想点新的东西,跳过《三国演义》回到《三国志》,可能更接近历史原貌";③在风格上,定位为"中西皆宜"的国际化史诗电影。

《三国志》中有关"赤壁之战"的记载总共不足5000字,且多有矛盾混乱之处。这些编剧们各自构思,创作了十几个不同版本的剧本。

之后是剧本的"统筹取舍阶段"。

---

① 王蕙玲,女,1964年生,台湾著名编剧,被誉为著名导演李安的"御用电影编剧",参与编剧了《饮食男女》(1994年)、《卧虎藏龙》(2000年)、《色戒》(2007年)等李安电影作品;编剧的电视连续剧有《人间四月天》(1998年)等。

② 芦苇,男,1950年生,被誉为"中国内地电影第一编剧";仅高中学历,1976年入西安电影制片厂,先后担任炊事员、绘景、美工;1987年参与改编创作电影剧本《最后的疯狂》;其后,参与编剧的电影作品有《疯狂的代价》(1988年)、《红樱桃》(1995年)、《秦颂》(1996年)、《图雅的婚事》(2007年)等,改编的电影作品有《霸王别姬》(1993年)、《活着》(1994年)等;1995年自编自导电影故事片《西夏路迢迢》。

③ 《〈赤壁〉编剧陈汗:下集该给我们平反》,来源:《外滩画报》,http://yule.sohu.com/20090106/n261596947.shtml。

吴宇森从十几个版本的剧本中,挑选了自己和台湾编剧郭筝①合作的版本。"郭筝剧本的结构和很多处理方式都比较接近吴宇森导演的想法。"然后,吴宇森聘请内地著名编剧盛和煜②为"定稿编剧",将这个版本修改成时长两小时一刻钟的电影剧本。

后来,该片制片人之一、中影集团总经理韩三平决定将影片制作成两个版本:亚洲区版本剪辑成上下两集,每集时长两个小时;非亚洲区版本为时长两个半小时的单集。盛和煜又将剧本改成了上下两集。

最后是剧本的"定稿投拍阶段"。

吴宇森在影片开机前三个月又聘请香港编剧陈汗③对剧本进行大幅度的修改,从重新梳理故事大纲一直到修改每场戏的人物对白。由于多位编剧参与创作,所以对白风格差别很大。吴宇森给陈汗定下的原则是"宫廷对白有点古意,平常生活上有生活对白"。

该片在陈汗修改的剧本基础上开机拍摄。按照吴宇森所说:"陈汗的剧本最能体现他的拍摄意图。"而编剧郭筝在影片拍摄期间全程在场,随时准备按照吴宇森的要求对台词和对白进行"微调"。

该片摄制完成后,编剧的署名顺序依次为吴宇森、陈汗、郭筝、盛和煜,也即是以上三个剧本创作阶段的实际负责者。而邹静之、王蕙玲、芦苇等编剧创作的版本虽作为参考,却并未采用。芦苇曾介绍说,自己的版本基本没有用上,"唯一能靠得上的只有一个情节,曹操接到了孙权的空白回信。这一点,我原来是设计给曹操的,他给荆州的刘表发了一封这样的信。"

可见,真正主导该片剧本创作的正是吴宇森。他既是该片的制片人、导演,也是该片真正的"总编剧"。对此,曾经参与创作的编剧皆有同感。

芦苇认为,他们这些编剧都是给吴宇森提供"方案"的,"《赤壁》真正的编剧其实是吴宇森自己。"④

盛和煜则介绍说:"我知道了什么是好莱坞模式。举例说,他们要赵云为了报答周瑜,

---

① 郭筝,男,1955年生,本名陶德三,台湾小说家、编剧,仅初中学历,祖父为国民党理论家陶希圣;幼年时常听祖父转述官兵抓捕响马等乡野传奇,成为其后来的创作源泉之一;后以"应天鱼"为笔名发表武侠小说,颇受好评;曾五度获得台湾行政机构"新闻局"优良电影剧本奖,编剧的电影故事片有《十八》(1993年)、《去年冬天》(1995年)、《国道封闭》(1997年)等,并与台湾著名导演丁善玺合作编剧电视单元剧《神捕》(1999年)。
② 盛和煜,男,1948年生,湖南卫视电视剧中心艺术总监;编剧的主要作品有电影故事片《夜宴》(2006年)、《赤壁》(2008年)等,电视连续剧《走向共和》(2003年)、《恰同学少年》(2007年)、《血色湘西》(2007年)等;曾六次获得全国"五个一工程奖",六次获文化部政府最高奖"文华奖",并曾获全国戏剧文学最高奖"曹禺戏剧文学奖"。
③ 陈汗,男,1958年生,原名陈锦昌,曾凭借电影故事片《飞越黄昏》(1990年)荣膺第九届香港电影金像奖最佳编剧奖;语言风格上带有港式对白和内地文化夹杂的小资格调;编剧的电影故事片有《赤壁》(2008年)、《孔子》(2010年)、《盛唐危机》(2012年)等。
④ 《〈赤壁〉原编剧:吴宇森很认真 但差在文化底蕴》,来源:《羊城晚报》,http://yule.sohu.com/20080727/n258404135.shtml。

《赤壁》海报

给他挡了一箭,然后又救了小乔;孙权、赵云、周瑜'三英救美'。本意上我无论如何也不愿意写这样的东西;但是我尊重吴导,这来自不同的创作理念。"①

陈汗介绍说,他曾提出人物对白应该更文言化些,但最终没有拗过吴宇森,"包括使用文言文这点。他抗拒这种有一点难懂的表达方式,他喜欢直接的、热烈的。"

所以,在《赤壁》的剧本创作上,无论成败,吴宇森都应负主要责任。这是其他编剧无法左右的,这也往往是"受聘创作"的重要特点。

第三节 影视剧本的创作步骤

具体来说,影视剧本的创作步骤是怎样的呢?

创作一部影视剧本,编剧和制作方、投资方一般要经历这样的过程:

谈剧情构思——列故事梗概——写剧本大纲——订合同——获取定金——写剧本——再拿部分定金——后期修改——获得全部报酬——必要时跟组拍摄。

编剧在正式创作剧本之前,一般都要先写出故事梗概和剧本大纲,待其完善、成熟以后才开始写作剧本,这样能收到事半功倍的效果。

一、从剧情构思到人物图表

影视剧的剧情构思,是指编剧对自己思考和孕育剧情的思维活动所进行的梳理,是编剧通过想象而形成的、贯穿着一定主题思想的、关于未来剧本故事内容乃至表现形式的观念总结。

向制作人或投资人谈剧情构思,是编剧推销创意、获得认可的第一步。只有制作人或投资人对编剧的构思感兴趣,才有后续创作的可能。因此,剧情构思应当言简意赅,最好能在几百字之内就将故事构架、主题思想讲清楚,迅速吸引住制作人或投资人。

---

① 《盛和煜:我们几乎没有话语权》,来源:《三联生活周刊》,http://lifeweek.com.cn/2008－07－21/0002722182.shtml。

例如,香港著名导演、编剧王家卫曾介绍说,自己早年经常在电话中向投资人谈起自己的构思,片刻之间便勾起了对方的兴趣,使其催促自己继续讲下去。

▶▶【范例】电影故事片《转山》(2011年)剧情构思

该片改编自谢旺霖同名小说,以真人真事为蓝本,由张家鲁编剧,杜家毅执导。

一个24岁的台湾年轻人,在寒意渐生的十月,为了帮助哥哥完成遗愿,从丽江出发,独自骑行穿越平均海拔超过3500米、近2000公里、落差起伏多次大于1000米的"高原之路"。一路上,他经历了穿越无人区、夜间骑行几乎掉下悬崖、八宿打狗、由于食物中毒而整整两天上吐下泻等艰险的旅程后,他从懦弱寡言变得可以和藏民同食一块糌粑。

这不只是一次身体的旅行,更是一次心灵的旅行。这不只是一部关于旅行的电影,更是一部关于自由、成长的电影。每个人都可以从电影中找到出发和改变的理由。青春、酷劲儿十足以及自由和释放是这部电影的主题。①

▶▶【范例】36集电视连续剧《人间风雨情》(2010年)剧情构思

该剧改编自抚顺作家魏玉明的长篇小说《同龄子》,由高旭帆、向响编剧,欧阳奋强②执导。

《人间风雨情》是以辽宁抚顺为背景,以抚顺人为主角,展现共和国60年来时代变迁的一部戏。全剧通过祝万成一家四代人的奋斗史,通过其走过道路的坎坷,展现了建国以来的时代变迁,折射出祝家人感人至深的人间真情和坚贞不渝的爱党、爱国之情。

主演吴京安(左三)、何政军(左四)　　　　　　　　导演欧阳奋强(左三)

---

① 参阅百度百科,http://baike.baidu.com/view/1830686.htm#sub6470985。
② 欧阳奋强,男,1963年生,四川电视台导演;从24岁起每年都参与电视剧拍摄,曾在电视连续剧《红楼梦》(1987年)中饰演贾宝玉,后专任导演,至今已创作30余部、300余集电视剧作品;其执导的电视剧代表作有《爱在雨季》(1992年)、《我的妈妈在西藏》(1994年)、《回到拉萨》(2003年)等,多次荣获飞天奖、金鹰奖、骏马奖等奖项。

吴京安饰演的民族资本家祝万成,为新中国奉献出满腔忠诚;何政军饰演的儿子、知识分子祝国栋,忘我地投入到新中国的建设中;雷雷饰演的孙子祝新华经历了上山下乡、恢复高考、下海经商,成长为社会的中流砥柱;祝家第四代祝家俊,则是一位叛逆的现代青年,在一系列惨痛教训下逐渐成熟。①

▶▶【范例】46集电视连续剧《大明王朝1566》(2007年)剧情构思

该剧由刘和平编剧,张黎执导。

明嘉靖年间,中国封建历史上最为独特的皇帝朱厚熜(陈宝国饰)出现了。他二十多年避居西苑,练道修玄,却始终牢牢掌控着整个大明朝的政治、财经、军事和民生大权。

严嵩(倪大宏饰),明朝历史上唯一一个二十年把持内阁的首辅,《明史》将其定为奸臣之首。他党羽密布,权倾朝野;但是却能在家产被抄没、儿子被砍头之后,仍然独保其身,直至寿终正寝。

海瑞(黄志忠饰),数百年来民间广为传颂的清官典范,敢于挑战皇权、斥责皇帝,不惧牢狱和死亡的威胁;虽地位卑微,却敢向几千年的封建制度发出震古烁今的挑战。

全剧展现的是中国封建史上商业经济十分发达、手工业作坊经济十分兴旺、市井文化空前繁荣的时代,也是中国封建史上商业经济与农业经济的社会矛盾空前尖锐的时代。土地兼并使得大量的农民失去了赖以生存的基础,贪墨横行使大明朝的统治濒临崩溃的边缘。

全剧以"倒严(嵩)"为主要线索,全面展现了这一时期的一幅幅历史画面——从朝廷到各级官府惊心动魄的政治斗争,从官场到商场波谲云诡的尔虞我诈,忠勇的官兵和忠义的百姓风起云涌的抗倭之战。国与家命运的休戚与共,敌与友关系的错综变化,大情大我和小情小我的矛盾交织,在这里折射出历史精神的伟大理想和人生命运的严酷现实。一批赫赫有名的历史人物:海瑞、嘉靖、严嵩、严世藩、徐阶、高拱、张居正、胡宗宪、戚继光、李时珍等,从历史如烟的迷雾中有血有肉地向我们清晰地走来。②

之后,编剧需做好剧中人物关系的基本设计,可以通过列"人物图表"(也称"人物关系表")将主要人物之间的关系、主要人物与次要人物之间的关系,甚至次要人物之间的关系罗列出来,并在后续创作中开枝散叶、不断完善。

▶▶【范例】电影故事片《东风雨》(2010年)人物图表

该片由杨健编剧,柳云龙执导。

---

① 参阅百度百科,http://baike.baidu.com/view/4352981.htm。
② 参阅百度百科,http://baike.baidu.com/view/746927.htm。

《东风雨》人物图表①

>> 【范例】46 集电视连续剧《大明王朝 1566》(2007 年)人物图表

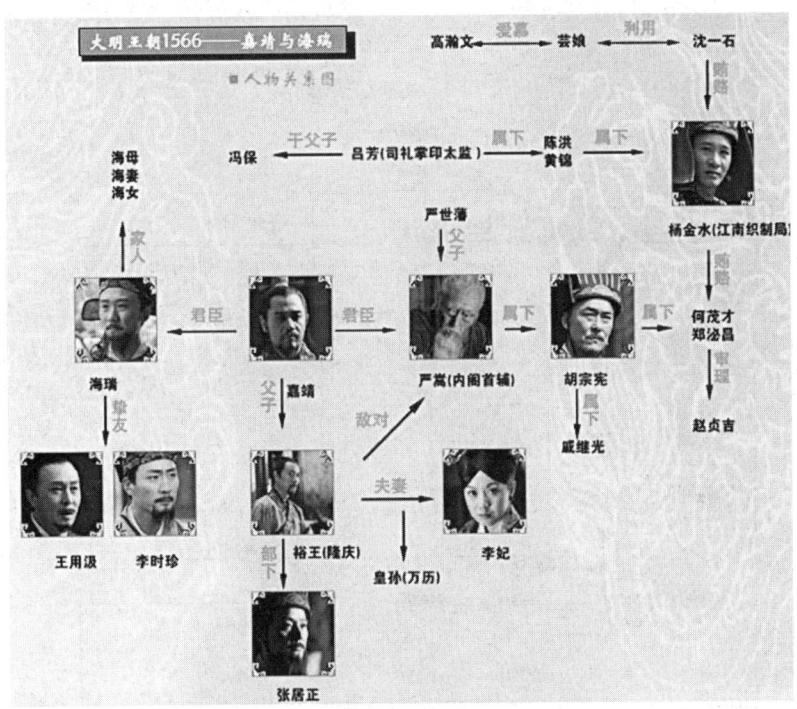

《大明王朝 1566》人物图表②

---

① 参阅百度百科,http://baike.baidu.com/view/2432750.htm。
② 《电视剧〈大明王朝 1566〉——嘉靖与海瑞》,来源:搜狐娱乐,http://yule.sohu.com/s2006/dsjdmwc1566/。

【范例】30 集电视连续剧《潜伏》(2008 年)人物图表

该剧改编自龙一同名短篇小说,由姜伟编剧,姜伟、付玮执导。

《潜伏》人物图表(简略版)①

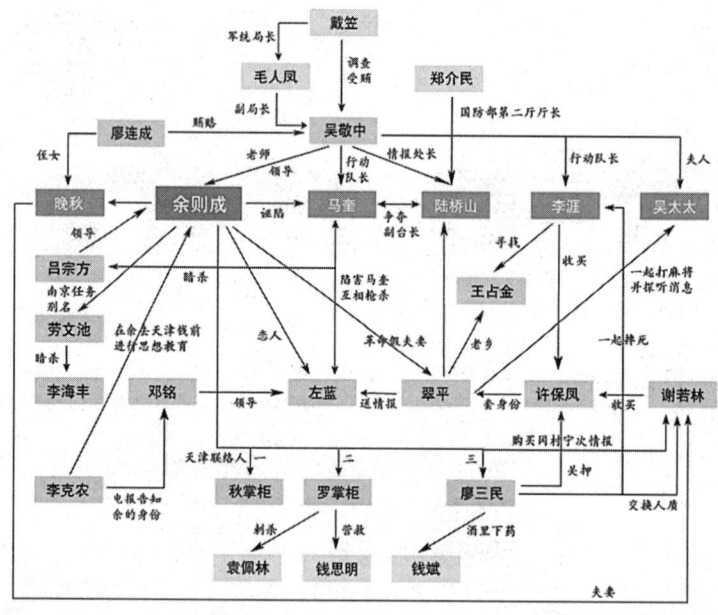

《潜伏》人物图表(详细版)②

---

① 《〈潜伏〉人物关系》,来源:百度空间,http://hi.baidu.com/a767/album/item/c8f227ca32a8684bbf09e618.html#。
② 《资料图片:电视剧〈潜伏〉人物关系图》,来源:新浪网,http://ent.sina.com.cn/d/w/2009-04-23/4377.html。

二、从故事梗概到人物小传

一般来说,编剧需在剧情构思和主要人物关系的设置基本成型之后,再为即将创作的剧本写出故事梗概。

影视剧的故事梗概,又称剧情简介,是对剧中故事内容的概要描述。编剧在创作文学剧本之前,先选用自己掌握的生活素材中最能确切表现人物性格、展示主题思想的一系列事件,构造成一个有简略剧情内容的故事梗概,作为进一步编写文学剧本的依据。

故事梗概是按照未来影视剧的情节结构和时空要求来叙述的,基本内容包括主要人物、时间地点、情节发展和结局等,是对人物关系更为详细的表述,也是未来剧本情节的浓缩版。

写作故事梗概有助于编剧完善总体构思,统筹安排剧情结构,并估算作品时长,控制剧本长度。影视剧的制作方或投资方在物色剧本时,往往先让编剧写出其剧本的故事梗概,来作为评断和取舍的依据。

具体来说,写作故事梗概时应涵盖以下五点:

第一,展现剧本的总体构思,描述出故事内容的整体构架与走向,突出主干,省略枝节。

第二,突出主要人物角色,省略一般人物角色,扼要表述主要人物角色与主要矛盾冲突之间的关系。

第三,简要叙述人物角色的思想性格、主要行动及时代背景、相关环境等,语言应具体而不能过于抽象。

第四,对于重要的人物对白,可用描述方式来概括其意,不必写成对话形式。

第五,标明重要细节,以便在后续创作过程中予以着重表现。

电影故事片的故事梗概短则几百字,长则千余字。而电视连续剧的时长一般要远远超过电影故事片,所以在电视连续剧中编剧设置的矛盾冲突会更多、更复杂,其故事梗概的篇幅也自然要长得多,往往需几千字。

>> 【范例】电影故事片《悲情城市》(1989年)故事梗概

该片由吴念真、朱天文编剧,侯孝贤①执导,李天禄、陈松勇、梁朝伟等主演,以台湾"二·二八事件"为历史背景,讲述一家兄弟四人的遭遇和生活,在强烈的政治批判中寄寓

---

① 侯孝贤,男,1947年生,与杨德昌并称"台湾新电影"运动的两位泰斗级大师;1975年起从事编剧工作,1980年执导电影处女作《就是溜溜的她》,1989年凭借《悲情城市》成为首位荣获威尼斯国际电影节金狮奖的华人导演;执导的电影代表作有《儿子的大玩偶》(1983年)、《童年往事》(1985年)、《恋恋风尘》(1986年)、《戏梦人生》(1993年)、《海上花》(1998年)等,每部作品都保持着高水准,且均有所突破。

《悲情城市》海报

着真切的人性关注与深刻的历史反思。该片曾荣获第26届台湾电影金马奖最佳导演奖和最佳男主角奖(陈松勇)、第46届威尼斯国际电影节最佳影片金狮奖。

日本宣布无条件投降,台湾自此结束"日据时期",重新回到祖国的怀抱。台湾基隆林阿禄家的大儿子林文雄喜得一子,为此合家欢乐。林家在日据时期经营的艺旦间,现在又重新开张。

林家有四兄弟,老大林文雄经营商行;老二文森本来开诊所,战争期间被征到菲律宾当医生,至今生死未卜;老三文良,曾被征到上海当通译,战后以汉奸罪遭通缉,回到台湾,住进医院;老四文清,幼时跌伤致聋,现在在小镇上经营一家照相馆,与挚友吴宽荣同住,并与其刚来不久的妹妹宽美成为好友。

吴宽荣是进步人士,他和几位志同道合的人常聚集在一起,大家忧国伤时,言多慷慨。当谈论起自光复后国民党为政不廉、民不聊生,大家不禁唱起《流亡三部曲》,怆然凄厉。

病愈出院的文良遇见上海旧相识——"上海佬",走上黑道,卷入了"盗印日钞"、"私贩毒品"等活动。文雄出面制止。不料,上海佬勾结田寮帮,用检肃汉奸罪犯条例陷害文雄、文良。文良被捕,出狱后已经变成白痴般的废人。

台湾当局宣布查缉私烟,引发"二·二八事件"。宽荣与同志林老师为营救被捕志士,日夜忙碌。不久,台湾行政长官陈仪逮捕了大量进步人士;蒋介石调动军队实行戒严,滥杀无辜。宽美护送哥哥回到四脚亭老家避难。文清也身陷囹圄,被释出狱后开始从事革命活动。

宽荣在山里成立反抗政府组织,并将妹妹宽美托付于林文清。不久,文清得知大哥文雄在与黑帮宿敌的搏斗中丧生。文清成了家中唯一的男人。文清与宽美成婚后,喜得一子。当幼子咿呀学语时,宽荣送信告知叛徒告密、基地被剿,并嘱咐他们尽快逃走。危急时刻,宽美决定与文清同生死。他们最终未逃,回到家中。三天后,文清被捕。

悲剧还在继续……①

---

① 参阅百度百科,http://baike.baidu.com/view/298504.htm。

▶▶【范例】电影故事片《转山》(2011年)故事梗概

书豪是一个大学刚毕业的台湾青年,无所事事,整天窝在家里,不知道自己该做什么。他的哥哥书伟是一名品学兼优的学生,处处是书豪的榜样。哥哥书伟报名参加了一个"流浪者计划"——骑自行车去拉萨。书豪对哥哥的"疯狂"行为表示不解,他只想在家被人照顾,安逸地生活下去。

哥哥书伟的意外去世撼动了书豪的心。书豪决定完成哥哥生前的愿望。父母、女朋友都觉得他不行,劝他不要这么偏执。书豪也为了证明自己,踏上征程,从丽江出发,骑自行车到拉萨。

书豪之前在网上结识了一个在丽江的台湾人——志平。志平是一位路子很广的人,逢人便说"这是我的小兄弟",还说要跟书豪一道骑车到拉萨。但志平让书豪无休止地花销渐渐让其觉得此人很不靠谱。虽然书豪知道这一路会比自己想的还要难,但还是一个人上了路。

刚出丽江,书豪遇到了一位与他同路的骑行者——晓川。晓川是一位比书豪年长很多的骑行爱好者,经验多,在骑行和生活方面都能给书豪很中肯的帮助。但他就是爱讲自己做糕点那点事儿。书豪老觉得他人怪怪的但又很可爱。两人投宿过香格里拉的牧民奶奶家,也在盐田的藏女与小男孩家过过夜。品尝着晓川大哥做的酥油饼干,书豪觉得自己这一路上并不孤单。

一次夜翻山路,晓川意外坠崖,身受重伤。书豪的信念已在崩溃的边缘,他开始怀疑自己此次征程的意义。书豪回想起这段路上晓川大哥对他的鼓励,相信自己一定能走完这段路。飞来寺的歌声经文又让他坚持着自己走下去……

东达下雨,投靠无门的书豪再次承受心理考验。怒江被藏獒追逐、然乌中毒甚至有生命危险,书豪依然在路上。通麦路遇朝圣母女,书豪寻找到不同的生命价值和意义。一路上有欢歌笑语,一路上有悲喜离合,一路上还有人间冷暖。书豪骑在路上,寻找价值,完成自我。

在海拔5000米的色季拉山垭口,书豪拿出朝圣母女赠予的五彩风马旗,撒向天空。他双手合十,念诵着六字真言,心中感到前所未有的平静。

在布达拉宫门前,书豪与大家一起载歌载舞。书豪把陪伴自己一路的自行车送给了需要的人。

回到台湾的书豪开始了研究生生涯。书豪来到灵骨塔,把自己这一路写成的"骑行者日志"放进了哥哥书伟的灵柩里,完成了哥哥的愿望,也懂得了更多。书豪接到了晓川哥的信:他又出发了啊![1]

---

[1] 参阅百度百科,http://baike.baidu.com/view/1830686.htm#sub6470985。

【范例】43集电视连续剧《我的孩子我的家》(2010年)故事梗概

该剧由周涌、慕星编剧,毛卫宁执导,萨日娜、刘佩琦主演。

1978年至2009年是中国发生巨变的激荡三十年。本剧聚焦幺婶一家,但写的却并不只是她们一家的人生,而是中国人在这三十年中,走过的这一条坚忍顽强、风雨壮阔、回肠荡气的奋斗之路。

1978年,重庆。挺着大肚子的幺婶带着五个孩子跪在厂门口,为她因醉酒被厂里开除的丈夫幺叔讨一个公道。幺婶终于让厂长答应了他们家老大长大后接幺叔班的请求,却也在这场风波中在厂门口产子,生下了一对双胞胎。幺婶和幺叔的前四个孩子是用"繁荣昌盛"起名的。除了老二林荣外,老大林繁、老三林昌和老四林盛都是男孩。老五林静是个沉默和倔强的小女孩。孩子太多,家里本已艰难度日,而现在又失去了他们家中最大的经济支柱——幺叔。他因为酒精中毒,已经丧失了劳动能力。幺婶必须扛起这个家。刚生下的双胞胎养不起了,必须要送人。但是在送人的途中,双胞胎丢了一个。幺婶忍着巨大的悲伤,把剩下的那个抱回了家,她就是林家的老六。

幺婶带着五个孩子开始劳动,自己做豆瓣酱上街去卖。但是她进原料没有钱,无法躲避供销社老刘的骚扰,更受到街上同样卖豆瓣酱的吴婶的攻击和侮辱。插队回来的知青小叔子林建设用他的拳头维护着幺婶的尊严,却招致了更多的流言。流言里说,幺婶是潘金莲,老刘是西门庆,幺叔是武大郎,而林建设是幺婶勾引的武松。幺叔几次戒酒不成,心中烦闷,与林建设的冲突成了街头的笑话。林建设一怒之下砸碎了街上所有造谣生事人家的玻璃,并去找老刘算账。但是幺婶拦住了林建设的棍子,因为老刘的确对林家有恩。林建设从拘留所出来后,没有再回到林家,而是远走他乡。幺婶也因为这些流言,在家里结下了一个仇人,就是老五林静。林静恨上了幺婶,她恨母亲给予他们兄弟姐妹的这个名声。

幺婶利用她一个女人的各种生存技能,顽强地把六个孩子都拉扯大了。老大林繁满十八岁了,该接幺叔的班进工厂。然而林繁却一心只喜欢学习,想要考大学。家里却无法允许,逼着林繁烧掉了大学的录取通知书。老二林荣是一个爱慕虚荣的女孩子,甚至偷窃同学的新衣服,而遭到同学哥哥的纠缠。老三林昌和老四林盛平时关系最好,是一对一刻也闲不住的淘小子,各种胡闹花样百出。林荣被流氓纠缠,老三老四搬来大哥林繁救场;而林繁却一个失手,将该人打死。

幺婶决定,林繁将来是家里的经济支柱和希望,他不能坐牢。于是,只有在其他几个孩子之间抽签,谁抽到就去给大哥顶罪。抽签的结果是,老四林盛抽到了签;但他在害怕之下偷偷把签换给了林昌。林昌去坐牢了,从此改变了这两个人的一生。

之后,幺婶的忧心更是没有停过。老二林荣闹出了女流氓事件,她爱上了一个青年画家丁松。在丁松给她画裸体素描时被人发现,她的裸体画被贴到了宣传栏上。林荣为了保护丁松，承认都是她逼着丁松做的。但是社会的压力使林荣有些精神失常，在未来的数年里不敢踏出家门一步，只是每天在家打着毛衣、与猫为伴。林盛偷窃厂里的配件并贩卖，给家里赚钱。幺婶发现后，去替林盛还厂里的配件，却被抓个正着。而亲手抓到幺婶的是正在值班的林繁。这也使得林繁被厂里开除。林静热爱上了钢琴，并极具音乐天赋。幺婶狠心给林静买了电子琴，但是却错误地怀疑林静因想买琴而偷家里的钱，再次给林静造成了侮辱。林静砸碎了电子琴，并成为最恨幺婶的人。幺叔再次酒精中毒，送医院抢救后，邂逅了原来的恋人冯玉婷，并在母亲的撺掇下与幺婶离婚，要和冯玉婷一起过，重新活得像个男人。但是冯玉婷骗走了他所有的钱。幺叔知道，他还是离不开幺婶。

林建设也回来了，他这次是衣锦还乡，因为林建设已经成了一个厂子的厂长。林建设向当年的老刘和吴婶报复，并要接幺婶一家离开重庆，去他的厂子生活。但是幺婶最后还是拒绝了，她放不下坐牢的林昌，也期待着丢失的老七有一天能回来。更重要的是，她离不开这里——她生长的故乡。林建设只得黯然离去了。

岁月流逝。林繁为了生计，无奈地变成了一个收破烂的。可是林繁疯狂地爱上了收旧书旧报，特别喜欢钻研古文字，经常捧着一本古书发半天的呆。家里堆满了他收回来的旧书，让所有人都对他意见很大。林盛和另外一个人跑到海南倒卖录像机，千难万险地将其运回来而发了财。这也是林盛想出去经商的第一步。林静终于逃出了家门，她要去深圳创业。而幺婶不给她提供路费。于是，林静和一直默默爱着她的邻居大钢结了婚，并在婚后第二天就拿着大钢给她的钱离开了家。林昌出狱和林繁结婚无巧不巧地赶在了同一天。但在林繁结婚的时候，竟有一个女人出现，让她六岁的儿子认林繁叫爸爸。一直老实木讷的林繁竟然在外面有一个六岁的私生子！

林繁的婚礼以闹剧收场，他和来找他的这个女人——罗小翠结了婚。罗小翠是个厉害的媳妇，为夺取家中权力又跟幺婶开始了斗争。幺婶将所有的心都放在了出狱的林昌身上。这一直是她觉得最对不起的孩子。然而林昌发现了林盛换签的事实后，他十几年积压的怨恨都涌了上来。他要向林盛报复，向幺婶报复，向这个家报复。林盛有一个青梅竹马的一生挚爱——许颖洁。而林昌觉得林盛偷换了两人的人生，林盛的人生和许颖洁应该是他的。于是林昌破坏林盛和许颖洁的感情，在林盛和许颖洁相约一起私奔的前夜，强奸了许颖洁。林盛在幺婶的劝告下，无奈远走他乡。许颖洁竟然怀孕了，在林昌的注视下打掉了孩子。林昌想要以一把火结束自己的生命，但却被幺婶救回并猛省。幺婶终于找回了这个离家多年的孩子——找回了他的人，也找回了他的心。

一直不敢出门的林荣听说丁松回到家乡办画展的消息后，竟然有勇气走出了家门，去找丁松，却发现丁松就像根本不记得她一样。伤心的林荣邂逅了文化局的科长郑子墨。没想到郑子墨成为了她的"真命天子"。林荣嫁给了郑子墨。而且郑子墨之后官运亨通，一直上升，林荣也过上了富足的生活。这让幺婶无比欣慰。但在林荣结婚的同时，林静却回来，要求和大钢离婚。虽然幺婶百般阻挠，林静还是离了婚，她与母亲的关系并未缓和，就又回到了深圳。

幺婶在商品经济的大潮中没有闲着。她卖过电视天线、把黑白电视"变成彩色电视机"的彩膜,还开过书店。由于幺叔和冯玉婷的外遇而使她的书店"中途崩殂"。而幺婶终于承包下了一家小副食店。在经营始终上不去的时候,幺婶拿出了办法。她把商店改造了,顾客可以自由进来挑选商品、统一结账——幺婶并不知道,这就是日后风靡全国的超市。而幺婶在经营上也蒸蒸日上,渐渐成为了一个女强人。

岁月变迁,人生无常。辛辛苦苦工作、一心想补偿家里的林昌竟然患上了胃癌。在林昌最后的日子里,林盛回到了家。这对当年的好兄弟终于消泯了所有的恩仇。林昌安详地闭上了眼睛。这个一直缺少并渴求家庭温暖的孩子,终于在死前得到了他想要的。

老二林荣的婚姻也发生了危机。林荣和丁松又产生了婚外情,而与郑子墨离了婚,却又被丁松所抛弃。林荣回到家里,却被幺婶赶了出去。她不能再躲在家里了,必须学会自己生活。林荣为了吃饭,被迫去家政市场当一个小保姆。但是在幺婶的激励和帮助下,林荣从一个小保姆,开起了自己的家政公司,并且越开越大。一直需要依赖别人的林荣终于找到了自己的生存价值和意义。而一直被所有人特别是他的儿子看不起的林繁研究古文字的文章在杂志上发表了,最后接到了研究所的工作邀请。林繁也用他的真情打动了一直和他作对的儿子,儿子终于对他叫出了"爸爸"。

林盛已经是在商界摸爬滚打多年的老手。然而在一次去歌厅时,他竟然遇到了许颖洁。许颖洁竟然成为了歌厅的"妈妈桑"。林盛心痛欲裂,他想把许颖洁追回到他的身边,却被许颖洁骗走了所有的钱。但是林盛还是心甘情愿。为了许颖洁能够回心转意,他愿意付出一切。失去了所有的林盛回到了家里,等待着许颖洁有一天能够回来、回到他身边。

同样回来的还有林静。香港金融风暴波及了林静,她失去了她的丈夫、事业和家庭,只身一人又回到了故乡。她却不想让幺婶知道,暂时住在了大钢的家里。而幺婶准备把所有的钱都投进去,扩张自己的超市。但在超市新开张的同时,幺婶也看到了离她不远的一幢大楼拔地而起,上面挂出了牌子——"家乐福"。幺婶一下晕倒了。

幺婶是脑出血。老六林雨虹已经长大,考上了北华大学,成为学医的高才生。她将幺婶接到北京治疗。还需要有人陪幺婶上北京,又只有林静和大钢有空。于是林静和大纲陪伴幺婶去治病。在这治病的途中,林静终于理解了幺婶。她也发现,她一直最恨幺婶,是因为她最爱幺婶。回来之后,林静和大钢复婚了。

而幺婶的超市也倒闭了,这要"归功"于回到家里的林建设。林建设在厂里改选时被选了下来,而后又下岗了,因为非法集资欠了一屁股债而逃了回来。他感激幺婶替他还债,想要报答幺婶,把超市好好搞起来,结果适得其反。但是幺婶这时却并不关心超市,因为她在北京有了一个意想不到的巨大收获。她发现了失散多年的老七,并把老七带回了家里。

老七的出现引起了家里巨大的风波。但后来,大家竟发现,让幺婶和幺叔付出无数心血的老七,居然不是那个丢失的老七。他们全都认错人了。而这个所谓的"老七"又患上了重病,她本是希望幺婶和幺叔家出钱给她治病的。

幺叔还是拿出了所有的积蓄,治好了老七的病。在老七被真情感动、真的想认幺叔和幺婶为父母的时候,幺叔却将其赶走。因为他知道自己失去女儿的痛苦,不想让这世界上的另一个人忍受同样的痛苦。

幺婶的超市关闭后,她又摆了个豆瓣酱摊,从头开始做。子女都劝她不要再这么辛苦了。但幺婶说,她活着一天,就不能放弃努力。幺婶从豆瓣酱摊再次做起;几年之后,她又拥有了一家小火锅店。而家里的各个成员也各有归属。林繁进了研究所;林荣开的家政公司红红火火;林盛终于等回了许颖洁,那是一个阳光灿烂的下午;林静留在了家乡工作,因为她觉得之前离开母亲太久了,她现在想留在母亲的身边;老六林雨虹也在结婚后出国深造了,同时逃避一下她的感情纠葛;林建设被幺婶所激励,想要重新奋斗,去北京干上了施工队的小头目,成为了建设鸟巢的一分子……在给老三林昌上坟归来的饭桌上,大家又重新聚在一起。幺叔突然说话了,觉得幺婶这么多年来为家里付出了这么多,该好好享受享受了。他攒够了钱,准备带幺婶出去旅游。

大家七嘴八舌地反对。幺叔这么多年来一直是家里的废人,由他照顾幺婶,谁放得下心……而幺叔挥了挥手,制止了这些议论,他说:"我戒酒了。"

后来,老六在飞机场偶遇"老七",却只是短暂的相识。"老七"用英语回避,就像路人一样分开了。①

许多编剧习惯在故事梗概的基础上,为剧中主要人物列出人物小传,大致勾勒出主要人物的思想性格、人生经历、命运归宿等,作为写作剧本大纲时的参照和依据。

▶▶【范例】电影故事片《孔雀》(2005年)人物小传

该片由李樯编剧,顾长卫执导,荣获第55届柏林国际电影节银熊奖。

姐姐(张静初饰)

二十一二岁。身材中等,略消瘦。面孔清秀,也可以说是清淡,人淡如菊。她有一种清教徒式的气质,外表安静,内心刚烈执拗。她可以为了梦想狠得下任何心。她笑起来很单纯,不笑的时候人很冷清。这种女人出现在男人面前是不会引起肉欲的,她的美会让男人留在心里作纪念,想不到去"享用"。她是一个过于唯美或理想化的人,她一生都活在她的梦想里。外人看起来,以为她不食人间烟火;其实她是最被生活吸引的人,对她自己的生活充满热望。这样的女孩子在封闭的小城市里肯定是个异类。

---

① 参阅百度百科,http://baike.baidu.com/view/3243820.htm。

哥哥（冯砾饰）

二十三四岁，比姐姐大一些，胖乎乎的，个子不高。胖人看上去很憨厚；哥哥尤其宽厚，以至于有些愚钝。但他的眼睛又大又明亮，与他愚钝的身体很不协调，看着让人替他无辜。他的笑容很灿烂，随便的笑都会格外开心似的。他胖胖的脸上有一种儿童气还没有脱去，很是善良、纯真。你看他笨头笨脑的，可心里很明白。

弟弟（吕聿来饰）

十七八岁，苍白瘦弱，人很敏感。内心过于丰富，以至于人累得有些慵懒。眼睛很灵动，像随时会逃跑的鹿。气质很复杂，很难一句话说清。因为他还处在青春期，人还没定型。看上去又清纯又阴郁。这孩子的未来不好说，把握不准，或许是个好孩子，也可能会去杀人。但外表还是文秀的，就像在风雨中飘摇不定的一株纤弱的树。

妈妈（黄梅莹饰）

五十多岁，一眼看上去就知道人很要强，自尊又倔强，一生的争强好胜让她饱受打击无数。她一生都不甘于她的命运和处境，但又明知是无奈的。她有着备受煎熬的容颜，这样的脸不是劳苦之人的脸。她也憔悴，但憔悴之中有着她过去了的女人味儿。现在，她的容颜已面目全非。她做了一辈子的护士。

爸爸（赵毅维饰）

五十多岁，不是很高，跟妈妈差不多。人很文气，甚至怯懦；一切感情都藏在内心，独自品尝，从不打扰别人。这种人有些单调乏味，没什么趣味可言；一生没什么追求，也做不成什么，可以说是无能。他一生就这样无声无息地活过去了。爸爸是个工人，就更想不了那么多。他也想不到自己这么无滋无味地麻木了一生。但他一生都是个好人。

果子（刘磊饰）

二十七八岁。因为时代的原因，他高中毕业去做了工人，接父亲的班。他是个心灵手巧的男人，外表却有些痞气，看上去坏坏的。他是个性情中人，天性多情，惜香怜玉，对女人有很好的品味，然而就在情感方面遭受了不幸。他是性感的、坚韧的，甚至是粗犷的，但内心细腻。

干爸（王英杰饰）

五十多岁，瘦高挑的个儿，身板硬朗，气质儒雅。人很精练清洁，是男人这种岁数中味道最足的。一生心性很高，却一事无成，晚年在文化馆做音乐老师。过多的失望使他谨小慎微。人很脆弱，承受力很差。①

【范例】50集电视连续剧《路魂》男女主角人物小传

该剧由李天鑫、陈祖继编剧。

---

① 参阅动画编剧网，http://www.bianju007.com/web/viewarticle.asp? userid＝1219085&lanmuid＝8597289&contentID＝2110357。

王宇浩 男 出场时 19 岁

清末成都名门之后。其祖父在朝为官,归乡省亲时,命殁于长江夔门。青年宇浩,在光绪三十年,随朝廷官员送"美国圣路易斯万国博览会"参展物品进京,途经长江夔门,行船遇险,侥幸生还。从此,立志冲破"蜀道难"的禁锢,为打通川道、实现"出夔门"的理想而奋斗终生。

在实施修建川汉铁路的过程中,力挺川人的保路行动,将保路运动引向反清的武装斗争。四川反正、成立军政府后,眼见革命果实被袁世凯篡夺,又加入反袁斗争,多次被追捕,处于危险之境。

脱离军界后,力主恢复川汉铁路的建设。30 年代,受四川军政要人刘湘之命,赴南京向国民政府申办成渝铁路。在此过程中,引进法国外资,成为我国早期引进外资的范例。然而当成渝铁路即将开工时,抗战爆发,成渝铁路停工;宇浩退出军界,进入铁道部勘测设计局工作。

新中国成立后,应聘参与修建成渝铁路,成绩斐然。

宇浩曾与成都名门林家大小姐林芝婷相爱。然而在保路运动中,宇浩多次被朝廷追捕,与芝婷失去联系。二人终难成婚。后与情敌周麟昌之妹在颇具戏剧色彩的环境中相遇、相恋,但仍未结为夫妻。后与恋人芝婷之妹芝仪相恋。在筹备重修川汉铁路的过程中,与自己失散多年的女儿雅芝相见,陷于复杂的矛盾漩涡。

王宇良 男 出场时 18 岁

系宇浩同父异母之弟,与宇浩心存芥蒂,继而发生尖锐的矛盾。随着矛盾的展开,政治主张(立宪派)与其兄产生严重分歧。终于在袁世凯窃取辛亥革命果实的民国初期,紧跟袁在四川的代理人,与其兄宇浩分道扬镳、各行其道。

在刘湘执政、筹建重修川汉铁路时,宇良受命,与其兄宇浩一同进入铁路筹备处工作。由于跟蒋介石派进四川的别动队暗中进行情报交易,与其兄宇浩的矛盾日深,直至兄弟二人翻脸。继而走上与其兄完全不同的道路。抗战后期,进入国民党军统。临解放时受命组建反动武装。新中国成立后,率部破坏修建成渝铁路,最终走上不归路。

宇良在年轻时,与其兄同时爱上林家大小姐林芝婷。但他是一个婚姻失败者。在情爱二字上,他是一个恪守传统礼教的正人君子。在他的一生中,虽然也曾有过心仪的女人,却最终依然孑然一身走完了一生。

林芝婷 女 出场时 16 岁

林家也是清末民初成都的大户,其母系朝廷重臣盛宣怀的妹妹。思想受宇浩的影响,颇具当时新女性所追求的进步思潮。她是当时成都第一所女子学校的学生;因其美貌,被人称为校花。

她与王家大少爷宇浩青梅竹马,且有婚约,故而与宇浩深深相爱。然而命运多舛,未能与宇浩成婚,反而嫁与著名的纨绔子弟周麟昌。在保路运动中,与宇浩多次发生激荡的感情纠葛,难解难分。最终,死于保护川汉铁路档案的搏击中。

周雅芝 女 出场时23岁

宇浩与芝婷的女儿。她追求自由,性格桀骜不驯、我行我素,但是未能步入正确的人生之路。她心地善良,却未能令所救的人真正脱离苦难。她有着传奇的人生经历。养父周麟昌与宋子文关系甚笃,在刺杀宋子文一案中,被误认为是宋子文而被刺身亡,这使雅芝得到宋的眷顾。后在社交场合与宇浩相见(此时尚不明与宇浩系生身父女之关系)。在南京进入交际圈,助宇浩在国府拿到铁路批文,后又促成其与法国商人的签约,修筑成渝铁路。雅芝在帮助宇浩期间,对其产生恋情。后来发觉宇浩系自己的生父,心理受到极大刺激;从而出走重庆,成了著名的交际花。她把官场搅得一团糟,甚至惊动了中央政府。这个色彩人物,衬托了那个时代修筑铁路的种种弊端,从一个侧面反映了在那个时代修筑铁路的必然失败。(注:演员与芝婷饰演者同)

也有一些编剧喜欢仿照《红楼梦》中的"人物判词",为剧中人物写作"人物诗",可谓言简意赅、饶有韵味。

【范例】电影故事片《龙门飞甲》(2011年)"人物诗"

该片由徐克、何冀平、朱雅櫊编剧,徐克执导。

赵怀安(李连杰饰)

曾是朝廷故吏,如今漂泊江湖。心怀忠义,诛杀奸恶,护佑忠良,一腔丹心热血肠。无奈一点儿女情长挂肚,英雄也有气短时。

凌雁秋(周迅饰)

沙尘不染,历经风霜。仗剑孤影行江湖,执著一念寻故人。剑如雨,身似鹰,惊诧一声奸恶惊心。可叹,三年铁鞋终觅处;可怜,芳心暗许也无期。

雨化田(陈坤饰)

统领西厂,权倾朝野。长臂一挥,围捕侠士千里之外;马鞭一指,追杀妃嫔大漠之间。论身手,世间几人出其右;论心智,狡黠布局谁人察。怎奈何,一点骄傲全盘皆输,十分野心尽付黄沙。

顾少棠(李宇春饰)

匪界花木兰,结党聚边关。不为纪念故人,只求密室黄金。粗中有细,怒时一发可冲冠,静时

《龙门飞甲》海报

密道能布阵。心有愁肠,暗怨所托已非人;唯求心安,龙门客栈是故乡。

布鲁嘟(桂纶镁饰)

身世神秘,总有毒物傍身。一身妖娆,蛮腰轻摆风情自生;一点骄纵,率性而为野性十足。性感时,方寸生春;出手时,血肉横飞。

素慧容(范晓萱饰)

柔弱无骨小女子,音犟笑貌可倾城。前生皇官富贵加身,此时江湖漂泊无依。遭追杀,幸遇侠女拔刀助;弃旧友,人心总有两面时。

马进良(樊少皇饰)

西厂第一高手,督公手下干将。双剑齐出人难挡,阿谀奉承无人敌。伴奸恶,烧杀抢掠甘为鹰犬;碰豪杰,本事不济死于非命。

谭鲁子(盛鉴饰)

西厂二把交椅,饶是独当一面。性阴沉,龙门客栈甘受辱;智不足,官府被盗反遭围。虽是卖命朝廷,却是难求善终。边关外,大漠中,自相残杀作冤魂。

继学勇(杜奕衡饰)

西厂刑部三档头,官职七品也跋扈。无谋恃勇担先锋,反遭女侠当众耍。逢乱世,一身本事空投敌;走大漠,卿卿性命丢异乡。

万喻楼(刘家辉饰)

只手遮天,一介宦官上瞒天子;权倾朝野;东厂督主下诬忠良。心毒辣,东厂刑具鬼神嚎;性骄纵,恶人终有被报时。①

三、从剧本大纲到正文写作

编剧在完善故事梗概之后,就可以考虑写作剧本大纲了。这是写作剧本正文前的最后一个步骤。

影视剧的剧本大纲,是编剧写作剧本的基本蓝图和"路线标记",确定了全剧由哪些重要的段落来构成、每个段落有哪些重要的情节、情节中又有哪些重要的细节,也确定了剧中主要人物的思想感情及行为动作的重心。

对于电视连续剧来说,剧本大纲又称分集梗概,是对未来剧本进行分集后、关于每集剧情的简要描述。

本章第一节中提到的中国内地编剧申捷曾介绍说:"我和张璐创作最艰苦的阶段,一定是出大纲、立人物的阶段。高手过招,拼的就是你有没有过硬的人物形象,是不是能让

---

① 《〈龙门飞甲〉故事梗概及人物介绍》,来源:中影国际影城网,http://www.cinemaimax.com.cn/movienews/longmenfeijia_movienews_1128091456.html。

所有人信服和喜爱。"①

一般来说,剧本大纲应涉及以下四个方面的内容:

第一,简述故事内容,涵盖起承转合,罗列情节要点,囊括重要事件。

第二,明确交代故事发生的时间地点、时代背景、社会环境等。

第三,清晰呈现主要人物的性格特征、思想感情、行为举动等。

第四,系统规划未来剧本的叙事节奏、结构布局、风格样貌等。

具体写作时应注意,总体叙述有条不紊,细部描绘生动感人,遣词用语简洁凝练,段落结构紧凑有致。给制作方或投资方阅览时,要保证其内容的相对完整;也可以在表述中适当留下些悬念,免得一览无余。

对于剧本大纲,有人喜欢写得详尽一些,有人则喜欢写得简练一些。有时,为了看起来直观,还可以为其列出图表。一般而言,电影故事片的剧本大纲只需几千字,而长篇电视连续剧则往往需上万字。

>> **【范例】日本电影故事片《生死恋》(1971年)剧本大纲**

该片由日本松竹株式会社摄制,改编自武者小路实笃的原作,山田太一编剧,中村登执导,栗原小卷②、新克利、横内正主演。

憨厚善良而有事业心的大宫雄二与挚友野岛来到网球俱乐部,认识了美丽而纯洁的姑娘夏子。夏子的网球打得很出色。她那刁钻凌厉的扣杀,使大宫无法招架。事后,大宫才知道她是野岛的女朋友。

大宫在水产研究所工作。他热爱自己的工作,把全部身心都投入到鱼的研究上。尽管他已经26岁了,却依然过着孤独和冷清的生活。见到夏子之后,素来不太喜欢网球的大宫,突然对网球产生了浓厚的兴趣。一次,他在俱乐部偶然遇到了夏子,夏子邀请他和野岛一起参加她的生日宴会,大宫愉快地接受了邀请。

在夏子的生日宴会上,野岛显得心事重重。大宫了解到夏子与野岛之间已经产生了一条可怕的裂痕,他很为自己的好友担忧。

没过几天,夏子突然出乎意料地来到了水产研究所,大宫十分吃惊。大宫把她带到水族馆,他们一边看着鱼,一边交谈着。夏子告诉他,自己大学毕业后在制药研究所工作,目前还要每周三次去大学研究生院进修。大宫告诉夏子,他和野岛有着很深的友谊,他从未

---

① 果子:《编剧新贵·申捷、张璐:浓情剧"黄金组合"》,来源:《搜狐电视月刊》,http://yule.sohu.com/s2010/8950/s272222603/。

② 栗原小卷,女,1945年生,日本著名电影演员,日中文化交流协会常务理事,父亲是剧作家、儿童文学家栗原一登;1967年出道,活跃至今,主演的电影代表作有《忍川》(1972年)、《望乡》(1974年)、《清凉寺的钟声》(1992年,谢晋执导),其主演的影片《生死恋》(1971年)在中国内地公映后引发"栗原小卷热"。

遇到过像野岛这样好的朋友。听了这话,夏子很不悦,似乎有一种突如其来的感伤涌上心头。她再也没说什么就走了。这是一次不欢而散的谈话。

从此,大宫再也没去网球俱乐部,还主动要求去横滨港口调查港湾。就在大宫去横滨的这段日子里,夏子与野岛之间隐蓄的矛盾终于爆发了。他们在野岛的汽车里进行了一场摊牌式的交锋。夏子直率地表示自己与野岛之间并没有爱情。夏子的话深深刺痛了野岛。

当大宫从横滨回来,野岛便来向好友求助。大宫无法想象这位电视台的广告导演竟会在夏子面前表现得如此胆怯懦弱。望着被爱情折磨得极端颓丧的好友,大宫心情十分沉重。他决定找夏子好好谈一谈。

在海滨一个空空荡荡的餐厅里,大宫一边喝着咖啡,一边向夏子讲述着野岛失恋后的痛

《生死恋》海报

苦心情。然而夏子却似乎对这一切毫无兴趣,只是在一旁无动于衷地喝着咖啡。大宫非常失望。

在空无一人的海边沙滩上,大宫陪伴着夏子默默地走着。他为野岛已尽了最大的努力。他几次感到这样走下去已经毫无意义了,可他仍然身不由己地向前走着……终于,他停下了脚步。夏子仍然低着头,慢慢地走着。在夕阳的映衬下,夏子的倩影显得格外美丽。大宫呆呆地看着。这时夏子停了下来,转过身看着大宫。大宫永远忘不了夏子那含情脉脉的回眸一瞥。他好像已觉出了什么,匆匆地逃离了海滩。

几天以后,大宫突然收到夏子的一封来信。在信中,夏子回顾了她与野岛的交往过程。她觉得野岛的确是自己周围最有魅力的一位,但说她与野岛之间产生了爱情,那纯粹是误解。突然,他的心头猛地一震,他不敢想象夏子竟会在信中表示了对他的爱慕之情。大宫的思绪陷入了极度的混乱之中,不知如何是好。他想到了正陷于爱情痛苦中的好友野岛,真想能有一个躲避一切的世外桃源。

这天,大宫刚刚走进游艇俱乐部,吃惊地发现夏子正站在门口等他。夏子说自己有事与他谈。说罢,便自信地出了俱乐部,朝自己的小车走去。大宫无奈,只得随她进了汽车。

夏子驾驶着汽车在公路上疾驰。两个人都板着面孔,一声不吭。夏子终于打破了沉默,问起那封信的事。大宫的眼睛望着车外,心平气和地表示希望夏子忘掉那封信。夏子听了,却丝毫无动于衷。处于对野岛的友情和对夏子的爱慕之中而进退两难的大宫,终于

言不由衷地表示自己决不会爱朋友的恋人。听大宫这样说，夏子的内心异常冲动。一个突然的急刹车，她把脸转向大宫，直言不讳地说："我喜欢你"。朴实憨厚的大宫脸上有些发烧，他希望夏子再重新考虑一下野岛。夏子听了很恼火，她把大宫赶下车去，然后迅速地开走了。

大宫有意避开感情的旋涡，要求所长派他到南方去工作。所长高兴地答应了他的请求。然而，就在这天晚上，夏子又来到公寓找大宫。大宫感到很惊愕。他们默默地走出了公寓。沉默了片刻，大宫首先打破了沉寂。他告诉夏子，自己不久就要被派到南方去工作。夏子听后，拦住了大宫，一定要他讲出心里话。大宫终于无法抑制自己内心的感情，不禁脱口道出了自己也爱她的真情。这时，一辆满载着旅客的列车从他们面前驶过。从车窗里透射出来的灯光在大宫充满激情的脸上闪动。大宫像是摆脱了几个月来一直令他坐立不安的困境，如释重负地快步向自己的公寓走去。

但是，他突然停住了，紧紧跟在后面的夏子也站住了。他们发现野岛竟意想不到地迎面站在汽车边。大宫一时不知如何是好，他怔怔地看着野岛，深觉内疚和尴尬。野岛怂怂地上了汽车，消失在黑暗之中。

虽然对野岛的歉疚使大宫的心里蒙上了一丝阴影，但爱情的阳光很快将它驱散。在那幽静的海滨、茂密的林间和潺潺的小溪边，都留下了夏子和大宫的足迹。它们是他俩爱情的见证。他们热烈地拥抱着、亲吻着，心中有说不尽道不完的爱。沉浸在失恋痛苦中的野岛实在无法理解，为什么事情竟会朝着现在这种局面发展。

一天，大宫来找野岛，他们来到屋顶的平台上。望着处于极度悲痛中的好友，大宫的心里也异常难受。他诚恳地向野岛诉说了自己对夏子的一片赤诚与爱恋，保证不会使夏子不幸。他希望在向她求婚之前告诉野岛，以求得谅解。野岛闻听，再也抑制不住心中的怒火。他挥起拳头，将大宫击倒在地。大宫没有还手，他终于得到心灵的解脱。他找到了夏子，向她提出了结婚的请求。大宫还把夏子带回了自己的家乡，拜见了双亲。

正当他们处在热恋的幸福中时，水产研究所的所长却根据大宫的要求，将他派到南方工作两个月。大宫不愿意离开夏子。可是为了事业，大宫抑制了难以自己的热恋之情，毅然告别了夏子，来到了八户。

两个月对于一对情侣来说，简直比两年还要漫长。在这些分别的日子里，他们白天坚守自己的岗位；到了晚上，他们把自己深深的眷恋和思念倾吐在信纸上。一封封频繁往返于东京和八户之间的信件，成了他们诉说心声的田地，寄托了他们对爱情的忠贞和对生活的向往。

他们等待着，焦急地等待着相逢的那一天。

时间一天天过去，只剩下最后两天了。就在大宫满怀希望地准备启程归来时，忽然收到一份电报——"今晨十时夏子死于爆炸事故。不胜悲痛之至。"这真如晴天霹雳。大宫惊得不知所措，急忙赶回东京。

在夏子的家里,当他从夏子的父亲手中接过他赠给夏子的那串项链时,他再也忍不住,伏在桌上失声痛哭起来。

细雨中的网球场上空无一人,显得格外寂静。大宫独自伏靠在俱乐部的平台上,追忆早已成梦的往事。雨水淋湿了他的头发、衣服,他全然不知。这时,野岛打着伞轻轻地走到大宫的身边,充满同情和怜惜地把伞打在大宫的头顶上。两位情同手足的挚友,望着那空荡的网球场,仿佛又看到了夏子那娇健的身影。那欢快悦耳的声音,似乎依然在空中回荡……①

【范例】美国电影故事片《沉默的羔羊》(1991年)剧本大纲

该片改编自托马斯·哈里斯的同名小说,特德·塔利编剧,乔纳森·戴米执导;获1992年第64届美国奥斯卡电影金像奖最佳影片、最佳导演、最佳男主角、最佳女主角、最佳改编剧本五项大奖。

年轻娇小的克拉丽斯·斯塔林是美国联邦调查局专业训练班的学员。她被传到她的上司杰克·克鲁佛的办公室。一件触目惊心的案子摆在她的面前:有个被称为"野牛比尔"的罪犯剥了第五位女性的皮,受害人的景象惨不忍睹。

克拉丽斯的任务是和监禁中的汉尼拔·利克特面对面地交谈,以此获取心理行为资料来帮助破案。汉尼拔是正在保外就医的精神病专家。据说他患有精神分裂症,是个食人狂;智商极高,善于洞察一切;曾就着葡萄酒,面不改色地吞吃过人肝。克鲁佛要他的学生去试试,因为那个杀人凶手"野牛比尔"很可能是汉尼拔过去的病人,从他口里可以得到线索。

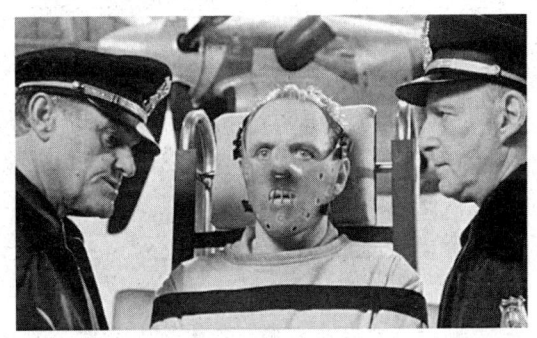

《沉默的羔羊》剧照

汉尼拔的主治医生兼医院院长齐顿告诉克拉丽斯:汉尼拔是个怪物,独一无二的奇人,是这家医院医学研究的重要财富。齐顿带她到医院地下室,叮嘱她见面时不要靠近玻璃;除了纸张不要给汉尼拔任何伤人的东西,哪怕是一支笔;因为他曾打伤过一个护理人员,并吞下她的舌头。克拉丽斯似乎并没被齐顿的忠告所吓退。相反,她估计汉尼拔一定对齐顿有敌意,就要求单独去见汉尼拔。

比起像困兽般暴躁的病邻来,汉尼拔博士显得沉静和斯文。可他的确名不虚传,有着

---

① 斯群、南虞:《世界经典电影荟萃》,http://www.tianyabook.com/qita/jddy/.

非凡的洞察力，先是判断出来者不是联邦调查局正式特工；随后不但拒绝回答问卷，而且像很有资格的考官反问对方，并吓唬说："曾有个调查员想对我进行测试，我把他的肝和着豆子当了下酒菜。"在逼真的咀嚼声中，克拉丽斯临阵败逃，站在晴朗的天空和阳光下，惊魂久久未定。她离开时，博士说了句奇怪的话："好好观察你自己，去找我的老病人靡菲小姐。"

由于博士在被捕前改变或销毁了所有病人的材料，靠文字资料已找不到靡菲的下落。克拉丽斯在巴尔的摩市电话本里发现有个叫"你自己"的储藏室。储藏室的主人告诉她，一个叫靡菲的人与他签了十年的租用合同。克拉丽斯在蛛网尘封的储藏室里发现一颗女人的头颅。博士承认受害者是他的女病人，但不是他杀的。但他又不肯说出砍下头颅的凶手，只是提醒克拉丽斯，比尔一定已在物色下一位女士。

克拉丽斯随上司赴西弗吉尼亚州，在那里的大角鹿河里有一具女尸。根据验尸分析：凶手使受害人活了三天，死前没有强暴或虐待的迹象；凶手是个白人，习惯对同种人下手，喜欢身材较胖的女子，常常把她们饿得皮肤松弛之后才杀死。克拉丽斯在死者身上发现了两个新的线索：其一，死者背部被剥去了两块菱形的皮；其二，死者喉咙里有个小手指大的虫茧。据昆虫专家分析，这是源于亚洲的死头蛾。

果然，不久出现了新的受害人。一天，电视早间新闻报道：田纳西州共和党女参议员马丁二十五岁的独生女凯瑟琳被人绑架。屏幕上显示了凯瑟琳从小到大的照片。根据姑娘高大的身材，克拉丽斯怀疑这事可能又是"野牛比尔"干的。为了尽快救出凯瑟琳，使她不致成为第六个被害者，克拉丽斯向博士转告马丁的许诺：如果他能帮忙抓到"野牛"，将获取种种优惠，还将被移往欧尼达公园旁的医院；在那里他将得到可以望见野外风景的一扇窗，这是他渴望了八年的；"如果凯瑟琳遭遇不测，你将一无所得。"

"你童年最可怕的回忆是什么？"博士要克拉丽斯先回答他的问题。为了救凯瑟琳，她坦诚地回答说，是她父亲的去世。她早年丧母，父亲是她的全部世界。她父亲是警察局局长，在抓两个窃贼时被害。那年她才七岁。成为孤儿的她寄住在办牧场的姨夫家里，可是两个月后就逃走了……

"被害者是否体态丰满、臀部宽大？"博士终于把话题转到案子上，并提示她：蛾的特征是变，由虫变成蛹，又由蛹变成美丽的飞蛾；"野牛比尔"也想变。他告诉克拉丽斯，进行变性手术的有三大中心，比尔一定去过其中的一家甚至三家要求做手术而遭到拒绝，这种病态是由他童年时遭继母虐待所造成的。听了博士的话，克拉丽斯豁然开朗，感到事情有眉目了。

可是，他俩的谈话被主治医生齐顿窃听到。他想抢头功，赶在克拉丽斯之前抓到凶手，就骗博士说：马丁没给克拉丽斯什么承诺；倒是他与马丁达成协议，等博士说出凶手名字、救出凯瑟琳，博士将被转送到田纳西州的红山州立监狱。

敏锐过人的博士一下看穿他的算计，声称要当面告诉马丁。于是，他被套着一副特制的面罩,上了飞机。由于马丁自以为是,对博士缺乏尊敬;博士就胡言乱语,不说真情。当晚,博士被关在当地法院大楼的一个铁笼里。

克拉丽斯闻讯赶来了,并带来了他那张被没收去的画,作为答谢他上次说了真话。她向博士请教,怎样找线索。博士告诉她,线索就在她掌握的档案里,关键在于比尔为什么杀人、杀人满足他的什么欲望。博士又问起当年克拉丽斯为什么要逃离牧场。她沉浸在过去的回忆中:一天半夜,她被羔羊的哭叫声惊醒,来到谷仓,打开栏门,想把这群正要被屠宰的羔羊救出来。可那群羔羊迷惑地站着不动。她只好抱起一只羊就逃。可又冷又饿的她没跑多远就被警车赶上,那只羊还是被杀了。她的姨夫为此很生气,把她送进了孤儿院。

心理剖析,是博士的拿手本领。他说,她现在还常常在夜间听到羔羊的尖叫。如果救了凯瑟琳,使比尔停止杀戮,她就不会在半夜被羔羊的尖叫惊醒。克拉丽斯迷茫地点点头。博士满意了。他正要说出凶手的名字时,齐顿带卫兵赶来,把克拉丽斯架走。

不久,博士杀了卫兵,换上卫兵制服逃之夭夭。克拉丽斯知道,博士要追杀的目标不会是自己,尽管他把一个卫兵开膛破腹、吊在铁笼上。

"对每天见到的东西的贪欲。"博士的这句话启发了克拉丽斯——凶手首先向熟识的人下手。她去第一个被害人宾默小姐家,死者的父亲把她带到女儿房里。在那儿,她发现一张死者生前的照片。宾默也长得相当丰满,她的一件连衣裙上被剪去两块菱形。克拉丽斯突然想起那个被害女子背部被剥下的两块菱形皮肤。原来凶手专以体态丰满的女性为目标,把她们饿得皮肤松弛,剥下皮,用这真皮为自己缝制衣服。

通过电话筒,克拉丽斯向上司克鲁佛汇报了自己的收获和推断。同时,克鲁佛那边也有进展。据一家变性手术中心提供的名单,疑点集中在一个叫詹米·冈的人身上。这个詹米·冈在两年前曾在海关提过一箱来自苏里南的活毛毛虫。

克拉丽斯顺藤摸瓜,在宾默小姐好友的帮助下,找到了宾默一个被称为利普曼太太的主顾的住处。警官们很快包围了那幢房子。克拉丽斯只身闯进那房子。开门的是个叫杰克·高登的男人。他说,利普曼太太已不住这里,他有她儿子的名片。当他翻找名片时,克拉丽斯发现桌上的线团上有只飞蛾,正是在死者喉咙里发现的那种。克拉丽斯拔出手枪指向那个正要递过名片的家伙。那家伙一闪不见了。她机灵地追进阴森的地下室。在地下室深处挂着一件快要完工的人皮时装。凯瑟琳还活着,被困在枯井中。她因恐惧而变得歇斯底里,求克拉丽斯救她出去。克拉丽斯也因她的哭叫声变得紧张起来。罪犯在暗处,随时会扑过来。一发打偏的子弹把那家伙暴露了。仅仅一秒之差,克拉丽斯先下手击毙了那个性变态杀人狂。

联邦调查局、司法部表彰勇敢的克拉丽斯。上司克鲁佛向她握手祝贺:"你父亲如果今天还活着,他会为你骄傲的。"有人来叫她去接电话。

"羔羊是否停止尖叫了?"话筒里传来博士汉尼拔的声音,"别找我,我没打算见你。我只想告诉你,这世界因为你变得更有意义。真希望和你多聊一会儿,可我得和朋友共进晚餐了。再见。"电话挂断。博士汉尼拔戴着墨镜,无声地进入人流,寻找他的猎物——齐顿去了。①

>> 【范例】国产电影故事片《东风雨》(2010年)剧本大纲的"图表"

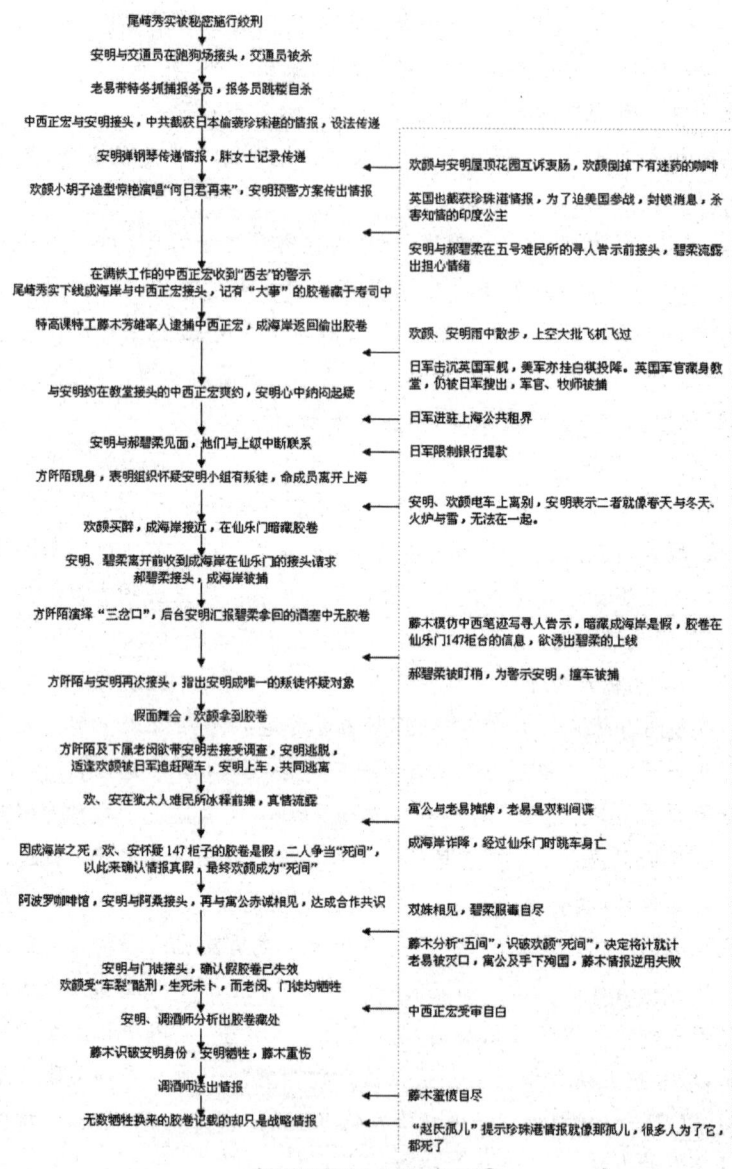

《东风雨》剧本大纲"图表"②

---

① 斯群、南虞:《世界经典电影荟萃》,http://www.tianyabook.com/qita/jddy/。
② 参阅百度百科,http://baike.baidu.com/view/2432750.htm。

【范例】50集电视连续剧《路魂》剧本大纲（前十集）

该剧由李天鑫、陈祖继编剧。

第一集 夔门之昂

清光绪三十年，美国举办"圣路易斯万国博览会"。慈禧太后降旨，敕命四川名酒参加博览会。宇浩受川督派遣，随团前往参加博览会。但船至三峡夔门时，遇险翻船，全部人员并展品沉于长江。宇浩侥幸脱险。

与此同时，四川边陲的康藏高原，出现了几个奇怪的洋人。他们拿着奇怪的"家什"（勘测铁路的器械），四处察看地形。在此执勤边务的清兵，疑为盗宝的洋人，将其捕获。

士兵们将洋人押送到川西重镇打箭炉（即今康定市），面见在此率清兵戍边的首领赵尔丰。赵尔丰知其为勘测铁路的英国人，以礼相待，并予以释放。然而，勘探铁路的洋人，途中又被四川具有义和团性质的"红灯照"捕获，酿成"洋人失踪案"。

庚子事变后，在四川发生洋人被绑架，非同小可。绑架洋人事件惊动朝廷。慈禧太后严令总督营救洋人。

第二集 惊天大案

四川总督亲自前往成都名门王家求助，请王家之子宇浩与红灯照交涉。

宇浩受官府委派，前往红灯照的山寨，会见头领廖观音，援救洋人。经宇浩与红灯照众头领反复交涉，终于使勘探铁路的洋人怀特等获释。

英人怀特等来到省城，受总督宴请。在总督会见怀特等英人的过程中，无意间透露了廖观音隐藏地点蟠龙山。

总督得悉廖观音的藏匿地点，旋即派兵围剿，将廖观音捕获。

廖观音的红灯照战友，施计营救廖观音。在洋人前往重庆的山路上，设伏第二次将洋人怀特等绑架。

同是省城名门的林家，其女林芝婷与王宇浩系青梅竹马的朋友，得知宇浩受命冒险，力阻其行。王宇浩与当地袍哥舵爷相交甚密，请求支持。袍哥应之，派人护送宇浩前往红灯照驻地联系救洋人。

宇浩再次上山，进入红灯照的驻地，经过艰苦谈判，决定用廖观音交换洋人。

然而，官府却玩弄阴谋，背信弃义，拒不释放廖观音，并埋伏官兵捕杀红灯照战士若干。此事，竟使红灯照与王家结怨。

第三集 斩廖观音

在淑行女子学堂读书的林芝婷，在学校得知凌迟处死廖观音的消息，登门会见宇浩，告知这一消息。宇浩为此前往总督府，表示坚决反对用残酷的凌迟刑罚处死廖观音。总督取消对廖观音的凌迟处死，改用裸斩（裸斩系清朝法典对处斩女性犯人的规章）。

芝婷一时间在成都成了传奇女侠似的人物。

人们争先恐后去看裸斩廖观音。

红灯照事件将省城王、林两家均卷进矛盾的漩涡,两家都不得安宁。

红灯照的铁姑误以为是宇浩勾结官府杀了廖观音,决定对宇浩进行报复,对其行刺。时逢官府得悉铁姑进城,进行搜捕,追至王府。宇浩紧急关头放走铁姑。

第四集 铁路商办

朝廷批准四川成立官办"川汉铁路股份公司"。成都张灯结彩,欢庆四川近代史上的一件大事。

周家少爷麟昌,一直心仪林家小姐芝婷。溺爱儿子的周家老夫人,亲自登门林家为麟昌提亲。林家老爷有碍情面,且基于与周家的官场情谊,准备同意婚事,但却遭到女儿芝婷的坚决反对。

芝婷让贴身丫鬟馨儿给宇浩送信,告知周家提亲之事,希望约会相商,以应对周家婚事。谁知芝婷的信却落到了宇浩的弟弟宇良的手中。宇良亦暗恋芝婷,乃将信扣了下来,决定自己前往约会地点会见芝婷。

芝婷带着丫鬟,按信中约定地点赴约,久等宇浩不至。却遇到前往王府刺杀宇浩的红灯照的杀手铁姑。芝婷发现杀手,万分惊恐,致使芝婷身陷危险之中。此时,适逢宇良前来相会。他反而救了芝婷,并将芝婷送回家。

当夜,宇浩来到约会地点,不见芝婷,只得前往林家与芝婷相会。但是,当他到林家时,却发现宇良从林家出来,宇浩大感不解,只得回避,未与宇良见面。宇浩欲进林家问个究竟,但林家已在宇良离开后将大门紧闭。

第五集 求婚闹剧

麟昌未得向林家提亲的回音,前往林家质问。林家老爷婉言应对。麟昌直奔淑行女子学校,逼问芝婷。在学校,麟昌与芝婷发生冲突,大闹学校。宇浩赶来,劝解麟昌,矛盾暂时化解。继后,宇浩与芝婷商议,决定由王家正式向林家提亲,从而阻止麟昌继续纠缠芝婷。

英法领事向川督施压,要求政府履行外交部向英法政府的承诺:川汉铁路应向英法政府贷款修路,同时必须聘请英法的铁路工程技术人员。

官办川汉铁路公司运行一段时间,暴露出若干弊端。时值宇浩也得到蒲殿俊从日本给总督的建议书,建议改官办川汉铁路公司为商办。于是,宇浩与同僚商议,向总督建议将官办改为商办。

早已走出夔门寻找革命真理的吴玉章与杨蓝宗,从日本回国,奉孙文之命,回川举事反清。

第六集 丁未起事

周家的老夫人——麟昌的母亲,再次赴林家提亲,大有逼婚之态。

芝婷得悉周家提亲,急令贴身丫鬟馨儿告知宇浩周家提亲事。于是王家立即抢先请媒人上林家提亲。

芝婷的父母面临王、周两家提亲的两难处境,最后决定与周家联姻,而对王家的提亲予以谢绝。但是,机灵的芝婷却自导自演了一出王、林两家结亲的"喜剧"。

吴玉章与杨蓝宗召集秘密会议,策划起义。最后决定,在慈禧太后的生日当天,在成都举行武装起义。

宇浩奉命组织试制炸弹。在试制炸弹的过程中,不慎发生爆炸,幸无人员伤亡,且尚未因此泄密。为防万一,宇浩等人决定提前起义,时间定在秋季学界运动会的开幕日。

四川为了给慈禧太后贺寿,举行秋季学界运动会,这也是中国第一次举办体育运动会。

袍哥大爷詹沛德,组织了成都郊区的袍哥响应起义。胜利大有希望。

就在此时,宇浩的弟弟宇良获知了"丁未起义"的秘密。他为了一己私利,居然与麟昌合谋,向总督告密,从而导致起义失败。宇浩被官府追捕,藏匿乡下。

周家趁此机会,强迫林家退了与王家宇浩缔结的婚约,让芝婷与麟昌完婚。

芝婷施用掉包计,让丫鬟馨儿顶替自己嫁与周家。她悄然离家,到乡下与宇浩相会,并决定私奔,离开成都。

麟昌新婚之夜识破掉包计,一气之下,再次向官府告密,并亲自带官兵追捕宇浩。

宇浩、芝婷与麟昌一番较量,宇浩、芝婷处于劣势。无奈之下,芝婷只得以释放宇浩为条件,舍身跟随麟昌回家完婚。

第七集　京都奇遇

四川总督迫于压力,决定派周麟昌上京请求朝廷批准四川川汉铁路公司改为商办。由于芝婷与朝廷邮传大臣有亲戚关系,周孝怀请芝婷一同到北京协助办理此事。

然而,朝廷主管部门却不同意将川汉铁路改为商办,致使申办川汉铁路归商办一事停滞下来。

适逢宇浩逃避追捕来到北京,并经新军军官周凯(麟昌同父异母之弟)介绍,认识了朝廷新派官员端方。

在申办川汉铁路商办大方向一致的基础上,宇浩与麟昌合作,一同努力争取完成申办任务。

宇浩、芝婷二人均已得知对方就住在同一个四川会馆里,但却无法见面。宇浩与芝婷经受着感情上的痛苦煎熬。

宇浩见朝廷拒绝批复四川申请将川汉铁路改官办为商办,于是请求端方设法将四川的奏折直接递到慈禧太后手上。端方答应协助办理此事。他们商议借给慈禧太后展示端方从海外带回的电影机的机会,趁机由端方代为送上申请铁路商办的奏折。

不巧的是,端方受命南下任职,无法进宫给慈禧放电影。宇浩只得冒险进宫为慈禧太后放映电影,借此直接面见慈禧。芝婷、麟昌陪同宇浩一同进宫。

意外之事总是伴随着宇浩。宇浩放映电影时，发生机械事故，导致电影机爆炸。危情顿现，宇浩被当做刺客，押送大理院审理。

然而，峰回路转，慈禧要亲自审问刺客。最后，真相大白，宇浩非但没有获罪，反而受到慈禧的嘉奖，并让光绪皇帝亲自批准川汉铁路归商办。

朝廷颁旨，敕令川汉铁路由四川人自己修建。川人自己成功获得川汉铁路的商办权。

在京期间，宇浩与麟昌的矛盾缓解，宇浩、芝婷、麟昌三人一同回到四川。

川人修路，首战获胜。铁路公司成立，省城如节日般热闹。

第八集　铁路股票

四川成都第一次出现"股票交易"。

由于是一个前所未有的新鲜事，成都人好奇地蜂拥进入股票交易市场："茶馆"，这就是中国最早的股票交易市场。

宇良抓住时机，活跃在股票交易市场，并以詹沛德的袍哥码头为依托，成了成都首个股票操盘手。宇良本人也破例在袍哥码头上一步登天，嗨了个"红旗五爷"。

宇浩与宇良为了股票发生矛盾。然而最大的冲突莫过于袍哥码头之间的争斗，直至剑拔弩张，大动干戈。

一场血腥火并即将发生。四川袍哥有一个规矩，那就是往往一起严重的纠纷，竟然可以在袍哥内部，依仗德高望重的袍哥大爷协商解决。一场危机就这样化解了。

然而，正当四川商办的川汉铁路迎风起航时，光绪和慈禧相继驾崩，致使全国形势发生激变。

在这种形势下，外国人向朝廷施压，要求朝廷向洋人贷款修铁路，从而控制铁路主权。

朝廷决定将刚批准商办的川汉铁路收归国有！这一下引起四川一片恐慌。

赵尔丰受命任四川总督。

第九集　风雨欲来

辛亥六月，赵尔丰接任四川总督。面对如烈火般燃起的保路风潮，赵尔丰设法平息怒火。

宇浩夜会赵尔丰，晓以四川形势，劝其顺应潮流，不要与保路同志会作对。赵尔丰接受劝告。他开始表示对川人的支持。

随着朝廷颁布宪政改革诏令，四川开始组建省议会性质的咨议局。

蒲殿俊回到四川，被选为咨议局议长，罗伦等人为副议长。

麟昌与芝婷的感情裂痕一直无法弥合，且愈演愈烈。

蒲殿俊到乡下视察铁路勘探工地。芝婷借口回娘家，携带妹妹芝仪跟随蒲殿俊一同到乡下，与宇浩见面。宇浩与芝婷在乡下见面，旧情复发，如干柴烈火般即将燃烧；只因芝仪深山偶遇野兽袭击，方令二人脱离情魇。

麟昌的母亲对媳妇长时间回娘家未归十分不安，继而疑儿媳有败俗之举；于是与麟昌一道亲赴林家,要将媳妇接回来。一场危机一触即发。幸芝婷及时从乡下赶回娘家,才化解了这场危机。

革命党人吴玉章、杨蓝宗回到成都,与宇浩密谋,决定与立宪派合作,相互配合,将保路运动推向武装斗争的阶段。

第十集　保路风云

朝廷不顾四川人民的反对,继续坚持将川汉铁路收归国有,而且鲸吞路款。

麟昌回避矛盾,在保路中当起了"逍遥派"。

宇良感觉到革命形势的必然趋势,热心投入保路运动。他与宇浩之间的矛盾暂时缓和下来。

保路运动一浪高过一浪,渐渐地达到高潮。

成都爆发了罢课、罢市。保路运动推向高潮。赵尔丰与四少爷商议,力求避免矛盾扩大,尽快恢复成都的平稳局面。

然而朝廷却向四川施压,强令赵尔丰以武力镇压保路运动。赵尔丰难抵朝廷压力,决定对保路运动下手,抓捕保路同志会的主要领导人。

芝婷从麟昌口中得知赵尔丰阴谋逮捕保路同志会领导人,秘密前往宇浩家中通报。

北京电影学院汪流教授曾提出过电影剧本应当"为银幕而写作"的观点。这是正式动笔写作剧本时必须充分认识的一点。

因为有这样一种剧本,主要追求文学性,不以拍摄为目的,或者不适合拍摄,被称为"案头剧"或"书斋剧"。过去,确实有一些人喜欢创作这种仅供发表和阅读的影视剧本,但并不能吸引读者。喜欢读故事的人往往会选择阅读小说。即便是影视行业的专业人士也不会浪费时间去阅读不适合拍摄的影视剧本。

所以,电影剧本必须为银幕而写作;同样,电视剧剧本也必须为荧屏而写作。

编剧必须具备蒙太奇的视听艺术思维。一切文字的戏剧情景描述、情怀抒发和艺术感悟的阐释都应该能够转化为画面,而不能只是供案头阅读的文本。无论是频繁的短切镜头组合,还是长镜头画面,一切画面和画面的组合都要注意遵循严格和缜密的"语法",以求叙事清晰和流畅;都要在"修辞"上下功夫,用最佳的画面组合来实现叙事的深刻与生动。[①]

如此,编剧创作出来的影视剧本才能具备可拍性。至于所谓的可读性,并不是必须考虑的。当影视剧本的可拍性与可读性产生矛盾时,决不可舍本逐末。

一些由原著文学作品的作者亲自执笔改编的影视剧就往往显得文学性有余,而生活化不足,原因就在于其尚未跳脱出文学思维,对自己作品的文学色彩难以割舍。例如,电

---

① 参阅曾庆瑞:《电视剧文学剧本——文学的新样式》,来源:中国作家网,http://www.chinanews.com/cul/news/2010/05—17/2285428.shtml。

视连续剧《黑冰》(2001年)的编剧之一是原著小说的作者张成功,其改编的剧本台词就明显过于书面化,而缺乏口语化。

再如,久演不衰的"琼瑶剧"中,"哭嚎戏"、"咆哮戏"、"矫情戏"是观众们颇有微词的三类剧情桥段。其中,出现"矫情戏"的原因就在于编剧琼瑶习惯于将小说中那些极具文学色彩的人物语言生硬地照搬到影视剧中。最具代表性的"矫情戏"段落当属电视连续剧《又见一帘幽梦》(2007年)中广为流传的"十三晕",其台词如下:

紫菱:云帆,我晕车耶!

云帆:怎么会晕车呢,这只是马车呀。是不是中暑了?有没有发烧?

紫菱:我不是那种晕车!我是坐着这样的马车,走在这样的林荫大道上,我开心得晕了,陶醉得晕了,享受得晕了。所以,我就晕车了。其实,我自从来到普罗旺斯,就一路晕。我进了梦园,我晕。我看到了有珠帘的新房,我晕。看到古堡,我晕。看到种薰衣草的花田,我还是晕。看到山城,我更晕。反正,我就是晕。

云帆:好,你晕吧!

这段"最晕"的台词与"最能煽情"、"最能磨叽"、"最能吼叫"、"最出口成章"并称"琼瑶剧"台词的"五宗最"。在小说中,这些语言段落会显得文采斐然、饶有情趣,但在影视剧作品中,则完全不像"人话"。

针对有关"十三晕"的争议,琼瑶曾在博客中再造新版"十三晕",以表达对自己台词风格的坚持:"自从《又见一帘幽梦》播出以来,我就很晕!看到收视率跑第一,我晕!看到我的博客,这么多朋友造访,我晕!看到大家如此热烈的讨论,我晕!看到大家写给我一篇又一篇长长的文章,我晕!看到有人'跪求'DVD早些上市,我晕!看到大家把戏剧一个镜头一个镜头地分析,我晕!看到……好多好多奇怪的现象,我晕!总之,我就是晕了!被你们闹得晕了,被你们讨论得晕了,被你们的热情包围得晕了!反正,我就是晕了!"

而面对琼瑶的固执,网友只得以"十三吐"来回应:"我不是那种反胃!我是看着这样的剧情,吐了!听着这样的台词,吐了!我开心得吐了,陶醉得吐了,享受得吐了。所以,我就吐翻了。其实,我自从看到这部电视剧,就一路吐。我见了绿萍,我吐。我看到了紫菱,我吐。看到楚濂,我吐。看到费云帆,我还是吐。看到那些做作的鸟人,我更吐。反正,我就是吐!"[①]

网友的"十三吐"强烈地传递出观众们对于那些一味追求文学性而不考虑观众观赏感受的剧情和台词的极度不满。面对观众的反感与排斥,名家尚不得幸免,又何况后辈呢?这正是编剧写作剧本时必当注意和警惕的。

---

① 《琼瑶博客再造13个"晕"》,来源:《深圳晚报》,http://www.sznews.com/epaper/szwb/content/2007-07/17/content_1346686.htm。

第四节　影视剧本的常见格式

具体而言,影视剧本的写作格式是怎样的呢？

谈影视剧该怎样写,首先要看它的写作主体和受众。写作主体自然是编剧本人,那么必然要选择能使自己写得顺畅的格式,可以充分地表达编剧的所思所想。而受众则是包括制片人、导演、演员等在内的影视界专业人士,这又要求采用的格式必须使他们能够看得明白。

写得顺畅,看得明白,这就是对于影视剧本写作格式的两大要求。只要符合这两大要求,写作格式可以千差万别,并没有那么多的条条框框。而经过前人的实践,也逐渐形成了两种现在较为常见的文学剧本写作格式,即小说式和分场景式。

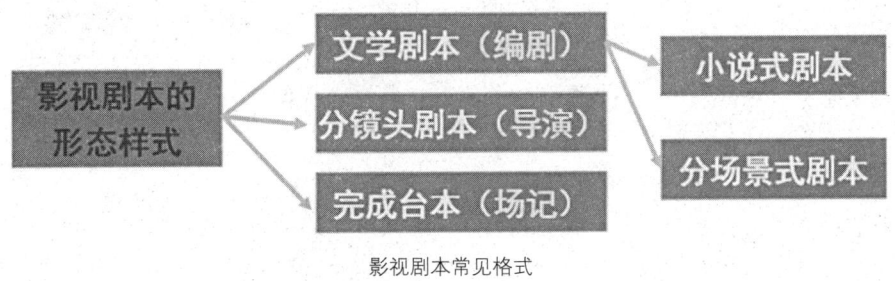

影视剧本常见格式

一、小说格式

对于影视剧本写作的初学者来说,小说格式应是最先掌握也最易掌握的格式。这种格式的剧本不但可供拍摄,而且很注意文字语言的修辞和文采,可以当做文学读物。

采用小说格式创作剧本时需要注意以下三点要求:

首先,往往以场景的时空变化来划分剧本的文字段落,但不在每次时空转换的时候标明时间、地点之类,而是在对情节的描述中自然而然地体现出来。

其次,对环境、景物和人物肖像、动作都可以有适当的文学描绘,但不能过于追求文学色彩;也可以对人物进行心理描述,为导演和演员等提供参考。

最后,叙事简洁,文字简练,表达清晰,突出画面感;对拍摄技术不作明确规定,可以在对艺术形象的直接描写中暗示出来。

需要注意的是,有些剧本虽然分了场景,但场景内的写法仍旧是小说格式。

【范例】电视短剧《风声鹤唳的日子》剧本

初夏夜深人静,光明家具厂一套职工宿舍,月光透过窗子照进室内,一对四十岁左右年纪的夫妇同床而眠。略胖的丈夫辗转反侧,难以入睡。

妻子睡眼惺忪地抱怨道:"老王,都这么晚了,怎么还不睡?"

老王不耐烦地说:"睡你的吧,睡你的吧!"

窗外枝头,乌鸦叫了几声,展翅飞去。

凉爽的清晨,家具厂大门外,老王穿着一身蓝色工作服,提了一个黑色皮包,慢慢走进工厂;本来就秃顶的头上,头发散乱,两眼无神,无精打采。职工们或骑车,或步行,匆匆而过。

当一个穿着白色衬衣、戴一副眼镜、三十岁上下年纪的男子从老王身边快步走过时,老王猛然抬头注视他,急忙赶上去,满脸堆笑道:"张秘书,您这么早就来了。"

张秘书慢下脚步,笑了笑:"王师傅,您早!您这个采购员忙,我这个小秘书也不清闲呀!哎哟!您昨晚没睡好吧?怎么眼圈……"

老王忙笑道:"这个……最近夜里有些失眠。我说……那个……张秘书……"

张秘书问道:"怎么了?什么事?"

老王又笑了笑,说道:"听说总厂财务科这几天要来查账?"

张秘书点头道:"是啊!总厂下属的其他什么木材厂、五金厂……也都要查。"

老王忙问:"前不久,刘副科长不是退休了嘛。不知这回是哪位来呀?"

张秘书摇了摇头,说道:"难说,我也没听到信。哎,您操这个心做什么呀?"

老王一愣,拍了一下皮包,笑道:"哎呀!我这可不是瞎操心吗?我也就是随便问问。"

张秘书看了看手表:"我快到点了,先走一步,回见啊!"

张秘书快步走了。老王愣了一阵儿,慢慢转身往办公室走去。

这时,公告栏前围了一群职工。老王拼命往里挤,旁边人喊道:"你挤什么呀?"

老王挤到近前,抬头看去,目瞪口呆。旁边人说:"是让会计、出纳、采购……把账目整理好,等上边人来查。没咱们什么事,走吧,走吧!"

人皆散尽,老王独自站在公告栏前自语道:"老天保佑!上帝保佑!但愿别出事呀!"

办公室里,老王满头大汗地翻找着发票、账单,有的夹在一起,有的四顾无人便塞进口袋里,又拿起笔在一些账单上涂改着。

这时,一个四十岁上下年纪、高瘦身材、身穿工作服的男子推门而入。老王赶紧把笔一扔,双手拢住账单,抬头看去,随即强颜笑道:"老李,你……你来了!"

老李往对面椅子上一坐,笑道:"来了。老王,还是你老伙计勤快呀!这么早就忙活开了?哈哈……"

老王支吾着说:"这不是到查账的日子了吗?我就先准备准备……"

老李道:"对,对。"一边说,一边伸手从衣兜里取出一支香烟。

老王赶紧递上打火机,借势凑过身子来问道:"你知不知道这回谁来查呀?是熟人吗?"

老李探头点烟,答道:"这回……好像是个新人,小青年!"

"啪"一声,打火机从老王手里掉到桌上。

老李一惊:"你怎么了?魂不守舍的!"

老王拾起打火机,忙说:"没事!没事!"

老李点燃香烟,又说:"我把六月份的采购单给马会计送去。"

老王心不在焉地找出来递给老李。

老李接过,低头一看:"这是五月份的,我说的是六月份的。"

老王一惊:"是……六月份……六月份……六……六……"

晚上,老王回到家便坐在沙发上,一言不发。

妻子过来推推他:"吃饭了!"

老王说:"你先吃吧!"

妻子坐在饭桌前,一边吃饭,一边看电视。新买的大彩电里,主持人说道:"关于反腐倡廉的问题,陈毅元帅曾教育我们,'手莫伸,伸手必被捉。党与人民在监督,万目睽睽难逃脱……'"

老王突然站起。妻子吓了一跳,问道:"你怎么了?"

老王不答,进里屋翻箱倒柜,抱来一个纸箱,关了彩电,装进纸箱。

妻子忙问道:"你要干什么?"

老王抱起箱子,答道:"我把它搬到地下室去。"

妻子拦住他,吼道:"你给我放下!你疯了?"

老王放下彩电,也吼道:"我是疯了!你留下彩电,我就没了!"

深夜,枝头乌鸦叫着。老王翻来覆去,猛然坐起,拍着大腿,长叹起来。妻子被惊醒:"死鬼,你又发神经了!"

老王双手抱头,抱怨道:"都怨你!平日里撺掇我黑厂里的钱。采购木材吧,明明八百,你叫我报一千……这回好了!家里添置这,添置那。新彩电、空调……什么都有了,报应也来了。总厂要来查账了!"

妻子坐起:"又不是大姑娘上轿——头一回,你怕什么?"

老王拍着大腿,说道:"这回是个新手,要是他来个铁面无私……可怎么办呀!这几天我是提心吊胆的。一声鸟叫都吓得我后脖梗子冒冷汗。这哪是人过的日子呀!"

窗外乌鸦叫得更凶了。

两天后的中午,老王躺在沙发上,妻子正在做家务。

突然有人按门铃。妻子停下手来,要去开门。老王忙起身,说:"等等!"

老王小心地走到门前,透过猫眼儿看了看,原来是老李。老王赶紧回到沙发上躺好,挥手让妻子开门。

妻子开门,笑道:"哎呀,老李,是你呀!"

老李提着些水果,笑道:"嫂子,听说老王病了。我来瞧瞧他。"

妻子忙往里让:"快请进。老王,快起来。是老李。"

老王这才起身,把老李迎进来。

老李把水果递给老王妻子,问老王道:"身体怎么样?"

老王笑道:"没什么大毛病。请了几天假,还麻烦你来看我。这怎么好意思!来,快坐。"

老李摆摆手:"没毛病就好。不坐了。我还有事呢。"转身欲走。

老王忙拦住,欲言又止,终于问道:"呃……老李,那账……都查到哪儿了?"

老李叹道:"唉……查什么呀?人家来翻了几页,就跟厂长一起喝酒去了。我走了啊。"

妻子把老李送出门。老王又愣住了,接着如逢大赦般欢喜大笑,又蹦又跳。

这天晚上,老王连吃了几大碗饭,高兴地对妻子说道:"一天云雾散。再盛一碗。"

妻子瞅了他一眼,骂道:"瞧你那点儿出息!"

老王笑了笑,吃完上床,嘴里哼着小曲儿,叹道:"总算能睡个好觉了!"

深夜,妻子正打着鼾。老王突然坐起。

妻子被惊醒,也坐了起来,骂道:"你这个死鬼,又怎么了?"

老王愣了好一阵儿,转头对妻子说:"下边还要查木材厂的账呀!那边人要是查得两边对不上,怎么办呀?"

两人对视着,目瞪口呆。乌鸦飞到窗外树枝上,又欢叫起来。

>> 【范例】电视连续剧《大明王朝1566》(2007年)剧本第一集第七至十场

第七场:玉熙宫外间大殿

这里面确实很大,却不像"殿"。房子的正中设的不是须弥座,而是一把简简单单圈着扶手的紫檀木座椅。座椅后摆着一尊偌大的三足加盖的铜香炉,上方按八卦图像镂着空。这时镂空处不断向外氤氲出淡淡的香烟。

铜香炉正上方的北墙中央挂着一幅装裱得十分素白的中堂,上面写着几行瘦金楷书大字:"吾有三德曰慈曰俭曰不敢为天下先",中堂的左下方落款是"嘉靖四十年朱厚熜敬录太上道君老子语训"。落款的底下是一方大红朱印,上镌"御笔"两个篆字。

两侧的四根大柱呈正方等距约有两丈,左边两柱间摆着一条紫檀木长案,右边两柱间也摆着一条紫檀木长案,案上都堆满了账册文书、八行空笺和笔砚。奇怪的是两条长案后都没有座椅,唯有右边长案的上首有一个绣墩。

还有一点不同,左边长案上铜砚盒内是朱墨,右边长案上铜砚盒内是黑墨。

四根大柱稍靠后一点还有四尊大白云铜的炉子。每座铜炉前竟然都站着一名木偶般的太监,各人的眼睛都盯着炉子。因为那炉子里面烧的不是香,而是寸长的银炭。火红里透着青,没有一丝烟,温暖如春。那时宫里用这种法子虽然简单却十分管用。

吕芳引着四大太监排成一行在左边站定。严嵩引着五大阁员排成一行在右边站定。两行人面对北边仍然空着的那把座椅跪了下来。

三拜以后,吕芳引着四大太监走向左边的长案前,严嵩引着五大阁员走到右边的长案前。

只有严嵩一人坐在单设的绣墩上,其余所有的人都是站在案前。

大明朝嘉靖四十年的财政会议竟是在这种形势下即将召开。

首先是吕芳将目光望向了大厅右侧靠后里间的纱幔,接着所有人的目光都慢慢望向那纱幔。

看不大清楚,只能看见纱幔那边似乎还有一间不小的内室。

就在这时,纱幔那边传来了一记清脆的铜磬声。

就像是听到了信号,吕芳立刻宣布:"议事吧。"

刚才还木偶般站在白云铜火炉边的四个太监立刻轻轻地把搁在炉边的四个镂空铜盖各自盖在火炉上,接着行步如猫般轻轻地从两侧的小门退了出去。

照例是吕芳主持会议:"还是老规矩,内阁把去年各项开支按各部和两京一十三省的实际用度报上来,哪些该结,哪些不该结,今天都得有个说法。今年有哪几宗大的开支,各部提出来,户部综算一下,内阁拟了票,我们能批红的就把红给批了。阁老,您说呢?"

"仰赖皇上如天之德和大家实心用事,最艰难的日子总算过去了。"严嵩不紧不慢地开始给会议定调子,"去年两个省的大旱、三个省的大水、北边和东南几次大的战事,再加上官里一场大火,说实话,我都不知道是怎么过来的。皇上宵衣旰食,大家累点全都应该。凑巧,去年腊月又没有下雪,有人就借着这个攻击朝廷。要是今天再没下雪,我们这些人恐怕都得请罪辞职了。这都不要紧,要紧的是我大明朝今年的年成!可今天下雪了,纷纷扬扬的大雪!大家都知道,从初一到现在,皇上就一个人在这里斋戒敬天。这场雪是皇上敬下来的,是皇上一片诚心感动了上天!上天庇佑,只要我们做臣子的实心用事,我大明

《大明王朝1566》海报

朝依然如日中天！"

　　明知严嵩说的是谀词，认可不认可，两条案前所有的人都是一脸肃穆的表情。

　　第八场：玉熙宫里间精舍

　　从外间的大厅穿过纱幔，首先映入眼帘的是正在缕着青烟的加盖紫铜香炉和炉前一架铺有明黄蒲团坐垫的圆形坐几，坐几旁便是一个架在紫檀木架子上的铜磬，铜磬里斜搁着一根同样颜色的磬杵。这让人立刻联想到刚才那一记清脆的铜磬声便是从这里敲响的。

　　北面的正墙，显出整面墙那一排高大的紫檀木书橱。书橱前兀然徜徉着一个身形高瘦、穿着葛布宽袍的老人。

　　字幕：明嘉靖帝朱厚熜

　　由于这场大雪，嘉靖帝显然也轻松了下来。十五天的斋戒打坐，依然不见疲惫。这时他慢慢徜徉到贴着"户部"标签的那架书橱前站了下来，从里面抽出一本账册，却不翻开，仍然微侧着头，显然在等着听外间大殿严嵩下面的话语。

　　第九场：玉熙宫外间大殿

　　"这一个多月来大家都很辛苦，总算把去年各项开支都算清楚了。内阁这几天把票也都拟好了，司礼监批了红，去年的账也就算结了。然后我们再议今年的开支。徐阁老，"严嵩望向了他身边那个年长的阁员，"你和肃卿管户部，内阁的票拟在你们那儿。你们说一下，然后呈交吕公公他们批红吧。"

　　字幕：内阁次辅兼户部尚书徐阶

　　"内阁的票拟是昨天由世蕃兄交给我们户部的。"徐阶说话也和严嵩一般的慢，只是没有严嵩那种笼盖四野的气势，"我和肃卿昨夜核对了一个晚上。核完了之后，有些票拟我们签了字，有些票拟我们没敢签字。"

　　"什么？"首先反应的是严世蕃，"有些票拟你们没签字？哪些票拟没签？"

　　吕芳和司礼监几个太监也有些吃惊，把目光都望向了徐阶。

　　徐阶："兵部的开支账单，我们签了字。吏部和工部的开支账单超支太大，我们没有敢签字。"

　　"我们吏部和工部的账单，你们户部没签字？"严世蕃惊愕地睁大了双眼。

　　所有的人都有些吃惊。整个大殿的空气一下凝固了。

　　第十场：玉熙宫里间精舍

　　嘉靖帝的头也猛地抬起了，两眼望着上方。

　　一个声音，是周云逸的声音，好像很远，又好像很近，在他耳边响了起来："朝廷开支无度……上天示警……上天示警……"他的眉头皱了一下，目光落在了手中那本账册上——账册的封面上赫然标着"户部　大明嘉靖三十九年总账册"。①

---

①　参阅刘和平：《大明王朝1566》，人民文学出版社2007年版。

二、分场景格式

场景是影视剧中的各种场面或特定的情景,由人物活动和背景等构成。

分场景式剧本将影视剧的故事内容分切成一系列场景,用带有强烈画面感的文字将每个场景中的内容表现出来。这种格式以场景的变化来划分剧本的段落,简单方便,最为常见。

一般来说,写作时需在每个场景的正文之前标明地点、时间和内外景,其中一个元素变化,场景即随之变化。有的分场景式剧本还标明了场景序列号。

场景的时间一般分为日、夜、晨、黄昏、傍晚等,不必太精确。

场景的数量和长度不限。一般来说,节奏快的影视剧,场景要多些;反之,则少些。一个场景可以短到只有一个镜头,也可以长到有十几个或几十个镜头。

分场景式剧本的正文有不同的写法,具体如下:

1. 镜头式写法

采用这种写法的分场景式剧本对声画内容的描述甚为细致,镜头感很强,甚至对拍摄技术做出明确规定,如注明景别、摄法、转场方式、特效运用之类,或者在对艺术形象的描写中暗示出来。

需要注意的是,如果写得过于细致,越俎代庖,可能会造成导演的反感。文学剧本应当为影视剧创作团队中的其他部门和成员留出相应的创作空间。

但如果是自编自导的情况,就不同了;不仅可以明确地从技术上写明拍摄方法,还可以详细地对创作团队的其他部门和成员(演、摄、录、照、服、化、道等)作出较为具体的提示,以便于进一步创作分镜头剧本。

>> 【范例】电影故事片《云水谣》(2006年)剧本开端段落

该片改编自张克辉创作的电影文学剧本《寻找》,由刘恒编剧,中国第五代电影导演尹力执导,荣获第26届中国电影金鸡奖最佳影片奖、第29届大众电影百花奖优秀故事片奖以及第12届中国电影华表奖优秀故事片、最佳导演、最佳编剧等奖项。

第一场:内景 画室 夜

渐显。画布局部特写。字幕和音乐。风琴弹奏的台湾民谣,手法笨拙,曲调简单,却非常温馨。画笔有条不紊地涂抹颜料。色彩随着字幕的变换而变幻。字幕和音乐即将消失的时候,传来隐约的电话铃声,画面随之虚掉了。

第二场:外景 街道 日(字幕:台北)

叠现台北阳明山标志性的远景。近景是山前繁华的街道,车水马龙,行人如流。一个背着行囊、步履匆匆的女人一边打手机,一边与周围的行人和物体磕磕碰碰。打不通,继续拨号。她叫孟晓芮(35岁),相貌清秀,显得比实际年龄要年轻。她的帽子式样古怪,背囊硕大。她的脖子上挎着照相机,胸前耷拉着项坠、耳塞和叫不上名目的电器小零碎儿。她躲开了电线杆子,却险些撞上飞驰而过的摩托车,仓皇之余帽子飞了出去。

第三场:外景 路口 日

路口一角是电器商店的橱窗,大小不一的电视屏幕播放着内容不一的节目——有选战主角手舞足蹈的咆哮,有男女议员儿童般的互殴,有大陆边疆美丽的风光,有火辣辣甜腻腻的广告——行人来去匆匆。孟晓芮走到交通信号灯下面等着过街。她用肩膀和腮帮夹住手机,熟练地点烟,一边继续接听,一边像冲出战壕的战士一样冲过了街道。巨大的邮政车呼啸着封住了画面。

第四场:内景 画室 夜(字幕:温哥华)

窗外是充满异国情调的夜景,温哥华海湾街区的轮廓被灯火勾勒出来。电话的指示灯轻轻闪烁。铃声渐强。一只苍老的女人的手不慌不忙地拿起了话筒,袖口上蹭的颜料清晰可辨。远方的声音扑面而来。

孟晓芮(画外音):"妈妈!你怎么了?为什么不接电话?"

沾了颜料的手指在废纸上认真地蹭来蹭去。

孟晓芮(画外音):"妈妈!听不见吗?你说话……"

镜头移向老人的正面。王碧云(70多岁)面容慈祥,但是疲惫不堪,眼睛始终盯着一个地方。她的声音缓慢而温和。

王碧云:"工作的时候,我不接电话。这道理你5岁就懂……"

孟晓芮(画外音):"女儿知罪了(笑)……妈妈,你的孩子生出来没有?这可是最后一个孩子了,满意吗?"

镜头中移出未完成的油画,一幅秋天的山景。

王碧云:"非常满意……她漂亮极了。"

孟晓芮(画外音):"谢天谢地!我真怕又一次胎死腹中,前年和去年……"

王碧云(打断对方):"新加坡天气热不热?"

孟晓芮(画外音):"我离开新加坡了。"

王碧云(意外而不解):"报社的事情……"

孟晓芮(画外音):"辞掉了。"

沉默。

王碧云(不悦):"晓芮,你现在在哪里?"

孟晓芮(画外音):"我跟爸爸在一起!"

王碧云(回不过神儿来):"你说什么?"

孟晓芮(画外音):"我在找爸爸(大笑)!"

王碧云愣住了,不知道女儿是不是在搞恶作剧。

第五场:外景 墓地 日

孟晓芮笑声朗朗,脚步匆匆,跟拍的镜头让人误以为她仍旧奔走在街道上。

孟晓芮:"我真的在找爸爸!像小时候看电影,上了趟卫生间,回来找不到座位了。"

镜头拉升,庞大而壮观的墓群和碑林豁然展现在眼前。祭奠的人不多,肃穆宁静。孟晓芮渺小鲜艳的身影在墓碑之间左奔右突,爽朗的笑声把一群鸽子惊得飞了起来。

孟晓芮:"几年没回来,又死了一大批。台北人好像累惨了,都想抢个好座位休息休息。妈妈……你猜富德公墓一个位子多少钱?22万!死一下这么贵,还是活着受累更划算(笑)……等等,我看见爸爸了!"

孟晓芮快步走向一个墓碑,抱着石头夸张地亲吻。

第六场:内景 画室 夜

王碧云手持话筒,原地转动身体。轻微的马达声。我们刚发现她驾着电动轮椅,是一个行走不便的人。电话线不够长,她歪着肩膀在画具堆里扒拉来扒拉去,拿定主意之后把一管深红色的颜料挤在画板上。通话一直没有中断。

王碧云:"你是怎么答应我的?找个安静的地方住下来,找个安静的男人嫁过去……晓芮,世界这么大,你总得给自己找一个落脚的地方,跑来跑去的,哪一天是个完?人是不可以这样漂浮在世上的……"

画室拥挤不堪。老人的口气疲惫而温和。

第七场:外景 墓地 日

孟晓芮一边心不在焉地接听,一边从背囊里掏出一束用塑料纸包裹的红色玫瑰花。她用嘴唇整理花瓣儿,被花刺扎了一下,听得不耐烦了。

孟晓芮:"你放心吧!我不是同性恋,我也没得抑郁症,我顶多顶多算半个独身主义者,还是见风使舵型的(笑一会儿静下来)……妈妈,别为我操心了。我跟你一样,也想生个漂亮孩子,详情以后再说……(微笑)祝彼此成功吧,拜!"

她左盼右顾,从背囊里掏出一听啤酒,似乎要献给逝者,却砰一声拉开,自己咕咚咕咚地喝起来。她像拍人的肩膀一样拍着石碑。

孟晓芮:"老人家,我越来越觉得……你是这个世界上最安静的男人。"

她突然呛住,啤酒雾一样喷了出来。

孟晓芮(眼泪汪汪):"好爸爸……女儿想你了。"

墓主的名字始终没有出现。

第八场:内景 画室 夜

王碧云有节奏地用力调色,像准备抹灰的泥瓦匠似的。画板上一摊深红。她在落笔前短促地停下来,抬着头,畏惧而困惑地看着画布。秋天的山景五彩斑斓。画笔斜着切下去,紧接着又是一笔,极不协调的颜色像血一样从山冈上涌了出来。

第九场：内景 走廊 夜

门半开着，露出画室凌乱的一角。当啷啷，好像是画板脱手了。紧接着哗啦一声巨响，似乎是扑救不及，把画架乃至把轮椅给弄翻了。万籁俱寂。黑洞洞的走廊尽头，射灯照耀着一幅人物肖像——神秘的年轻男子意气风发地注视着镜头，露出了无比灿烂的笑容。

第十场：外景 院门 日（字幕：四十年代后期 台北）

绿色铁门的局部。窥视孔的小门朝里打开，露出陈秋水（20岁左右）年轻的面容。

男佣（画外音/闽南语）："是陈秋水先生吗？"

陈秋水谦恭地点点头，露出了灿烂的笑容。小门啪一声关闭。镜头从院外拍摄。铁门打开了一道缝，年轻人小心翼翼地钻了进去。院墙上钉着木制门牌——牙医/王庭武宅，四周爬满了常春藤和野蔷薇，从绿树掩映的小楼那边传来了风琴声，弹的是当时流行的台湾民谣。①

▶▶【范例】电影故事片《巴山女红军》剧本开端段落

该片由远山、陈祖继、张仕芳编剧，远山执导。

片头序幕

1. 巴山深处（晨）【南江县光雾山村】

连绵不绝的大山笼罩在云雾中，永恒地沉默着。

雄奇、高峻；绵延的林带，舒缓，秀美。

粗犷的山歌远远地漂游进来，无伴奏，显得有点地老天荒的味道……

2. 密林中（晨）【南江县长赤镇中魁村】

急促的喘息声。

一只手悄悄地撩开树叶。

一双眼睛警惕地注视着四周。"砰——"的一声枪响。

树丛里一位黑衣女子刚要起身，忽然听到枪声，她又原地蹲下。

3. 树丛中（晨）【南江县长赤镇中魁村】

树丛中黑衣女子的脚步急急地跑来。

李副官带领三个团丁急急地追赶过来。

李副官："站住，再跑老子们就开枪啦！"

黑衣女子拼命向前奔跑。

"砰"的一声枪响，子弹从黑衣女子耳边飞过。

---

① 参阅百度百科，http://baike.baidu.com/view/482349.htm#8。

李副官对一团丁喝骂道:"狗日的,打死了她,老子扒了你的皮!"

随后,团丁们的子弹便像长了眼睛,只在黑衣女子头顶树梢上、身旁树干上和石头上炸响。

黑衣女子拼命奔跑,并不时地回头向团丁们开枪还击。

黑衣女子抬枪照准李副官头部就是一枪,然而却没打响。

李副官一阵狂喜:"弟兄们,这娘们儿没子弹啦,给我上去抓活的!"

李副官带领三个团丁冲上去一声呐喊,将黑衣女子团团包围起来。

黑衣女子将没子弹的手枪从容地揣进怀里,提着双拳,拉开马步,冷静地怒视着。

李副官蔑视道:"呃嘿!小娘们儿还敢在关公面前耍大刀!?弟兄们闪开,让我来与她玩玩!"

李副官完全不把眼前这个弱女子放在眼里,大吼一声猛扑过去。

黑衣女子纵身闪过,并在转身的那一瞬间给了李副官一记大耳光。

李副官咧嘴狞笑道:"嘿嘿,看不出乖妹妹还有股野性哩!好哇,哥哥今天就给妹儿退退火儿!"说着再次张开双臂,扑向黑衣女子。

黑衣女子轻轻将身一侧,飞起一脚,将李副官踢倒在草丛中。

另外三个团丁一拥而上。五个人拳脚并用,凶狠地打斗在一起。

黑衣女子渐渐体力不支,情急中在李副官面上虚晃一拳。李副官急忙闪开身子,黑衣女子趁机从缺口中冲了出去。

李副官气急败坏地吼道:"赶快开枪,给我往死里打!"

一阵急骤的枪声。

黑衣女子快速消失在树林深处。

(在以上画面中推出主创人员名单)

(在主题音乐高潮处推出片名:巴山女红军)

4.小山村(晨、外)【南江县长赤镇中魁村】

晨雾袅袅中的小山村,家家户户的瓦房顶上已开始冒出缕缕炊烟。

5.小莲家(晨、外)【南江县长赤镇中魁村】

村边一瓦房院落内传出狗叫声,夹杂着中年妇女的骂声和年轻女孩的哭声。

院门"砰"地一声从里面拉开了,扔出背柴用的背架、绳子和柴刀。衣服破烂却长得十分漂亮的小莲,被凶狠的婆婆用力推出大门。

小莲带着哭腔争辩道:"最近山上闹土匪,苦妹子、桂花子她们都不敢去了,我也不敢去!"

小莲公婆站在大门口,左手叉腰,右手指着小莲骂道:"你个发瘟的,敢跟老娘顶嘴了,皮子长紧了,要不要老娘给你松一下?"

小莲一边抽泣,一边捡起背架、绳子、柴刀,嗫嚅道:"那我也得带点包谷团,坡上吃。"

小莲公婆:"不行！那点包谷团,得留给你男人吃。"

小莲公婆脸色青灰,像是鸦片烟瘾发了,打了个哈欠:"我要回去抽几口早烟了,赶紧给老娘上山打柴去。"

"砰"的一声,小莲公婆进屋关上大门。

小莲背上背架,拿起绳子、柴刀,怨恨地离开院门。

五六岁的小丈夫从房后跳出来,叫道:"姐姐,我陪你上山去打柴！"

小莲没好气道:"哼,要让你妈知道了,还不扒了我的皮！"

小丈夫左右看了一下,从怀里掏出两根红苕,递给小莲道:"姐姐,我给你偷了两根红苕,带到山上当午饭。"

小莲双手从小丈夫手中接过红苕,感激地连连点着头。

小莲背着背架子,快步走向山间小路。

2. 分列式写法

这种写法通常在正文之前将场景序列号、地点、时间、内外景以及出场人物等均逐一列出；对声画内容的描述也更为细致,往往以镜头来划分文字的自然段落,将画面内容和声音内容分列出来,常在每段叙述语言之前标注符号,更显清晰直观。

▶▶【范例】电视连续剧《七剑下天山》(2006年)剧本第三集第十八场"天山传剑"片段(39集播映版为第四集)

该剧改编自梁羽生武侠名著《塞外奇侠传》,由张馨月编审,李昌福、吴九汐、刘雨竹、张馨月、袁卫东、李辉编剧,霍耀良、成志超执导。

场景:天山铸剑窟内主洞/刑场/大草原/山中/悬崖/河床边/武庄

时间:日/夜

人物:晦明、昭南、云骢、辛龙子、穆郎、志邦、元英、青主/监斩官/死囚众、清兵众

△楚昭南、杨云骢单膝跪在晦明对面。

△辛龙子跪在那块似他专有的突起岩石上。

△穆郎跪于剑炉附近。

△韩志邦、武元英站在傅青主身后,又紧张又热,不时以手拭汗。

△"铮"的一声长吟,晦明大师从剑炉中拔出一柄剑。剑身一离火炉即刻插进清水中,整桶水立时蒸发。晦明抬剑凝望。

△此剑金铜颜色,分布星月图形。剑柄是一只圆球护手,圆球镂空,里面还有钢珠一颗。

△晦明轻轻一划,软的剑头灵活抖动,洞中闪过星月投影,瑰丽异常。亮光荡开去,震得所有人为之一惊。

《七剑下天山》海报

△众人抑制内心激动,等待看这把剑将属于谁。

晦明:"楚昭南"。

楚昭南:(恭敬欠身抱拳)"徒儿在。"

晦明:"游龙剑交给你,你是大师兄,德重任远。照顾好一干师弟。接剑。"

△晦明一拍手边,游龙入剑匣,"嚓"的直射向楚昭南。

△楚昭南跪下接剑。

△楚昭南甫接到剑,拔剑……

△时空转异,产生幻象……

XXX

△刑场:监斩官一张一张权杖往下扔,人头一个一个落地。惨叫连声,形状可怖。

晦明:(画外音)"你曾是没落贵族的后代,尝过世态炎凉。师傅带你上山,为的是让你明白富贵不外浮云,名利不足轻重。"

楚昭南:(画外音)"是。"

△楚昭南在这里出现,一身锦衣华服,气宇轩昂。

△楚昭南径直走向监斩官,不待他反应,快速抽出刀,只是阳光下炫目地一亮,监斩官人头落地,脸上一副不可思议的表情。

晦明:(画外音)"此剑名曰'游龙',以玄铁经极炙极寒千锤百炼,能断石分金,削铁如泥,当世利器无出其右。游龙一出,万剑臣服!"

楚昭南:(画外音)"谢师父赐剑!"

△楚昭南掉转头,一剑划过,一长排用铁链锁在柱上的囚犯,铁链都落地。

△不待后端的铁链落地,楚昭南瞬间已收好"游龙"。

△清兵军队从刑场大门开进来,一排站好,持刀对准楚昭南和难民。

△难民惊呼着躲在楚昭南身后。

晦明:(画外音)"你有英雄情怀,却过于感情用事。此次下山,师父送你四个字:修……身……养……性。"

楚昭南:(画外音)"师父教诲,弟子谨记!"

△楚昭南微微一笑,再拔"游龙",炫目的光线,洒着星月图形,刺花了清兵的眼睛。

△楚昭南持剑疾行,剑尖对外,所过之处,清兵皆拦腰斩断。难民跟在他后面冲出门口。

△到了门口,"游龙"剑轻轻劈下,石质大门轰然倒地。

△"游龙"剑风中发出长啸……

XXX

△时空又回到铸剑洞,众人都听到了"游龙"剑在长啸,震惊不已。

△楚昭南仍跪在地上,手中"游龙"还在颤抖,他却没有听到声音,不知众人为何这样望向他。

杨云骢:(看楚昭南茫然,轻声地)"大师兄,'游龙'剑的长啸,你听到了吗?"

△楚昭南茫然摇头,慢慢站起。

△晦明从石鼎中又箝出一把剑来。自高温中而出,剑身却漆黑一片,但见无数蛇纹,青光氤氲着。

晦明:"此剑名为'青干',是我以天际陨石锻炼而成。此石坚硬顽强,经火不变,千锤百炼终于成型。"

△剑身突出为多菱,上面细细密密镶的却全是坚硬的金刚钻粒。经火光一射,洞内即掠过彩虹数道。

△晦明轻轻一划,众人马上察觉到风中竟然连一点声音都没有带起,然而洞中却遍布剑气。

△韩志邦忍不住低低叫了一声,看得都痴了。

晦明:"云骢。你为人敦厚耿直,处处让人三分,可是到要紧关头还是要黑白分明。"

杨云骢:"是。"

晦明:"好好运用这把天外之剑。大是大非,需果断处决,明白吗?"

杨云骢:"明白。弟子谨记师父严训!"

△"青干"遁入剑匣,杨云骢跪地小心接下。

△洞中,杨云骢刚抽出"青干",时空已转换。

XXX

△脚下变做茫茫大草原,青草野花不断铺开,心情也一片开阔。

△一片红巾自天外飞来,柔美地飘舞在空中,杨云骢的视线跟着这红巾,轻轻滑落在草地上。

△杨云骢伸手去捡红巾,突然一柄剑鞘啪地挡住他的手。

△杨云骢抬头,看见一个蒙面人。

△杨云骢抚住腰间"青干",防备地看着蒙面人。
△蒙面人突然抽剑,亮得耀眼,却是"游龙"!
杨云骢:(一惊)"谁敢偷我大师兄的'游龙'宝剑!"
△那人并不答话,举剑刺来。
△杨云骢抽剑相迎。
△"游龙"、"青干"在空中相遇,一瞬间强光刺目,什么也看不到了。
×××
△时空又回到铸剑洞。
△晦明细心地观察着杨"云骢。"
晦明:"云骢?"
△杨云骢神情震荡,没有听到。
楚昭南:(碰碰杨云骢)"云骢,师父叫你。"
杨云骢:(清醒过来,急忙跪下)"师父!弟子刚才看到有人偷拿了大师兄的'游龙',和我比剑,一时神情恍惚,请师父恕罪!"
晦明:(摇头叹息)"该发生的总会发生……只是,'游龙'是天下至坚,'青干'是防守第一,两剑相遇,连我也不知道有什么结果……"
△楚昭南和杨云骢互相对望一眼,谁也不敢讲话。
……①

3. 白描式写法

这种写法对画面内容采用白描手法,粗线条地勾勒出环境、景物、人物动作及精神面貌,语言精练而传神,不加渲染和铺陈。

【范例】电影故事片《鸦片战争》(1997年)剧本结局段落

该片为迎接香港回归而摄制,是谢晋晚年执导的重要作品,投资一亿多元人民币,于1997年7月1日——香港回归祖国之日全球公映;荣获第4届中国电影华表奖优秀故事片奖和第17届中国电影金鸡奖最佳故事片奖等多个奖项,以及加拿大蒙特利尔电影节"美洲特别大奖"。

第171场:海边驿道 外 日
乡亲簇拥着林则徐,送至海边。
一富商依依不舍地说:"多保重。"
林则徐:"广州的事情就拜托诸位了。"

---

① 参阅《七剑下天山》剧本第三集,来源:雌蚊子网,http://www.ciwen.net/section.php?play_sid=66。

电影故事片《鸦片战争》主创人员

出品人:吴宝文、张 炜
策 划:李 行、许鞍华、李 宪
编 剧:朱苏进、倪 震、宗福先、麦天枢
导 演:谢 晋
摄 影:侯 咏
主 演:鲍国安饰林则徐 林连昆饰琦善
　　　郎雄饰何敬容　 苏民饰道光帝

　　林则徐与乡亲告别。
　　林则徐:"诸位请回吧!"
　　富商:"那不是琦善吗?"
　　说完,林则徐回转头。
　　迎面兵勇押着一辆木笼囚车,琦善拄着长棍行走在车旁。
　　林则徐发现琦善。
　　琦善看到了林则徐,步履艰难地走过来。
　　两人迎面而碰,林则徐率先作揖,琦善跪下。
　　林则徐将琦善扶起。
　　琦善:"少穆,你我虽都遭惨败,可你呢,虽败犹荣,或能名垂千古。而我琦善呢,身败名裂……"
　　送别的众人看着即将离开的林则徐一行人。
　　琦善:"我琦善呢,身败名裂,永背骂名。"
　　林则徐:"则徐既来广州,个人的祸福早已置之度外,只是今后中华怕要进入漫漫长夜……"
　　众人议论纷纷。
　　琦善:"苍天有眼,天朝……"
　　琦善(画外音):"无望啊。"
　　林则徐转身走向马车。
　　林则徐:"林升!"
　　林升从马车中拿起一黄包裹走向林则徐。
　　琦善看着远处的林则徐向其走来。
　　林则徐走到琦善跟前,林升捧着黄包裹随其身边。
　　林则徐:"则徐此生恐怕是无缘再见皇上,琦大人却未必,今后如果有机会能够再见皇上,请一定代则徐……"
　　琦善疑惑地看着林则徐,林则徐揭开林升手捧的黄包裹,露出一地球仪。

林则徐:"将此物呈献给皇上。"

琦善看了一眼。

林则徐:"一定要告诉皇上,如今这世界上已经是强国林立;我大清朝,再也不能闭目塞听,做井底之蛙了。"

说着林则徐将黄包裹盖上。

兵勇:"大人!"

兵勇朝林则徐、琦善说。

兵勇(画外音):"请上路吧。"

林则徐为琦善整理披风。

林则徐:"路上多保重。"

琦善回身走向马车,林升跟上。

林则徐目送琦善离去,他退至马车前,凝目远望。

第 172 场:"南京和约"

《南京条约》签字仪式上,摊开了的《南京条约》被盖上大印。

字幕:中国军民在虎门、三元里、定海、宁波、镇江英勇抵抗英军,终因政治腐败、军事落后而失败。1842 年 8 月 29 日,中国被迫签署《南京条约》。之后,英国又迫使清政府签订了《北京条约》、《展拓香港界址专条》,从而侵占了整个香港地区。

第 173 场:紫禁城奉先殿 内 日

祖先遗像高高挂在墙上,道光率皇子们叩首。遗像依次是顺治帝、康熙帝、雍正帝、乾隆帝、嘉庆帝。道光掩面哭泣。

道光哭泣着朝祖先叩拜,皇子们随其叩拜。

最小的小皇子还不会叩首,天真地趴在地上。

第 174 场:紫禁城 外 日

黑夜中的紫禁城大雨如泼。太和殿外巨大的铜狮在大雨中双眼发红,似在哭泣。

字幕:1997 年 7 月 1 日,中国政府恢复对香港行使主权。其时距鸦片战争一百五十七年……①

4. 话剧式写法

这种写法具有话剧剧本的特点,有大量的人物语言乃至旁白,而叙述性语言则较为简洁,对拍摄技术也不作规定。许多以室内戏为主的电视剧剧本常采用这种写法。

---

① 参阅金冠军、谢衍、石川主编:《谢晋电影选集:历史卷》,上海大学出版社 2007 年版。

【范例】40集电视连续剧《大明宫词》(1999年)剧本第12集第26—27场

该剧由李小婉任制片人,李少红①、曾念平执导,归亚蕾、陈红、赵文瑄、周迅等主演,叶锦添任服装设计;以武则天与太平公主母女一生中权力和情感的矛盾争斗为主线,描绘了一幅大唐宫闱生活画卷;荣获第18届中国电视金鹰奖最佳电视剧奖、第21届中国电视剧飞天奖最佳电视剧奖。

编剧郑重、王要深受欧美戏剧艺术熏陶,其创作的剧本语言华丽典雅、富有激情,极具莎士比亚诗歌、戏剧的浪漫色彩以及拜伦作品《唐璜》的情感韵味。

《大明宫词》剧照

第26场:洞房 早晨 内景

太平醒来,头上还盖着那片红绸巾。她望着窗外那被红巾过滤的红色世界。

旁白:这就是属于我的洞房花烛夜,与传说中的甜蜜温存毫无关联。它犹如盖头下那红彤彤的朦胧世界,虽然美好,却仅仅只是酒后醉人的夫妻游戏,随着酒精的挥发而没了踪影。我连日来蓄意积攒的全部自信和成熟被眼前的现实无情地肢解。我重新成为那个对于感情一窍不通的无知幼儿。这难道就是我的爱人为我献上的第一份礼物?

第27场:房 白天 内景

薛家父母正在用早餐,安静,只有餐具相互碰撞的声音。太平走进,没施粉脂,一脸憔悴。薛家父母忙站起身,一脸愧疚地望着太平。太平在他们惶恐的注视下有些不好意思,她勉强笑笑。

太平:"父亲、母亲,早!"

薛父母:"你早!"

三个人默默地吃早餐。

太平:"薛公子……今天回来吗?"

薛父:"回,回,当然要回。"

薛母:"昨天很不凑巧,乡下家里发生了一点儿变故,他今天肯定回来……"

---

① 李少红,女,1955年生,中国电影第五代女导演的代表,丈夫为著名摄影师曾念平;1969年赴四川军区独立第2师入伍,1978年考入北京电影学院导演系;执导的电影故事片主要有《四十不惑》(1992年)、《红粉》(1994年)、《恋爱中的宝贝》(2004年)等,执导的电视剧主要有《雷雨》(1996年)、《大明宫词》(1999年)、《橘子红了》(2002年)、新版《红楼梦》(2010年)等。

院门被沉重地推开,薛绍大步流星地走入,悲怆与愤激写在脸上。薛母最先觉察到形势不对,慌忙迎出去。

薛母:"怎么样?……一切都好吗?"

薛绍全然不顾母亲含义明显的追问,径直地走进屋,视线像鹰一般抓住太平,坐在太平的对面。太平被盯得有些发慌,强颜欢笑。

薛绍:(一字一句地)"你知道什么是爱情吗?"

太平:"……我……不知道!"

太平一时被问得发了蒙,眼巴巴望着薛绍,身子微微后倾,躲避着薛绍如炬的目光。

薛绍:(穷追不舍)"那你为什么嫁我?"

太平:"因为……我喜欢你!"

薛绍:"你知道爱情意味着什么?"

太平怯怯地支吾着。

薛绍:"爱情意味着长相守,意味着两个人永远在一起,不论是活着,还是死去,就像峭壁上两棵纠缠在一起的常青藤,共同生长、繁茂,共同经受风雨最恶意的袭击,共同领略阳光最温存的爱抚。最终,共同枯烂、腐败,化作坠入深渊的一缕屑尘。这才是爱情。她需要两股庞大的激情、两颗炙热的心灵,缺一不可。不论她面对的有多么强大、巍然,是神明,还是地狱,爱情是不会屈服的。因为她本身就是天堂,代表着生命最高健全的境界、世间最完美的家园。爱情不会屈服,她无坚不摧!你真正拥有她吗,太平公主?"

太平已经被薛绍逼得紧紧地靠在椅背上,满眼是泪。她不明白何以这样美好的言辞却被表达得如此绝望,然而她毕竟很感动……

太平:(怯怯地)"我……拥有!这恰恰是我对你的感情!"

薛绍意想不到太平的回答,怔怔地望着太平。片刻,起身拂袖而去。太平伏在桌上委屈地痛哭。

旁白:我不明白为什么这第一次关于爱情真谛的启蒙长着这样一副愤世嫉俗,甚至歇斯底里的面孔。它本身应是优美而深情的,伴随着温暖的体温和柔软的鼻息……我丈夫脸上那令我陷入爱情的谜一般的诱人神采,从此一去不复返,取而代之的是一种绝对属于男性残酷的冷漠。我不清楚这是否就是婚姻的含义。总之,我生命中那个青春迷幻的时期就这样提前冰冷地结束了。①

电影故事片一般以视觉影像为中心,剧本采用话剧式写法的并不甚多,但也有匠心独运之作。例如,王朔编剧、徐静蕾执导的国产电影故事片《梦想照进现实》(2006年)讲述了一位男导演(韩童生饰)和一位女演员(徐静蕾饰)的一次夜谈。片中充斥着两人喋喋不休的大量对话,谈话内容直指娱乐圈的各种现象。

---

① 参阅郑重、王要:《大明宫词》,人民文学出版社2000年版。

再如，理查德·林克莱特自编自导的美国电影故事片《爱在黎明破晓时》（1995年）及其续集《爱在日落余晖时》（2004年）都是完全以人物对白为骨架，自始至终只有男主人公杰西（伊桑·霍克饰）和女主人公塞利娜（朱丽·德尔比饰）在漫步交谈。这是两部浪漫温情的"心灵爱情片"，以情动人，充满了柏拉图式精神恋爱的格调，被称为当年"最伟大的电影之一"。

一般来说，太多的对话并不适合用电影的形式来表现，但这两部影片的台词确实字字珠玑，曾被媒体称为"世纪之作"。迷人的景色配合感人的台词，从视觉和听觉上紧紧抓住了观众。例如《爱在黎明破晓时》中的一段台词：

杰西：你跟我在维也纳同游一天，我们有机会互相认识。如果我是疯子，你可以立刻搭下一班火车离开；如果我不是，你也可以了解我的为人。20年后，当你婚姻亮起红灯，你开始幻想当初若嫁给其他男人会如何；然后你想起我，想起我也不过是个乏味的废物，你会庆幸自己嫁了一个好老公，不再胡思乱想。所以现在跟我下车可以挽救你20年后的婚姻。

第四章 创意与选题

第一节　剧作的起源——创意的生成
　一、联想拓展式
　二、深入发掘式
　三、借题发挥式
　四、主题先行式
　五、天马行空式
　六、衍生复制式
　七、拼贴颠覆式
第二节　编剧的起步——选题的确立
　一、选定题材
　二、提炼主题
　三、选题意识

　　2012年2月26日,在第84届美国奥斯卡电影金像奖颁奖典礼上,成本仅30万美元的伊朗电影故事片《纳德和西敏:一次别离》荣获最佳外语片奖,其剧作水准受到一致褒扬。

　　本届奥斯卡,张艺谋执导的《金陵十三钗》、许鞍华执导的《桃姐》、魏德圣执导的《赛德克·巴莱》三部电影故事片,分别代表中国内地、香港、台湾报名角逐最佳外语片奖,均未能获得提名。

　　至此,华语片已连续9年无缘奥斯卡最佳外语片提名。中国电影人叹惋之余,纷纷推究因由:是创意不足,还是选题不佳,抑或是……中国电影走向世界,路又在何方呢?

第一节　剧作的起源——创意的生成

2010年6月11日,第16届上海国际电视节落幕,"白玉兰"奖揭晓。颇受好评的电视连续剧《人间正道是沧桑》(2009年)包揽电视连续剧类的"最佳导演奖"、"最佳男演员奖"以及含金量最高的"最佳电视连续剧金奖"三项大奖。其导演张黎谈及该剧时说道:"电视剧展现的思想深度,更多的来自编剧。我们很多朋友、同行说,'这是一个导演创作的班子'。其实,这是不对的。它的创意主题来源于编剧。好的本子,好的班子,还要加上足够的票子,是构成一部好作品的三要素。"①

张黎导演所言可谓一语中的。编剧界历来认为,好的创意与选题是决定一部影视剧成败的半壁江山。这是编剧着手创作剧本时所要闯过的第一关。

创意来源于生活,是创作者因受到某种"触发"而对未来的影视剧内容所作的自觉或不自觉的趋向性艺术思维。

生活是一部博大精深的百科全书,每时每刻都在发生数不尽的奇闻趣事,只是看你是否善于捕捉它们、以为己用。或许,不经意间看到的一则趣事,就会触发你的灵感,最终创作出一部杰作。

先来看几组动物界的趣图,它们能勾起我们的哪些观赏记忆呢?

第一组:"猫鼠对视"。

"猫鼠对视"②

联想作品:美国动画片《猫和老鼠》

---

① 《八大品质人物之张黎》,来源:搜狐娱乐,http://yule.sohu.com/s2010/0361/s272733375/。
② 《英上演真实版〈猫和老鼠〉　小老鼠与猫对视》,来源:中国青年网,http://news.youth.cn/gj/200909/t20090930_1041530_1.htm。

第二组:"见船只经过就会站立挥手的北极熊"。

"见船只经过就会站立挥手的北极熊"①   联想作品:韩国动画片《倒霉熊》

第三组:"游泳回家的小猪"。

猪虽然不会飞,但游泳的"功力"令人刮目相看。据英国媒体2011年7月25日报道,英国一家人嫌自家猪圈太挤,将养的两只小猪送到了1.5公里外的一个小岛上,不料小猪们居然自己游泳千米找回家了。主人决定不再送走小猪,就让它们留在身边。一名度假者恰巧用相机拍下了小猪游到岸边的过程,他说,一开始他还以为是两只水獭,等游近才发现竟然是两只猪。

"游泳回家的小猪"②   联想作品:美国影片《夏洛特的网》

---

① 《北极熊看到船只经过会站立挥手》,来源:中国新闻网,http://pic.people.com.cn/GB/13090482.html。
② 《英国两头小猪遭主人弃养　游泳千米找回家》,来源:新华网,http://news.0735zx.com/NewsShow-10292.html。

第四组:"黑猩猩给虎仔当保姆"。

"黑猩猩给虎仔当保姆"①

第五组:动物界的"全城热恋"。

动物界的"全城热恋"②

再来看几条社会新闻,它们又能勾起我们的哪些创作遐思呢?

第一,"克罗地亚一女孩昏迷 24 小时,苏醒后忘母语改说德语"。这或许可以编织成

---

① 《黑猩猩给虎仔当"保姆"》,来源:新华网,http://news.xinhuanet.com/photo/2011－07/30/c_121747842_2.htm。
② 《全城热恋 动物的热吻也如此疯狂》,来源:千龙网,http://tech.qianlong.com/33443/2011/06/13/3402@7081167.htm。

一个有趣的灵异故事。

第二,"一老妪为掩藏非法移民的母亲而将其尸体冷藏二十年"。这完全可以构思成一个恐怖故事。

第三,"英国'兼职乞丐'收入不菲"。你是否联想到了"齐人有一妻一妾"?

第四,"逃犯为改变形象一月吃胖30斤"。这又是多么具有喜剧效果?

……

还是那句话,生活永远是我们取之不尽、用之不竭的创作源泉。无限的创意与灵感尽在生活的海洋之中。要成为一名优秀的编剧,首先必须是一个生活的"有心人"。

那么,具体来说,创意的生成模式有哪些呢?我们将其大致分为七类来逐一讲述。当然,这是针对原创作品而言,改编与翻拍之类不在此列。

一、联想拓展式

联想拓展式,是指创作者由于受到外界某些现象或事物的触动,而联想到与之相关或相似的其他现象或事物,再由此进行第二重、第三重乃至第四重、第五重的联想,进而拓展成一系列的想象图景和意象群体。在这种模式中,创作者事先并无有意识的材料准备,而完全依赖当时的想象思维。例如,创作者因环境的某种特殊性而想到某种熟悉的气氛,又因这种气氛而想到某些人和事,又因这些人和事而想到与之相关的人生片段等。

例如,麦兆辉、庄文强编剧并执导的香港电影故事片《窃听风云》(2009年)讲述了香港商业罪案调查科情报组潜入上市公司调查金融犯罪的故事,涉及股市内幕、资本运作等热点话题。

编剧庄文强介绍说:"最早诞生出创作该部电影的想法是在2007年,那时和刘伟强(香港著名导演)刚刚结束合作。其实那时也是创作的一个低潮期,写的剧本总是找不到投资。与创作环境相反的是,当时香港股市已经飙升到了32000点。那时仿佛不炒股的人都少,只要是进入股市就好像可以赚到大钱。但电影的生意却是那样艰难,想赚到一点钱都要挖空心思。有一次坐在一家咖啡厅里谈剧本,无意中听到邻座的人大谈股票生意。他们眉飞色舞,我们却是没精打采。这种强烈的反差,激发了我要创作出一个关于经济犯罪的剧本。"[①]

原来,正是一次偶然的"听"的经历,催生出两位编剧创作《窃听风云》剧本的构想。两位编剧在咖啡厅里偶然听到邻座的人关于股市大涨的言谈,对应到剧本中则是,情报组的三名警察偶然窃听到金融巨头们计划炒高股价的内幕消息。

---

① 《〈窃听风云〉全解析:股市大涨催生电影》,来源:中国网,http://www.china.com.cn/news/ent/2009-07/30/content_18237201.htm。

编剧进一步创作出一个操纵股市的金融大鳄——华业集团主席马志华（王敏德饰），作为金融黑幕的象征。到创作影片《窃听风云2》（2011年）时，这个金融黑幕的象征又扩展为一个幕后操盘的神秘组织——"地主会"。

《窃听风云》的剧本创作完成时又正值香港股市陷入萎靡、人心浮动。该片的投拍及上映可谓恰逢其时。该片于2009年上映后，因其对股市内幕及金融犯罪的揭秘而成为股民们追捧的"教材"，引起基金公司集体组织观看；其引发的观影热潮受到社会广泛关注及热评，在中国内地创造了9000万元人民币的票房收入，并获得第29届香港电影金像奖最佳编剧提名。而2011年上映的《窃听风云2》则在此基础上取得了两亿元人民币以上的票房收入。

《窃听风云》海报

再如，美国电影故事片《拯救大兵瑞恩》（1998年）讲述了这样一个故事："二战"期间，美军二等兵詹姆斯·瑞恩（马特·达蒙饰）的三位兄长在"诺曼底登陆"之后的两周内陆续阵亡。美军总指挥部为了不让这位不幸的母亲再次承受丧子之痛，决定将瑞恩家仅存的这个儿子安全地送回后方。约翰·米勒上尉（汤姆·汉克斯饰）奉命率领一支八人拯救小队，在欧洲战场的茫茫人海和枪林弹雨中寻找生死未卜的瑞恩。最终，詹姆斯·瑞恩被救出战场，而拯救小队的战士们却相继牺牲。

创作该片剧本的著名编剧罗伯特·罗达特介绍说，其创意起源于诺曼底登陆战役50周年纪念及自己儿子的降生。"关于诺曼底登陆的书籍不胜枚举。儿子降生时，我恰巧正在读这些书。那时，我住在新罕布什尔州的一个小镇里。每天早上，我都要抱着刚出生的孩子出去散步。小镇中心矗立着一座纪念碑，上面镌刻着自美国独立战争以来为国捐躯的小镇英雄们的姓名。从中可以看出，几乎在每次战争中都有同胞兄弟一起血洒疆场。在战争中失去一个儿子已然非常痛苦，而同时失去几个儿子的悲恸更是可想而知。"

罗达特将自己的构思告诉给制片人马克·戈登。戈登认为这是一个好故事，既有惊心动魄的战争场面，又可以深刻剖析战争中的人性。

1994年，罗达特、戈登以及制片人加里·莱文森一起将这个构思扩充创作成剧本。这部剧本得到导演史蒂文·斯皮尔伯格和主演汤姆·汉克斯的赞赏。汤姆·汉克斯说："我一直对二战历史很着迷，而且一直在寻找能够从人性或人类情感经历而不只是从战略行动上来描绘整个二战的书籍与材料。而《拯救大兵瑞恩》的编剧正是出神入化地将这一点描绘得淋漓尽致。这部影片不仅是一个气势恢宏的战争故事，更是一个催人泪下的剖析战争中人性的影片。"①

二、深入发掘式

深入发掘式,是指创作者从某种客观场景或人事中感受到其或深刻或独到的内涵,为确切探求而进一步发掘;以这些场景、人事为中心,举一反三,生发开去,将与之有关的各方面内容,纵横交错地调动、挖掘、想象出来,进而形成在某种写作意图指引下的丰富的意象群体。

例如,曹保平②编剧并执导的国产电影故事片《李米的猜想》(2008年)讲述了女出租车司机李米(周迅饰)和男友方文(邓超饰)之间曲折离奇的爱情故事,通过展现几个小人物的生存状态,反映了现代人生活上的压力和精神上的迷失。

曹保平介绍说,剧本的素材来源于一则很简单的新闻事件:一个女出租车司机被两个穷得走投无路的人绑架。在相处的过程中,两个绑匪被女出租车司机所感动,放弃了杀害她的想法。女司机保证不报警后,绑匪将女司机放走。劫后余生的女司机想到,那两个人没有生计,还是要去绑架别人,可能就会有别人受害。挣扎过后,她还是报了警。两个劫匪被抓获。但是女司机心中不安,认为自己违背了诺言。警察劝她说,这是挽救了那两个人,女司机心中还是放不下这件事。后来,她去监狱探望这两个人,渐渐与他们成了朋友。两个罪犯因为表现良好而提前出狱。

显然,这则新闻事件虽然温情,却极其乏味。曹保平说:"如果按照这则新闻来拍,就是这么一个过程。其实是一个心灵互相被感动的戏。我认为电影需要简单的复杂。我不想做一个温情的感动的简单的电影。我希望它能够复杂和更深刻一点,或者它的外延能更宽泛一点,至少力图在这个上改变吧。因为那个题材我也想过很长时间,一直写不动,怎么想来想去都是一个心灵感动的过程。然后因为我心有不甘,我就去力图改变。"

怎么改变呢?编剧开始从每个人物身上发掘"故事",并在他们之间构建起千丝万缕的联系;最终,将这则简单温情的新闻事件发掘成一个环环相扣、离奇曲折的电影故事:女出租车司机李米一直在不懈地寻找四年前失踪的男友方文。而两个劫匪——裘水天(王宝强饰)和裘火贵(王砚辉饰)则是两名为生计所迫的毒贩,也各有一段复杂的生活经历。因缘际会之下,两名毒贩劫持了李米。最终,李米发现,两名毒贩的接头对象——毒贩马冰正是自己苦苦寻找的男友方文。

几个人物身上的几段故事被纠合在一起。与每段故事相应的是爱情片、警匪片、公路

---

① 参阅百度百科,http://baike.baidu.com/view/25462.htm。
② 曹保平,男,1989年毕业于北京电影学院文学系剧作专业,后任北京电影学院文学系副教授,讲授电影编剧课程;从事剧本创作二十余年,2001年编剧并执导电影故事片《绝对情感》;2004年创作电影故事片《光荣的愤怒》,兼为编剧、导演、制片人。

片、悬疑片、心理片等几种类型片的特质,也都被融合在了一起。该片制片人、华谊兄弟公司总裁王中磊评价剧本时说:"它的故事很丰富,层次很丰富,人物也很丰富。通过剧本的文字就可以感受到它的故事性,感觉它的可看性。"[1]剧本的这种"丰富"正是得益于创意生成过程中的深入发掘。

再如,美国系列电影故事片《黑夜传说》自2003年至2012年已摄制上映了四部,广受欢迎。该系列影片讲述了"吸血鬼"和"狼人"两大神秘族群之间为了争夺隐秘世界的统治权而展开的旷日持久的战争。

从电影诞生起,"吸血鬼传说"和"狼人传说"就一直是西方恐怖片创作中经久不衰的两项热门题材。而该片则试图将两个题材合二为一,描绘出一个充满神秘和暴力的地下世界。

《李米的猜想》海报

如何"合二为一"呢?该片编剧凯文·纪留克斯从莎翁名剧《罗密欧与朱丽叶》的故事中获得了灵感,从而创作出一个吸血鬼与狼人的爱情故事:"吸血鬼"女战士瑟琳娜(凯特·贝金赛尔饰)与变成"狼人"的人类医生迈克尔(斯科特·斯比德曼饰)相识相恋,而他们身后的两个世仇家族则展开了残酷的厮杀。

编剧们还对创意进行了更为深入的发掘。该片编剧丹尼·麦克布莱德说:"《黑夜传说》的故事并非源于小说或漫画,而是一群同行高谈阔论的产物。我们希望基于科学创造出一个吸血鬼和狼人共存的世界。"

在大学期间主修遗传工程的编剧凯文·纪留克斯尝试为古老的传说增添可信元素。他说:"我们打算放弃从神秘主义出发,而是以科学为依据。所以我创造出一种病毒,这种病毒正是吸血鬼和狼人的成因。"

该片编剧、导演伦·怀斯曼说,主创人员刻意避开了一些约定俗成的吸血鬼元素,如大蒜和十字架等。"如果按照遗传逻辑,你就能解释相关的一切。如果是遗传变异或者经年累月的血型变化造就了吸血鬼,那么你就能找到杀死吸血鬼的方法,也能探究为何水银能影响到这种血型。可以说我们的吸血鬼和狼人更加有理有据。"

于是,该片新颖的创意受到电影公司的青睐,迅速投拍。制作人加里·卢切西说:"在

---

[1] 《〈李米的猜想〉制作缘起 剧本脱胎真实故事》,来源:新浪网,http://ent.sina.com.cn/m/2008-07-15/ba2102233.shtml。

通常情况下,筹备一部电影需要两三年的时间,而《黑夜传说》只用了两三个月。"①

三、借题发挥式

借题发挥式,是指创作者的心中原本隐含着某种情感或意象,因为受到外界的某种触动,而突然发现了适当的凭借物或发泄口;于是借以表情达意,从而构想出生动多彩的人事情景。这种外界触发物,可以来源于人,可以来源于事,也可以来源于某个场景、某种情境;经过内心情感的渗透、充实或引导,得以升华为艺术之璞,成为进一步创作的基础。

例如,中国第六代电影导演王小帅自编自导的一系列电影故事片多是源于其个人生活体悟的瞬间迸发。王小帅介绍说,自己拍片的初衷几乎都是在八分之一秒之间产生的。当初拍摄《十七岁的单车》(2000年)时,想法很简单:看到北京满大街的自行车,一下子就想拍一部关于单车和人的命运相联系的影片。而《青红》(2005年)是反映支援"三线"人员的故事,有他自己成长的影子。至于在2008年柏林国际电影节上获得最佳编剧银熊奖的《左右》(2008年),其实是在《南方周末》上看到了一则相关的报道。他说,人到中年后,很想拍摄一部反映这个年龄阶段的影片,于是"《左右》这个故事里包含了很多命运的东西,焦点由孩子引起了许多大人逃不掉的东西"。②

王小帅电影作品

---

① 参阅百度百科,http://baike.baidu.com/view/284468.htm。
② 《王小帅:〈左右〉缘起新闻报道》,来源:《京华时报》,http://epaper.jinghua.cn/html/2008－03/03/content_219887.htm。

再如，好莱坞"怪才导演"昆汀·塔伦蒂诺的电影作品一直关注暴力人群的精神世界。他一直希望拍摄一部影片向自己酷爱的类型片致敬。这些类型片包括意大利西部片、中国功夫片、日本武士片和动画片等。后来，他偶然间构想出了系列电影故事片《杀死比尔》的故事，于是，塔伦蒂诺决定在该系列影片中一偿夙愿。

该片剧本的编写和调整耗时一年。塔伦蒂诺每当遇到困惑时都会停下来去看功夫片，一般每天一部香港片，有时一天两三部，还有日本武士片和动画片。各种类型片的影像充斥着塔伦蒂诺的脑海。他尽量使影片每一部分呈现出不同的类型片风格，最终造就了该片风格上的变化多样。

四、主题先行式

主题先行式，是指创作者头脑中预先有了某种主题思想，随后开始寻找适合表现该主题思想的创意和灵感；按照生活的真实内容，将该主题思想通过具体形象来逐步体现和演绎出来；犹如"借鸡生蛋"，将由创意而至选题的构思步骤颠倒过来。

在我国，所谓的"主旋律"影视剧的构思多为这种模式，如电影故事片《焦裕禄》（1990年）、《周恩来》（1991年）、《孔繁森》（1995年）、《邓小平》（2003年）、《张思德》（2004年）、《任长霞》（2005年）等，电视连续剧《远山的红叶》（2010年）、《毛岸英》（2010年）等。例如，电视连续剧《铁血》的创作就是源于四川省筹拍新中国成立六十周年献礼剧的初衷，而成昆铁路建设的曲折历程和英雄壮举正是新中国伟大建设事业的代表和缩影。

陈祖继（右一）参加电视连续剧《铁血》新闻发布会

以雷献禾、康宁执导的国产电影故事片《离开雷锋的日子》（1997年）为例。20世纪90年代，随着社会主义市场经济的逐步确立，"雷锋精神"等我国宝贵的精神财富受到冲击。为此，创作一批弘扬"雷锋精神"的优秀影视作品以起到激浊扬清的作用，就显得刻不容缓。

这个任务落在了编剧王兴东和陈宝光身上。那么，剧本该怎么写呢？

自1963年以来，雷锋事迹可谓妇孺皆知。八一电影制片厂就在同年拍摄过电影故事片《雷锋》（1963年）。之后的戏剧影视作品也是层出不穷。所以，如果写不好，就很容易被观众们认为是老调重弹，结果会适得其反。

有关"雷锋精神"的电影

但编剧在遍访雷锋的战友之后,找到了突破口,将"弘扬雷锋精神"这个主题思想巧妙地嫁接到乔安山在"离开雷锋的日子"里所经历的人生故事中。身为雷锋的战友,乔安山在一次意外事故中夺去了雷锋的生命。内疚感和负罪感使得他一生都在锲而不舍地学雷锋、做好事。更重要的是,乔安山的境遇折射出20世纪90年代现实生活中的诸多问题,可以建立起"雷锋精神"与当下社会之间的联系。

编剧王东兴介绍说:"乔安山对雷锋的感情就是这部电影感动人、打动人、鼓舞人、推动剧情发展一百分的核动力。找到了这个核心,就能以人生情、以情生戏、以戏写人。人定是活人,戏定是好戏。"①

于是,编剧依据当时真实的生活面貌来进行创作,既相当客观地展现了雷锋牺牲的过程,又非常真切地追述了党和国家几代领导人对雷锋的关注和褒扬,并且对当时的社会风气进行了深刻反思。影片制作通过深入乔安山的内心世界,把他一生的哀伤、苦恼和欣慰呈现在观众面前,具有催人泪下、撼人心魄的力量。该片票房收入在1000万元人民币以上,位居1997年度国产影片票房收入排行榜的第五名。

同时,该片也产生了巨大的社会影响,不仅让人们了解了乔安山的感人事迹,还再次掀起了学习"雷锋精神"的热潮。影片公映后,全国各地的邀请纷至沓来。乔安山的足迹踏遍长城内外、大江南北,还应邀去香港,向港人宣讲"雷锋精神"。一位家住新疆的14岁中学生曾独自一人乘飞机专程到他家,用了一周时间向其讨教"雷锋精神"。

---

① 王兴东:《用感情的钻机开掘人物心灵》,《夏衍电影文学奖获奖剧本集》(第一辑),中国电影出版社1997年版,第169页。

再如,台湾电影故事片《阳阳》(2009年)也是"主题先行"之作。编剧、导演郑有杰在2006年拍摄电影故事片《一年之初》时,结识了中法混血儿演员张榕容。郑有杰说:"那是一种纯粹的美丽,深深感动了我。于是,她启发了我撰写《阳阳》这部电影的剧本。"①之后,郑有杰开始创作这部以表现混血儿的情感生活为主题的电影剧本。主演张榕容在这部为其量身打造的影片中展现了出色的演技,荣获第53届亚太影展最佳女主角奖。

又如,伍迪·艾伦自编自导的美国电影故事片《午夜巴塞罗那》(2008年)源于其对巴塞罗那这座城市的情有独钟。在伍迪·艾伦的心目中,巴塞罗那就是象征浪漫爱情的圣地。他决定以巴塞罗那为故事背景来创作一部以表现浪漫爱情为主题的喜剧影片。

伍迪·艾伦介绍说:"当我开始写剧本的时候,除了巴塞罗那,我的脑袋里几乎塞不下任何东西。所以我决定顺水推舟以这座城市为想象蓝图,去创作一个故事,然后让巴塞罗那在影片中充当一个起到关键作用的角色⋯⋯我非常喜爱这个城市,包括其所在的国家——西班牙。我想通过这部影片向它表达我最为崇高的敬意。巴塞罗那是一座色彩斑斓、充满了妙趣横生的浪漫意外的城市。每当说起它的名字,人们最先想到的都是恒久不变的爱情主题。似乎除了巴黎之外,巴塞罗那已经成为全世界第二个将浪漫风情当成全部的城市了。"②

五、天马行空式

创作中常有这种现象:创作者为构思一部作品而处心积虑,却总无成效;但在某个梦中,突然间思绪大开,各种意象、情景、情节、人物、氛围以至篇章结构、语言词句、表达方式、风格类型等均展现出来,虽庞杂却并非毫无边际。清醒之后,可能会觉得其中某些内容荒诞不经、不切实际,但一经加工改造,却又幻化出奇妙精彩。可谓宛若神助!

这就是天马行空式,指的是借助于潜意识、直觉、幻觉、错觉乃至梦境等不同寻常的、跳跃性的思维方式,获得某个意象群、某种生活境遇、某类范畴内的素材集结。这种模式依赖于创作者的非凡想象力,如天马飞翔空中、任意驰骋,往往使创作者迸发出平时意想不到的新颖、独特的创意和灵感。

例如,世界著名导演詹姆斯·卡梅隆的电影作品中就充满了天马行空式的创意。1981年,籍籍无名的詹姆斯·卡梅隆推出了他的导演处女作——电影故事片《食人鱼2:繁殖》。

---

① 《张榕容惊人蜕变 〈阳阳〉完美演出 博得众彩》,来源:奇摩电影网,http://tw.movie.yahoo.com/movie-headline/d/a/090618/3/fmm.html。

② 参阅百度百科,http://baike.baidu.com/view/1657803.htm。

在意大利拍摄该片期间,詹姆斯·卡梅隆备受疾病、饥饿和贫困的折磨,每晚噩梦缠身。一次,他做了一个非常清晰的噩梦:自己被一个来自未来的机器人杀手追杀。根据噩梦的内容,詹姆斯·卡梅隆创作出一个浸满其卓越才华的电影剧本《魔鬼终结者》。他把这个剧本以一美元的价格卖给了制片人高尔·安尼·赫特(后为卡梅隆的第二任妻子),条件是让他以自己的方式执导该片。

1984年,詹姆斯·卡梅隆推出了其第一部自编自导的电影故事片《魔鬼终结者》。该片成本仅为650万美元,却收获了7800万美元的全球票房,并赢得影迷和评论界的一致好评,被评选为当年全美十大优秀科幻片之一。詹姆斯·卡梅隆从此踏上了问鼎影坛"世界之王"的征途。

《太阳照常升起》剧照

再如,姜文创作的电影作品中也充满了天马行空式的创意。以国产电影故事片《太阳照常升起》(2007年)为例,姜文介绍其创作意念时说,影片中包含着他的生活记忆;他将这些记忆中的情景搬到了影片中,对爱情、亲情、友情进行了深刻探讨,表达了其人生观,即无论环境有多糟,一定要好好活下去,只要太阳照常升起,人生就有希望。例如,姜文回忆到其18岁上大学时,房间内没有空调,晚上同学们就在篮球场喝酒聊天,新疆的同学高声歌唱,那是何等快乐的气氛!于是有了影片中"新疆婚礼"那场戏中,音乐是当年的新疆歌曲,连临演也都是当年的大学同学。[1]

又如,美国皮克斯动画工作室制作的动画电影故事片《飞屋环游记》(2009年)唤起了无数观众的童年幻想。该片导演彼特·道格特谈及该片创意时说:"对于动画人来说,'逃离地球'似乎是我们都非常中意的创意。我和影片的编剧、联合导演鲍勃·彼德森当时想到了利用飘浮的房子这个点子。"[2]

可见,片中"飞屋俯瞰大地"这一创意的初始灵感还是来源于那个千百年来令世人神往的"飞天梦"。正是源于这个"梦",才有了《哈尔的移动城堡》(2004年),有了《天空之城》(1986年),有了《飞屋环游记》(2009年),有了一系列天马行空的影视作品。

---

[1] 《姜文:〈太阳照常升起〉让我激动找回过去》,来源:新浪网,http://ent.sina.com.cn/m/m/p/2007-09-05/01011702963.shtml。

[2] 《〈飞屋环游记〉征服全球 皮克斯总动员》,来源:精品购物指南,http://ent.sina.com.cn/m/f/p/2009-08-07/17362643467.shtml。

《哈尔的移动城堡》海报　　　　《天空之城》海报　　　　《飞屋环游记》海报

六、衍生复制式

衍生复制式,是指创作者从已有作品的样态中受到触动,从而构想出一种既与原作品有相类似之处,又具有自身新颖之处的创意。这种创意的生成模式重在求新求变;否则,往往会被斥为跟风甚至抄袭。

中国影视界,尤其是香港影视界,往往热衷于对优秀的创意进行衍生和复制。例如,从电影故事片《租期》(2006年)、《合约情人》(2007年)中,我们可以想到美国电影故事片《风月俏佳人》(1990年);从电影故事片《青花》(2005年)中,我们又可以看到加拿大电影故事片《红色小提琴》(1998年)的影子……

当然,国外影视剧也时常对中国优秀影视作品的创意进行衍生和复制。例如,台湾"琼瑶剧"就有"韩剧之母"的称誉。韩国电视剧《人鱼小姐》(2002年)就明显是琼瑶作品《烟雨濛濛》的"衍生复制"之作。

琼瑶曾指出,韩国影视剧无非两种模式,一种是"梅花烙"模式,一种是"小燕子"模式。虽不能一概而论,却也不无道理。所谓"梅花烙"模式,可以理解为"琼瑶式苦情戏",韩剧《蓝色生死恋》(2000年)、《冬季恋歌》(2002年)、《天国的阶梯》(2003年)等均属此类。而"小燕子"模式则屡见于韩国电影故事片《我的野蛮女友》(2001年)等以"女强男弱"为特点的"野蛮"系列影视剧中。

再如,金顺玉编剧的韩国电视连续剧《妻子的诱惑》(2008年)、《天使的诱惑》(2009

年),显然是对法国名著《基度山伯爵》和中国通俗小说《庄子休鼓盆成大道》①的创意进行衍生复制后创作而成的。

这种模式的滥用往往成为缺乏创意的体现。以"麻雀变凤凰"的创意为例,美国人可以构思成电影故事片《公主日记》(2001年),韩国人可以构思成电视连续剧《我的野蛮王妃》(2006年,又名《宫》),中国人则会构思成电视连续剧《还珠格格》(第一部1997年、第二部1999年、第三部2003年)。

《公主日记》海报　　　　《我的野蛮王妃》海报　　　　《我的野蛮王子》海报

中国"格格戏"

---

① 《庄子休鼓盆成大道》是明代话本小说集《警世通言》中的一篇。中国的"国片之父"黎民伟在1913年将其拍摄成电影短故事片《庄子试妻》。该片是香港出产的第一部电影故事片,也是中国第一部运到海外放映的电影;片中出现了中国第一位女性演员——黎民伟之妻严珊珊。

这些作品都取得了成功。可是,如果不求出新、一味跟风,就注定要失败。因此,在韩国,电视连续剧《我的野蛮王子》(2007年)难现前作辉煌;在中国,则有"《还珠格格》后,不看格格戏"之说,电视连续剧《格格要出嫁》(2001年)、《十三格格》(2002年)等乏善可陈的"格格戏"都遭到冷遇。

因此,在这种创意生成模式中,求新求变是基本要求。例如,可以采用"杂交"方式,对多种创意进行衍生和复制,并将其融为一体。

以美国电视剧《越狱》为例。该剧第一季(2005年)可谓美国电影故事片《肖申克的救赎》(1994年,又名《月黑高飞》)的电视剧版:主人公迈克尔(文特沃斯·米勒饰)为帮助蒙冤的哥哥林肯(多米尼克·珀塞尔饰)越狱而自投罗网,在监狱中展开一系列越狱计划。

在该剧第二季(2006年)中,越狱成功的迈克尔、林肯成为全国通缉的要犯,踏上亡命之旅。在逃亡过程中,他们开始调查林肯冤案的幕后真相。这一季犹如美国电影故事片《亡命天涯》(1993年)的电视剧版。

以上两季均取得收视佳绩。而在该剧第三季(2007年)中,迈克尔被投入巴拿马监狱,再次上演狱中困兽之斗;故事又回归"越狱情节",成为第一季的翻版。了无新意的结果只能是收视失利。

《越狱》海报　　　　　　　《肖申克的救赎》海报　　　　　　《亡命天涯》海报

再如,在香港电影故事片《十月围城》(2009年)中,也可以看到诸多港片中创意元素的"杂交再生"。

首先,该片讲述的是来自各阶层的义士携手保护革命领袖孙中山(张涵予饰),使其免遭清廷杀手的暗害。这个故事构架脱胎于香港电影故事片《广东五虎之铁拳无敌孙中山》(1993年)。

其次,在该片高潮部分,众义士接力保护,前仆后继。这种情节编织则是香港电影故事片《上海滩十三太保》(1981年)的翻版。

再次,该片高潮部分"保孙"与"刺孙"之间的激烈斗争被集中在香港中环这一主要场景内进行展现。这又是一个典型的"龙门客栈"式的场景设计,可谓升级版的《龙门客栈》(1966年)。

七、拼贴颠覆式

拼贴与颠覆,是属于"后现代主义"范畴内的两个词汇。

拼贴,是指创作者将原有的不同作品中的成分巧妙地整合在一起,既有各种元素的堆砌,又有不同风格的混搭,从而形成全新的整体,并呈现出不同于原作样貌的气质。

《大话西游》剧照

颠覆,往往是对大众耳熟能详的作品进行戏仿,将其借用到自己的作品中,进行调侃、嘲讽、戏谑或致敬。

因此,拼贴颠覆式,往往是在作品中对社会流行的和人们熟知的元素进行拼贴、颠覆和戏仿,对传统的或主流的价值观念进行调侃和戏谑,甚至赋予作品以黑色幽默的色彩。

例如,刘镇伟编剧并执导的香港电影故事片《大话西游》(1994年)是一部经典的无厘头喜剧片,将经典名著《西游记》进行了重新演绎,对观众的传统认知进行了全面颠覆。

《大话西游》海报

刘镇伟介绍其创意起源时说:"《西游记》是我很喜欢的一个中国小说。但是每次看完小说或是电影时,都觉得孙悟空很无奈。无奈的是,其实他无权决定去不去取西经。而一个这么反叛的人,我会觉得当他被放出来的时候,第一样要做的事情就是一定要干掉唐僧,杀了他。但是,我又不可以写一个这样反面的人物。我又试图去想象孙悟空这个角色,如果放一些感情世界在他身上,将会变成一个怎样的故事。结果,我从这个方面开始,去塑造一个孙悟空。唐三藏一向在我的角度来看,不论是小说也好,或者之前拍的电影也好,我虽然觉得他不算啰啰嗦嗦,但是他都颇为婆婆妈妈。所以我决定将'婆婆妈妈'这点加以放大去写,就变成现在的唐三藏。"[①]

---

① 参阅百度百科,http://baike.baidu.com/view/25489.htm。

于是，周星驰版的"孙悟空"和罗家英版的"唐三藏"——这两个极具颠覆性意义的经典人物形象就此诞生于刘镇伟的导筒之下。

再如，周星驰自编自导自演的香港电影故事片《功夫》（2004年）可谓是拼贴有术，片中对诸多经典作品进行了戏仿和致敬。例如，"铁线拳"、"五郎八卦棍"、"如来神掌"等都源自20世纪的港产动作片。而片尾，阿星（周星驰饰）身着的白衫黑裤装束，则来自于周星驰的偶像——李小龙在电影故事片《龙争虎斗》（1973年）中的造型。

▶▶【资料链接】电影故事片《功夫》"致敬"之处列举

开场的猪笼城寨场景——《七十二家房客》与《楼下闩水喉》；
神雕侠侣、杨过、小龙女、"蛤蟆功"及各种武功秘籍——金庸武侠作品；
在楼梯教训斧头帮——《马永贞》（张彻导演版）；
把身着黑西服的斧头帮打手踢向天空——《黑客帝国》中"尼奥大战史密斯"；
两个瞎子琴魔的"古琴功"在发功时出现的鬼魂刀客——《指环王》中的"骷髅兵"；
如来神掌——香港重拍多遍的《如来神掌》系列；
火云邪神用手指夹住子弹——《黑客帝国》中的"子弹射出"慢镜头；
徒步赛车——迪士尼卡通中常见的"宾尼兔"狂奔；
找火云邪神时，在想象中出现门前血水涌出——《闪灵》；
周星驰莫名身中三刀、中毒后的香肠嘴——《东成西就》中"洪七公捉弄欧阳锋"；
台词"能力越大，责任越大"——《蜘蛛侠》中的台词；
"火云邪神"的名号——《火云传奇》；
片尾的莲花暗器在空中飘舞——《阿甘正传》片尾的场景。①

第二节 编剧的起步——选题的确立

生成创意之后，就要选定题材、提炼主题了。题材与主题密切相关。所谓选题，就是选择用何种题材来表现何种主题。可以说，确立选题是编剧过程的真正起步。

一、选定题材

题材，是指影视剧所表现的对象、范围、领域、性质等。所谓选定题材，就是确定影视

---

① 《〈功夫〉到处致敬　被指拼凑之作》，来源：《重庆晚报》，http://ent.sina.com.cn/m/c/2005－01－13/1544629786.html。

剧所要表现的是社会生活的哪一个方面。

我们通常将题材粗分为不同的类型,如历史题材、现实题材、工业题材、农业题材、商业题材、爱情题材、战争题材、校园题材等,而它们之间又是相互交叠的。

在此基础上,根据影视剧所展现的社会生活的具体方面,我们又可以将题材进行细分。例如,对于美国的战争题材影视剧,我们可以细分为一战题材、二战题材、越战题材等;再进一步又可以细化到某类人群、某场战役、某次行动……

如果说,我们在创作中累积的素材还是从生活中获取的、未经艺术加工的客观原始材料,那么,题材则已经开始注入和浸透着创作者的主观思想感情。借用西方的比喻来说,素材是葡萄,题材则是用其酿成的葡萄酒。

一般来说,选定题材时需满足以下四项基本要求:

1. 广受关注

编剧所选择的题材应当是观众感兴趣的,能具备一定的关注度和话题性。

例如,著名导演赵宝刚、滕华涛都是近年来"社会话题剧"方面的创作高手。与他们合作的编剧在对热点题材的拿捏和对观众趣味的把握上,都有过人之处。

资深导演赵宝刚被誉为"中国言情剧第一导演",在言情题材的掌控上往往技高一筹。而近年来,他执导的言情剧多聚焦于青春励志题材与都市婚恋题材。于是,许多擅长此类题材的编剧和作家,如石康、高璇、任宝茹、魏晓霞、唐浚等,都汇集在他的麾下,创作出并称"青春三部曲"的《奋斗》(2007年)、《我的青春谁做主》(2009年)、《北京青年》(2012年)以及《婚姻保卫战》(2010年)、《男人帮》(2011年)等一系列热播电视连续剧。当代人尤其是青年人群广为关注的许多热点话题都被融入剧中,颇具人气。

中国第六代青年导演滕华涛(又名滕华弢)是中国第四代导演的代表人物滕文骥之子,他继承了其父关注现实生活和人性话题的创作特征,被誉为"尖锐的社会问题专家"。他与女编剧"六六"接连合作了《双面胶》(2007年)、《王贵与安娜》(2008年)、《蜗居》(2009年)三部以家庭生活为题材的电视连续剧,广受好评;尤其是《蜗居》,直面当今社会热点话题,贴近普通人的都市生活,引起社会各界广泛热议,播映时收视率居高不下。

之后,滕华涛与网络作家的合作在 2011 年大获成功。周涌、温蓉编剧的电视连续剧《裸婚时代》(2011年)改编自唐欣恬的网络小说《裸婚——80 后的新结婚时代》;鲍鲸鲸编剧的电影故事片《失恋 33 天》(2011年)则改编自她的同名网络小说;两部作品都属于贴近生活、广受关注的热点题材。

在滕华涛的作品中,编剧融入了婚外恋、小三、房奴、小升初、财产分割、家庭关系、婆媳矛盾、蚁族、丁克族等诸多社会话题,而作品的热映又进一步引起社会的关注和热议。

其实,每个时间段内都会出现一些热门的题材类型。对热门题材及其创作趋向的关注和判断,是编剧的必备素养。

以中央电视台的热播电视剧为例,20 世纪 90 年代以来,较为突出的有如下几类题材:

宫廷历史剧：代表作《大明宫词》(1999 年)、《汉武大帝》(2005 年)、《贞观长歌》(2007 年)。

清宫帝王剧：俗称"辫子戏"，代表作《雍正王朝》(1997 年)、《康熙王朝》(2001 年)、《天下粮仓》(2002 年)、《走向共和》(2003 年)、《太祖秘史》(2005 年)。

地域文化剧：代表作《大染坊》(2002 年)、《乔家大院》(2006 年)、《新安家族》(2010 年)。

移民传奇剧：代表作《闯关东》(2008 年)、《走西口》(2009 年)、《下南洋》(2011 年)。

现代军旅剧：代表作《突出重围》(2000 年)、《DA 师》(2003 年)、《沙场点兵》(2006 年)、《第五空间》(2010 年)、《我是特种兵》(2011 年)。

红色史诗剧：代表作《长征》(2001 年)、《延安颂》(2003 年)、《解放》(2009 年)、《东方》(2011 年)。

革命战争剧：代表作《新四军》(2003 年)、《八路军》(2005 年)、《亮剑》(2006 年)、《人间正道是沧桑》(2009 年)。

谍战英雄剧：代表作《英雄虎胆》(2007 年)、《敌营十八年》(2008 年)、《永不消逝的电波》(2010 年)、《风语》(2011 年)、《誓言今生》(2012 年)。

……

社会各界对于这些央视热播剧的评价褒贬不一，就其主题立意而言，也是多有争议。但是，这些热门题材的受关注程度却是有目共睹的，都在一定时期内聚拢起创作资源、促成了收视热潮。大势所趋之下，编剧也需顺势而为。

2. 新颖不俗

对于热门题材的创作，编剧也应当有所警惕。所谓"过犹不及"，如果某类题材过热，必会有大批良莠不齐的作品相伴而生，也必然导致观众的审美疲劳。最终结果往往是题材遇冷，跟风而上的影视剧也只得惨淡收场。

例如，国产电影故事片《孔子》(2010 年)投拍和公映期间，有关"先秦诸子"的题材迅速升温。央视随即开始策划"五子剧"，即以老子、孔子、孟子、荀子、孙子等历史人物为题材的电视剧。① 电视剧《孔子》、《孙子大传》等相继投拍。一时间，"老子"、"孙子"……蜂拥而上，前景堪虞。似这等盲目跟风，就断不可取。

与"题材过热"催生的"跟风剧"相比，"翻拍剧"、"山寨剧"泛滥的危害同样很大。它们的病源都在于题材匮乏。这正是现今中国影视剧创作中亟待解决的突出问题。

中国著名电影编剧王兴东曾尖锐地指出："现在好多都是瞎编、炒冷饭。四大名著、金

---

① 《中国编剧大会落幕　央视大戏锁定"五子"系列》，来源：《华商报》，http://www.hn.xinhuanet.com/ent/2009—05/18/content_16553151.htm。

庸、莎士比亚都拿来重拍一遍。这就是创新不足的表现。"①

国际著名电影导演吴宇森则在2010年上海国际电影节主席论坛上坦言:"当一种新的(电影)类型出现,大家都去不断地复制,迟早会被做死。"②

美国剧作理论家罗伯特·麦基在评析中国电影存在的问题时也指出:"排第一位的就是太多俗套。编剧应该是创作,而不是复制别人的作品。"③

其实,生活中未被发掘的、可供创作的好题材从不缺乏,只在于你是否肯深入到生活中去搜寻、采撷。编剧应当勇于创新、敢于尝试,开拓影视剧的取材范围,寻找新颖不俗的题材。近年来,许多广受好评的热播剧之所以能够脱颖而出,都是得益于题材上的创新。

例如,赵蕾、徐速、王霄涵编剧的电视连续剧《第五空间》(2010年)以中国陆军航空兵训练为题材;而刘猛自编自导的电视连续剧《我是特种兵》(2011年)则以中国特种兵训练为题材。这两部热播剧都选题新颖,并继承了美国电影故事片《壮志凌云》(1986年)中"军旅励志"加"青春偶像"的题材糅合模式,饱含时尚气息。

再如,黄永辉、高大庸、陈勇编剧的电视连续剧《雾里看花》(2009年)则选取了一个新颖别致的题材——当代古玩收藏。这个真真假假、虚虚实实的行当既具有文化内涵,又具有现实意义,对于普通观众,尤其是有过收藏体验的观众,颇具吸引力。而饶晖编剧的社会现实题材电视连续剧《永不回头》(2010年)首度聚焦刑满释放人员的生存状态,选题也堪称新颖而不俗。

3. 驾驭自如

编剧对于所选题材应当具备丰富的生活体验和充足的知识积累。如同张艺谋偏爱农村题材、冯小刚擅长都市题材,每位编剧也都会有其长处与短板,不可能任何题材都熟悉了解、驾轻就熟。对于哪些题材能够驾驭自如,编剧自己必须心中有数,不可强为;否则,题材的陌生感所带来的"创作恐慌"将使编剧捉襟见肘、难于应付,由此产生的剧作疏失,最终都会一五一十地呈现给观众,绝难掩饰。

例如,在涉案题材电视剧领域中,海岩、张成功是两位颇负盛名的编剧。在此类题材的创作上,他们都是阅历深厚、经验丰富,可谓如鱼得水、驾轻就熟。

改编自海岩小说和由海岩编剧的电视剧被统称为"海岩剧"。"海岩剧"多为言情题材与涉案题材的结合,如"生死之恋三部曲"——《永不瞑目》(2000年)、《玉观音》(2003年)、《拿什么拯救你,我的爱人》(2003年),以及《便衣警察》(1987年)、《平淡生活》(2004年)

---

① 《文艺界集体维权:大家都提到了马未都的故事》,来源:《南方日报》,http://culture.people.com.cn/GB/106905/11138169.html。
② 《〈谍海风云〉:烂片之海很大》,来源:《东方早报》,http://ent.sina.com.cn/r/m/2010-06-18/01302990581.shtml。
③ 《罗伯特·麦基点评喜剧电影:周星驰很伟大》,来源:《华商报》,http://ent.people.com.cn/GB/16490152.html。

等。这得益于海岩在公安系统多年的工作经历。

海岩早年还曾在监狱工作,后来得以创作出《深牢大狱》(2006年,又名《阳光像花一样绽放》)。而他在酒店行业的供职经历则帮助其创作出《五星大饭店》(2006年)。丰富的人生经历使他在这类题材的创作上驾驭自如。

著名编剧张成功的作品多涉及贩毒、走私、贪腐、经济犯罪之类的大案要案。这位作家曾从事公安工作几十年,并曾担任安徽省公安厅《警探》杂志的编辑。这使他可以接触到大量的案件,为其创作公安刑事题材的作品提供了丰富的素材。

由张成功创作的《刑警本色》(1999年)和"黑色三部曲"——《黑冰》(2001年)、《黑洞》(2002年)、《黑雾》(2003年,又名《天之云地之雾》)都是取材于真实案件。例如,张成功曾赴广东采访过惠州公安部门破获的一起制贩冰毒的特大案件。他将该案与另一起"广东某化学教授研制冰毒而被捕"的案件相结合,创作了小说《黑冰》,并改编成电视连续剧,塑造了郭小鹏(王志文饰)这一"毒枭"形象。

而对于自己不甚熟悉或难以驾驭的题材,编剧应当量力而行,知进退、能取舍。

例如,电视连续剧《神医喜来乐》(2003年)讲述了民间郎中喜来乐悬壶济世的传奇故事,播映后广受欢迎。之后,不少制药厂邀约该剧编剧周振天来创作有关东汉"医圣"张仲景的作品,却被周振天拒绝。周振天解释说:"喜来乐是我编出来的,我能随心所欲。但张仲景现在还被供着'医圣'的称号,能写他泡个小寡妇、偷吃狮子头?我不敢。"①

周振天的创作水平毋庸置疑,而其谨慎务实的创作态度更值得钦佩。在创作上,不自量力、一意强为,甚至急功近利,必然适得其反。

以辽宁编剧们创作的央视"移民三部曲"为例。电视连续剧《闯关东》(2008年)的编剧高满堂、孙建业都是祖籍山东的大连著名作家。为了创作该剧,他们在东北三省和山东多地进行采访,积累了丰富的创作素材。这部优质剧一经播映,火遍全国,"闯"出了精神,"闯"出了声誉。

《闯关东》的成功使"移民三部曲"的创作被迅速提上日程。辽宁编剧俞智先、廉越创作了电视连续剧《走西口》(2009年),总体质量还算差

《走西口》海报

---

① 《中国电视剧编剧的困惑和思考》,来源:《南方周末》,http://nf.nfdaily.cn/nfzm/content/2011-11/18/content_33433378.htm。

《下南洋》海报

强人意,但剧作水平却是"走"得平庸、全无"闯"劲。之后,这两位辽宁编剧创作的电视连续剧《下南洋》(2011年)在质量上则已呈江河日下之势;剧情失实,多有破绽,却少有生活质感,编剧在题材驾驭能力上的局限完全凸现了出来。

编剧廉越在接受《北京青年报》记者采访时坦言:"从最浅显处讲,《走西口》写的是一个北方的故事。我是个北方人,虽然不是地道的山西人,可都是北方语系。包括生活形态、风土人情、习俗,还是大同小异、相对熟悉的。《下南洋》是个发生在闽粤地区的故事。我是个北方人,对这里的语言习惯、生活形态、风土人情、习俗,都太不熟悉了。可以说,幅员辽阔的中国,南北方的文化差异实在太大了。这无疑给创作带来了极大的难度。"①

4. 情有独钟

编剧对于所选题材,不仅要驾驭自如,还需情有独钟。心之所系,情之所钟;落笔着墨,饱含挚诚。只有面对自己钟爱的题材,编剧才能最大限度地调动创作热情和才华,从而克服万难、成就杰作。如果对于所选题材,编剧自己都缺乏兴趣,何谈感染观众?

著名编剧高满堂透露说,旅顺市曾出价6000万元人民币,请他创作有关"日俄战争"的作品,却被其拒绝。"两个帝国主义在中国掐架,蹂躏我们,然后中国还宣布中立。这个历史怎么作为旅顺的名片?"②作为久居大连的职业编剧,高满堂对于"日俄战争"当然是有所了解的,但优秀的编剧应当有所为而有所不为。

著名导演、编剧郭宝昌为电视连续剧《大宅门》(2000年)的创作倾注了毕生心力,最终铸成一代佳作。剧中"百草厅白家老号"的原型正是清末声名远播的同仁堂。郭宝昌在同仁堂的"大宅门"中生活了整整26年。

郭宝昌介绍说:"这段历史,这个家族的人和事,深深打动了我。我一门心思只想把它奉献给读者和观众。这部作品的题旨是多义的,主题不是一句话能说完的。每个不同阶层的读者和观众,从书中、剧中都能看到自己想看、能理解的东西……为了表示我对家族的歉意,电视连续剧《大宅门》片头有一个画面,底衬上有一个人跪在大宅门前,那个人就

---

① 《从〈走西口〉到〈下南洋〉》,来源:《羊城晚报》,http://www.ycwb.com/ePaper/ycwb/html/2011－03/13/content_1060532.htm。
② 《中国电视剧编剧的困惑和思考》,来源:《南方周末》,http://nf.nfdaily.cn/nfzm/content/2011－11/18/content_33433378.htm。

是我郭宝昌。"①

王小帅自编自导的电影故事片《青红》(2005年)是在贵阳拍摄完成的,荣获第58届戛纳国际电影节评委会大奖。王小帅出生不久就随支援"三线建设"②的父母从上海来到贵阳,在那里度过了13年的童年时光。他对"老三线"家庭变迁的题材可谓情有独钟。

王小帅介绍说:"这个电影带有我过去生活过的那个地方的些许印记。我们家在六十年代随着我妈妈的工厂离开上海来到贵州。无数个家庭就向无数个浮萍一样无根无基地在异乡漂流。后来我们大了,这种情况也没有得到改善,而根却越来越深地扎在了那里。很多家庭的父母开始意识到问题的严重性,而开始想办法自己解决回故乡的问题……这个电影中的主角们大部分都是这样的情况。可是,长大了的下一代不会理解父母的心愿。他们对故乡一无所知,他们热爱的恰恰是脚下这块生他们、养他们的土地。还有更重要的,是那里的人。他们情窦初开,恋爱开始了。这加紧了父母们的危机感,他们不想看到下一代继续他们的命运。于是两代人的矛盾开始了。青红及'青红'们的命运开始了改变的过程。我想用这部自己一直想拍的电影来献给我的父母和那些与他们有着同样命运的人们。"③

二、提炼主题

主题,是编剧对社会生活进行观察、体验、分析、研究后,从获取的创作素材中发掘、提炼出来的思想结晶;既包含了作品所反映的生活本身蕴含的客观意义,又体现了编剧对客观事物的主观认知。

影视剧的取材千差万别,或展现现实生活,或反映历史变迁,或描写神话幻想;但其通过各种艺术手法来塑造人物、组织结构、编织情节,最终都是为了表达主题思想。

一般来说,提炼主题时应遵循以下四项基本要求:

1. 协调一致

主题思想应当与构成影视剧的各项元素保持协调一致,与创意相吻合,与题材相贴合,与剧情相切合,与格调相契合,与影像相融合。

以好莱坞金牌制片人杰瑞·布鲁克海默制作的电影故事片为例。布鲁克海默曾介绍

---

① 包明廉:《打开"大宅门"——郭宝昌和〈大宅门〉幕后故事》,来源:《新民周刊》,http://ent.sina.com.cn/v/43358.html。
② 三线建设,是指新中国在"反美抗苏"的背景下,自1964年开始在中西部地区的13个省、自治区进行的以战备为指导思想的大规模国防、科技、工业和交通基础设施建设。所谓"三线"的划分,一般是指由沿海、边疆地区向内地收缩划分三道线;"一线"指位于沿海和边疆的前线地区;"三线"实际是除新疆、西藏之外的中西部经济欠发达地区,位于中国腹地;"二线"指介于一、三线之间的中间地带。
③ 《中国影人再冲"金棕榈"》,来源:《今晚报》,http://ent.sina.com.cn/x/2005-05-10/0849719230.html。

说:"一直以来,我们倾力制作史诗电影,从《世界末日》(1998年)到《加勒比海盗》(2003年),再到《波斯王子:时之刃》(2010年),都是这种有着无限想象力、壮阔场景和精彩动作表现的影片。"[1]

"史诗电影"往往需要承载一个宏大的主题。例如,拍摄电影故事片《加勒比海盗》的创意源于美国加州的迪士尼乐园。编剧特里·罗西奥和特德·艾利奥特从公园一项名为"加勒比海盗"的游乐设施中受到启发,产生了创作一部海盗片的灵感。

那么,为这部海盗片提炼一个什么样的主题呢?

难道颂扬海盗烧杀掠夺、挥霍无度的生活?这自然不行。

经过反复的研讨,编剧们对"大航海"时代的精神气魄有所感悟。他们认为,当时的海盗代表着人们对无拘无束的自由生活的渴望与追求。他们寻找到了"海盗"的人生精髓——"绝对的自由"。

匈牙利爱国诗人裴多菲·山陀尔在他的不朽诗篇《自由与爱情》中吟诵道:"生命诚可贵,爱情价更高;若为自由故,两者皆可抛!"对自由的追求,是人类文学作品的永恒主题之一。

于是,影片《加勒比海盗》的主题被定位为一首永恒的"自由之歌",并将其贯穿于该系列的四部影片之中;既与创意相吻合,又具有史诗般的格调,也适宜于制作具有"无限想象力、壮阔场景和精彩动作表现"的影像效果。

同样,"发乎情、止乎礼"的《小城之春》(1948)要考虑"国破山河在,城春草木深"的意境;"怀着深挚的赤子之爱"的《黄土地》(1984)必然要与"大音希声、大象无形"的影像风格相融合。

费穆版《小城之春》海报　　田壮壮版《小城之春》海报　　《黄土地》海报

---

[1] 《〈波斯王子〉即将上映　吉伦哈尔转型放荡不羁》,来源:《广州日报》,http://ent.sina.com.cn/m/f/2010-05-21/04172964829.shtml。

而归根结底,无论何种主题都是通过具体的剧情内容来呈现与传达的。所谓"种瓜得瓜、种豆得豆",主题思想的阐发应当是水到渠成、自然而然的。如果随意抛出一个不知所云的主题,又何以令观众信服呢?因此,编剧必须脚踏实地,不可好高骛远,也不可任意发挥。

"秦皇汉武,唐宗宋祖;一代天骄,成吉思汗。"这是中国历史上最负盛名的五位帝王。相关题材的影视剧为数不少。

在以唐太宗李世民为主人公的历史剧中,两岸合拍的电视连续剧《唐太宗李世民》(1993年)以言情成特色,内地电视连续剧《贞观之治》(2007年)则以思想求深度。二者都是以史实为依据,以严谨为态度,在主题思想与剧情内容上保持了和谐统一。而电视连续剧《贞观长歌》(2007年)却是典型的"内外失调"之作。

《贞观长歌》其实属于"戏说剧"的范畴。相对于所谓的"历史正剧","戏说剧"在剧情创作上的自由度显然更大,也自有其审美价值和评判标准。这本无可厚非。例如,电视连续剧《秦王李世民》(2005年)就是一部"戏说剧",凸显的是古装言情剧的娱乐气质。

但这部以戏说为基础的《贞观长歌》却偏要定位为"一部战争与和平的史诗",并通过对白、旁白甚至字幕来对这一"空中楼阁"般的主题进行生硬的"口头宣传"。这就显得"挂羊头卖狗肉"了。

如果以此标准来衡量,该剧不是套用《汉武大帝》(2005年)中的情节,重复上演草原上的"逐鹿之战",就是套用《康熙王朝》(2001年)中的情节,重复上演宫廷中的"夺嫡之争",唯独不去钻研真正的"唐史"。观众看到的是徒有其名的历史人物、主观臆造的剧情内容和肆意篡改的时代风貌,何来"战争与和平的史诗"?

当然,所谓"历史正剧"也绝不是"历史纪录片",但起码有严谨的创作态度。试想一下,"战争与和平的史诗"绝非异想天开的儿戏之作,以戏说为基础何以承载如此宏大的主题?如果基础不牢、名不副实,结果必然饱受诟病。

2. 深刻独到

编剧应当注重人文精神的捕捉,提炼出深刻而独到的主题,从而为影视剧注入灵魂;能够见人所未见,而不是随波逐流地一味制造"流水线上的行活儿产品"。

如今,主题思想的低俗化、庸俗化、媚俗化,已是各国影视界均感棘手的一项弊病,而中国影视剧尤甚。许多错误的创作观点造成了恶劣的影响。

例如,将电影视作"白领以上阶层的消费品",于是《杜拉拉升职记》(2010年)、《我的美女老板》(2010年)、《亲密敌人》(2011年)等电影故事片应运而生,一味营造"物质时代的白日梦",向观众灌输错误的价值导向。在电视剧创作上,则喊出了"跟着'三保'(保姆、保安、低保户)走"的口号,大量缺乏人文精神和文化含量的作品开始充斥荧屏。

其实,影视剧"贴近大众"绝非是在主题上"刻意媚俗"。编剧作为影视剧创作的"开路先锋",拨乱反正,义不容辞。

著名编剧高满堂一直以创作"平民史诗"为己任,作品堪称贴近大众的典范,主题思想上却从不降格以求。例如,他编剧的电视连续剧《钢铁年代》(2011年)讲述了新中国的普通钢铁工人在各种不利条件下克服万难、建设鞍钢的感人故事,还原了"共和国钢铁工业的长子"——鞍钢在建国初期的建设发展史,讴歌了艰苦奋斗的革命建设精神和气魄。

高满堂说:"我创作的,必须是那些共和国不能忘记的人,是给我们精神力量的人。而且让我们的世界观、让我们的人生观,充满了积极和愉快。一句话,'真正的中国人'。"①

该剧的主题思想不可谓不深刻,不可谓不独到,却绝无曲高和寡之感,因为它能够真正扎根到观众的心灵之中。

盛和煜、张建伟②编剧的电视连续剧《走向共和》(2003年)以慈禧太后(吕中饰)、光绪皇帝(李光洁饰)、李鸿章(王冰饰)、袁世凯(孙淳饰)、孙中山(马少骅饰)五位历史人物为主线来展开叙事,为观众呈现了一幅自"甲午战争"至"张勋复辟"、长达二十余年的波澜阔的近代史图卷,将洋务运动、甲午战争、戊戌变法、庚子国变、清末新政、辛亥革命、二次革命、洪宪帝制、张勋复辟等历史事件囊括其中,将华夏古国走向共和的艰辛历程娓娓道来,以旧中国惨遭列强欺凌的辱国之痛来唤起民众的强国之志与复兴之梦。

该剧播映后以其深刻的反思精神和文化内涵而引起强烈的社会反响,虽有偏颇之处,却始终闪烁着独立思想的光芒。

编剧盛和煜说:"我经常说,剧作家不能是政治家,但一定要是思想家……哪怕是主旋律,我仍旧要体现一些独立思想的闪光,不要做一种政治概念的解释。我所有的作品都是这样,比如《恰同学少年》(2007年),老百姓喜欢才是我最看重的。中年人看了思考,老年人看了怀旧,青年看了是一种仿效,都要带给他们些什么才好。"③

3. 引起共鸣

美国剧作理论家罗伯特·麦基说:"故事有两点是最重要的。第一,就是要让观众进入一个未知的世界,让他们获得生理上的探索未知的乐趣;第二,就是必须要引起观众的共鸣,要让观众透过角色反思自己的人生。"④

纵览中外佳作,优秀的影视剧往往传递着普遍性的人生体验,可以带给观众一种似曾相识、感同身受的感觉。这种感觉就是共鸣,源于人们共通的人性。我们倡导影视剧的主题思想要弘扬真善美,鞭挞假恶丑,正是为了唤起观众的共鸣。

---

① 《高满堂写〈钢铁年代〉著平民史诗》,来源:《天津日报》,http://news.163.com/11/0107/08/6PPJP2T700014AED.html。
② 张建伟,男,1956年生,曾荣获范长江新闻奖、鲁迅文学奖;著有《张建伟历史报告:晚清篇》,报告文学集《第五代》、《命运备忘录》等,历史随笔《大清王朝的最后变革》、《温故戊戌年》、《袁世凯传》、《近代化细节》等;编剧的电视剧主要有《走向共和》(2003年)、《杨贵妃秘史》(2010年)等。
③ 《盛和煜:我们几乎没有话语权》,来源:《三联生活周刊》,http://lifeweek.com.cn/2008-07-21/0002722182.shtml。
④ 《麦基指中国有大师缺匠人 称做自己学生死能瞑目》,来源:电影网,http://roll.sohu.com/20111204/n327900262.shtml。

以查理·考夫曼编剧的美国电影故事片《美丽心灵的永恒阳光》(2004 年)为例。这部充满丰富想象力的影片既构思精妙,又发人深省,讲述了饱受爱情困扰的主人公乔尔(金·凯瑞饰)希望借助医疗手段消除与女友克莱门蒂娜(凯特·温丝莱特饰)有关的记忆;但医生们费尽心机,帮助乔尔消除了记忆,却无法熄灭乔尔心灵深处对克莱门蒂娜那份炽热的爱情之火。美丽心灵中那最后一抹阳光被永恒地保存了下来。

"何以解忧?"这是每个人都会发出的心灵之问,也是许多科学家所不懈探求的,自然能够引起人们深切的共鸣。2010 年曾有国外媒体报道称,一个由美国政府资助的科研小组正在研制一种可以使人忘记痛苦的化合物——"忘忧药"。不久的将来,被痛苦往事困扰的人只需服用一颗药片,记

《美丽心灵的永恒阳光》剧照

忆中对失恋的悲伤、对灾难的恐惧……统统会消失干净。而它清除的并不是记忆本身,只是记忆所带来的痛苦感受。

可见,一部优秀影视剧的主题思想往往与人们的现实需求有着千丝万缕的联系。

又如,国产电影故事片《赵氏孤儿》(2010 年)在对原著进行改编时也特别着眼于能否引起观众的共鸣。在原著中,主人公程婴是晋国赵家的门客,在赵家满门遭戮之际,"舍亲儿、救赵孤"即是"报主恩",这也在情理之中。但这种价值取向与现代社会的价值观判断却存在着很大差异。

因此,编剧采用了合乎现代观众思维的方式来刻画和铺垫程婴(葛优饰)的心理变化过程,将之塑造成一个"有义愤、无私仇"的平民英雄。而影片所要表达的主题思想也得以从"复仇"的窠臼中脱离出来,演变为弘扬一种仁爱的精神、一种对于暴力的义愤。这个主题显然是广大观众更容易理解和信服的。

该片编剧、导演陈凯歌在接受中央电视台采访时说:"如果一个故事不能让人相信,这个人物绝对成不了大家心目中的英雄。只有这个故事、这个人物是让大家可以相信的、接受的,认为我在这个情形下,可能我也会这么做,这就是获得了最广泛的认同。"

4. 与时俱进

编剧提炼主题时,应当站在当代视角上,准确把握时代精神,勇于吸取先进的思想价值观念,更新自己的认知结构,使影视剧的主题思想与社会发展趋势相适应,与社会现实状态相一致。

例如,许多近年来票房与口碑俱佳的"主旋律"电影故事片之所以能取得成功,都得益

于对时代脉搏的精确把握,如《东京审判》(2006年)、《云水谣》(2006年)、《集结号》(2007年)、《建国大业》(2009年)、《唐山大地震》(2010年)、《建党伟业》(2011年)等。

相较于以往那些"宣教式"的作品,这些影片的主题思想同样是在传播主流文化价值观念,但却显得更为真切,更为平易,更具感染力,也更能深入人心。

中国电影艺术研究中心研究员饶曙光曾指出:"当务之急是要发展像《云水谣》、《东京审判》尤其是《集结号》那样的主流电影、主流大片。《云水谣》的成功在很大程度上拓展了主旋律电影的叙事空间和市场空间,对于中国主流电影的市场化生存及其产业之路具有不可估量的意义。《集结号》的热映彻底改变了中国大片的口碑和形象,不仅契合了在主流社会心理的前提下建构主流文化价值,而且还使得这种主流文化价值得到非常有效的传播。从某种意义上说,主流文化价值的有效传播是当下电影创作亟待解决的主要矛盾。"①

同时,编剧应当为影视剧注入现代元素,对其主题思想进行与时俱进的改造与包装,使之具有时代感。

以阿甘自编自导的电影故事片《高兴》(2009年)为例。该片改编自贾平凹的同名长篇小说。原著小说关注的是农民在土地变迁之后的生存状态,讲述了进城拾荒的农民刘高兴在都市中艰难生存的经历以及他与妓女孟夷纯之间悲悯的爱情故事,主题思想可谓沉重而悲凉。

而阿甘在改编过程中却对这一悲剧主题进行了新颖的喜剧化包装,寓庄于谐,使观众看来"笑里带泪,喜中含悲"。可以说,"长歌未必当哭,一笑亦解千愁"。

具体来说,则体现为如下三点:

其一,严肃的主题,荒诞的手法。

有关"农民工进城"这一敏感题材的影视剧并不少见,但多采用严肃的现实主义手法,如电影故事片《泥鳅也是鱼》(2006年)等。而阿甘却反其道而行之,以荒诞的甚至是超现实主义的手法来进行表现。

拼装飞机上天,脚踏三轮升空,死者复生,情人团圆……只要自信敢为,就能心想事成。而片尾却又制造出"间离效果",点破了之前为观众缔造的"美梦"。当观众们感觉到这些"美梦"的荒诞时,主题的严肃沉重便又凸现了出来。虽剑走偏锋,却针针见血。

其二,悲剧的内涵,喜剧的外壳。

该片反映的是现代都市中最底层、边缘化的小人物——农民工群体的生存状态,其内涵其实颇为悲惨、沉郁,可幽默的喜剧形式却为其披上了一层诱人的"糖衣",引得观众一看到底。

---

① 饶曙光:《改革开放30年回眸 中国电影的历史性转折》,来源:《人民日报》,http://media.people.com.cn/GB/8372090.html。

编剧将主人公刘高兴乐观向上的奋斗精神提取出来,以积极的态度面对都市生活中的艰难与不幸,还为此借鉴了歌舞片轻松娱乐的表现手法。热闹的音乐歌舞令人欢快,幽默的方言台词让人捧腹,在观众们笑声连连之际,悲剧的内涵也被与之一起"打包"传送过去。

其三,深沉的感情,轻松的节奏。

编剧对片中底层小人物的感情同样是深沉的,但传达给观众时却不能采取同样深沉舒缓的节奏,也不能激烈而张扬,而是以轻松快捷的节奏展开叙事,"娱乐大众";先把观众吸引住,再考虑如何实现思想感染和感情共鸣。

因此,该片显得结构紧凑、节奏轻松,歌舞、说唱等诸多时尚娱乐元素均被吸收采纳。于是,观众在近两个小时的观影过程中可以保持着轻松活跃的神经,而离开影院后,回味之余又必有一番思绪的波动。

三、选题意识

主题之于剧作,犹如灵魂之于身体。编剧根据已生成的创意来确立选题时,需要树立起正确的选题意识,如此才能赋予影视剧以"灵魂"。所谓正确的选题意识,其实就是正确地认识创意、题材、主题之间的辩证关系,这直接关系到作品的成败荣辱。我们详述如下:

1.创意或相近,选题存差异

由于编剧自身的人生观、世界观以及生活阅历、知识结构等方面的差异,在选题上自然千差万别。即便是相似的题材和主题,其侧重点也会有所不同。

同样的创意,不同的编剧可以创作出不同题材的影视剧,其主题也不尽相同。例如,同样是"史密斯夫妇"式的创意,美国电影人会创作出标准的好莱坞动作片《史密斯夫妇》(2005年),韩国电影人会创作出韩式爱情喜剧片《特工强档》(2009年),中国电影人则会创作出武侠悬疑片《剑雨》(2010年)。

而针对同一创意,即使所选题材相同,不同的编剧在主题的提炼上也会显出高下之别。根据一个不错的创意,平庸的编剧只能创作出一部平淡乏味的剧本,而高明的编剧却可以妙手回春,令其焕发生机。

例如,贾森·雷特曼、谢尔顿·特纳编剧的美国电影故事片《在云端》(2009年)曾荣获第67届美国电影电视金球奖电影类最佳剧本奖,并获得第82届美国奥斯卡电影金像奖最佳影片提名。

该片改编自美国作家沃尔特·肯的同名小说。沃尔特·肯的创意来源于其在飞机头等舱内的一次交谈。在一次旅行中,沃尔特·肯邻座的一位乘客说,由于工作原因,他在一年之中有300天会在飞机上度过;因此,他和空勤人员都很熟,不仅知道他们的名字,还知道他们家庭成员的名字。

受到启发的沃尔特·肯据此创作了小说《在云端》，并编写成电影剧本。故事讲述的是，裁员专家瑞恩是一位职场大忙人，一年之中有 300 多天要辗转于全国各地，几乎以机场为家；在他的飞行累积里程即将突破一百万英里之际，他经历了试图跳槽、遭人跟踪、妹妹逃婚等诸多变故，开始重新思考人生之路。

沃尔特·肯通过这个关于空中旅行的故事，探讨了商务旅行者的内心世界，但没有电影公司愿意投拍这部大部分场景都在机舱内的剧本。沃尔特·肯回忆说："我也承认这个剧本糟糕透了，甚至是可怕极了。所以我根本没有奢望能将它拍成电影。"

直到 2002 年，编剧、导演贾森·雷特曼偶然看到了这部并不畅销的小说。他说："我在一家书店里发现了《在云端》这本书，立刻如获至宝。我拿起来细细阅读，发现了两个有趣的地方：第一，书里面有人狂热地积攒飞行里数，就像我一样；第二，书里的某个角色从事着一项必须熟习人情世故的工作。我想，我并不喜欢以解雇别人为生。但书中的这个人物觉得自己能够振奋那些倒霉蛋的心灵是一件很有意义的事情。他乐在其中，并且游刃有余。这个作家的观点是多么的新鲜，我立刻被他吸引。"①

之后，贾森·雷特曼将这部小说改编成电影剧本。他的剧本已与原著相去甚远，不仅深化了主题，还设计了丰富的情节、台词和细节。其剧本对原著主题的深化和改造主要体现在三个方面：

首先，经济崩溃、企业缩减规模、名目繁多的裁员、失恋等众多现代噩梦被堆砌到剧本中。剧本对这些普遍存在的社会问题进行了毫不留情的批判。主人公瑞恩（乔治·克鲁尼饰）以解雇他人为生，辗转各地去"终结"别人的工作。这一人物形象成为社会问题累积下催生出来的产物。2002 年至 2008 年期间，世界经济并不景气，而剧本主题的改造正与此相呼应。影片在经济萧条的 2009 年上映，显得十分应景。

其次，飘无定所的"空中飞人"生活，使瑞恩可以抛下一切，无论对待爱情还是对待亲情，他都可以无牵无挂，这样就可以逃避责任与承诺所带来的压力与伤害，从而获得一种轻松感与安全感。贾森·雷特曼说："我也是一个需要成天飞在天上的人，而且我只飞一条航线。所以我对小说中的人物有着更多的共鸣和感同身受的理解。"剧本借瑞恩的这种特殊职业来探讨对待责任的态度，促使人们反思自己的人生目标和追求：是逃避现实，还是脚踏实地？

再次，瑞恩的裁员工作要求他麻木而无情，刚刚毕业的高材生娜塔莉（安娜·肯德里克饰）则提出启用网络视像会议系统以节约成本，将裁员变得更为冷酷无情。伴随着科技的发展，现代人通过电话和网络可以不必见面而相互联络。作为职场新人的娜塔莉正代表着越来越不擅交际的现代人，而她提出的"网上裁员"方式则象征着日渐疏远的社会人

---

① 《〈在云端〉：飞在空中的男人》，来源：网易娱乐，http://ent.163.com/09/1218/16/5QR16A5S000300B1.html。

际关系。

剧本在主题上的深化和改造得到了原著作者沃尔特·肯的肯定。他评价说:"看着雷特曼的妙手回春,我有时候会觉得我的这个小说还挺好的……我吃惊于我所写作出来的素材会在别人手下变得这么神奇、这么让人吃惊。在某种程度上,我的小说被改编得面目全非。但是回过头来看,整个故事、故事里的人和他们的性格,还都是我赋予的。"①

《在云端》海报

2. 类型无优劣,选题有高低

影视剧的题材类型林林总总、不一而足。例如,中国电视剧可以大致分为纪实剧、历史剧、言情剧、武侠剧、警匪剧、校园剧、伦理剧、行业剧、室内剧等不同类型,按照时代背景又可以粗略分为古代剧、年代剧(即民国剧)、现代剧等。而美国电视剧可以大致分为科幻剧、犯罪剧、医疗剧、冒险剧、奇幻剧、战争剧等。日本电视剧则可以分为家庭剧、纯爱剧、励志剧、残障剧、职业剧、灵异剧、青春校园剧、社会问题剧、侦探悬疑剧等。

这些类型本身并不存在优劣之分,但编剧的选题水平却有高下之别。所谓"运用之妙,存乎一心。"

例如,中国电影界一直在倡导学习好莱坞"类型片"的创作经验。所谓"类型片",是指由不同题材或技巧形成的不同的商业电影故事片形态。在好莱坞,规范化的制片制度使电影制作形成一种批量的、流水线式的标准化生产过程。其"类型片"一般以叙事为主导,以模式化为基本特征,具有规范化的审美形式。常见的"类型片"种类有爱情片、喜剧片、灾难片、西部片、动作冒险片、犯罪警匪片、恐怖惊悚片、音乐歌舞片等。

很多人认为,"类型片"完全是模仿复制和批量生产的商业产品,不值得学习和借鉴。

其实,对于"类型片"的创作,没有必要苛责,更不能概念化地评断其优劣。学习"类型片"的经验,主要是借鉴其形式与技巧,至于主题思想,绝不是简单复制的产物。衡量一部作品的优劣成败,首先还要着眼于其主题思想的表现与传达。

就此而言,许多中国影视工作者学习"类型片"往往是邯郸学步、东施效颦,唯独忽略了选题的本土化,将作品搞成了无根之木、无源之水。

曾为《真实的谎言》(1994年)、《独立日》(1996年)、《第五元素》(1997年)、《全民超人汉考克》(2008年)等美国电影故事片制作特效的好莱坞资深特效绘景师容·格瑞斯说:"电影是人类共通的语言,就像文学、诗歌一样。中国与美国最大的不同,就是美国有像索尼映像、华纳、梦工厂一类的公司,有财力支撑它们。比如拍一部电影可能用到几亿美元。

---

① 参阅百度百科,http://baike.baidu.com/view/3059441.htm.

这样主要的差距就是在画面制作上。但是我觉得,与高超的技术相比,文化内涵才是作品的关键。所以中美电影应该取长补短、相互学习。"①

以韩国电影大师姜帝圭②的作品为例。姜帝圭编剧、执导的韩国商业电影故事片极为明显地从好莱坞"类型片"中汲取了充沛的养分,其叙事之流畅、细节之考究,都足以令人钦佩导演学技之精。

但是这些影片成功的根本原因在于姜帝圭对韩国民众心理和社会热点的敏锐把握。这使他的作品具有了区别于好莱坞"空中楼阁"式视听享受的文化特质与思想内涵。

姜帝圭的作品历来关注朝韩敏感关系。韩国和中国内地的观众基本都是从他自编自导的电影故事片《生死谍变》(1999年)开始接触韩国电影的。

《生死谍变》是一部典型的好莱坞式谍战动作片,却传达着本土化的主题思想。姜帝圭在片中以"接吻鱼"③来贯穿情节,寓意朝鲜半岛南北方的相濡以沫。姜帝圭说:"这部影片除了动作,也刻画了分裂的韩民族的痛苦,有国情、民情,也有爱情。"影片所传达的主题思想正是韩国民众所感同身受的。

该片由韩石圭、崔岷植、宋康昊、金允珍主演,动作激烈火爆,写情韵味深长,虽然开端部分仍未脱离僵硬的反朝描绘,但依旧瑕不掩瑜。影片在韩国上映时,吸引了超过600万名观众,取得了3500万美元的票房,缔造了韩国电影票房的新纪录,轰动国际影坛,为当时疲软的韩国电影注入了强心剂,被视为"带动韩国百年影业迈向新里程"之作。

《生死谍变》海报

姜帝圭说,《生死谍变》之前,没有人想到韩国电影市场是充满潜能的;"90年代初,韩国观众不支持自己的电影,连电影人也对自己的电影没信心。现在情况不同了,大家对国产片有热忱。"④进入韩国电影院看国产电影的观众从原来的15%增加到37%。同时,《生死谍变》也正式敲开了中国内地的国门,之后,韩国电影开始涌入中国市场,并开始被世界所重视。

---

① 《美国视觉鼻祖容·格瑞斯:天才卡梅隆事必躬亲》,来源:《成都日报》,http://www.chinanews.com/cul/2011/05—23/3059356.shtml。
② 姜帝圭,男,1962年生,韩国最具票房号召力的导演之一,被视作能与好莱坞媲美的亚洲电影大师;其自编自导的电影故事片《生死谍变》(1999年)、《太极旗飘扬》(2004年)、《登陆之日》(2012年)为其赢得了"韩国斯皮尔伯格"的盛名;2009年,由其企划的韩国谍战电视剧《IRIS》(2009年)也取得了收视佳绩。
③ 接吻鱼,一种体色为淡浅红色的热带鱼,以喜欢相互"接吻"而得名,又名桃花鱼、接吻斗鱼等。
④ 参阅百度百科,http://baike.baidu.com/view/152909.htm。

姜帝圭自编自导的电影故事片《太极旗飘扬》(2004年)则是一部典型的好莱坞式战争片,但同样彰显着强烈的民族情结,是"韩战电影"中最负盛名的作品之一。影片通过表现一对普通兄弟在朝鲜战争中的手足之情,再现了战争给朝鲜半岛南北人民带来的灾难。

该片没有采用说教方式来强调战争的正义与否,而是从战争本身说起,从人性角度出发,深切地展现了残酷战争对人性的扭曲,呼唤着被南北分裂局面撕裂的民族兄弟情。片中,对历史的描绘、对战争的反思,都凝聚在民族情结之下,从大场面的战争戏到细节处的情感戏,都能使人强烈地感受到这一主题情感基调。

这两部影片在情感上一脉相承,抛开政治外壳,关注个体情感命运折射下的朝韩分治创痛,使人们对朝鲜战争的历史影响和南北冷战的沉痛弊端进行反思。这就是姜帝圭作品在商业化包装下呈现出来的温暖人性内核。

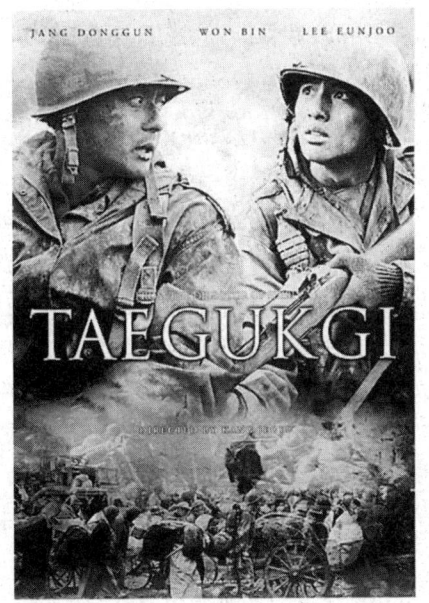

《太极旗飘扬》海报

▶▶【资料链接】影片《生死谍变》创作原型:金贤姬与"大韩航空858号班机空难"

金贤姬,1964年生于平壤,其父是朝鲜外交部官员,上小学时曾作为童星演过电影,是策划"大韩航空858号班机空难"的朝鲜特工。

1987年11月29日,大韩航空858号班机在印度洋上空爆炸,115名乘客和机组人员全部罹难。据被抓获的金贤姬供述,她和搭档——被逮捕时自杀的70岁的金胜一将定时炸弹放置于飞机行李架内,爆炸时间定为九小时后。两人中途下机。行动目的在于阻止韩国举办汉城奥运会。但是朝鲜政府从未承认过此事,并认为是韩国自己爆炸了飞机并陷害朝鲜。随后,美国宣布朝鲜为"支持恐怖主义国家"。

金贤姬

1990年,金贤姬被判处死刑,后蒙"特赦";1997年与曾参与案件调查工作的原韩国安企部官员秘密结婚,现在过着"普通主妇"的生活;其出版的手记《现在,作为女人》在韩日两国都成为畅销书,并被拍成电影。

3.眼界需开阔,选题勿狭隘

我们回到本章开篇时提到的问题:中国电影离"奥斯卡"还有多远?

许多人说,"奥斯卡"总归是一个美国国内的电影评奖活动,仅有一个"最佳外语片奖"直接面向他国;中国电影人屡屡无缘,也属正常,不必在意。这种观点有一定道理。其实,对于"奥斯卡"的评奖形式和标准,各界人士一直都颇多微词。

但总体而言,作为享誉国际的评奖活动,"奥斯卡"评奖的意义已不只局限在美国电影界,而是成为世界电影艺术的一项公认的重要衡量标准。

既然别国的电影作品能够问鼎"奥斯卡",那么中国电影也可以去一较高下,这也是中国电影走向世界的一个标志。所以,中国电影人逐梦"奥斯卡",无可厚非。我们应当见贤思齐、勇于进取,而不该一味埋怨"葡萄酸"。

那么,中国电影如何圆梦"奥斯卡"呢?

许多中国电影人开始研究"奥斯卡的口味",准备"投其所好",并以此为国产片走向世界"探路"。

有人说,"奥斯卡"欣赏东方主义视角的影片,如《末代皇帝》(1987年)。于是,颠轿、挡棺、点灯、捶脚……一系列"伪民俗片"走出国门。

有人说,"奥斯卡"热衷人物传记片。于是,《孙中山》(1986年)、《一代天骄成吉思汗》(1997年)、《梅兰芳》(2008年)等影片被选送过去。

有人说,"奥斯卡"偏爱战争片,如《拯救大兵瑞恩》(1998年)等二战题材影片。于是,《红樱桃》(1995年)、《黄河绝恋》(1999年)等影片出师远征。

有人说,"奥斯卡"看好奇幻片,如《指环王》系列影片。于是,《无极》(2005年)、《画皮》(2008年)被送去"一试身手"。

有人说,"奥斯卡"喜爱宫廷历史片,如英国王室题材。于是,《夜宴》(2006年)、《满城尽带黄金甲》(2006年)等影片走向国际。

有人说,"奥斯卡"钟情苦难片,如《辛德勒的名单》(1993年)、《钢琴师》(2002年)等犹太人题材影片。于是,《唐山大地震》(2010年)、《金陵十三钗》(2011年)获选"冲奥"。

……

这些获选"冲奥"的影片各有所长,却又都铩羽而归。

"奥斯卡"到底偏爱哪些题材类型的影片呢?总归是众说纷纭。

但是,如果认为选一个所谓的"评奖热门题材",就更有希望得奖,那就是自作聪明。如果认为按照所谓的"热门题材"来创作作品,就能够走向世界,那就是错上加错。

同样,在影视剧创作上,想方设法地"投其所好",试图以此打入国际市场,就会作茧自缚,最终必定失败。编剧如果走入这种误区,眼界就会变得狭隘,定然无法创作出好作品,更不可能赢得世界观众。

美国剧作理论家罗伯特·麦基曾向中国编剧提出建议:"不要刻意去克服文化差异,

比如中国电影人不要刻意想着为美国人讲一个故事。"不要仅仅想着把自己的电影卖到美国去,而是要有为全世界观众创作的想法。他希望电影艺术家的作品能跟世界上所有的观众交流,"观众有了发现的乐趣,以及人性的乐趣。这样的故事会获得成功,还很容易跨越国界,被不同的观众接受。"①

罗伯特·麦基说:"一个好的故事,一定是放之四海而皆准。不同文化的人们就应该去互相交流、去沟通。而这种沟通目前正在被网络所实现。因特网消融了国家的边界。编剧应该是世界编剧,不仅要想卖片到好莱坞,还要卖到欧洲、卖到非洲,要有全球思维。"②

"好莱坞有自己的灵感源泉、自己的做事态度。"罗伯特·麦基希望中国编剧努力去做原创的工作,能写真正属于中国的故事。"你们应该知道,世界上想从你那儿得到什么。这包括本土的观众和国际的观众……如果一味模仿,人们很难知道你的诚意。要知道,观众希望从电影里发现中国的文化精髓。"③

对此,中国著名编剧芦苇曾举例说:"当年的《霸王别姬》难道题材不比《赤壁》更偏门?就连中国人都不清楚那些京剧班里的事啊。但是全世界都看懂了,《哈姆雷特》也是,一个北欧的故事,全世界都喜欢。'戏'这种东西,其实永远是'戏假情真'。只要你的精神情感是真实的,观众就一定看得懂。"④

总之,中国影视剧要走向世界,绝不能以狭隘的经验主义来自缚手脚;其第一要义应当是在创作上着眼于世界观众,在选题上寻求更广泛的共鸣。如此,中国影视走向世界之路才会越走越宽,至于那些国际影视奖项,也自然不会再遥远。

▶▶【资料链接】世界华人的"奥斯卡情结"

1939 年:美籍华裔摄影师黄宗霑(1899-1976)凭《海角游魂》获第 11 届奥斯卡最佳摄影提名。

1941 年:黄宗霑凭《伊利诺斯州的林肯》获第 13 届奥斯卡最佳黑白摄影提名。

1943 年:黄宗霑凭《金石盟》获第 15 届奥斯卡最佳黑白摄影提名。

1944 年:黄宗霑凭《空军》和《北方之星》获第 16 届奥斯卡最佳黑白摄影提名。

1956 年:黄宗霑凭《玫瑰纹身》获第 28 届奥斯卡最佳黑白摄影奖。

---

① 《好莱坞名编剧罗伯特·麦基:讲好中国故事,别学好莱坞》,来源:《北京日报》,http://www.bjd.com.cn/10wy/201112/05/t20111205_1280420.html。

② 《麦基指中国有大师缺匠人 称做自己学生死能瞑目》,来源:电影网,http://roll.sohu.com/20111204/n327900262.shtml。

③ 《罗伯特·麦基来京授课:鼓励原创反对模仿》,来源:《华西都市报》,http://ent.sina.com.cn/c/2011-12-05/14553499275.shtml。

④ 《〈赤壁〉原编剧:吴宇森很认真 但差在文化底蕴》,来源:《羊城晚报》,http://www.chinanews.com/yl/dyzx/news/2008/07-26/1325402.shtml。

1959年：黄宗霑凭《老人与海》获第31届奥斯卡最佳摄影提名。

1964年：黄宗霑凭《原野铁汉》（又名《赫德》）获第36届奥斯卡最佳黑白摄影奖。

1967年：黄宗霑凭《时刻》获第39届奥斯卡最佳黑白摄影提名。

1976年：黄宗霑凭《滑稽小姐》获第48届奥斯卡最佳摄影提名。

1985年：柬埔寨籍华裔演员吴汉（1940－1996）凭《杀戮战场》获第57届奥斯卡最佳男配角奖。

1988年：中国旅德电影作曲家苏聪凭《末代皇帝》（贝纳尔多·贝托鲁奇执导）获第60届奥斯卡最佳原创配乐奖。

1991年：张艺谋执导的《菊豆》（代表中国内地）获第63届奥斯卡最佳外语片提名。

1992年：张艺谋执导的《大红灯笼高高挂》（代表中国香港）获第64届奥斯卡最佳外语片提名。

1994年：李安执导的《喜宴》（代表中国台湾）获第66届奥斯卡最佳外语片提名；陈凯歌执导的《霸王别姬》（代表中国香港）获第66届奥斯卡最佳外语片提名；顾长卫凭《霸王别姬》获第66届奥斯卡最佳摄影提名。

1995年：李安执导的《饮食男女》（代表中国台湾）获第67届奥斯卡最佳外语片提名。

1996年：吕乐凭《摇啊摇，摇到外婆桥》（张艺谋执导）获第68届奥斯卡最佳摄影提名。

1997年：美籍华裔女导演虞琳敏凭《呼吸的代价》获第69届奥斯卡最佳纪录短片奖。

1999年：旅加华人王水泊凭《天安门上太阳升》获第71届奥斯卡最佳纪录短片提名。

2001年：李安执导的《卧虎藏龙》（代表中国台湾）获第73届奥斯卡最佳影片等十项提名，最终获得最佳外语片等四项大奖；其中，叶锦添获最佳艺术指导奖，鲍德熹获最佳摄影奖，谭盾获最佳原创配乐奖。

2003年：张艺谋凭《英雄》（代表中国内地）获第75届奥斯卡最佳外语片提名。

2005年：赵小丁凭《十面埋伏》（张艺谋执导）获第77届奥斯卡最佳摄影提名。

2006年：华裔录音剪辑师何中文获奥斯卡录音剪辑特别奖；李安执导的《断背山》（美国）获第78届奥斯卡最佳导演、最佳改编剧本、最佳配乐三项大奖；其中，李安获最佳导演奖，为中国导演首次获此殊荣。

2007年：马丁·斯科塞斯执导的《无间道风云》获第79届奥斯卡最佳影片、最佳导演、最佳剪辑、最佳改编剧本四项大奖，该片改编自麦兆辉、庄文强编剧的香港电影故事片《无间道》（2002年）；美籍华裔导演杨紫烨凭《颍州的孩子》获第79届奥斯卡最佳纪录短片奖；奚仲文凭《满城尽带黄金甲》（张艺谋执导）获第79届奥斯卡最佳服装设计提名。

2011年：杨紫烨凭《仇岗勇士》获第83届奥斯卡最佳纪录短片提名。

第五章 人物与冲突

第一节　影视剧作的人物设置
　一、人物的魅力
　二、人物的分类
　三、人物的配置
　四、人物的设计
第二节　影视剧作的冲突设计
　一、在人物身上表现冲突
　二、在冲突之中塑造人物

我们在上一章中讲述了影视剧创作中创意与选题的重要性。而好的创意和选题最终也还是要负载于故事之中,落脚在人物之上。

2010年12月,陈凯歌导演在接受中央电视台的采访时,谈及自己的新片《赵氏孤儿》(2010年)说道:"好故事可以容纳好主题,好主题不一定是好故事。一个好故事里可以容纳好主题,但是从一个好的主题里,未必能发展出一个好的故事。"

影视剧是一种叙事性艺术作品。一部成功的影视剧作品首先要能为观众讲述一个好故事,并通过故事为我们奉献一群鲜活的人物形象。我们经常会夸赞一部作品"有故事"、"有戏"、"有人物"。所谓"戏"就是冲突,冲突是故事的基础,是叙事的动力。人物的塑造离不开冲突,而冲突的表现也离不开人物。

陈凯歌特别强调了其在创作中对于人物和冲突的重视。他说:"(《赵氏孤儿》)吸引我的就是故事本身。一个故事能够千古流传,必然有动人之处。人物也吸引我。我拍的电影里都应该有一个'牛人'。程婴就是一个'牛人'。这个人物是一个小老百姓,无意中卷进大风波、大事件里边去了。你且看他怎么做。"

第一节 影视剧作的人物设置

中国第三代电影导演的代表人物谢晋曾说道:"我觉得对于电影来说,只是画面好、音乐好,是远远不够的,最重要的还是看它人物刻画得怎么样。人物留在了观众心里,这是对一部电影的最高评价。"

一、人物的魅力

影视剧创作的核心是人物。如果一部影视剧能够为观众奉献出精彩的人物形象,观众们绝不会吝啬对它的褒奖。那些广受观众和评论界好评的中外影视佳作莫不如是。

谢晋导演一生三捧"金鸡"、六获"百花",就是因为他的作品与时代同步,能够塑造出众多开掘了灵魂深处的人物形象,能够引起广泛的社会反响与观众共鸣。谢晋曾介绍说:"我们在同作者修改剧本和拍摄的过程中,着重注意了一些艺术规律,遵循文艺必须写'人'、写'情'。"

▶▶【资料链接】谢晋主要电影作品与典型人物形象

1957 年:《女篮五号》——田振华(刘琼饰)、林洁(秦怡饰)

1961 年:《红色娘子军》——吴琼花(祝希娟饰)、洪常青(王心刚饰)、南霸天(陈强饰)

1962 年:《大李小李和老李》——小李(姚德冰饰)、大李(刘侠声饰)、老李(范哈哈饰)

1965 年:《舞台姐妹》——竺春花(谢芳饰)、邢月红(曹银娣饰)

1975 年:《春苗》——春苗(李秀明饰)

1979 年:《啊!摇篮》——李楠(祝希娟饰)、罗桂田(村里饰)

1980 年:《天云山传奇》——罗群(石维坚饰)、冯晴岚(施建岚饰)、宋薇(王馥荔饰)、吴遥(仲星火饰)

1982 年:《牧马人》——许灵均(朱时茂饰)、李秀芝(丛珊饰)

1983 年:《秋瑾》——秋瑾(李秀明饰)

1984 年:《高山下的花环》——梁三喜(吕晓禾饰)、赵蒙生(唐国强饰)

1986 年:《芙蓉镇》——胡玉音(刘晓庆饰)、秦书田(姜文饰)

1989 年:《最后的贵族》——李彤(潘虹饰)

1992 年:《清凉寺的钟声》——羊角大娘(丁一饰)、大岛和子(栗原小卷饰)

1993 年:《老人与狗》——老人(谢添饰)、要饭女人(斯琴高娃饰)

1996 年:《女儿谷》——施霏霏(李翠云饰)、丁静儿(赵薇饰)

1997 年:《鸦片战争》——林则徐(鲍国安饰)

2000 年:《女足九号》——高波(周里京饰)

相比之下,我国许多影视工作者常常忽略了影视剧中人物形象的塑造。这种错误倾向的体现主要有两类:一类是文艺类影视剧创作中的"重造型而轻人物",另一类是商业类影视剧创作中的"重视听而轻人物"。

20 世纪 80 年代以前,中国电影多重叙事而轻造型。进入 80 年代后,国内电影理论界引进了西方的"影像美学"。以第五代电影导演群体为代表的新一代电影工作者们开始着重探索构图、光影、色彩等元素,研究其独特的"电影表现力"。

对于国内电影艺术的发展而言,这种探索是有益的。但是,过犹不及。在许多过分强调画面、构图等造型元素的作品中,唯美的画面与作品的叙事以及人物形象的塑造完全脱节。这种形式大于内容的作品遭到了观众的冷落和反感。

对此,作为第五代电影导演领军人物之一的张艺谋在 1992 年反省道:"过去我们拍电影,总喜欢讲究点别的东西,画面、色影什么的,人在里面其实仅仅是个符号。拍《菊豆》(1990 年)时,我试图去关注点儿人的事,但做得还不够。我们第五代都有这个特点,奔着一个哲学、理念去了——我当然也是其中一个。但别人看了觉得我们太使劲、绷得太紧,不够松弛,结果人物相对弱了。人们不满,甚至说了些不好听的话,也是有一定道理的。我看过一篇文章,认为我们第五代不太注意'叙事'。这是我们的一个问题。首先要有故事,要有人。我现在才明白,拍电影最主要的是说点独特的事儿,应当把人物推到前景,着重表现他们。我并不排除还会拍我以前那种类型的电影,但我会设法做得更好。"

的确如此,一部影视剧要想征服观众,首先要有故事、有人物。基于这一认识,有同感的第五代电影导演也都开始尝试转型,在其后的作品中逐渐重视叙事和人物塑造,如田壮壮的转型之作《大太监李莲英》(1991 年)、陈凯歌的转型之作《霸王别姬》(1993 年)等。

但遗憾的是,时至今日,故事和人物依旧是第五代电影导演作品中的软肋。自 2009 年以来,何平执导的《麦田》(2009 年)、田壮壮执导的《狼灾记》(2009 年)、孙周执导的《秋喜》(2009 年)、张艺谋执导的《三枪拍案惊奇》(2009 年)、胡玫执导的《孔子》(2010 年)……第五代导演的电影作品相继在票房或口碑上折戟沉沙。此中教训,实在值得影视工作者们深省。

2012 年,张艺谋执导的电影故事片《金陵十三钗》(2011 年)代表中国内地参评第 84 届美国奥斯卡电影金像奖最佳外语片奖,但未能获得提名。对此,"奥斯卡"终身评委、好

莱坞资深华裔演员卢燕女士道出了缘由,颇为中肯:

> 张艺谋是中国最有成就的导演之一。然而未曾预料的是,尽管有奥斯卡影帝克里斯蒂安·贝尔的强大号召力,尽管有国内良好的口碑与票房基础,但《金陵十三钗》这样一部优秀影片在北美的公映却不尽如人意。作为金球奖和奥斯卡的评委之一,我和很多美国同仁进行了交流,他们的一些观点或许能够解释一些缘由。
>
> 最具代表性的评价集中在对于故事真实性的怀疑。影评人认为,影片中的叙事艺术性刻画较多,而缺少一种来源生活的真实质感。影片过分追求画面效果和新技术的充分运用,相比之下,剧情就稍显不足。影评人认为,这在整体的平衡上有失偏颇。
>
> 此外,影评家认为,对于南京大屠杀这样敏感的题材,如何将历史事件与人性刻画完美地呈现出来,从而引发人们对于战争、对于人性的思考和感悟,《金陵十三钗》也没有很好地做到。当然,不少在美的华侨和留学生,特别是对于那段故事有所了解或者感悟的人们,对于影片的评价还是很正面的,至少博得了他们的眼泪。①

在商业类影视剧中,忽视人物形象塑造的创作弊端更为突出。许多高投资的大制作影片一味追求视觉奇观的展现,而将人物角色变成了无足轻重的点缀。观众在感受这种视听震撼的同时,看到的是苍白的故事和单薄的人物;刺激过后,味同嚼蜡。

以动作片为例。一直以来,动作片都以冲突激烈、动作火爆来吸引观众,往往忽视了人物形象的塑造。许多作品"为打而打",完全与剧情脱节,以至于有了"武戏"和"文戏"的生硬划分。这成为了动作片创作的"瓶颈"。

在香港导演叶伟信与动作明星甄子丹合作的《杀破狼》(2005年)、《龙虎门》(2006年)、《导火线》(2007年)三部电影故事片中,"人物"就一直是比较薄弱的一环。《龙虎门》更是被评论指责为"武戏满分、文戏零分"。

于是,在系列电影故事片《叶问》中,导演叶伟信、主演甄子丹与编剧黄子桓开始在人物上下功夫,注重在矛盾冲突中塑造人物形象。

《叶问2:宗师传奇》海报

---

① 《奥斯卡评委卢燕:真实性缺失"十三钗"失宠》,来源:《新民晚报》,http://ent.sina.com.cn/r/m/2012-02-15/15083555576.shtml。

终于，甄子丹饰演的叶问这一人物形象得到了观众的认可和喜爱。该系列影片因而取得巨大成功。《叶问1》(2008年)斩获第28届香港电影金像奖最佳影片奖；甄子丹也凭借"叶问"一角荣获了第13届中国电影华表奖优秀境外华裔男演员奖、第16届北京大学生电影节最佳男演员奖等多个表演类奖项，一举突破"动作明星"的局限。《叶问2：宗师传奇》(2010年)则以2.3235亿人民币的票房荣膺2010年上半年国产影片票房冠军。

2010年3月，电影故事片《叶问2：宗师传奇》在香港国际电影节上举行发布会。主演甄子丹在谈及动作片中塑造人物的重要性时感言："所有武打片，只有在人物上取得突破才算突破。《叶问》的新鲜点在于切合现代心态，叶问爱老婆，在家男女平等。男人想变成叶问，想娶叶问的老婆；女人也想嫁给这样的英雄。所以以后我来设计的话，肯定也会从人物的这些方面去设想，看哪些现代的元素可以更好地设计到角色之中。"[①]这段话讲出了一位不甘于仅被认作是"动作明星"的演员对于塑造人物形象的重视。

可见，"人物"对于一部影视剧的成功与否是何其重要，是任何人都不能忽视的。当剧本进入运作筹拍阶段，主创人员中，无论是导演还是演员，对剧本的关注焦点之一都是人物。无论前期商谈中如何在主题和构思上"漫天要价"，最终在这一阶段都要在故事和人物上"就地还钱"。

好莱坞著名演员、编剧马特·达蒙曾主演《天才雷普利》(1999年)、《谍影重重》系列等著名电影故事片，他对于剧本的质量相当重视。据说，他在接戏时只看三样——剧本、人物和制作班底。

马特·达蒙童年时的邻居就是如今的"威尼斯影帝"本·阿弗莱克。1998年，27岁的马特·达蒙和本·阿弗莱克凭借自编自演的美国电影故事片《心灵捕手》(1997年)破天荒地荣获第70届美国奥斯卡电影金像奖最佳原创剧本奖。马特·达蒙在片中成功地塑造了叛逆的数学天才威尔这一人物形象。

《心灵捕手》海报

该片剧本的雏形源自于马特·达蒙在哈佛读书期间的一次英文课作业。他们为这个剧本付出了大量心血。剧本中的每一个人物都倾注了他们的点滴汗水。影片上映后在票房和口碑上获得巨大成功。

重视剧本及所饰演的人物形象，这就是马特·达蒙能由一个籍籍无名的龙套演员一跃成为万众瞩目的"好莱坞金童"的原因。此后，马特·达蒙与本·阿

[①] 《甄子丹：我要一直打到没人看》，来源：《羊城晚报》，http://news.qq.com/a/20100323/002272.htm。

弗莱克还创立了"绿灯计划",以发掘默默无闻而才华横溢的青年编剧。

总之,编剧在创作剧本的过程中必须重视人物形象的塑造,切不可敷衍了事。

二、人物的分类

人物角色的出场方式有实出和虚出两种。夏衍先生在《写电影剧本的几个问题》一书中曾讲解道:"实出,就是人物真正的登场,有行动,有任务;但是他的登场也必须是自然而然的,编导应给人物安排上场的场面。虚出,就是未登场以前,先由别人提到他的名字,谈到他的经历、特点,也就是用伏笔来交代一下。"

根据出场人物在剧中主要矛盾冲突里的位置和作用,我们将影视剧作中的人物角色分为主要人物、次要人物、象征人物和辅助人物四类。

1. 主要人物

主要人物是针对次要人物而言的。所谓主要人物,又称主人公、主角,始终处于影视剧中主要矛盾冲突的核心位置,绝非旁观者或过客。剧中的主要矛盾冲突围绕这个主要人物展开,并以其行动为主线。主要人物对推动剧情发展起着关键作用,不仅是剧情发展的焦点,还是主题表现的载体。

例如,江奇涛编剧、胡玫执导的电视连续剧《汉武大帝》(2005年)全景式地展现了汉武帝刘彻(陈宝国饰)纵横跌宕的一生和那个风云变幻、英雄辈出的时代。剧中的主要矛盾是致力于振兴汉室江山的刘彻君臣与各种阻挠势力之间的冲突。刘彻正处于这一冲突的核心。围绕这一主要矛盾冲突而分化出来的和与战、治与乱、忠与叛、情与恨等种种矛盾,也都与主人公刘彻有着千丝万缕的联系。因此,虽然剧中人物众多,但是汉武帝刘彻却是唯一贯穿始终的主要人物。

2. 次要人物

次要人物,又称配角,在影视剧的主要矛盾冲突中处于相对从属的地位。但次要人物绝不只是主要人物的陪衬和点缀,在推动剧情发展和表现主题思想上也起着重要作用,并且具有自身独立的审美价值,同样可以成为剧作中的闪光点。

以昆汀·塔伦蒂诺编剧、执导的系列电影故事片《杀死比尔》中的"比尔"这一人物为例。该片以主人公"黑曼巴蛇"(乌玛·瑟曼饰)的复仇行动为主线,而大卫·卡拉丁饰演的"比尔"是作为"黑曼巴蛇"复仇的终极对象而存在的。

大卫·卡拉丁饰演"比尔"

在《杀死比尔 1》(2003 年)中,"比尔"一直险恶地躲在幕后,只用充满磁性的男中音道出旁白。在《杀死比尔 2》(2004 年)中,"比尔"又作为主人公的终极对手走到台前。他的存在渗透于全片之中,使主人公的复仇行动得以贯穿和延续。因此,"比尔"可谓是影片剧情的生发点,一切的恩怨纠葛皆自他而起,也皆由他而终。导演昆汀·塔伦蒂诺甚至说:"大卫主宰着第二部。"

3. 象征人物

具有某种象征性的人物角色往往对剧情的发展起着贯穿或推进的作用,而对主题思想的表达又起着画龙点睛的作用,对主要矛盾冲突的表现则具有象征和阐释的作用。

最具有代表性的象征人物当属塞缪尔·贝克特的荒诞派戏剧《等待戈多》中的"戈多"。"戈多"作为一个代名词,在剧中始终是一个朦胧虚无的幻影、一个梦魇中的海市蜃楼;虽然只是"虚出",却决定着人物的命运,成为贯穿全剧的中心线索。

在国产电影故事片《大红灯笼高高挂》(1991 年)中,由马精武饰演的陈老爷在片中并未通过正面镜头来展现,主要是以声音来体现其存在,但依旧使人不寒而栗。这个冷酷无情的封建家长式人物正是封建压迫势力的象征。此类人物形象还有威廉·惠勒执导的好莱坞电影故事片《宾虚》(1959 年)中"不识庐山真面目"的耶稣,胡金铨执导的香港电影故事片《侠女》(1971 年)中的高僧慧圆等。

《宾虚》中耶稣的背影

4. 辅助人物

辅助人物,又称"龙套",诸如影视剧中的仆人、随从、丫环、路人、商贩、乞丐、兵丁、喽啰、围观群众、文武百官等,可谓招之即来、挥之即去;在剧本中只是蜻蜓点水的一笔,有时只有一字半句、只言片语的台词,有时只有几个简单的情节动作,有时则如同"活道具"。但是,这些辅助人物对于串联剧情、烘托气氛、交代环境也有着不可或缺的作用。

例如,新版电视连续剧《三国》(2010 年)中的龙套演员杨彤在网络上被称为"龙套帝"。他在剧中客串的角色有几十个,平均每三集就出现一次,配合剧情的发展。第 1 集是给曹操提鞋的太监;第 23 集里是替曹操给关羽送礼的家丁;第 25 集里成了张飞的属下;到了第 28 集,他又变成了袁绍属下的将军,还奉命将田丰赐死;第 30 集他又摇身一变,成了蔡瑁的属下;第 32 集时,他又成了刘备的亲信。可见,一部影视剧的"人物谱"上也少不得由龙套演员饰演的这些不起眼的辅助人物。

以中国内地演员张涵予出演的电影角色为例。他在电影故事片《集结号》(2007 年)中出演唯一的主要人物——九连连长谷子地,在电影故事片《风声》(2009 年)中出演主要人物之一的"老枪"吴志国,在电影故事片《天下无贼》(2004 年)中出演次要人物——列车上的便衣警察,而在电影故事片《十月围城》(2009 年)中出演的则是象征人物——孙中山;至于在电影故事片《没完没了》(1999 年)、《大腕》(2001 年)、《手机》(2003 年)中出演的则是形形色色的辅助人物、龙套角色。

《集结号》剧照

《风声》剧照

《十月围城》剧照

《天下无贼》剧照

《没完没了》剧照

三、人物的配置

影视剧中人物配置的原则是"按需定量"。一般来说,影视剧的篇幅越长,所涉及的生活面也就越广,人物数量也就越多。例如,电视短剧的正式出场人物不宜过多,最好不超过五个,而长篇电视连续剧的正式出场人物则不能太少,往往有几十个甚至上百个。

人物配置的实质是人物关系的设定,而人物关系的设定首先是围绕主要人物展开的,主要人物之间的关系是核心人物关系,其次是主要人物与次要人物之间的关系,最后再到次要人物之间的关系,逐渐织起一张人物关系网。而影视剧中的主要矛盾冲突也要在以主要人物为中心的人物关系中进行表现。

我们将人物配置的方式,按照主要人物的数量分为独秀式、双子式、对立式、三角式、群戏式五种。

1. 独秀式

所谓独秀式是指影视剧中只有一个主要人物。这个主要人物在剧情发展中"一枝独秀",居于绝对中心地位。人物关系上则呈现众星拱月之势。次要人物可以闪耀自身的星光,但绝不可喧宾夺主地遮盖主要人物的月华。

人物传记类的影视剧往往呈现为"独秀式"。例如,钱林森与张建广编剧、李文岐执导的电视连续剧《李小龙传奇》(2008年)就是以李小龙(陈国坤饰)这一主要人物为绝对核心,以其钻研和弘扬中国武术的行动为主线,通过50集的篇幅来演绎其短暂人生的传奇经历。该剧是中央电视台十年来收视率最高的电视剧。虽然,诸如邵如海(王洛勇饰)、木村(刘冬饰)、伊诺山度(宁理饰)等许多次要人物的塑造也很出色,但是,李小龙无疑是剧作中最具魅力的人物形象,使其他人物都相形失色。

再如,电影故事片《焦裕禄》(1990年)、《周恩来》(1991年)、《功夫皇帝方世玉》(1993年)、《精武英雄》(1994年)、《孔繁森》(1995年)、《邓小平》(2003年)、《张思德》(2004年)、《任长霞》(2005年)、《霍元甲》(2006年)、《叶问》(2008年)等,电视连续剧《开国领袖毛泽东》(1999年)、《孙中山》(2000年)、《台湾首任巡抚刘铭传》(2004年)、《远山的红叶》(2010年)、《毛岸英》(2010年)等,都属于独秀式。

《李小龙传奇》海报　　《张思德》海报　　《任长霞》海报

2. 双子式

所谓双子式是指影视剧中存在两个主要人物,这两个主要人物在剧情发展中"相映成趣",共同居于中心地位,甚至形成两条并行的情节线索。

双子式中,两个主要人物之间的关系多种多样。最常见的是情侣关系,如夫妻或恋人。例如,岸西编剧、陈可辛执导的香港电影故事片《甜蜜蜜》(1996年)讲述的是男主人公黎小军(黎明饰)与女主人公李翘(张曼玉饰)之间延绵十年之久的情感故事。两人在1986年乘坐同一班火车从内地来到香港,各自展开新生活。十年间,两人相遇、相识、相恋,却始终不能走到一起;本以为此情难续,却又在命运的安排下重聚。

属于情侣关系的双子式作品还有电影故事片《红高粱》(1987年)、《当哈利碰上莎莉》(1989年)、《菊豆》(1990年)、《泰坦尼克号》(1997年)、《不见不散》(1998年)、《向左走,向右走》(2003年)等以及电视连续剧《牵手》(1999年)、《金婚》(2006年)等。

此外,双子式也可以是父子关系,如电影故事片《和你在一起》(2002年);可以是父女关系,如电影故事片《我和爸爸》(2003年);可以是朋友关系,如电视连续剧《香港姊妹》(2007年);可以是伙伴关系,如电影故事片《尖峰时刻》(1998年);可以是兄弟关系,如电视连续剧《小鱼儿与花无缺》(2005年);可以是姐妹关系,如电影故事片《另一个波琳家的女孩》(2008年);还可以是某种惺惺相惜的关系,如电影故事片《喋血双雄》(1989年)、《霸王别姬》(1993年)、《王牌对王牌》(1998年)、《双雄》(2003年)。

3. 对立式

历史人物灿若繁星,总有一些人物相伴而来、相克相生,如苏秦与张仪、孙膑与庞涓、刘邦与项羽……故而,古典名著《三国演义》中有"既生瑜,何生亮"的千古之叹。这种宿命般的对立更能彰显出人物的魅力。

所谓对立式就是指在影视剧中塑造两个相互之间明显对立的主要人物形象,两个人物在戏份上平分秋色、不相伯仲,都应该在剧中有出色的表现,形成"一时瑜亮"之势。

例如,美国电影故事片《盗火线》(1995年)中,塑造了警官汉纳(阿尔·帕西诺饰)和劫匪麦考利(罗伯特·德尼罗饰)两个有血有肉的主要人物形象。警官汉纳意志坚强、能力超群,但个人生活极不顺利。他的烦恼与痛苦使观众心生同情。而劫匪麦考利举止文雅、风度

《盗火线》海报

翩翩、重情重义，极富男性魅力，丝毫不像凶残的暴徒。这两个人物角色之间存在天然的对立，尽管在片中只有两场对手戏，却共同推动着剧情的发展。

对立式作品还有电影故事片《变脸》(1997年)、《暗战》(1999年)、《无间道》(2002年)等以及电视连续剧《铁面无私》(2002年)、《红日》(2007年)等。

高贤贞饰演的美室

在许多影视剧中，主要矛盾冲突的双方有明显的正义与非正义之分。那么，对立式人物也可划分为正面人物和负面人物。例如，电影故事片《变脸》(1997年)中，联邦探员尚亚瑟是正面人物，恐怖分子特洛伊是反面人物；电视连续剧《红日》(2007年)中，解放军指战员沈振新(尤勇饰)是正面人物，国民党军官张灵甫(李幼斌饰)则是反面人物。

有时，反面人物塑造出色，往往会盖过正面人物的风头，如电视连续剧《黑冰》(2001年)中的郭小鹏(王志文饰)、电视连续剧《黑洞》(2002年)中的聂明宇(陈道明饰)、电视连续剧《征服》(2003年)中的刘华强(孙红雷饰)。

再如，吴宇森执导的美国电影故事片《断箭》(1996年)中的反派人物——狄坚上尉(约翰·特拉沃塔饰)显然比主人公希尔中尉(克里斯汀·史莱特饰)光彩夺目。而在韩国电视连续剧《善德女王》(2009年)中，高贤贞将美室这个反派人物的狠毒、聪慧诠释得淋漓尽致，风头完全盖过了主人公善德女王(李嶢嫒饰)，使观众惊叹："反面角色原来可以这样演。"

4.三角式

所谓三角式是指影视剧中存在三个主要人物，这三个主要人物在剧情发展中相互制衡、"鼎足而立"，共同居于中心地位。三角式人物配置是对双子式和对立式的一种突破，可以使人物关系和冲突表现更加丰富。

例如，电影故事片《让子弹飞》(2010年)中，绿林麻匪张牧之(姜文饰)、江湖骗子老汤(葛优饰)、南国恶霸黄四郎(周润发饰)三个主要人物各自为政、相互算计、冲突不断，丰富了影片情节的戏剧性。此类三角式作品还有香港电影故事片《投名状》(2007年)、《窃听风云》系列以及内地电视连续剧《宰相刘罗锅》(1996年)、《铁齿铜牙纪晓岚》系列等。

包含"三角恋情"的影视剧也常采用三角式人物配置。例如，电影故事片《荆轲刺秦王》(1999年)、《云水谣》(2006年)、《画皮》(2008年)，电视连续剧《拿什么拯救你，我的爱人》(2002年)等。

《投名状》海报　　　　　　《宰相刘罗锅》海报　　　　　　《铁齿铜牙纪晓岚》海报

5. 群戏式

所谓群戏式是指影视剧中的主要人物角色超过三个，这些主要人物在剧情发展中"八仙过海"，往往形成多线叙事的格局。我们称这类影视剧为"群戏"。

例如，在苏小卫[①]编剧、王坪执导的电影故事片《沂蒙六姐妹》(2009年)中，塑造了六位堪称"支前"模范的沂蒙女性。六个主要人物性格迥异、各具魅力，共同诠释了感人至深的"沂蒙精神"。该片荣获第13届中国电影华表奖优秀故事片奖及优秀编剧奖。

"群戏"往往可以集合明星的群体力量来获得成功。例如，香港嘉禾电影公司的创业之作——电影故事片《天龙八将》(1971年)就集合了公司中的谢贤、苗可秀、沈殿霞、茅瑛、田俊等八大头牌演员。再如，美国漫威影业出品的电影故事片《复仇者联盟》(2012年)、史蒂文·索德伯格执导的《罗汉》系列影片、张彻执导的香港电影故事片《上海滩十三太保》(1981年)、韩三平与黄建新执导的国产电影故事片《建国大业》(2009年)与《建党伟业》(2011年)等。

《沂蒙六姐妹》剧照

---

① 苏小卫，女，1960年生，笔名思芜、秋实，著名编剧，广电总局电影剧本规划策划中心副主任，其夫为著名导演霍建起，编剧的主要电影故事片有《赢家》(1995年)、《那山那人那狗》(1999年)、《生活秀》(2002年)、《暖》(2003年)、《情人结》(2005年)、《沂蒙六姐妹》(2009年)、《唐山大地震》(2010年)、《秋之白华》(2011年)等，曾荣获华表奖、金鸡奖及长春电影节的最佳编剧奖。

《天龙八将》海报

《十月围城》海报

一般来说,主要人物每多一个,剧中的矛盾冲突就会复杂一重,在剧作上也就需要更多的表现空间。如果主要人物的设置不顾逻辑而一味求多,就容易造成作品整体结构松散杂乱、剧情矫揉造作。因此,群戏式人物配置必须"按需定量"。

以陈德森执导的香港电影故事片《十月围城》(2009年)为例。最初,该片监制陈可辛向导演陈德森提议重拍陈可辛之父——陈铜民拍摄的一部以保护孙中山为题材的电影故事片《赤胆好汉》(1974年)。而陈德森在筹备剧本时,就把《赤胆好汉》里的一个义士改成了六个,变成了"群戏"。最终,剧情变成了我们现在所看到的"八义士对抗五百杀手、全城围剿连环追杀"的故事。

陈德森介绍说:"我最想写的题材就是说,成就一个革命,有些人一定是因为爱国,走在前面。还有许许多多、成千上万的人,他不知道谁是孙中山,只是想为这件事奉献自己的力量。"①因此,片中"群戏式"的人物配置其实是着眼于表现"普通人为革命献身"这样一个构想。

而"群戏"创作的最大难点在于要让每个主要人物都有戏,都能立得住。

以史蒂文·索德伯格执导的美国电影故事片《十一罗汉》(2001年)为例。编剧特德·格里芬介绍说,在剧本创作过程中,最大的挑战是让片中11个主人

《十一罗汉》海报

---

① 《〈十月围城〉背后的故事　十年一觉围城梦》,来源:《南方都市报》,http://ent.oeeee.com/a/20091215/369040.html。

公在故事的发展中都有所表现,既显得有趣,又体现出他们的现时存在;再有就是清晰地定义每个人物,让这 11 个人个个都形象鲜明。因此,他在剧作中对每个角色的戏份安排得非常紧凑,以便让每一个人物都给观众留下深刻印象;并且对每个角色的戏份进行准确定位,保证不偏题。

主要人物的设置完成之后,核心人物关系也就建立起来了。然后,就可以由"核心"开始进行辐散,完善次要人物的配置,建立起主要人物与次要人物之间的关系。

例如,电影故事片《画皮》(2008 年)中,王生(陈坤饰)、佩蓉(赵薇饰)、小唯(周迅饰)三个主要人物之间的情感纠葛是叙事主线,三人之间构成核心人物关系;之后,再与庞勇(甄子丹饰)、夏冰(孙俪饰)、小易(戚玉武饰)三个次要人物构建起另外三组"三角恋爱"的关系。

最后是建立次要人物之间的关系,可以与核心人物关系并行。

例如,电视连续剧《奋斗》(2007 年)中,向南(文章饰)与杨晓芸(李小璐饰)的关系、华子(朱雨辰饰)与陆露(徐翠翠饰)的关系,就属于次要人物之间的关系。再如,《血色浪漫》(2004 年)、《与青春有关的日子》(2006 年)等电视连续剧中也都存在类似的次要人物关系。

《奋斗》剧照

《血色浪漫》剧照

四、人物的设计

对人物形象的设计,既包括人物角色的基本特征,如性格特征、心理状态、身份地位、神情外貌、言行举止等,又包括人物角色所处的时代与情境。两方面是辩证统一、密不可分的。人物必然处于特定的时代之中,也总是处于各种不同的情境之中,时代与情境也塑造着人物形象。

我们在写作剧本语言时,会运用大量的叙述语言、人物语言乃至补充语言来完成对人物形象的设计。① 这里我们对人物的设计需考虑以下四个具体方面：

1. 性格与心理

对人物性格的塑造向来是人物设计的核心。冯梦龙在《醒世恒言》中写道："江山易改,禀性难移。"而瑞士心理学家卡尔·古斯塔夫·荣格在《荣格的智慧：荣格性格哲学解读》中则指出："性格决定命运。"编剧塑造人物形象首先要着眼于其性格。

以电视连续剧《大明宫词》(1999年)为例。该剧故事主线是太平公主(陈红饰)的人生命运,与她一同生活在大明宫里的是皇家的其他成员,包括父亲李治(李志舆饰)、母亲武则天(归亚蕾饰)以及四个哥哥——李弘(刘栋饰)、李贤(孙斌饰)、李显(郭冬临饰)、李旦(王涛饰);而薛绍(赵文瑄饰)、张易之(赵文瑄饰)、瑾娘(杨雨婷饰)、武攸嗣(傅彪饰)等人物也陆续走入她的人生。

编剧郑重、王要在塑造这些人物角色时,首先定位的正是其性格。他们说："每一个人物都事先定好一个基调,正如画的底色。人物在这个基调上起伏变化,但万变不离其宗。比如瑾娘,她是复仇的化身;太平公主,她爱而不得,终生寻找——复仇、爱和死,是希腊戏剧表现得最极致的永恒主题。四位太子,我们也事先设计,一个是同性恋'弘',一个是偏执狂'贤',一个是道学者'旦',一个是窝囊废'显'。张易之是虚构人物,他身上有许多虚无和疯狂的因素——其实,历史上有许多人,人是一代一代轮转的,灵魂却很相似。我们把每个人的性格都铺陈发展到极致;即使反面人物,也有他自圆其说的世界观和作恶的充足理由。这样人物就完备了内在逻辑,写起来自然而然。如果谈到内涵,我们强调这些历史人物更作为一个人的个性化、现代化和理想化。强调个性化和理想化,也是希腊戏剧的遗风。"②

再如,伍迪·艾伦自编自导的美国电影故事片《午夜巴塞罗那》(2008年)讲述的是：性格迥异的美国姐妹维姬(丽贝卡·豪尔饰)和克里斯蒂娜(斯嘉丽·约翰逊饰)结伴来到西班牙巴塞罗那度暑假,邂逅了很有魅力的艺术家胡安(哈维尔·巴登饰)及其前妻玛丽娅(佩内洛普·克鲁兹饰),四个人之间发生了一系列妙趣横生的浪漫爱情故事。

片中,这四个人物角色各具鲜明性格,其感情之路也迥然不同。影片很注重展现人物强烈的性格反差并进行对照。

即将结婚的维姬显得谨慎古板。饰演者丽贝卡·豪尔说："我在影片中的角色是维姬,一个头脑非常清晰、对生活有着大把的计划的人。她快结婚了,攻读的学位也要拿到手了……结婚之后,她打算离开所在的城市,在郊区买一所大房子,生一堆小孩。她觉得自己期望的一切都会依序出现。"

---

① 参阅本书第八章第一节"影视剧作的语言"相关内容。
② 《〈大明宫词〉很诗化——访〈大明宫词〉编剧郑重、王要》,摘自《中国青年报》2000年4月17日,作者：徐虹、郭晓虹。

思想开放的克里斯蒂娜则刚刚与男友分手，抛弃了工作。她性格懒散、随遇而安，充满好奇心。饰演者斯嘉丽·约翰逊说："克里斯蒂娜的身体里居住着一个迷茫、喜欢流浪的灵魂。她没有生活目标，不知道什么才是自己想要的。她尽可能地挥洒着自己的青春，逃避责任，有一天过一天，走到哪儿算哪儿。"

《午夜巴塞罗那》海报

编剧、导演伍迪·艾伦说："对于一个像维姬这样更加循规蹈矩的中产阶级来说，她固执地坚守的是一个在大多数人眼中更加幸福的人生——更加有组织、更加稳定、更加健康。也许维姬永远都不会收获预期之外的成果，但她至少找到了一个非常不错的好男人，会嫁给他，过着幸福而富足的生活。总之，一切的一切，看起来都是这般的美好。反之，像克里斯蒂娜这样的人，却鲜少能够得到让自己满意的机遇；因为她总是在观望，不会采取行动；她永远只知道什么才是自己不想要的，却不晓得应该伸手抓住些什么。不过，克里斯蒂娜的人生就像是一块变幻莫测的调色板，也许有一天，她真的能够幸运地等到天上掉馅饼的时刻。"

艺术家胡安显得严肃随和，又务求实际。饰演者哈维尔·巴登表示："胡安是一个心里满是等待愈合的伤口的男人。作为一名画家，乃至作为一个人，身处与玛丽娅无休无止的牵扯当中，令他身心疲惫。伤痛慢慢渗透至骨髓，已然成为他身体上一个无法抹去的记号。但是，胡安却勇敢地面对一切恐惧，他拒绝逃避。"

胡安在片中最为显著的特质，就是他总能以一种坦率的方式和别人交谈。哈维尔·巴登说："我的角色并非一个矛盾、复杂的人。我觉得这也是他会具备如此直接的性格的原因。他有一种讲出真相的欲望，然后为其他人制造一些有趣且艰难的时刻。"

美丽的玛丽娅则显得偏激善妒，属于非常有情感破坏力的人，几乎威胁到了她生活中的每一个人。伍迪·艾伦说："玛丽娅是一个非常有艺术才华的女人，她擅长弹钢琴、画画。但由于她对任何事情都过于热衷了，所以她根本没办法很好地安排自己的生活。玛丽娅的激情无人能及。情感炽热的她因为对任何感觉都太执著，而使得她对所有触碰得到的事物都具有一定的杀伤力。不仅如此，玛丽娅还生性善妒，甚至愿意用刀刺向那个她投入情感最多的人，然后玉石俱焚。"[1]

---

[1] 参阅百度百科，http://baike.baidu.com/view/1657803.htm。

人物的心理活动是其性格的体现，也影响着其言行举止，而人物的一举一动也必有其心理动机。曹禺之女、著名编剧万方曾说："我不想在作品中评判什么，这一点算是遗传了我父亲；他对每个人都怀有悲悯之心，哪怕是《雷雨》中的周朴园。父亲常说，每个人做每件事情都有自己的理由。写作者，只是要找出这些理由，而不要恣意评判。生活本就无法评判。"①

对于人物心理的视觉化展现，我们可以直接通过镜头画面来呈现其联想、回忆、幻想、梦境等心理活动状态，也可以通过运用抒情蒙太奇乃至人物独白来完成。

当然，人物性格是复杂的，人物心理也是复杂的。美国剧作理论家罗伯特·麦基曾指出："中国电影有这么一个倾向，就是人物个性都非常强。但是那不是一个复杂的心态，而世界却是一个复杂的心态。《霸王别姬》表达的就是一个复杂的心态，这也是为什么这部电影在西方那么成功的原因之一吧。这是我的观察。"

麦基以动作片中的人物形象为例，指出好莱坞编剧和中国编剧的处理方式有所不同：在中国不论是女神还是恶棍，都有一种道德上的纯洁性；一个如此纯粹的人，很难让观众感同身受。他解释说，如此纯粹的人，会面临两个问题，一是观众很难对他产生"移情"的效果，没有办法连接起来，"你可能会崇拜他，你可能会欣赏他，但是你绝对不会通过移情作用来认同他"；第二个问题，因为他太纯粹了，也没有办法有多样性，要设置两个小时的动作那只能不断重复。但好莱坞的人物角色通常都有复杂性，超人也好，蝙蝠侠也罢，都是双重人格，他们也是普通人，观众能从他们身上找到共鸣。在转换的过程中也解决了多样性的问题。②

著名编剧张成功就很注重刻画人物复杂的心理状态和曲折的心路历程，如电视连续剧《黑冰》（2001年）中的郭小鹏（王志文饰）、电视连续剧《黑洞》（2002年）中的聂明宇（陈道明饰）。

张成功始终认为，无论是正面人物还是反面人物，在他的心里，首先都是个人；对于这些活生生的人，他都会倾注很多的心血去塑造。他比较侧重于犯罪心理的挖掘，着重写社会环境对人的影响，写人性的微妙之处。

例如，在电视连续剧《黑洞》中，陈道明饰演的"反派"聂明宇无疑是最引人注目的角色。这个人物角色非常复杂：他是市长的儿子、一个成功企业家，小时候却由于父亲被送进"牛棚"而备受凌辱；后来父亲平反当了市长，他弃业从商，利用关系，走私贩私行贿，成了天都市一手遮天的人物。张成功把这个人物陷入由金钱、权力组成的"黑洞"后，内心的矛盾、痛苦描绘得入木三分。

---

① 《万方：生活本就无法评判》，来源：北京文艺网，http://www.artsbj.com/Html/artist/wyjbj/3712325855.html。
② 《罗伯特·麦基：中国作家面临的压力独一无二》，来源：《成都商报》，http://ent.163.com/11/1212/03/7L1V7VUV00032DGD.html。

2. 时代与情境

常言道:"环境塑造性格。"对人物角色的设计离不开对其所处环境的描绘。正如法国启蒙思想家狄德罗在《论戏剧艺术》一书中所说:"人物的性格要根据他们的处境来决定。"具体而言,则要考虑两个方面,即人物所处的时代和人物所处的情境。

首先,对人物形象的塑造不能超越其所处的时代背景。

例如,在系列电影故事片《赤壁》中,人物角色的塑造明显脱离了他们所处的时代与情境。著名编剧芦苇认为,《赤壁》最本质的问题在于吴宇森对三国时代的精神气质"认识不足,把握不够"。他说:"它的剧情太'疲软'、人物太苍白,这些弱点也是千真万确存在的……三国是个风雨飘摇、生死攸关的时代,但《赤壁》里的人物却好似在过家家。"他举例说,当曹营80万大军逼近,东吴的主要军事领袖周瑜却还在给母马接生,"这个情节就完全脱离了那个时代的精神"。

芦苇说:"我们都认为《赤壁》应该忠于历史,那么怎样才算忠于历史?关键在于忠于历史的精神,而不是执著于某些历史细节。比如《阿拉伯的劳伦斯》(1962年)和《巴顿将军》(1970年),它们都不能算是百分百还原历史,但它对那个时代的人物精神的把握却是精确的,这就叫真实。"①

《黄飞鸿之二:男儿当自强》海报

而在徐克执导的系列电影故事片《黄飞鸿》中,对人物形象的时代性就处理得很好。对主人公黄飞鸿(李连杰饰)的塑造,被放到了清末中国与西方的政治冲突与文化冲突的背景之下,被置于当时新与旧、传统与现代的时代矛盾之中。

结合这一时代背景,作品的主题思想也就不只局限于正与邪、侠义与罪恶的冲突,而是将人物放到时代大潮中去开拓新的审美意义。片中,黄飞鸿深受中国传统文化的熏陶,却也目睹着古老中国的积弱不振;在汹涌来袭的西方文明和思潮面前,他有困惑、有纠结,也有自卑、有抵触;他提倡以新文明来救中国,却也固守传统的家国情怀。

由此出发,黄飞鸿的恋人——十三姨(关之琳饰)被塑造成留洋归来、传播西方文明的形象,成为早期"开眼看世界"的一辈人物的代表。而她与黄飞鸿在感情发展及文化认知方面的种种矛盾也

---

① 《〈赤壁〉原编剧:吴宇森很认真 但差在文化底蕴》,来源:《羊城晚报》,http://yule.sohu.com/20080727/n258404135.shtml。

正源于此。

黄飞鸿之父黄麒英(刘洵饰)的形象则被塑造成一个可爱又不失大师风范、开明又不失传统气质的长辈。这个角色其实是清朝末年民族资产阶级的代表，对其人物形象的塑造正是以此为纲。他在北京兴办实业、开药店和药厂，实践着那个时代"实业救国"、"师夷长技"的号召；而对待儿子的婚姻，他又表现出在那个时代难能可贵的开明态度。

其次，对人物形象的塑造不能脱离其所处的具体情境。

法国小说家左拉在《论小说》一书中说："要使真实的人物在真实的环境中活动。"而恩格斯在《致玛哈克奈斯》一文中则强调："真实地再现典型环境中的典型人物。"

例如，美国电影故事片《战略特勤组》(2010年)中，前美军特种部队炸弹专家史蒂芬·阿瑟·杨格(麦克·辛饰)宣称在美国三个城市中分别安放了三枚微型核弹，以此威胁美国政府放弃"侵略政策"。美国本土危在旦夕。FBI反恐部门女探员海伦·布洛迪(凯瑞·安·莫斯饰)负责调查此案。而军方也介入其中，并授命谈判专家亨利·汉弗莱斯(塞缪尔·杰克逊饰)来对史蒂芬进行审讯逼供。

三个人物在这场生死攸关、利益纠葛的谈判中各据立场、针锋相对。亨利肩负拯救之任，其逼供手段极端残忍严酷，而政府高层的纵容更使其有恃无恐。海伦反感如此惨无人道的非法手段，但要解决核弹危机、拯救无辜群众，又别无他法。而疯狂的"恐怖分子"史蒂芬要求美国政府满足其要求，也自有一番道理。

其实，史蒂芬未必疯狂，亨利未必残忍，海伦也未必是"妇人之仁"，但三个人物又都在"核弹危机"的具体情境中"不得已而为之"。

3. 身份与地位

人物的身份与其所处的地位，都会对其性格的形成产生影响，会形成相应的心理状态并体现在其言行举止之中。而人物身份与地位的设计同样要结合其所处的时代与情境。

例如，在徐克执导的系列电影故事片《黄飞鸿》中，黄飞鸿(李连杰饰)的四大弟子——林世荣(郑则仕饰)、梁宽(元彪/莫少聪饰)、牙擦苏(张学友饰)、鬼脚七(熊欣欣饰)都出身底层，但其具体身份职业与社会地位不同，性格特征与处事作风也就迥异。

林世荣，绰号"猪肉荣"，以屠猪卖肉为生，原隶属于刘永福统率的"黑旗军"，后来成为佛山民团的骨干成员。他因而最疾恶如仇，好打抱不平，又行事莽撞。

梁宽原是乡下农民，在清朝末年的中外压榨下破产，只得进城谋生。他的身上既有农民的狡黠与圆滑，又有贫苦人的耿直与善良。

牙擦苏是南洋华工的后代，自海外回乡，见多而识广。他受过西方文明的洗礼，思想相对开放，但海外漂泊无依的经历，又使他显得自卑而怯懦。

鬼脚七原是京城的贫苦车夫，又混迹在黑恶帮派里充当打手，显得亦正亦邪。混迹黑社会的经历，使他性情乖戾，处事容易走极端；但贫苦人的出身，又使他保有善良的本性，重情重义。

可以说，黄飞鸿的四个弟子以各自不同的人物形象，描绘着那个时代的一个个侧影和当时社会的一个个角落。

再如，约翰·福斯克编剧、罗伯·明可夫执导的电影故事片《功夫之王》(2008年)取材自中国古典名著《西游记》，讲述了一个发生在古老而神秘的中国的"穿越"故事：酷爱中国功夫的美国少年杰森（迈克尔·安格拉诺饰）偶然在古董店找到一支"如意金箍棒"，从而穿越时空回到中国唐代；他在醉仙吕岩（成龙饰）、默僧（李连杰饰）、女侠金燕子（刘亦菲饰）的护送下，踏上充满艰险的旅途，前往五行山去解救被禁锢在那里的齐天大圣孙悟空。

编剧约翰·福斯克是一个"中国通"，他将其能联想到的中国武侠电影的经典元素都融入了剧本之中。我们可以从中看到许多经典武侠片、功夫片中的段落和场景，如胡金铨执导的《侠女》(1971年)中的"竹林"、成龙的成名作《蛇形刁手》(1978年)中的"授徒"、李连杰的成名作《少林寺》(1982年)中的"十三棍僧救唐王"、于仁泰执导的《白发魔女传》(1993年)中的"白发三千丈"

《功夫之王》剧照

等。但这些元素又都必须负载在具体的人物角色身上来展开。

首先，该片的故事背景设定在《西游记》所描绘的中国唐代。例如，醉仙吕岩与杰森首次交谈时所处的酒肆就处处体现出唐代风情。所以，人物角色的身份与地位的设计就要与此故事背景相结合。

美国少年杰森之外的三个主要人物的身份分别是落魄书生、和尚、歌女。这正是中国唐代传奇中最浓墨重彩的三类"符号性"人物，很有时代意蕴。

成龙饰演的落魄书生吕岩的原型是"八仙"之一的吕岩（字洞宾），他是美国少年杰森的"身体训导者"，是吟游诗人，又是醉拳高手。成龙得以通过这个人物角色来展示其电影代表作《醉拳》(1978年)中的"醉八仙"功夫。

李连杰饰演的世外高人"默僧"显得沉默寡语又威严强悍、胸怀宽广又出尘脱俗，他是美国少年杰森的"精神引领者"。李连杰得以通过这个人物角色来展示其电影成名作《少林寺》中的少林功夫。

刘亦菲饰演的乱世歌女"金燕子"脱胎自胡金铨执导的电影名作《大醉侠》(1966年)和张彻执导的影片《金燕子》(1968年)，是"复仇侠女"的形象，她是美国少年杰森的"情感陪伴者"。

结合这些人物角色的具体设计，影片故事得以生发开来，编织出一段"奇幻武侠世界"的动人传奇。

4. 神貌与言行

"神貌"是指人物角色的神情状态和外形容貌。人物的神情状态往往可以传递人物的心理状态,展现出人物的性格特征。而对人物外貌的描写,一般在剧本中应尽可能简略,着重描述的是人物身上的内在精神气质,帮助演员理解角色的性格特征、捕捉人物在特定情境下的思想意识和心理状态,尽力做到"绘形传神"。

例如,麦兆辉、庄文强自编自导的香港电影故事片《窃听风云 2》(2011 年)中,司马念祖(吴彦祖饰)、罗敏生(刘青云饰)、何智强(古天乐饰)三个主要人物角色分别充当着"窃听者"、"被窃听者"和"调查者"的身份。

吴彦祖饰演的新加坡退伍军人司马念祖是胸有城府的复仇者,神貌上显得精壮干练、诡秘莫测,虽性情乖戾却又是一个至纯至孝的情义之人。

古天乐饰演的保安科督察何智强是刚正不阿的反恐警察,神貌上庄重沉稳,而其显眼的沧桑银发又映衬出他深藏的柔情愁思。

刘青云饰演的民生证券行董事罗敏生是名利双全的金融才俊,神貌上斯文体面,充满优越感,显得志得意满,却又多变圆滑。

三个人物之间亦敌亦友,时而对立,时而携手;而错综的剧情在他们复杂的关系之中得以展开,并将利益纷争、家仇私恨、股市较量等矛盾纠合交织在一起。

"言行"是指人物的语言和动作,是剧本中人物描写的重点。其实,人物的动作可以分为外在动作、内在动作、语言动作;我们通常所说的"动作"都是外在动作,语言动作是指人物的语言,而内在动作则是指人物的心理。

描写人物的言行举止要深入到人物的生活之中,才能真切自然。例如,在电视连续剧《钢铁年代》(2011 年)中,编剧高满堂塑造了一群有血有肉、鲜活感人的鞍钢工人形象。他说:"几年前,我在创作《大工匠》(2006 年)时,在一个老板那里看到一本上世纪 60 年代出版的《鞍钢志》,里边记载了中国工业的'长子'鞍钢的艰难发展历程。这让我心情特别激动,觉得这是个重大题材,一定要拍成电视剧。可以说,这部剧,大的历史框架肯定是真实的。在鞍钢采访期间,我与创造了那段历史的老厂长、老工程师进行了深入交流,搜集到大量创作素材。至于剧中的几个主要人物则是虚构的,但这些人物也非常接地气,不是凭空编造。我在工厂生活多年,接触工人很多,已形成一个人物气、人物场。工人的形象已活在我的脑海中。创作时,不用我找他们,他们主动就来找我了。包括陈宝国饰演的尚铁龙、冯远征饰演的杨寿山,都有我在采访中遇到的工人的影子,然后把他们拼接组合起来。我相信,很多老工人看到这部剧后,会很满意。"[①]

具体而言,人物的言行应当符合人物角色的身份与地位及其所处的时代与情境,体现

---

① 《高满堂写〈钢铁年代〉著平民史诗》,来源:《天津日报》,http://news.163.com/11/0107/08/6PPJP2T700014AED.html。

其性格特征、心理活动、思想情感、内在气质和精神面貌，从而塑造出人物形象。我们在第八章第一节"影视剧作的语言"中将举例讲解。

第二节　影视剧作的冲突设计

影视剧中，冲突是剧情发展的动力。在一部影视剧中，人物（包括各类拟人化角色）必须是陷身于矛盾冲突中的人物；否则，人物的设置就没有了意义。而矛盾冲突又必须是体现在人物身上的矛盾冲突；否则，矛盾冲突的设计就没有了着力点。

一、在人物身上表现冲突

冲突的表现离不开人物。一般来说，矛盾冲突分为三类，即人物与人物之间的冲突、人物与环境之间的冲突、人物与自身之间的冲突。在影视剧创作中，这三类冲突是相互关联而非孤立的，只是不同作品的侧重点不同。

1. 人物与人物之间的冲突

影视剧中，不同人物之间的冲突是最主要的冲突表现形式。当然，具体到作品里又有不同的体现。例如，在一些战争片、警匪片和动作片中，矛盾冲突都采用比较强烈的外在的对抗形式，那种剑拔弩张、针锋相对的冲突态势使人一望便知。

另外一种情况是，人物之间的冲突不是以外在的行为对立方式表现出来，而是存在于内心的冲突抵触之中。这是一种引而不发或蓄势待发的冲突状态。例如，国产电影故事片《小城之春》（1948年）、《一个陌生女人的来信》（2004年）等。

《一个陌生女人的来信》海报

具体来说，我们将其分为个人与个人之间的冲突、个人与群体之间的冲突以及群体与群体之间的冲突三种。

（1）个人与个人之间的冲突

不同个体之间因为兴趣、爱好、习惯、修养、人生观、价值观等诸多方面的不同，常会产生冲突。个人与个人之间的冲突是不同人物之间冲突的最常见的形式，因为这种冲突最容易组织情节，最能凸显人物性格。

以国产电影故事片《人在囧途》（2010年）为例。该片讲述了老板李成功（徐峥饰）与民工牛耿(王宝强饰)在"春运"中不期而遇、结伴回家的故事。片中,李成功是身家丰厚的老板,有钞票、有品位、有"小三";牛耿是讨薪的农民工,直率单纯、一穷二白。两人贫富悬殊,性格、作风反差极大,阴差阳错地撞在一起之后,冲突不断,使得剧情妙趣横生。

(2)个人与群体之间的冲突

由于观念立场、生活经历、学识修养、思想境界、现实利益等因素的差异和矛盾,个人与群体之间往往产生冲突。一般来说,个人是这种冲突中的塑造对象,群体往往作为陪衬。

例如,钱林森与廉声编剧、阚卫平执导的电视剧《大宋提刑官》(2005年)中,主人公宋慈(何冰饰)呕心沥血破案洗冤,与腐败朝廷的各级不法官员进行斗争。但剧终,担心引起朝臣大乱的皇帝(凌峰饰)却将宋慈花两年零六个月搜集的八大箱记载有官员不法行径的证据证物付之一炬。显然,宋慈以个人之力对抗腐败的君臣群体,是独木难支、孤掌难鸣。

(3)群体与群体之间的冲突

群体与群体之间的冲突通常表现为不同阶级、不同阶层、不同派别、不同集团、不同势力之间的较量。历史类、战争类影视剧中常会出现群体与群体之间的冲突。例如,电影故事片《莫斯科保卫战》(1985年)、《指环王》系列、《赤壁》系列等,电视连续剧《三国演义》、《东周列国》(1996年-1999年)、《卧薪尝胆》(2007年)等。

新《三国》海报

《人间正道是沧桑》海报

群体与群体之间的冲突既塑造群体形象,也塑造个体形象。优秀的作品必须能塑造出一批鲜活感人的个体形象。例如,电视连续剧《红日》(2007年)中的沈振新、张灵甫,电视连续剧《三国演义》中的曹操、诸葛亮、刘备、关羽、张飞。

但这些个体形象又是为塑造群体形象而服务的。以张黎执导的电视连续剧《人间正道是沧桑》(2008年)为例。编剧江奇涛[①]运用了"从钥匙孔里窥看历史"的写法,通过1925年至1949年间杨

---

① 江奇涛,男,1989年毕业于解放军艺术学院文学系,南京军区政治部专业文艺创作室专业作家,被誉为"身怀绝技的军旅作家";编剧的主要作品有电影故事片《红樱桃》(1995年)、《红色恋人》(1997年)等,电视连续剧《大唐芙蓉园》(2004年)、《汉武大帝》(2005年)、《亮剑》(2005年)、《人间正道是沧桑》(2008年)等;其电影文学剧本《雷场相思树》(1986年)获第7届中国电影金鸡奖特别奖。

氏兄弟姐妹不同的人生脉络,融个人命运与国家、民族的命运于一体,将重大主题与生动的人物、丰富的故事巧妙相融,集中展现了从黄埔时期的国共合作到国民党退逃台湾这一历史时期中波澜壮阔的政治历史画卷。

2. 人物与环境之间的冲突

环境包括自然环境与社会环境。人物与环境之间的冲突也分为两种。

(1)人物与自然环境之间的冲突

这种冲突主要表现为自然环境对人类生存的威胁、人类对自然环境的改造和征服。灾难类、历险类影视剧多为表现这种冲突。

自然灾难类影视剧方面,代表作有美国电影故事片《群鸟》(1963年)、《后天》(2004年)和《2012》(2009年)、日本电影故事片《日本沉没》(2006年)、韩国电影故事片《海云台》(2009年)等。

自然历险类影视剧方面,代表作有电影故事片《鲁滨逊漂流记》(1976年)、《荒岛余生》(2000年)、《狂蟒之灾》系列等。

例如,在电视剧《长江第一漂》(1986年)中,以"长漂英雄"尧茂书为原型的主人公严迪(朱时茂饰)赶在美国探险家肯·沃伦之前开始漂流长江,一个多月内,他历经纳钦曲、沱沱河、通天河,进入金沙江;一路上与零下10度的严寒、暴风雪、狂风急浪以及凶熊恶狼展开生死搏斗。

《长江第一漂》剧照

>> 【资料链接】"长漂英雄"尧茂书

尧茂书,1950年出生于四川乐山,生前是西南交通大学电教室摄影员。1985年,美国将派"激流探险专家"肯·沃伦于秋天从长江源头漂流而下的消息传来,早在1979年便萌发漂流长江念头的尧茂书决定捷足先登。

1985年6月11日,尧茂书到达长江之源——各拉丹东雪山脚下,登上姜古迪如冰川,把五星红旗和西南交大校旗插在冰川上,用摄影机摄下了这不同寻常的镜头。尧茂书驾驶橡皮船"龙的传人"号,从各拉丹东顺江而下,经由姜古迪如冰川、纳钦曲、沱沱河、通天河,进入金沙江。7月24日,尧茂书在漂行1270公里后于金沙江通伽峡段触礁遇难。

"长漂英雄"尧茂书　　　　　　尧茂书和"龙的传人"号

尧茂书的行动揭开了长江漂流的第一页,并掀起了一股漂流长江的热潮,也唤起了当代中国民间的开拓进取意识。在他离去后的第二年,中国人完成了长江六千三百二十公里的全程漂流。

(2)人物与社会环境之间的冲突

社会环境是由人来造就的,所以人物与社会环境之间的冲突实质上还是人与人之间的冲突。

以美国电影故事片《美国丽人》(1999年)为例。该片由艾伦·鲍尔编剧、萨姆·门德斯执导,凯文·史派西主演,荣获第72届美国奥斯卡电影金像奖最佳影片、最佳导演、最佳男主角、最佳原创剧本和最佳摄影五项大奖。

《美国丽人》剧照

片中,主人公莱斯特·伯哈姆(凯文·史派西饰)已近中年,工作和家庭生活都很不顺畅。为了改变自己的生活方式,他首先把原来的老板给炒了,并在辞职书上狠狠地骂了老板一通。之后,他在街头找了一个自己认为很快乐的工作。而旁人对此并不理解。再后来,他自慰、吸毒、偷偷地约会女儿的同学,干了很多常人无法理解的事情。最后,他死在了邻居的枪下。主人公试图通过改变自己的生活方式来反抗现代社会对人的"异化",却最终被现代社会所吞噬。

3.人物与自身之间的冲突

人物与自身之间的冲突也就是人物内心的矛盾冲突。这类冲突是前两类冲突的落脚点,最能够塑造出人物性格。

西方现代主义电影热衷于表现这类冲突,诸如阿仑·雷乃的电影代表作《广岛之恋》(1959年)、费里尼的电影代表作《八部半》(1962年)、伯格曼的电影代表作《野草莓》(1957年)、《第七封印》(1957年)、《处女泉》(1960年)等。

《八部半》海报　　　　　《野草莓》海报　　　　　《处女泉》海报

例如,郑有杰自编自导的台湾电影故事片《阳阳》(2009年)讲述了中法混血的长跑运动员阳阳(张榕容饰)在面对亲情、友情、爱情等一系列人生命题时的内心苦痛与挣扎。片尾是一个阳阳奔跑的长镜头,集中表现了她在对未来人生的不断寻觅与否定中所承受的内心痛苦。

《阳阳》剧照　　　　　青年毗昙造型　　　　　中年毗昙造型

再如,韩国电视连续剧《善德女王》(2009年)中,毗昙(金南吉饰)这一人物角色亦正亦邪,内心游荡于爱情与野心之间,不断地挣扎;时而爱情占据上风,含情脉脉,时而野心占据上风,雄心勃勃。而青年演员金南吉以其潇洒的动作、凌厉的眼神、恰到好处的拿捏,赋予了人物特别的魅力,使得这一人物活灵活现,成为《善德女王》后半部中最受关注的人物角色之一。

二、在冲突之中塑造人物

人物形象的塑造主要是在对矛盾冲突的表现中完成的。郭沫若在一首《满江红》中说"沧海横流,方显出,英雄本色",讲的是"时势造英雄"的道理。套用这句话,在影视剧创作中,则是"矛盾冲突,方显出,人物形象",也就是说"冲突造人物"。如果把冲突比作是金石的碰撞,人物形象则是撞击后迸射出的火花。碰撞越激烈,火花越绚烂,人物越能焕发出其光彩。

在对冲突的表现中塑造人物形象,主要基于以下三点联系:

1. 冲突的特定性与人物的典型性

矛盾冲突的具体表现多种多样,因时代、地域等因素的不同而有其特定性,从而形成了典型环境中的特定冲突。因此,典型人物的塑造也要在特定的冲突中进行。

例如,同为儿童电影故事片,《闪闪的红星》(1972年)塑造的是土地革命时期的少年英雄潘冬子(祝新运饰);《三毛流浪记》(1949年)塑造的是旧社会上海滩的流浪儿童三毛(王龙基饰);1963年版《宝葫芦的秘密》塑造的则是新社会的顽皮小学生王葆(徐方饰)。

以好莱坞系列电影故事片《加勒比海盗》中的主人公杰克·斯派洛船长(约翰尼·德普饰)为例。影片所要表现的是人类对无拘无束的自由生活的向往与追求。在18世纪的大航海时代,海盗是一种自由的象征,因此影片中的主要矛盾是"自由"与"束缚"之间的冲突,而杰克船长正是这样一个热爱航海、追求自由、不受框束的海盗形象。

在电影故事片《加勒比海盗》最初的剧本中,杰克船长这个人物并没有大银幕上那般古怪另类。影片主创们认为,这个缺乏魅力的主人公很难吸引观众。因此,他们决定冒险塑造一个新颖、另类的主人公。

杰克船长的形象结合了摇滚歌手基思·理查兹和有着法国腔的著名卡通形象臭鼬的某些共性,诸如生活不安定、性格狂野、想做就做、矛盾而混乱等。

在主演约翰尼·德普心中,海盗就是"绝对的自由",感觉就像是18世纪的摇滚明星。德普抓住了其神髓——那是一种美丽又懒散的自信,眼睛上的浓眼影、头发上的连串珠子都是"自由"的标志。

于是,德普饰演的杰克船长就这样变成了一个精明狡猾而又神经质的冒险家,有着轻松快乐、不加停顿的圆滑腔调,说着像妇人一样阴柔狡诈的花言巧语,走起路来摇曳生风。

《加勒比海盗》中杰克船长的造型

当然,这个具有突破性的人物形象最初并不为制片方迪士尼公司的高层们所欣赏。他们认为该形象会毁掉这部耗资巨大的影片。但最终,《加勒比海盗》获得了巨大的票房收益。约翰尼·德普饰演的杰克船长成为影片最大的卖点。他凭借自己推陈出新的表演获得了奥斯卡最佳男主角提名,片酬也逐步攀升至近4000万美元。这一人物形象从此进入了影史的人物画廊,也随之诞生了诸多翻版。

2. 冲突的复杂性与人物的层次性

一部影视剧中,往往并存着多种矛盾冲突。人物在复杂纠葛的矛盾冲突中,才能表现出其形象的不同侧面,才能具有层次性。

例如,在电视连续剧《铁梨花》(2011年)中,男主人公赵元庚(巍子饰)纠缠在多重人物关系之中,多重人物关系又蕴含着多种矛盾冲突。面对女主人公徐凤志(陈数饰),他是强娶民女的霸道军阀;面对妻妾儿女,他是威严无比的封建家长;面对高堂老母(张少华饰),他是设法传宗接代的孝子;面对仇人梁飞虎(颜世魁饰),他是势不两立的凶悍强人;面对日寇侵略,他又是甘洒热血的爱国将领。

像赵元庚这种人物是难以用正面人物或反面人物来做笼统界定的。即便要界定,也要结合具体的矛盾冲突。再如,电视连续剧《亮剑》(2006年)中的国民党军官楚云飞(张光北饰)与日寇和八路军都有矛盾冲突。抗击日寇侵略时,他和八路军将

《铁梨花》中的赵元庚　　《亮剑》中的楚云飞

领李云龙(李幼斌饰)同为正面人物。而在解放战争中,他站到了人民的对立面,就属于反面人物。

3. 冲突的发展性与人物的转变性

矛盾冲突是不断发展的,人物形象在这一过程中也会发生转变。

以电影故事片《赵氏孤儿》(2010年)中程婴(葛优饰)这一人物的转变为例。影片主要表现的是暴力与仁爱之间的人性冲突。开端展现的是赵氏家族与屠岸贾(王学圻饰)之间的政治斗争,程婴只是旁观的小人物。当主要矛盾冲突发展到"搜孤救孤"阶段,程婴才被卷入冲突的中心。此时,他仍只是一个尽力救人的"好心人"形象。

《赵氏孤儿》海报

直到发生"公孙府杀孤"之后,程婴才开始升华为彰显着仁爱精神的草泽英雄形象。最终,赵孤成长为怀有仁爱精神的少年。当他出现在屠岸贾面前时,标志着暴力的失效、仁爱的胜利,程婴这一人物形象的塑造也就达成了圆满。

再如,电视单元剧《财神到》(1999年)的《老虎不吃人》这一单元中,开始是富商雷老虎(牛振华饰)欺压穷秀才(马永饰)。之后,财神(张国立饰)帮助穷秀才买官,又使富商雷老虎破产。此举令穷秀才与雷老虎都发生了转变。有权有势的秀才开始敛财作恶,潦倒的雷老虎却改恶从善。最后,财神与雷老虎一起惩治了秀才。这两个人物形象的转变是人物之间的冲突和人物内心的冲突共同发展的结果。

第六章 时空与结构

第一节　影视剧作的时空设计
　一、时间的设计
　二、空间的设计
第二节　影视剧作的时空结构
　一、顺叙式结构
　二、倒叙式结构
　三、交错式结构
　四、套层式结构
　五、回环式结构

　　小成本喜剧电影故事片《夜·店》(2009年)讲述了一群都市小人物在一个夜晚、一家24小时营业的超市里发生的一连串环环相扣又丝丝入趣的惊险搞笑故事。影片上映短短两周时间,票房即过千万。

　　编剧、导演杨庆说:"这是一个发生在封闭时空的故事,'夜'和'店'恰是这个电影最重要的元素,形式上跟大家熟悉的韩国《加油站被袭事件》、美国《超市夜未眠》类似,《夜·店》算是国内导演第一个玩这种类型的片子。"

　　时间、空间,这是影视剧的两个基本元素;两者相结合,才能构建起整部剧作的坐标系。本章让我们一起走进影视剧作的"时空"。

第一节 影视剧作的时空设计

时间与空间是影视剧作中的两个基本元素。就如苏联电影导演吉甘在《电影艺术的特点》一文中所说:"电影艺术的特殊材料,它的特点是:在银幕的时间与空间中展开的、造型动作的、音画结合的、现实主义的形象。"所以,影视剧作中的时间设计与空间设计关系着整部剧作的时空结构、情节逻辑与叙事节奏,两者是相互依存、相辅相成的。

一、时间的设计

在影视剧作中,时间是叙事的动力。编剧是在银幕或荧屏上的有限时间内,书写人间的冷暖、世事的沧桑,从而创造出无限情趣。因此,对时间的设计,不单是对剧情时长的把握,更是一种叙事的手段。

时间设计的原则,亦是叙事的原则,简单说,就是"有话则长,无话则短"。这关系到整部影视剧的成败。因为,对于观赏影视剧的观众来说,对时间的感受是随着其在心理上参与剧情的强烈程度而定的。如果剧情吸引人,则观众的注意力集中,参与性强,那么作品再长也会觉得很短。如果剧情不吸引人,叙事拖沓,则观众的注意力就会分散,那么即使是一部短片或短剧,也会让观众觉得冗长沉闷。现今,国产影视剧,尤其是电视连续剧中,拖戏、凑戏的情况已经到了让观众无法容忍的地步。编剧对此必须有清醒的认识,注意把握好剧作中时间的设计。

在影视剧的创作过程中,常见的时间设计有如下三方面:

1. 时间进程的压缩

压缩时间主要是为了加速时间的进程,删节不必要的冗长过程,即"删节枝蔓"。

以赫尔曼·曼凯维奇与奥逊·威尔斯编剧的美国电影故事片《公民凯恩》(1941年)为例。这部由时年仅26岁的电影大师奥逊·威尔斯自编自导自演的经典名作可谓是"压缩时间"的教科书。该片用两小时的片长,表现了"报业巨头"查尔斯·福斯特·凯恩的一生。

该片讲述的是:76岁的凯恩(奥逊·威尔斯饰)在桑那都庄园中留下"玫瑰花蕾"的"遗

《公民凯恩》海报

言"后死去,一位青年记者受新闻报刊委托而调查这几个字的含义。该记者通过查阅有关回忆资料,了解了凯恩的身世及其青年时代的经历。凯恩的老部下伯恩斯坦介绍了凯恩的发迹过程以及通过制造舆论使国家卷入 1897 年美西战争的往事。凯恩的生前好友利兰讲述了他与美国总统侄女艾米丽的婚姻,他与第二任妻子、歌手苏珊的邂逅以及他在总统竞选中的失败。苏珊则在夜总会中介绍了她和凯恩由情人到夫妻的生活变迁;她在凯恩的支持下想饮誉歌坛,失利后便与凯恩一起生活在仙境般的桑那都庄园,直到最后焚烧凯恩的旧家具时,才发现"玫瑰花蕾"原来是刻在他童年时代曾珍爱的雪橇上的字。

片中的一场"早餐戏"和一场"挖角戏"是压缩时间的经典案例。

先来看跨越九载的"早餐戏"。这个段落只有两分多钟,却浓缩了凯恩与第一任妻子艾米丽从新婚燕尔到同床异梦的九年婚姻过程。

这个段落分为六段。第一段的开始是一个全景,那是他们婚礼结束后的第一个早晨。艾米丽坐在餐桌旁,凯恩走过来,吻了她一下,在对面坐下。

艾米丽:我不明白你为什么要直接去报社。
凯　恩:你不应该跟报人结婚,他们比水手还糟糕。我太崇拜你了!
艾米丽:喔,查尔斯,报人也得睡觉呀。

当他们对话时,画面开始进入单人镜头的切换,但他俩一直深情地望着对方。艾米丽的关怀和凯恩的谐趣从他们的语调中流露出来。影片用一种类似从疾驶的火车上看窗外的一闪而过效果来象征岁月的流逝,即用空间表现时间。这六段之间全部用这种方法。

第二段的谈话内容跟第一段大同小异,仍是妻子对"工作狂"丈夫的温柔责怪。

艾米丽:你知道昨晚你让我等了多久吗?你说去报社十分钟。深更半夜,在报社有什么工作要做呀?
凯　恩:艾米丽,我亲爱的,你唯一的记者就是《咨询报》。(注:该报由凯恩创办)

关于这一段,内容跟第一段太雷同,缺乏进展,但跟下一段的过渡很自然。这想必是新婚不久的事,因为艾米丽到那个时候不可能不知道报社的运作规律。

第三段,夫妻俩的关系急转直下,从结构上进入了起承转合的"转"。艾米丽开始表达对凯恩政治观点的反感,但她仍保持着贵族般的矜持。

艾米丽:有时候,我想我更喜欢一个有血有肉的对手。
凯　恩:艾米丽,我花在报社的时间并不多呀。
艾米丽:不只是时间问题,是你刊登的内容——攻击总统……
凯　恩:你是说约翰叔叔。
艾米丽:我是说美国的总统。
凯　恩:说到底还是约翰叔叔。他动机不坏,但脑子太蠢,让一帮不要命的骗子管理政府。整个石油丑闻……
艾米丽:巧的是,他是总统,而不是你。
凯　恩:这个错误不久的将来会得到纠正。

这一段对白道出了两人之间的差异,也反映出凯恩在政坛上跃跃欲试的心态。

下一段表面上是讨论凯恩的会计师伯恩斯坦送给他们儿子的一件礼物,但伯恩斯坦是一个典型的犹太人姓氏,而影片又故意没说明他送的是什么礼物。因此,一般猜测这是一件诸如"大卫之星"的犹太教小玩意儿。在艾米丽眼中,这是大逆不道的东西。

艾米丽:我不容许把它摆放在婴儿室里。
凯　恩:伯恩斯坦先生不时来探望我们的孩子,这没有什么不合适。
艾米丽:他一定要来看孩子吗?
凯　恩:当然。

在这一段中,凯恩显得很开明,而出身名门望族的艾米丽却胸襟狭隘。

下一段充分体现了凯恩自我膨胀后的性格。跟前几段一样,台词跟上段能衔接,仿佛是同一场对话。

艾米丽:人们会想……
凯　恩:(打断她)我让他们怎么想,他们就会怎么想!

最后一段,没有一句对话。艾米丽在看凯恩对手办的《记事报》,而凯恩在看自己的《咨询报》,两人已陷入婚姻的僵局。镜头从凯恩拉出,重新回到开始的双人镜头,如同一个括号,把这段婚姻完整地"括"在其中。

此外,每小段的演员化妆、服装和道具也都不同,暗示着时间的推移。

再来看跨越六载的"挖角戏"。当凯恩在好友李仑德及会计师伯恩斯坦面前写下"办报宣言"后,他们三人必须面对现实:自己只是一份发行量才两万多的小报,而他们的对手《记事报》却有着接近50万的发行量。如何超越对手?这个时间过程是这样表现的:

第一个镜头:凯恩三人在自己报社的窗子后,玻璃上印有"《咨询报》发行量26000"的字样。玻璃上还叠现出街上行人匆匆而过的情形。

第二个镜头：他们三人站在玻璃窗前，窗上写着"《记事报》发行量495,000"的字样。原来，这回他们来到对手的报社门外，看着橱窗里的一张照片。那是该报花了20年招募来的九名王牌记者和编辑。

第三个镜头：该照片的特写。伯恩斯坦说："有这些人，提高发行量就不难了。"凯恩认同。照片出现微妙变化，清晰度增加。凯恩说："六年前，我看了一张照片，那是全世界最棒的报人。我好像是一个站在糖果店门前的孩子。六年后的今晚，我得到了我的糖果，全部的糖果。"凯恩步入画面，原来那是拍照的场面，显示那九名报人已全部跳槽到凯恩的地盘。镜头进一步拉出，老式闪光灯一闪。凯恩说："多印一张，寄给《记事报》。"①

美国皮克斯动画工作室的第十部动画电影故事片《飞屋环游记》（2009年）中，也有一个为人津津乐道的经典段落运用了压缩时间的手法。该片讲述的是78岁的卡尔老先生，为了信守对爱妻艾莉的承诺，决心带着他与妻子艾莉共同打造的房屋一飞冲天的动人故事。《中国时报》曾评价称："卡尔和艾莉的爱情很让人动容。"影片开端部分堪称经典，用近20分钟时间叙述了卡尔和艾莉相识、相爱、相守到老的过程。

其中，从7分13秒至11分30秒的段落展示的是两人相濡以沫、白头偕老的过程，只有约四分半钟，却完美地诠释了"陪你慢慢变老"的爱情境界。该片在戛纳国际电影节首映前的小范围试映中，不少影评人对这四分半钟大加赞赏，认为是"最甜蜜和最让人伤感"的四分半钟。

这一段落从婚礼上老式闪光灯的一闪开始，青梅竹马的卡尔与艾莉长大成人，一起步入婚姻的殿堂。婚后，两人一起建造"爱巢"，门口的信箱上是他们的名字。他们将房子粉刷成自己喜爱的样子。两人闲暇时一起爬山、野餐，一起看天空的流云，虽然卡尔爬山的脚步总是赶不上艾莉。艾莉做了动物园管理员，训练南美洲的鸟儿；卡尔则推着小车，在动物园门外卖氦气球。两人一起读书，一起粉刷为婴儿准备的房间，却最终无法拥有自己的孩子。

两人一生梦想着到南美洲的"仙境瀑布"去探险，却终日为生活而疲于奔波。盛放着两人梦想的储钱罐每到快要装满的时候，就会出现意外事件。为取钱应急，储蓄罐屡屡被砸碎。艾莉每天都帮卡尔系领带，岁月在不同式样领带的变换中流逝，两人在系领带的一个个瞬间变得头发花白。两人依旧一起爬山、野餐，但艾莉爬山的脚步已经赶不上卡尔，无法爬到山顶。正当卡尔买好去南美的机票，准备给艾莉一个惊喜的时候，艾莉却住进医院，生命走向终结。

两人从年轻到衰老，从结伴到落单，生活中的点点滴滴都被极尽温馨地呈现出来。执子之手，相携到老；永失我爱，痛人心脾。短短四分半钟，浓缩了一生；没有任何台词，只有惆怅的华尔兹曲调。

---

① 参阅百度百科，http://baike.baidu.com/view/55701.htm。

第六章　时空与结构

《飞屋环游记》剧照①

通过以上案例,可见压缩时间的手法可以使叙事变得更加凝练。

2. 时间进程的延伸

延伸时间主要是为了渲染情绪和烘托气氛,从而感染观众。常见手法有两种:

第一种是通过延伸空间和变换视点来延伸时间,最具代表性的案例当属苏联电影故事片《战舰波将金号》(1925年)中的"敖德萨阶梯"段落。该片由时年仅27岁的电影大师谢尔盖·爱森斯坦自编自导。爱森斯坦在这个段落里运用杂耍蒙太奇手法,展现了沙皇军警屠杀包括老弱妇孺在内的和平居民的血腥暴行。

在这个六分钟的屠杀段落里,爱森斯坦在屠杀者与被屠杀者之间反复进行镜头切换,还画龙点睛地设计了一个婴儿车沿阶梯缓缓滑落的场面,为观众平添一种忧虑、紧张和恐惧。敖德萨阶梯其实并不长,但是爱森斯坦将不同方位、不同视点、不同景别的镜头反复组接,扩大了阶梯的空间,从而延伸了时间,渲染了军警的残暴。

《战舰波将金号》中的"敖德萨阶梯"场景

后来,布莱恩·德·帕尔玛执导的美国电影故事片《铁面无私》(1987年)中的"火车站枪战"段落,就是向"敖德萨阶梯"的致敬。

---

① 参阅百度空间,http://hi.baidu.com/onlywater123/blog/item/45f6ffd04d6d9239960a1608.html。

这种通过延伸空间和变换视点来延伸时间的手法还广泛运用于灾难类题材影视剧的创作中。例如,美国电影故事片《后天》(2004年)和《2012》(2009年)、日本电影故事片《日本沉没》(2006年)、韩国电影故事片《海云台》(2009年)以及国产电影故事片《唐山大地震》(2010年)等。

第二种是通过表现人物心理活动时间来延伸时间。人有时会在瞬间产生极为微妙和复杂的心理活动,而这种瞬间的心理活动在影视剧中则可以延伸为漫长的经历。

以韩三平、黄建新执导的电影故事片《建国大业》(2009年)中的"西苑机场阅兵"一段为例。这场阅兵戏由该片友情导演、曾执导电影故事片《大阅兵》(1986年)的陈凯歌亲执导筒。片中,毛泽东(唐国强饰)等共产党人于1949年来到北平,心中建国立业的雄浑大志被蓬勃的现实激荡,却又不禁忆起往昔峥嵘岁月。在毛泽东敬礼的一个瞬间,插入了他与战士们从长征到解放战争期间为革命浴血拼争的七个镜头,在大场景之中凸显了"忆往昔峥嵘岁月稠"的情怀。

又如,电影故事片《霍元甲》(2006年)中的"霍元甲弥留"段落、电影故事片《十月围城》(2009年)中的"沈重阳牺牲"段落,都运用了这一手法。而《十月围城》片尾的"阶梯追杀"段落则是以上两种延伸时间手法的综合运用。

《建国大业》中的"西苑机场阅兵"场景

有时在影视剧中也会运用特技手段来达到延伸时间的目的。例如,在一些包含"最后一分钟营救"情节的影视剧中,对紧张情绪的渲染和危险气氛的营造,常用特技手段来延伸时间。在韩国电影故事片《生死谍变》(1999年)的片尾,特工崔相焕(韩石圭饰)在炸弹爆炸前的七秒钟奋力拉下电闸,关闭引爆装置,就是通过"慢动作"来延伸时间的。当然,这又涉及后期制作的范畴了。

3. 心理时间的展现

心理时间指的是影视剧中人物角色心理活动的过程,即人物的所思所想乃至梦境、对过去的回忆、对未来的憧憬等。在影视剧中,根据创作需要,可以把人物的各种心态外化为可见的形象。对心理时间的展现往往在影视剧中形成特殊的时空。

例如,在国产电影故事片《英雄》(2002年)中,两大高手——无名(李连杰饰)与长空(甄子丹饰)之间的一场对决,其实主要是在两人的意念中进行的。两人的心理活动被编剧外化为一场精彩打斗来进行展现。

《盗梦空间》海报

又如,克里斯托弗·诺兰自编自导的美国电影故事片《盗梦空间》(2010年)被称为一部"发生在意识结构内的当代动作科幻片",所谓"意识结构"指的就是梦境。片中,以道姆·科布(莱昂纳多·迪卡普里奥饰)为首的"盗梦"团队受雇潜入他人的梦境并植入意念。物理时间上匆匆结束的梦在片中被延展为时间上没有尽头、空间上肆意驰骋的悠长梦境,从而营造出惊心动魄的剧情张力。

克里斯托弗·诺兰介绍说:"影片要表达的东西都是我从十六岁开始就在反复思索的问题,它触及到了真实梦境与半梦半醒状态之间的关系……人的大脑可以容纳全部现实场景,在我的研究中还没有碰到过这种行为的极限。就像你走在一个沙滩上,既可以四周环顾,又可以抓起沙滩上的一把细沙。我试图通过操纵'神志清醒的梦'来验证这个道理,我的剧本就建立在这些有共性且比较简单的道理之上。至于电影中唯一看起来比较怪异的地方就是科技让人可以侵入其他人的大脑,并和另外一个人在同一时间分享同一个梦境。"该片被《好莱坞报道》评价为"一部结构极其复杂,但却非常引人入胜的科幻梦境之旅"。[①]

在许多涉案侦破类题材影视剧中,破案者思考案情时在内心进行的推演也属于对心理时间的展现,如电视剧《大宋提刑官》(2005年)、《包青天之七侠五义》(2010年)等。

二、空间的设计

在影视剧的创作中,空间设计是与时间设计同时进行的。空间设计主要从对影视剧作的视觉化思维开始,在重视叙事元素的同时,也应重视画面的造型元素,如人物造型、景物造型、气氛造型、色彩造型、光影造型、声音造型等。这些造型元素是能够运动和变化的元素,也就是决定着动作所处的环境以及环境与动作的关系;它们是导演、摄影、美工、录音等创作人员的任务,同时也是编剧应当进行构思和设计的内容。

在影视剧的创作过程中,空间设计主要涉及以下三方面:

---

① 参阅百度百科,http://baike.baidu.com/view/2789436.htm。

1. 画内空间的变换

画内空间是指银幕或荧屏的画框之内映出的环境空间。一般来说,画内空间多表现为真实的或写实的空间,但也可以表现为非真实的空间,如想象中的空间、梦境中的空间、幻觉中的空间等等。所以,画内空间也是由真实空间与非真实空间组成的。画内空间中,环境与人物动作的协调,景物与情绪气氛的照应等,都是进行空间设计时必须考虑的。

我们以电视连续剧《闯关东》(2008年)中朱开山(李幼斌饰)一家居住的三个环境空间为例来讲述画内空间的变换。

该剧以山东人朱开山一家移民东北、创业谋生的经历为线索,浓缩展现了"闯关东"这一历时百年的移民壮举。在全剧之中,朱开山一家先后有三个住处——朱家峪、放牛沟、山东菜馆。剧中人物的活动线索、剧情的发展脉络以及地域情景的变迁,通过这三个环境空间的变换,清晰地展现给观众。我们可以将这三个环境空间的特点分别概括为"天高、地阔、人稠"。

(1)朱家峪的"生存"空间:鸡犬相闻阡陌间

朱家峪可以说是当年山东农村的一个缩影。山东属丘陵地带,地少人多。人们在村落中聚居,可以说是"阡陌交通、鸡犬相闻"。家家相闻,却户户有门,门户庭院将自己的家居环境封闭起来。于是有了"家"的概念,所以当朱家举家迁徙时,"文他娘"(萨日娜饰)还不忘回首看看那扇家门——在他们的心理上,这是真正的"离家远走"了。

朱家峪便是这样一个典型的环境空间——家家有隔,各自生活,共同生存。"文他娘"与三个孩子簇拥盘坐在炕上一起交谈劳作,体现了家庭成员间在生活上的紧密。而人口多,资源少,一旦碰上天灾,就必定会引发冲突。本剧故事正是从山东大旱、民不聊生开始的。

首先,大的环境就是"天高",所谓"天少云而高"。天旱无雨,朱开山一家和村民们就没了生计。具体到朱家峪

《闯关东》中的"朱家峪"场景

的家家户户,就显得一片困顿、破败。从家居的内部环境看,从灶台到土炕,都可以看出生存条件的恶化。于是,外部自然环境的恶化酝酿了人际关系间的冲突——朱传文(刘向京饰)与鲜儿(小宋佳饰)的婚事因为粮食的争端而生出变数,朱谭两家之间也发生了冲突。

那么,迫于生计,自古安土重迁的山东人就只得豁出性命"闯关东"了。故事以一片悲凉的氛围开场,朱家峪的空间设计成为全剧叙事动力的缘起。

(2)放牛沟的"生产"空间:田园一望杳无边

既然"闯关东"是为了生存,那么迁居前后的环境空间自然有极大的差别。"地阔"的放牛沟与"天高"的朱家峪相比,可谓是天上人间。东北平原幅员辽阔、土地富饶,这是山东丘陵所不能相比的。"百里无人断午烟,荒原一望杳无烟"的环境经勤劳的山东人一番开垦,立即变成了"百里向荣起炊烟,田原一望杳无边"的理想居住地,一派生机勃勃的景象。

田地广了,房屋多了,院子阔了,从门窗到陈设也都显得焕然一新。虽然起居坐卧依旧保留着老家的习俗,但已开始"入乡随俗"了。最重要的是,房子多了,"分居"的特点也就初步显现了。而落实到情节上,随着朱传文和那文(牛莉饰)的成婚,三对儿女的三条情节线索更加清晰。

从朱家峪的"靠天吃饭"到放牛沟的"大生产",居所的自然条件改善了,同村人际关系中的矛盾也就变化了,从基本生存资源的争夺变为"大生产"中生产资源的争夺和协作关系上的冲突。具体来说,朱传武(朱亚文饰)的婚姻矛盾代替了朱传文的婚姻矛盾。韩老海(马恩然饰)开始向朱开山一家发难,而放水、种烟、抗霜、卖粮……每一次发难都是基于生产环境。

(3)山东菜馆的"生活"空间:低头不见抬头见

哈尔滨是东北最早开放的大城市,兼有东西方的建筑特点。在剧中,朱开山一家所在的商业街上就既可以看到中国传统建筑,又可以看到带有俄罗斯东正教特征的建筑。

具体到朱家开设的山东菜馆,中国式饭馆已经显得相当"现代"了。而一家人的住处也是中西合璧,其中议事的客厅就相当明显。这样,从朱家的家居环境便折射出他们一家的创业历程——从旧式"靠天"生产到大规模农业生产,再从农业生产到工商业经营。菜馆和住处并在一处,使生意和日常生活紧密联系,剧情也显得更为紧凑。

在这个环境空间中,人来人往;山东菜馆是一个商业活动区,也是人口的密集流动区。城市不同于农村,人口稠密,移民差异大,矛盾也深。剧中主要矛盾转化为商业竞争。

朱家每次搬家,对手都会变化,实力派演员——鲍国安、马恩然、王奎荣分别饰演了朱家迁居三个阶段的对手,而他们交锋的地点都不同。在哈尔滨,朱家菜馆的餐厅成为朱、潘两家几次交锋的地点,而后院楼上的大厅则是一家商量对策的地点。所以,"前厅冲突"和"餐桌议事"都是多次出现的场景段落。

再进一步说,聚居之中又有分居。居住范围大了,房间多了,家人间的个人空间也就大了。除了餐桌是全家议事的地点之外,儿女们各自的房间也是频繁出现的场景。他们各自住房之间的内部差别很大。从床铺、陈设到桌椅板凳,都体现着屋主个人涵养、喜好的不同。其中,朱开山夫妇和秀儿(梁琳琳饰)房间的特征变化并不大,房屋布局与在放牛沟时相似,可以看出他们的生活本色变化不大。朱传文和那文的房间是"西化"最严重的,这可以看出那文作为贵族小姐出身的喜好。而朱传杰(齐奎饰)与妻子夏玉书(黄小蕾饰)的房间与在放牛沟居住时也有变化,但书卷气更重一些,这主要是受夏玉书教师身份的影响。而这种两层楼的建筑格局与哈尔滨当地的社会环境、自然条件也大有关联。

从剧中环境空间的设计上,可以看出编剧在地域文化、风土民情、历史传统及其差异上的考察和研究是相当准确、深入的。而这些最终通过美工师细致的设计融入剧中,展现给观众。

2. 画外空间的拓展

画外空间是指银幕或荧屏的画框之外所存在的空间,是观众视觉所看不到、只能凭想象来感知的空间,能够给空间注入更大的信息量。

拓展画外空间主要有两种手法:

第一种手法是利用画内人物的动作来拓展画外空间,如注目画外等,可以令观众想象到人物所注目的画外空间。

以冯小刚、王朔编剧的电影故事片《一声叹息》(2000年)为例。该片通过讲述作家梁亚洲(张国立饰)狼狈不堪的"婚外恋"故事,表现了中年男子对爱情的渴望和对婚姻的无奈。片尾,结束了婚外恋情的梁亚洲在沙滩上看着妻子和女儿在水中玩耍,突然,他接到了一个电话,紧接着回头张望,脸上露出惊慌之色。全片以这个茫然的张望作为结尾,拓展了画外空间,留下了悬念,使人感受到"婚外恋"不仅带给当事人迷惘,还可能在今后的生活中不时地令人措手不及。

《一声叹息》片尾剧照

第二种手法是利用画外音介入画内来拓展画外空间。

以电影故事片《黄土地》(1984年)为例。片尾,农家少女翠巧(薛白饰)划着小船横渡黄河,去投奔革命。滚滚的河面上和淡淡的月光下可以看见她划行的身影,听到她唱响的歌声。紧接着,河面上已不见了翠巧的身影,只余下歌声萦绕。突然,歌声在河面上戛然而止,预示着曲未终而人已逝。观众可以想象到画外空间是翠巧被滚滚黄河所吞没。

3. 象征空间的营造

影视剧中的空间不仅可以作为叙事的载体,还可以具有隐喻的象征意义,因此,它既有叙事的功用,又有表意的功用。编剧在创作中应当充分发挥和利用空间的造型因素,使空间超越其在银幕或荧屏上的具体形象,产生一种象征性的内涵。这就是所谓的营造象征空间。

以屡见于各国影视剧中的"雪山情结"为例。日本电影故事片《情书》(1995年)、韩国电影故事片《冰雨》(2004年)、国产电影故事片《云水谣》(2006年)中,"雪山"这一空间都有着独特的象征意义。

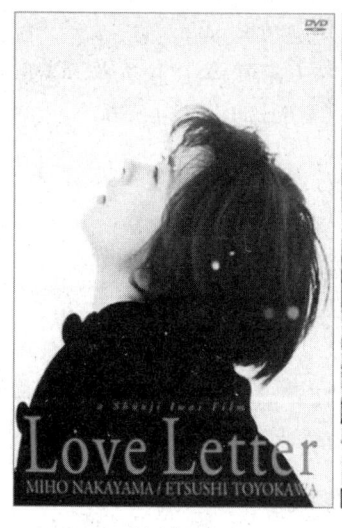  

《情书》海报　　　　　　　　　《冰雨》海报　　　　　　　　　《云水谣》海报

　　日本电影故事片《情书》是岩井俊二自编自导的电影处女作,以含情脉脉的笔触讲述了两段纯美的爱情故事。其中一段故事是,少女渡边博子(中山美穗饰)的男友藤井树在攀登雪山时不幸亡故,而博子沉浸在对藤井树的眷恋中无法释怀。后来,博子知道了藤井树爱上她的原因是她酷似藤井树在中学时的初恋情人。片尾,博子来到藤井树遇难的雪山,决定放开怀抱,抒发心中郁结的感情。她跌跌撞撞地奔跑在白雪皑皑的山脊上,对着远处藤井树遇难的山峰大声喊道:"你——好——吗?我——很——好!"回声萦绕在雪山之上,悲伤的博子在此走出了感情的阴影,寻得了心灵的解脱,开始了崭新的恋情。

　　韩国电影故事片《冰雨》讲述的是两个素未谋面的登山者——钟铉(李成宰饰)和佑成(宋承宪饰)在攀登雪山时被困。在与世隔绝的雪域中,两人感到将不久于人世,开始回首自己的前半生。两人在回忆中发现,他们所爱的竟是同一个女人——京敏(金荷娜饰)。而京敏已在之前的一次登山中遇难。两人来到雪山,竟是为了缅怀同一个女人。两个为情所伤的男人在茫茫雪山中互诉衷肠,相互抚慰着心灵的创伤。

　　国产电影故事片《云水谣》由刘恒编剧,改编自张克辉创作的电影文学剧本《寻找》,讲述的是台湾青年陈秋水(陈坤饰)与王碧云(徐若瑄饰)相恋,却被无情的现实分隔在海峡两岸。身在台湾的王碧云从此开始了漫长而无望的等待。身在大陆的陈秋水一面投身到保卫祖国、建设祖国的事业中,一面默默思念着海峡对岸的王碧云。后来,陈秋水在绝望中与同样深爱自己的王金娣(李冰冰饰)结婚。直到二十多年后,一直苦等的王碧云才得知陈秋水夫妇双双殉难于西藏雪山。片尾,参加援藏建设的陈秋水夫妇在雪山殉难的段落,伴着藏族音乐,动人心魄,成为影片的高潮段落。六十年后,两鬓斑白的王碧云在画板上画着一座血红的雪山,那段坚守一生的爱情仍然深藏心底。

在上述影片中,"雪山"这一环境空间不仅停留在叙事层面,还在隐喻层面上呈现出一种象征性的意境,幻化成了纯洁、永恒的爱情圣地。这一象征空间的营造充分利用了空间造型的表现力,与叙事融为一体,在观众心理上形成一种视觉震撼力和一股情感冲击波。

第二节　影视剧作的时空结构

影视剧作中的结构问题指的是,如何按照表达主题思想和塑造人物形象的需要,把人物、事件、环境在时空坐标上进行合理的排列组合,恰当安排情节的繁简先后,使之符合生活的逻辑,达到艺术上的完整和统一。

结构是影视剧创作过程中的关键环节。所谓"无规矩,不成方圆",没有结构,剧作将是一盘散沙,无法构成完美和谐的艺术整体。就如法国学者罗兰·巴特在《叙事作品结构分析导论》一书中所指出的——任何艺术作品皆有"一个可资分析的结构",用于构成其叙事,"如果不依据一整套潜在的单位和规则,谁也不能组织成一部叙事作品"。

结构的雏形孕育于创作之萌动。生活中的某些事件、人物或者某种意境激发了作者的创作欲望,确定了作品的基本意向,同时也就调动了他心目中与内容相适应的结构机制。因而,生活的丰富性与复杂性决定了结构也应变化多样。

那么,影视剧作的结构方式有哪些呢?从不同的角度,可以做出不同的划分:按照其风格的多样性,可以划分为戏剧式结构、散文式结构和心理式结构等方式;而按照其情节的连贯性,则可以划分为线式结构、段式结构和块式结构等方式。这些结构方式,我们将在后面的章节中具体阐述。本章所涉及的结构问题是从影视剧作的时空设计角度来进行讲述的。

影视艺术是时间艺术与空间艺术的复合体。编剧对时间与空间的设计决定着整部影视剧的结构方式。正如美国电影理论家诺埃尔·伯奇所说:"一个是时间,另一个是空间,结合起来创造一个统一表达的形式织体的实际方式,就能使我们进行这样的分类,即可能用几种方式把两个连贯的摄影机位所描述的空间连接起来,以及把两个时间情境连接起来的各种不同的方式。"[①]因此,时空是结构划分的坐标,时空结构是其他结构方式的基础。

在确定了现在时态的前提下,我们可以将影视剧中的时空按照时态划分为三种类型,即现在时空、过去时空和未来时空。

"现在时空"是影视剧中最为常见的时空,一般表现为直线向前推进故事;虽然时间也常被切断和压缩,但总体而言,情节脉络清楚,由头至尾,由前向后,叙事清晰,层次分明,便于观众理解和接受。

[①]　诺埃尔·伯奇:《电影实践理论》,中国电影出版社1992年版,第2页。

例如，在荣获第 49 届威尼斯国际电影节金狮奖的国产电影故事片《秋菊打官司》（1992 年）中，秋菊为了讨个说法，一次次上告村长，由乡告到县，又由县告到市。影片的整个故事都是在"现在时空"中演绎的，呈直线向前推进。

"过去时空"主要展现的是剧中人物对过去的人事情景的回忆和怀念，在手法上多采用"闪回"的技巧来表现。对于"过去时空"的构建，可以打破"现在时空"中直线叙事的局限，使编剧得以放开手脚，按照自己的主观意图来展开叙事。

例如，国产电影故事片《我的父亲母亲》（1999 年）由现在与过去两个时空组成；"现在时空"用黑白摄影表现，而"过去时空"则用彩色摄影表现。其中，表现"过去时空"的段落是影片的主体部分，景色优美、色彩鲜艳，将一段质朴纯真的乡村爱情演绎得浪漫而感人。而这些美好回忆又与"现在时空"中的冰冷现实形成对照。

"未来时空"展现的多为人物的想象、幻觉、梦境，以及对未来的瞻望和憧憬，在手法上多采用"闪进"的技巧来表现，因此往往具有跳跃性、模糊性和虚幻性。"未来时空"扩大了影视剧的想象空间，拓展了影视剧的表现范围。

例如，丁晟自编自导、成龙主演的国产电影故事片《大兵小将》（2010 年）中就三次运用"闪进"技巧来构建"未来时空"，将其穿插在"现在时空"中，表现了成龙饰演的"梁兵"的归乡之情和对未来生活的展望。我们分析一下这三个段落的表现内容和意图。

第一次是在梁兵的梦境之中。梁兵误杀了他俘虏的卫将（王力宏饰），回国请赏时却被梁王以谎报军功的罪名斩杀。这一段落体现了梁兵内心对回国后境遇的一丝忧虑。

第二次也是在梁兵的梦境之中。梁兵平安回国，解甲归田，走进一片油菜花地。这时，一名流浪少年将一支箭射向了他。这一段落体现了梁兵对未来的不祥之感，也预示了其在剧终的悲剧命运。

第三次则是在梁兵的弥留之际。此时他身中数箭，奄奄一息，脑海中闪现的却仍是那个幻影——解甲归田后，得偿所愿，徜徉在一片油菜花地里。片尾的这一段落再次展现了梁兵对安定平稳生活的向往和憧憬，也将其一生的悲剧命运定格在这一瞬间。

《大兵小将》剧照

由此例可见，"未来时空"的构建，无论对于主题的表现，还是对于人物内心活动和情绪状态的展示，都有着重要的作用，往往成为画龙点睛的神来之笔。

因为这种"现在、过去、未来"的时空划分毕竟是由编剧假定的，所以也只能是相对而言的。我们按照时空分解与组合方式的不同，将之划分为顺叙式、倒叙式、交错式、套层式、回环式五种时空结构。

一、顺叙式结构

顺叙式结构,基本按照时间的先后顺序来展开叙述,线索清晰可辨,时空转换自然,给人以井然有序之感,便于观众接受和理解。

例如,荣获第 56 届威尼斯国际电影节金狮奖的国产电影故事片《一个也不能少》(1999 年)就是典型的顺叙式结构。影片讲述的是,十四岁的农村少女魏敏芝到一个贫穷的小学代课,她向原来的老师保证在其回来之前"一个学生都不会少"。她在代课期间始终践行着这一承诺。当班上一名学生因家计困难而辍学到县城打工时,魏敏芝和她的学生绞尽脑汁地凑齐上县城的车票钱。她赶赴县城,想要将这名辍学的学生找回来,期间历尽艰辛。最终,她在电视台的帮助下,通过电视节目找到了那名学生,并引起了强烈的社会关注。好心人纷纷往该小学捐赠教学用具等物品。

显然,该片故事完全是在"现在时空"中展开的,配之以顺叙式结构;对于一部故事简单而感人的纪实风格作品而言,可谓是相得益彰。

又如,电影故事片《菊豆》(1990 年)、《小武》(1998 年)、《青红》(2005 年)、《左右》(2008 年)等,电视连续剧《大宅门》(2001 年)、《大染坊》(2002 年)、《奋斗》(2007 年)、《婚姻保卫战》(2010 年)、《上海,上海》(2010 年)等,采用的都是顺叙式结构。

二、倒叙式结构

倒叙式结构,通常采用回忆的方式,由"现在时空"转换到"过去时空",时间安排从后向前,便于省略过程,突出重点,也易于表现人物的主观感受和内心情感。

例如,美国电影故事片《拯救大兵瑞恩》(1998 年)是由二战老兵詹姆斯·瑞恩的回忆结构而成的。片头的"现在时空"中,美国老兵瑞恩来到安葬第二次世界大战阵亡将士的墓园。之后,通过他那饱含悲情的双目,时空转换到了"二战"中的"诺曼底登陆战役"。影片的故事主体开始在"过去时空"中展开。

"诺曼底登陆"之后,约翰·米勒上尉(汤姆·汉克斯饰)奉命率领一支八人拯救小队,在欧洲战场的茫茫人海和枪林弹雨中寻找生

《拯救大兵瑞恩》海报

死未卜的二等兵詹姆斯·瑞恩（马特·达蒙饰）。因为瑞恩的三位兄长都已于两周内陆续阵亡，美军指挥部要求将瑞恩家仅存的这个儿子安全地送回后方。最终，詹姆斯·瑞恩被救出战场，而拯救小队的战士们却相继牺牲。片尾再次转回到"现在时空"，墓园中的老瑞恩沉浸在无限的哀伤与怀念之中。影片以老瑞恩的一个军礼终结。

这一结构打通了现在与过去两个时空之间的界限，使得影片故事更易于感染当代的观众。

此类影片的代表作还包括美国电影故事片《辛德勒的名单》（1993年）、韩国电影故事片《太极旗飘扬》（2004年）、日本电影故事片《天国森林》（2006年）以及国产电影故事片《黄河绝恋》（1999年）和《图雅的婚事》（2007年）等。

又如，国产电视连续剧《铁血》的开端部分是新中国老一代铁路建设元勋王城石（洪涛饰）在"汶川地震"发生后重走成昆铁路。然后，通过王城石的回忆将观众带回到几十年前修建成昆铁路的"过去时空"之中，展开倒叙。这段"成昆筑路史"是该剧的主体。而该剧结尾又回到了"现在时空"，在王城石对筑路战友和英烈们的追缅中结束全剧。

《几度夕阳红》海报

再如，根据琼瑶同名小说改编的电视连续剧《几度夕阳红》（1985年）也可以归为倒叙式结构。全剧共30集，其中，第9至18集之间的约10集的故事内容发生在一个插入的"过去时空"——抗战时期的重庆和昆明等地，讲述了生活在西南抗战后方的两个青年——何慕天（秦汉饰）与李梦竹（刘雪华饰）之间"有情人难成眷属"的爱情悲歌。而其余约20集的故事内容则发生在"现在时空"——20世纪60年代的台北等地，讲述了重逢的何慕天与李梦竹以及他们的后代之间的情感故事。联系起这两个时空的是李梦竹的回忆。这种结构将何、李二人跨越二十年的苦恋故事娓娓道来，有利于人物内心情感世界的表现，把这个美丽而苍凉的故事讲得丝丝入扣，将一份"曾经沧海难为水"的情伤之感传递给观众。

此类电视剧的代表作还包括日本电视连续剧《阿信》（1983年）、国产电视连续剧《香港的故事》（1996年）、韩国电视连续剧《妻子的诱惑》（2008年）等。

三、交错式结构

交错式结构，是指在剧情中存在着两个以上的叙事时空，并且每个时空的情节都形成了相对独立完整的情节线索,但在组织结构时将每个时空中的情节都打散为几个段落来进行交错安排。这种结构可以是"现在时空"与"过去时空"之间的交错,也可以是"现在时空"之间的交错。

这种多时空交错展开的时空结构方式不必拘泥于情节本身发展的线性关系,便于在重要的情节点上集中笔墨。但一般情况下,每个时空段落中的情节不宜过长;如果叙事在某一时空停留过久,势必会影响另一时空叙事的连续性。

例如,美国电影故事片《教父2》(1974年)中,就并存着两个相互交错的时空。相对于《教父1》,该片既是前传,又是续集。片中,"过去时空"所展现的是黑道家族第一代"教父"维托(罗伯特·德尼罗饰)的"创业史","现在时空"所展现的是维托的小儿子、第二代"教父"麦克(阿尔·帕西诺饰)的"守业史"。影片将两个时空中的故事情节切割叙述、交错展开,各自具有独立的情节线,从而形成遥相呼应的内在戏剧张力。

又如,张艾嘉自编自导自演的台湾女性题材电影故事片《20 30 40》(2004年)的故事就是在三个互不相关的"现在时空"中交错展开的。一架航班,走来三个女人,展开三段故事。

"40岁的故事":四十出头的花店女店主(张艾嘉饰)与她的丈夫、女儿一起出游回国;她的婚姻突现危机,终致离婚……

"30岁的故事":同一班机上的想想(刘若英饰)是一个三十出头的空姐,她在两个男友间无法抉择:一个是成熟稳重的有妇之夫,一个是年轻稚嫩的录音师。但她还是念念不忘前男友……

"20岁的故事":二十多岁的小洁(李心洁饰)想到台湾实现当歌手的梦想,可前路漫漫,她必须去面对渺茫的混杂着欲望的未来……

"三个女人一台戏",该结构从三个年龄段来探讨了女性的自我成长与蜕变。

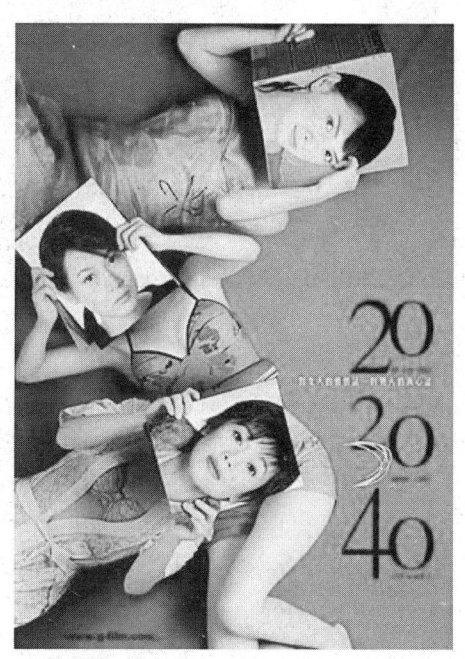

《20 30 40》海报

此类结构的代表作还有国产电影故事片《青花》(2005年)、《神话》(2005年)、《天狗》(2006年),美国电影故事片《党同伐异》(1916年)、《美国往事》(1984年)等,香港电视连续剧《异世惊情梦》(2002年)、内地电视连续剧《玉观音》(2003年)以及电视剧版《神话》(2010年)等"穿越剧"和《国家宝藏之觐天宝匣》(2007年)等"探秘剧"。

四、套层式结构

套层式结构,从广义上来说,是交错式结构中的一种特殊形式,俗称"戏中戏"结构,是在影视剧的剧情中"套"上一个与剧情或剧中人相关的"戏中戏"。这段"戏中戏"本身是一个完整的时空,但又是剧情或剧中人所处时空的一个组成部分。

例如,被誉为"中国版《红磨坊》"的香港电影故事片《如果·爱》(2005年)就是通过"戏中戏"结构来交错叙述两个故事的。片中,一组演员扮演双重角色。

《如果·爱》海报

"现在时空"是导演聂文(张学友饰)在上海拍摄大型歌舞片,主角则是他多年的女友孙纳(周迅饰)和来自香港的林见东(金城武饰)。谁料,原来孙纳与林见东是十年前的旧情人。

"过去时空"是孙纳与林见东在十年前的恋情。

"戏中戏时空"则是三人在"现在时空"中同演的一出戏,而这出戏的剧情与三人的命运惊人地相似。

显然,这三个时空是有交集的。"现在时空"与"过去时空"交错并进;"戏中戏"的时空穿插其间,负责交代过往和渲染现实。随着剧中人物的重遇、回忆、逃避……整部影片在回忆、现实、舞台里交错展开。

又如,香港电影故事片《冒险王》(1996年)中,"现在时空"是漫画《冒险王》的主编周时杰(李连杰饰)创作漫画的过程和其感情生活;"戏中戏时空"则是周时杰创作的漫画中的主人公"冒险王"(李连杰饰)的冒险故事。影片在现实与"漫画"中切换,现实中人物的感情也都带入到了"漫画"中。

此类结构的代表作还有英国电影故事片《法国中尉的女人》(1981年)、国产电影故事片《人鬼情》(1987年)、电影版《暗恋桃花源》(1992年)、美国电影故事片《红磨坊》(2001年)、西班牙电影故事片《不良教育》(2003年)以及国产电视连续剧《聊斋先生》(1998年)和《珍珠翡翠白玉汤》(1999年)等。

五、回环式结构

回环式结构,是指对同一时空中的人物和事件进行"回环①往复"地叙述,而其叙述角度不同,从而构成一个完整的故事。其叙事同样是非线性发展的,但不同于倒叙和插叙,剧中往往出现一些重复的情节,而这些重复的情节中的内容可能不同,甚至是矛盾的。其意义已不在于叙述的过程,而在于叙述的方式,可以在叙事上形成层次感,从而调动观众进行理性思考,产生回味无穷的思辨意义。日本电影故事片《罗生门》(1950 年)、德国电影故事片《罗拉快跑》(1998 年)、国产电影故事片《英雄》(2002 年)等,都采用了回环式结构。

例如,日本电影故事片《罗生门》(1950 年)改编自芥川龙之介的短篇小说《筱竹丛中》,由黑泽明、桥本忍编剧,黑泽明执导,荣获第 16 届威尼斯国际电影节金狮奖和第 24 届美国奥斯卡电影金像奖最佳外语片奖,被誉为"有史以来最有价值的 10 部影片"之一。

该片通过樵夫的回忆讲述了一件命案。武士金泽武弘被人杀害在丛林里。樵夫、凶手强盗多襄丸、死者的妻子真砂、招引死者魂魄来作证的女巫都被招到纠察使署来作证。但他们都怀着个人目的来提供证词,竭力维护自己。于是,发生在同一时空中的同一事件被叙述了四次,却各不相同。该片借此揭示了人性中丑恶的一面,探讨了人的不可信赖性和不可知性。

再如,郭在容编剧、刘伟强执导的韩国电影故事片《雏菊》(2006 年)中,女画家惠英(全智贤饰)、国际刑警郑宇(李成宰饰)、杀手朴义(郑宇成饰)三人在风景如画的阿姆斯特丹演绎了一段唯美伤感的爱情故事。该片分为三段,通过三个人物角色来分别讲述,循环往复,从而将一个完整的故事交代清楚。

《雏菊》海报

在多时空叙事的影视剧中,安排其时空结构时通常需要确定一个处于组织叙事地位的时空,以引出其他时空的情节,并将其串联起来,我们称这一时空为"组织时空"。这一时空通常是"现

---

① 回环,原为一种修辞手法,是指将字词相同而排列次序不同的言语片段紧密相连,使语句整齐匀称,给人以循环往复的意趣,并构建事物间相互依存、相互制约或相互对立的辩证关系。例如,"信言不美,美言不信。善者不辩,辩者不善。知者不博,博者不知。"(《老子》)

在时空",往往按照时间顺序排列推进,以保证整部剧作的时空统一有序。而由"组织时空"引出并串联的时空则称之为"插入时空"。

"组织时空"和"插入时空"中往往有一个主要的叙事时空;整部剧作的主要矛盾冲突将集中在这一时空之中展开,并在其中完成叙事和人物塑造的主要部分。例如,在电影故事片《我的父亲母亲》中,采用黑白摄影的"现在时空"处于"组织时空"的地位,而采用彩色摄影的"过去时空"则是"插入时空",并且是主要叙事时空。

在一些影视剧,尤其是多主题的作品中,往往是各个时空都相当重要,并无所谓的主要叙事时空。例如,日本电影故事片《情书》中,"现在时空"表现的是渡边博子在男友藤井树登山遇难后的痛苦以及寻求心灵解脱的过程;"过去时空"表现的是藤井树与同名的中学同学"女藤井树"之间纯真朦胧的爱情故事。两个时空既各有主题,又各有主要矛盾冲突,因此没有主要与次要之分。

在安排影视剧作的时空结构时,编剧还需要注意以下几点:

第一,保持各个时空的情节线索完整、统一。在实际创作中,可以将不同时空的情节线索分别梳理一遍,先明确叙事顺序,再进行分解和组合。

第二,在分解时空时,应注意分解后的每一段落的相对完整性,每一段落都应当是相对完整的情节段落。

第三,在分解时空时,应注意其情节间的因果联系,避免造成时空混乱而导致观众不知所云。例如,影视剧中的人物未必都按照先后时序来展开回忆,所以"插入时空"往往存在无序性。这里所说的因果关系既是指"插入时空"中情节内部的因果关系,又是指"插入时空"的情节段落与"组织时空"的情节段落间的因果关系。

第四,在时空结构较为复杂错落的影视剧中,还是以剧情中的具体时间作为时空划分的标志为宜,这同样是为了避免造成时空的混乱。

第七章 情节与细节

第一节　情节发展的结构
　　一、线式结构
　　二、段式结构
　　三、块式结构

第二节　情节编织的技法
　　一、"剑拔弩张，温情脉脉"——危难与圆满
　　二、"峰回路转，抑扬顿挫"——波折与突转
　　三、"故弄玄虚，答疑解惑"——悬念与包袱
　　四、"伏脉千里，运筹帷幄"——伏笔与照应
　　五、"溯流穷源，顺流而过"——铺陈与推演
　　六、"紧锣密鼓，从容不迫"——紧密与拖延
　　七、"高湖蓄水，倾泻直落"——累积与释放
　　八、"因缘际会，阴差阳错"——巧合与差错
　　九、"穿凿附会，神出鬼没"——附会与猎奇
　　十、"判若云泥，重彩浓墨"——比衬与夸张

第三节　细节设计的功用
　　一、贯穿情节结构
　　二、揭示人物心理
　　三、传递抒发情感
　　四、蕴含深层寓意
　　五、彰显时代特征

影视剧情节编织技法"十招二十式"

安危：危难与圆满——剑拔弩张，温情脉脉
抑扬：波折与突转——峰回路转，抑扬顿挫
问答：悬念与包袱——故弄玄虚，答疑解惑
藏露：伏笔与照应——伏脉千里，运筹帷幄
顺逆：铺陈与推演——溯流穷源，顺流而过
张弛：紧密与拖延——紧锣密鼓，从容不迫
收放：累积与释放——高湖蓄水，倾泻直落
对错：巧合与差错——因缘际会，阴差阳错
隐显：附会与猎奇——穿凿附会，神出鬼没
正反：比衬与夸张——判若云泥，重彩浓墨

第一节　情节发展的结构

在影视剧中,情节是表现人物角色之间相互关系的一系列生活事件的发展过程,由一系列展示人物性格、表现人物与人物或人物与环境之间相互关系的具体事件构成。高尔基说:"情节,即人物之间的联系、矛盾、同情、反感和一般的相互关系——某种性格、典型的成长和构成的历史。"[①]对于影视剧来说,结构是其骨架,情节则是使其丰满的血肉。

一般而言,全剧情节由起、承、转、合四部分构成,也就是通常所说的开端、发展、高潮和结局。而将各部分中的事件连成一体的就是情节线索。情节线索贯穿于全剧情节发展之中,有一条或几条,可以将人物活动、场景转换及相关细节串连成一个有机的整体。人物、事件或者是某种情绪、情感都可以构成情节线索。

线索之于情节,就如同血肉中的神经,牵一发而动全身。所以,在编织情节时,必须铺设好线索。创作一部影视剧本,不仅要使其血肉丰满,还要为其舒筋活络,使其血脉畅通。

情节的发展首先涉及两个关键问题:时序性和连贯性。

先讲情节发展的时序性。亚里士多德在《诗学》中说:"所谓'情节',指事件的安排。"[②]事件有来龙去脉,情节也有起承转合。事件的来龙去脉依据的是其发生时间的先后顺序,其时序是固定的。而情节的起承转合依据的则是叙事的需要,可以按照事件的时序进行顺叙,也可以倒叙、插叙、预叙、补叙和混叙。

这涉及影视剧的时空设计。在前一章中,我们从时空设计的角度,将之分为顺叙式、倒叙式、交错式、套层式、回环式五种结构形式。

下面重点来讲情节发展的连贯性。影视剧的情节安排是多样的,为了主题的表现或者叙事的需要,其情节发展未必有完整的起承转合,贯穿其中的线索也未必是连贯的。

我们据此将影视剧划分为线式结构、段式结构和块式结构三种形式。

一、线式结构

线式结构是指故事情节呈流线型发展,线索清晰连贯。简单地说,就是将故事从头讲

---

① 高尔基:《论文学》,人民文学出版社1978年版,第335页。
② 亚里士多德:《诗学》,人民文学出版社1962年版,第20页。

到尾,一气呵成。按照情节线索的数量,我们又将其分为单线结构和复线结构。

1. 单线结构

单线结构的影视剧中只有一条明显的贯穿始终的情节线索,人物角色较少,剧情通俗易懂。一般来说,电影故事短片和电视短剧通常采用单线结构。而大众化、通俗化的影视剧也往往以单线结构来组织叙事。

例如,姜文执导的《让子弹飞》(2010年)就是一部单线结构的电影故事片。该片改编自四川作家马识途的长篇小说《夜谭十记》中的《盗官记》一节,剧本创作集合了朱苏进、述平、姜文、郭俊立、危笑、李不空等九位编剧。由编剧团队的构成可以看出,该片在如以往姜文作品一般彰显天马行空的想象力的同时,更加重视其通俗性和观赏性。

因此,该片呈现出来的是一个简单而有趣的故事:北洋年间,南部中国,号令山林的绿林悍匪张牧之(姜文饰)在一场火车劫案中遇到行走江湖的通天大骗老汤(葛优饰)。两人从生死宿敌变成莫逆之交,分别装扮成新任县长和师爷,来到南国一霸黄四郎(周润发饰)的地盘——鹅城,想要大捞一笔;于是,引发了鹅城的一场混战。用张牧之的话说,就是"一个土匪碰见一个恶霸,多么简单的事!"贯穿影片始终的线索就是三个主要人物之间的争斗。

单线结构的《让子弹飞》是姜文执导的第四部电影故事片,与其第三部电影故事片、采用分段错层式结构的《太阳照常升起》(2007年)相比,可谓大相径庭,由玄奥晦涩变得通俗易懂。因此,《让子弹飞》是一部真正的大众电影作品。

一般来说,如果影视剧中只有一个主要人物处于绝对中心地位,也多会采用单线结构。例如,电影故事片《张思德》(2004年)、《叶问》(2008年)等,电视连续剧《李小龙传奇》(2008年)、《毛岸英》(2010年)等。

2. 复线结构

在由众多事件构成、情节复杂、头绪纷繁的影视剧中,编剧往往采用复线结构,即在剧中安排两条或两条以上的线索来组织叙事,以展现更为丰富多彩的剧情内容。复线结构的影视剧在时空设计上也常采用交错式结构。

采用复线结构不仅要合理安排每条线索,还需处理好线索之间的联系,或多线并举、或主副相从、或齐头并进、或明暗结合;使之多而不乱、繁而不散、缜密严谨、舒展自如。

一般来说,影视剧中的情节线索过多,容易造成叙事不清、结构散乱;因此,往往在多条情节线索中设定一条主线来贯穿全剧,而其他居于次要地位的情节线索作为副线穿插在剧情之中。如果情节线索无主副之分、同等重要,则应统筹安排,对剧情进行合理、均衡的分配。

例如,香港电影故事片《内衣少女》(2008年)就是一部有主、副线设置的复线结构的爱情喜剧片。主线是从未谈过恋爱的何琪妙(邓丽欣饰)在一家内衣公司担任内衣调查员,为了避免成为与爱情无缘的"老处女",而开始探索陌生的爱情之路,寻找自己的"白马王子"。而她周围的三个女孩则形成三条副线,穿插在剧中。何琪妙的表妹(文咏珊饰)是一名内衣店售货员,喜欢成熟男性的她,与一对父子发展出一段纠结的"三角恋情"。经常光顾表妹内衣店的酒店公关小姐(贾晓晨饰)是一位风尘女子,从来都是逢场作戏的她偏偏坠入情关,被骗子拿走了一切,包括自己那颗还会恋爱的心。何琪妙的邻居是一名空姐(汤怡饰),一心要嫁入豪门的她却与一个穷小子陷入爱河。影片通过这四个少女的爱情故事来勾画女性的爱情心理,剧情幽默又引人思索。

近年来,主攻"情人节档期"的爱情片也多采用复线结构,以求搭配出多样的爱情故事,从而吸引不同类型和层次的观众。

例如,香港电影故事片《游龙戏凤》(2009年)就在该档期取得了过亿票房。影片的主线故事以澳门赌王何鸿燊及其四姨太梁安琪的爱情故事为蓝本,讲述了以为今生与爱情无缘的青年富豪程仲森(刘德华饰)在澳门遇到贫穷女孩薛米兰(舒淇饰)后展开了一段现代版的"王子与灰姑娘"的恋爱故事。这条主线之外又穿插了两条复线:程仲森的女助理(何韵诗饰)与从内地到澳门做装修的林九(张涵予饰)相识,两人的教育背景、工作收入、地位身份相差悬殊却又互生情愫。程仲森的司机阿成(林嘉华饰)与漂亮的单亲妈妈霍湘如(张歆艺饰)相亲,阿成在照顾这对母女的过程中,逐渐从内心产生了真情。三对情侣在经历荆棘与波折之后,终于成就眷属、携手相伴。

而在2010年"情人节档期"斩获过亿票房的香港电影故事片《全城热恋》(2010年)则由五段温馨的爱情故事交错构成:男司机(张学友饰)与女脚底按摩师(刘若英饰);冷气维修员(谢霆锋饰)与重病女子(徐熙媛饰);寿司店师傅(吴彦祖饰)与富家小姐(徐若瑄饰);农村小伙(井柏然饰)

《游龙戏凤》海报

《全城热恋》海报

与工厂女工(杨颖饰);著名摄影师(段奕宏饰)及徒弟(付辛博饰)与女模特(诗雅饰)。五段爱情,五条线索,并无主副之分,用不同的主题来展现人间的爱情百态。

电视连续剧,尤其是长篇电视连续剧,由于篇幅长、容量大,也更多地采用复线结构。例如,石康编剧、赵宝刚执导的电视连续剧《奋斗》(2007年)讲述了陆涛(佟大为饰)、华子(朱雨辰饰)、向南(文章饰)三个大学毕业生的爱情和婚姻生活。其中,陆涛与两位恋人——夏琳(马伊琍饰)、米莱(王珞丹饰)之间的情感线索起着贯穿全剧的作用,其故事所占篇幅也最长。而向南与杨晓芸(李小璐饰)、华子与陆露(徐翠翠饰)的两条情感线索则为副线,处于相对次要的地位。

而同样由赵宝刚执导、魏晓霞编剧的电视连续剧《婚姻保卫战》(2010年)也主要讲述了三段婚姻故事:装饰设计师郭洋(佟大为饰)与证券公司白领李梅(马伊琍饰);皮具公司女老板兰心(袁立饰)与家庭"煮夫"许小宁(黄磊饰);再婚男人老常(刘金山饰)与年轻妻子陈梦(于娜饰)。三条线索,齐头并进,无主副之分;三段故事,均分剧情,无主次之别。

同样采用复线结构的电视连续剧代表作还有《血色浪漫》(2004年)、《完美》(2004年)、《我的青春谁做主》(2009年)等。

二、段式结构

段式结构是在线式结构的基础上对剧情进行筛选聚合,从而形成明显的段落划分。

《狼灾记》海报

简单地说,就是将故事分成几段来讲,而每一段又可能是一个相对完整的故事。采用段式结构可以使叙事更加精练,便于在重点之处集中笔墨;往往可以形成匠心独运的叙事格局。

在中国第五代电影导演的作品中,常常可以见到"三段式结构"的运用,如张艺谋执导的《英雄》(2002年)、顾长卫执导的《孔雀》(2005年)、陈凯歌执导的《梅兰芳》(2008年)等。

以田壮壮自编自导的电影故事片《狼灾记》(2009年)为例。该片根据日本作家井上靖的同名小说改编,是典型的"三段式结构"。

田壮壮自述说:"看完小说感觉很过瘾,只是篇幅太短,很难改编。怎样的拍摄风格,怎么去结构框架,怎么丰富故事容量等等,都是难题……反反复复考虑之后,终于确定了这部电影的表现形态,决定采用三段式的结构:即每段有自己独立的事件和故事,同时三段之间又有着不可割裂的内在联系。第一段是两个男人的故事,第二段是一个男人和一个女人的故事,第三段是两只狼和一个男人的故事。我想表达人的宿命感——命运。命运是个很特殊的话题,有着许多的不可知的因素。张安良(庹宗华饰)这个职业军人,将陆沈康(小田切让饰)训练成杀人的工具,两个人也在军旅中成为患难;而陆沈康变成狼以后,却遵循着狼的原则将张安良追杀至死,陆沉康与卡雷女(李美琪饰)为了爱情甘愿堕落成为狼。在拍《狼灾记》时我更在意的是人和人、人和狼之间宿命的关系,命运中的延续和循环,战争、环境、自然、动物、人类等,彼此之间、冥冥之中有一种命运的因果……它是写人的心理、人性、狼性、残忍和情感。"

田壮壮认为,采用这种结构,影片"每一部分的人物关系就变得简约了,我可以笔墨集中了,而且在结构上我也就自由了"。①

又如,北京电影学院副教授庄宇新自编自导的电影故事片《爱情的牙齿》(2007年)也是通过讲述女主人公钱叶红(颜丙燕饰)从青少年到中年的三段情感经历来塑造人物形象和表现主题思想的。

段式结构中也可以存在多条情节线索。以昆汀·塔伦蒂诺自编自导的电影故事片《无耻混蛋》(2009年)为例。塔伦蒂诺的电影作品所采用的"章节结构"也属于段式结构。他用了十余年的时间写成《无耻混蛋》的剧本,故事结构由五个章节组成。他认为:"电影中的每一个章节,都有着含糊暧昧的不同——视觉上的和感觉上的,它们每一个在风格上都是不一样的。"②

该片的情节线索有两条:第二次世界大战时,一群犯了罪的美国士兵在陆军中尉奥尔多·雷恩(布拉德·皮特饰)的率领下,被派往法国执行一系列暗杀任务。法国犹太女孩索莎娜·德莱弗斯(梅拉尼·罗兰饰)的家人被德军上校汉斯(克里斯托弗·华尔兹饰)屠杀,她自己幸免于难,决心为被纳粹杀害的人们复仇。两条线索最终汇集在巴黎一家小影院中,展开了一场针对纳粹高官的暗杀。

建立在时空交错基础上的段式结构,我们称之为分段错层式结构。例如,奥利弗·斯通执导的《亚历山大大帝》(2004年)、姜文执导的《太阳

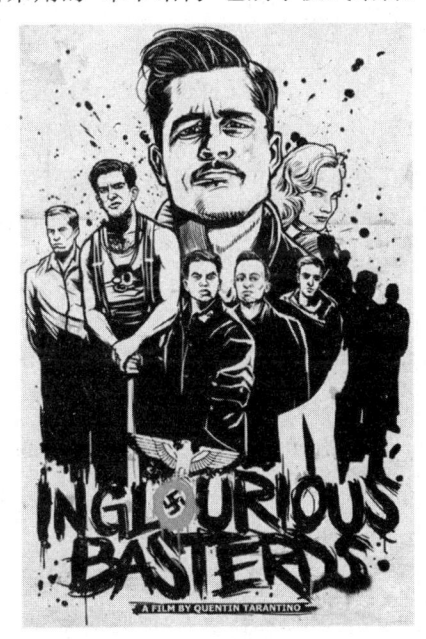

《无耻混蛋》海报

---

① 《专访田壮壮谈〈狼灾记〉 传奇中的真实更有力量》,来源:新浪网,http://ent.sina.com.cn/m/c/2009-09-27/15392715271.shtml。

② 参阅百度百科,http://baike.baidu.com/view/2465947.htm。

照常升起》(2007年)等电影故事片都属于此类结构。这种结构把握不好,容易造成叙事的混乱,使剧情晦涩难懂,因此较为少见。而编剧之所以采用这种结构,也多是为了借其参差错落的叙事结构来达成自己独特迥异的艺术构思。

以述平、姜文、过士行编剧的电影故事片《太阳照常升起》为例。该片将发生在20世纪50年代到70年代的故事划分为四个既独立成章又连缀一体的段落,交错排列在错落的时空中,目的是营造出"超乎寻常的悬念魅力"。台湾电影评论家焦雄屏曾评价说:"这部电影有非常多解密的快感,几乎像《达·芬奇密码》般繁复;一旦找到关键,就觉得此片非常清晰和令人震惊。"①

段式结构还常见于一些年代跨度大的电视连续剧作品,如《大宅门》(2001年)、《闯关东》(2008年)等长篇电视连续剧,都将剧情按年代划分为若干个段落来展开叙事。

采用段式结构时,对段落的划分应尽量自然,切忌生硬,否则容易给人以拼凑、松散之感。例如,杜致朗编剧、袁和平执导的电影故事片《苏乞儿》(2010年)将剧情生硬地划分为"一战扬名"和"醉拳宗师"两个段落,从而打散了剧情的整体格局。

三、块式结构

块式结构,又称拼盘式结构。这类结构的影视剧完全颠覆了线式结构的特点,由并立的几个单元连缀而成。每个单元都是一个独立成篇的故事,其中的人物和事件也相对独立,只是各个单元之间存在某种内在的主题上的关联。简单地说,就是先后讲述几个独立而完整的故事,而这几个故事之间存在着某种联系。

电视系列剧和电视单元剧采用的都是块式结构。例如,张锐编剧、陈家林执导的电视单元剧《大敦煌》(2006年)由发生在北宋、清末、民国三个历史阶段的有关敦煌藏宝、夺宝、护宝的三个故事组成,其间以一部金字《大藏经》的命运进行连缀,反映了千年敦煌的辉煌、劫难、重生的三部曲。而这三个故事又具有各自的艺术格调,导演陈家林曾比喻说:"上部是倾国倾城的妙龄少女;中部是备遭蹂躏的柔弱少妇;下部是觉悟成熟的坚强女人。"②

又如,杨健与麦家编剧、柳云龙执导的电视单元剧《暗算》(2005年)由"听风"、"看风"、"捕风"三个故事连缀而成,描写了三个传奇的中国特情人员。"听风"讲述的是"靠耳朵打江山"的无线电侦听者,他们的耳朵可以听到天外之音、无声之音、秘密之音。"看风"讲述的是"善于神机妙算"的密码破译人员,他们的慧眼可以识破天机,释读天书,看阅无字之书。"捕风"讲述的是"深入龙潭虎穴"的地下工作者,他们是潜伏者,是牺牲者,更是战斗

---

① 参阅百度百科,http://baike.baidu.com/view/327025.htm。
② 参阅百度百科,http://baike.baidu.com/view/590501.htm。

者。而他们都为缔造和保卫共和国立下了不朽功勋。

在电影故事片中,伊明编剧、吴贻弓执导的《城南旧事》(1982年)是采用块式结构的代表作。该片改编自林海音的同名自传体短篇小说集,以"淡淡的哀愁,浓浓的相思"为基调,串联起英子与疯女秀贞、英子与小偷、英子与乳母宋妈三个并无因果关系的故事。这种结构使该片呈现出"多棱镜效果",透过小女孩英子的纯真眼光,从不同角度映照出20世纪20年代老北京的历史风貌和笼罩在愁云惨雾中的社会生活。

《暗算》海报

采用此类结构的电影故事片还有:冯小刚自编自导、根据王朔小说《你不是一个俗人》改编的《甲方乙方》(1997年)、侯咏自编自导、根据苏童小说《妇女生活》改编的《茉莉花开》(2005年),刘仪伟与束焕编剧、张建亚执导的《爱情呼叫转移》(2007年)、《命运呼叫转移》(2007年)、《爱情呼叫转移2:爱情左右》(2008年)等。冯小刚自编自导的《非诚勿扰》(2008年)也具有部分块式结构的特点。

第二节 情节编织的技法

2011年5月,中央电视台曾报道过一则"杀妻谋财"的新闻事件,如下:

英国苏格兰格拉斯哥最高法院19号判处一名叫马尔科姆·韦伯斯特的男子杀妻罪名成立。令人发指的是韦伯斯特不仅杀了他的第一任妻子,还企图杀害第二任妻子,同时还试图与第三个女人重婚。而导致这一切罪恶事件发生的原因就是一个字——钱。

马尔科姆·韦伯斯特,现年52岁。据英国天空新闻网报道,格拉斯哥法院把韦伯斯特称为"现代最臭名昭著"的罪犯,并认定他是因为对财富的贪得无厌才走上了犯罪的道路。

下面,我们来细数一下英国媒体给韦伯斯特列举的三宗罪:

1994年,韦伯斯特驾车将妻子骗到郊外的一条乡村小路上,点燃汽车烧死妻子。随后,他向警方报案称,妻子因车祸意外死亡。由于警方没有追究,韦伯斯特顺利地获得了超过20万英镑、约合220万人民币的保险金。挥霍一空后,韦伯斯特开始酝酿新的谋杀。

1997年,韦伯斯特在新西兰与一位名叫德拉姆的女子结婚。这一次,韦伯斯特试图故伎重演,继续伪造车祸事故杀妻,然后骗取超过75万英镑、约合830万人民币的保险金,同时继承德拉姆名下的所有财产。然而，苍天有眼，新西兰没有给这个杀人恶魔机会，德拉姆幸运逃脱。没有弄到巨额财产的韦伯斯特贼心不死，又开始寻找新的机会。

2004年，韦伯斯特返回英国，当时他仍与第二任妻子德拉姆保持着婚姻关系。为了骗取41岁的巴纳尔耶的财产，韦伯斯特隐瞒了自己是有妇之夫的事实，打出悲情牌，告诉巴纳尔耶自己患有白血病。巴纳尔耶出于同情，不久就与他订婚，并且把自己名下的财产都转到了韦伯斯特的名下。为了骗过警方，韦伯斯特故意与巴纳尔耶过着平静的生活，试图在婚后寻找时机下手。就在这时，正在重新调查他第一任妻子死因的警方找到了他。①

对于编剧而言，类似的新闻事件完全可以作为创作素材。之前，涉及"杀妻谋财"案件的中外影视剧并不少见。其中，最著名的当属"悬念大师"阿尔弗雷德·希区柯克的经典影片《电话谋杀案》(1954年)。这部电影故事片改编自弗雷德里克·诺特的舞台剧，由雷·米兰与格蕾丝·凯莉主演。

美国电影故事片《超完美谋杀案》(1998年)是《电话谋杀案》的翻拍版，由帕特里克·史密斯·凯利编剧，安德鲁·戴维斯执导。影片主要剧情如下：

商界富豪史蒂文·泰勒（迈克尔·道格拉斯饰）与富有的妻子艾米莉（格温妮斯·帕特洛饰）感情失和、同床异梦。艾米莉背地里与穷画家大卫·萧（维戈·莫特森饰）偷情，并考虑与史蒂文离婚。史蒂文察觉之后，暗中调查妻子与其情人的关系。

此时，史蒂文的事业正岌岌可危、濒临破产。他找到大卫并揭穿其真面目——其实，大卫是一个前科累累的情场骗子，觊觎的是艾米莉的金钱。史蒂文以此来要挟大卫，他用50万美金雇佣大卫来杀死艾米莉。这样，艾米莉死后，史蒂文就可以继承她的大笔遗产，从而挽救自己的事业。在史蒂文看来，大卫对自己无法构成威胁，作为史蒂文妻子的情人，劣迹斑斑的大卫即使举报史蒂文，也无法获取警方的信任。

史蒂文精心策划了一个自以为"完美"的"杀妻计划"：当夜，史蒂文照例外出去赴友人的牌局，将艾米莉独自留在公寓中，从而制造自己不在场的证据。临走时，他从艾米莉的提包里偷走她的房门钥匙，将之放在后门外面的水管后。如此，大卫就可以顺利地进入公寓，埋伏起来。史蒂文在晚间10点钟将电话打到公寓。大卫则趁艾米莉接听电话时从背后偷袭，将其杀死。

史蒂文嘱咐大卫，在杀害艾米莉之后要做好两项善后事宜：其一，是破坏后门的门锁，制造成窃贼撬门而入的假象；其二，离开时将钥匙放回水管后面，以便史蒂文回家后再将之放回到艾米莉的包里。这样，就可以将整起事件伪装成因盗窃而偶然引发的命案。

---

① 《英国一男子为领高额保险金残忍杀妻》，来源：中国网络电视台，http://news.cntv.cn/world/20110521/102421.shtml。

这个"杀妻计划"看似完美,却事与愿违。史蒂文依计行事,但计划遭遇了变化。潜入公寓的蒙面杀手未能杀死艾米莉,反被艾米莉所杀。剧情出现第一次"突转"。

史蒂文回家后,发现了惊恐的妻子和横尸的杀手。而大难不死的艾米莉已经直接报警。面对意外变故,史蒂文立即着手做完了杀手未做的两件事:破坏门锁,从杀手身上取下钥匙并放回妻子的包里。

警察赶来后,勘查现场,揭开杀手面罩。史蒂文发现杀手并非大卫。原来,大卫雇佣了一个杀手来替自己行凶。剧情出现第二次"突转"。

之后几天,艾米莉发现自己的钥匙无法打开家门。心生疑惑的艾米莉寻访到杀手的住处,却惊异地发现自己的钥匙竟然可以打开杀手的家门。

大卫拿出自己与史蒂文谈话的录音带来敲诈史蒂文。史蒂文只得杀死大卫灭口。剧情出现第三次"突转"。史蒂文掩盖了罪证,并哄骗住了艾米莉。

就在史蒂文准备与艾米莉重新开启夫妻生活时,起了疑心的艾米莉找到了大卫遗留的录音带。艾米莉有意告诉史蒂文:她的钥匙无法打开家门。史蒂文这才意识到,杀手进门后就已将钥匙放回。当机关算尽的史蒂文从后门的水管后面找回钥匙时,藏在暗处的艾米莉正在窥视着原形毕露的丈夫……

片中,谋杀者的周密计划在实施过程中并不完美,接连出现意外状况和漏洞。谋杀对象在一步步地探寻真相,而谋杀者也在不断地修补漏洞,直至事态不可收拾。在多种技法的包装下,该片的故事情节更加曲折惊险,可谓高潮迭起、悬念丛生。可见,根据事件编织出引人入胜的情节,需要掌握一定的技法。

技法,即技巧和方法。技巧是为达到创作目的而采取的手段,方法是创作中的思维方式和具体做法。清代文论家沈德潜在《说诗晬语》中曾说:"诗贵性情,亦需论法。乱杂而无章,非诗也。"掌握编织情节的技法,才能在剧作中制造出一个个求新求变的观赏兴趣点,使观众随着剧情发展而不断体验高兴、悲伤、惊奇、愤怒、同情、谴责、发现、探寻、幽默、有趣、深思、反省等感觉,从而形成独特的观赏快感。

影视剧的情节编织技法主要有十招,一招分两式,分别是危难与圆满、波折与突转、悬念与包袱、伏笔与照应、铺陈与推演、紧密与拖延、累积与释放、巧合与差错、附会与猎奇、比衬与夸张。

我们将之编成十句口诀,以便于记忆和理解,如下:

> 剑拔弩张,温情脉脉。峰回路转,抑扬顿挫。
> 故弄玄虚,答疑解惑。伏脉千里,运筹帷幄。
> 溯流穷源,顺流而过。紧锣密鼓,从容不迫。
> 高湖蓄水,倾泻直落。因缘际会,阴差阳错。
> 穿凿附会,神出鬼没。判若云泥,重彩浓墨。

下面来具体讲解这十招情节编织技法。

一、"剑拔弩张，温情脉脉"——危难与圆满

这一招实质是处理"安与危"的关系。编剧需要不断地为剧中人物设置各种各样的"危难"，才能始终牵引着观众的观赏兴趣，使其不致松懈。一般而言，观众都期待剧作有一个圆满的结局。这个所谓"圆满"的结局，不一定都是"大团圆式"，但起码应当对剧中的人物命运和冲突发展做一个基本的了结或走向的阐示。

1. 第一式：剑拔弩张，风声鹤唳

"危难与圆满"首先作用于影视剧的首尾。影视剧的开场可以作为一个独立的叙事单元，分为冷开场和热开场。

冷开场是指开场时情节平淡、气氛冷清，矛盾冲突往往不易察觉，甚至主题思想也显晦涩。例如，美国电影故事片《阿甘正传》（1994年）就采用了冷开场。

《风声》剧照

热开场是指开场时就先声夺人，牢牢吸引住观众，往往气氛热烈，矛盾冲突迅速推出，剧情随即展开。例如，系列电影故事片《教父》就采用了热开场。

对于商业电影故事片和电视剧而言，热开场吸引观众的效果显著，常采用"危难法"。编剧若想让观众从剧情开端就痴迷入戏、欲罢不能，就必须学会排兵布阵、巧妙设局。正所谓"山雨欲来风满楼"。

例如，《风声》（2009年）、《十月围城》（2009年）、《东风雨》（2010年）三部电影故事片的开场都运用了一个"出场即毙"的情节设置。《风声》开场是汪伪官员叶剑波（段奕宏饰）在饭店餐桌前被刺；《十月围城》开场是革命志士杨衢云（张学友饰）在香港辅仁文社遇害；《东风雨》开场则是中共地下党的交通员（王宝强饰）在上海跑狗场暴毙。

以上开场都属于热开场，开篇即呈现出一

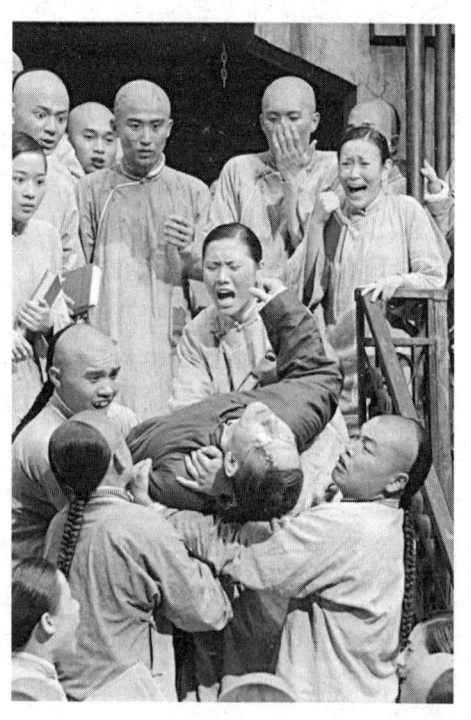

《十月围城》剧照

个危难之境,将观众迅速带入剑拔弩张、危机重重的剧情。

"危难法"在塑造人物形象方面的作用尤为显著。正如诸葛亮在《出师表》中所说:"受任于败军之际,奉命于危难之间。"我们在影视剧中常会看到,主人公在危难之中挺身而出,挽狂澜于既倒,扶大厦于将倾,方显出英雄本色。

《东风雨》剧照

例如,电视连续剧《大宅门》(2001年)、《乔家大院》(2006年)、《新安家族》(2010年)等作品中均有主人公"临危受命"的情节设计。《大宅门》中的白文氏(斯琴高娃饰)在白家蒙冤、老号被封之时操持家务;《乔家大院》中的乔致庸(陈建斌饰)在兄长乔致广商场失利、病重辞世之际执掌家业;《新安家族》中的程天送(张磊饰)在东家汪老太爷落选会长、含恨而终之后拜师学艺。这些"危难"情节的设置都为主人公在剧中大展宏图、彰显风采做足了铺垫。

2. 第二式:尘埃落定,脉脉含情

"圆满"在这里有三重含义、三份情怀。

第一,有始有终。这个"终"也可以是开放式结局①,为观众提供遐想的空间,但必须有一个走向的阐示。

例如,美国电影故事片《沉默的羔羊》(1991年)的结尾,凶犯"野牛比尔"被击毙;但更危险的杀人魔汉尼拔(安东尼·霍普金斯饰)却逃脱牢笼,走入人群,继续反抗现实社会。故事似乎未完,但编剧已将主题阐明,这就是不是结局的"结局"、相对而言的"圆满"。

再如,刘恒、严歌苓编剧的电影故事片《金陵十三钗》(2011年)也采用了开放式结局。片尾,秦淮河妓女们去日军驻地赴宴,生死未卜,但"和平、善良、救赎和爱"的影片主题已经得到了完满的展示。编剧刘恒表示:"我觉得妓女们上车是真实感很强的结尾。如果再把赴宴那个场景加上,就好像是另外一部作品的开头,而不是这部片子的结尾,反而画蛇添足。"②

第二,倒而不朽。所谓"求仁得仁",人物命运或不圆满,但精神追求必须圆满,否则,剧作的主题思想就会陷入消极。例如,电影故事片《十月围城》(2009年)的结尾,革命义士

---

① 开放式结局,是指故事情节、人物命运在剧终时并未给出确定的结局,从而留给观众想象的空间,又往往为拍摄续集做了铺垫。
② 《编剧刘恒透露〈十三钗〉另有诗意结局》,来源:《广州日报》,http://ent.ifeng.com/zz/detail_2011_12/24/11539120_0.shtml。

们相继牺牲、血洒中环,但革命领袖孙中山(张涵予饰)却安然离港,且革命之火已被燃起,渐成燎原。

第三,流露温情。影视剧中许多亲切、温情的生活段落,往往能够引起观众的情感共鸣。这些情节虽显平淡,但在诸如家庭情感类题材的影视剧中却不可或缺。如《贫嘴张大民的幸福生活》(1998年)、《激情燃烧的岁月》(2001年)、《金婚》(2006年)等国产电视连续剧和《澡堂老板家的男人们》(1996年)、《人鱼小姐》(2002年)等"韩剧"中,都多有运用。

二、"峰回路转,抑扬顿挫"——波折与突转

这一招与"危难与圆满"是一套"组合拳",实质是处理"抑与扬"的关系。如前所述,编剧需要不断地为剧中人物设置各种各样的难题,这种设置应当是"摁倒葫芦瓢又起,暴风未停雨又至",此为"波折";而在适当之时又有转机和变故,这种转折骤然而至、措手不及,则成"突转"。有波折,才有抑扬之感;有突转,方闻顿挫之声。

1. 第一式:一波未平,又起一波

正如古典名著《西游记》中,取经之旅需经九九八十一难;影视剧中,人物命运起落沉浮,情节发展千回百转,观众才会牵肠挂肚、目不转睛。

美国电视连续剧《越狱》第一季(2005年)可谓此类佳作。主人公迈克尔(文特沃斯·米勒饰)为帮助蒙冤的哥哥林肯(多米尼克·珀塞尔饰)越狱而自投罗网,在监狱中开始按部就班地安排越狱计划。但计划从开展之初就非一帆风顺,而是意外不断、变故丛生。在总共22集的剧情中,主人公们在每一集中都要克服大大小小、各种各样的难题,从而保证计划可以顺利实施。要么是迈克尔面临转狱,要么是林肯将被提前处决,要么是行动被人察觉,要么是计划出现漏洞;总之,主人公们被折腾得手忙脚乱、应接不暇。而观众的观赏快感却由此而生。

同样,英国、意大利、西德合拍的电影故事片《卡桑德拉大桥》(1976年)中,一列穿越欧洲的豪华列车上突发鼠疫,旅客们的平静之旅变成求生之旅;病人的转移、军方的陷阱、求生的尝试,每解开一个危难的扣子都要费尽周折。

再如,美国电影故事片《阿波罗13号》(1995年)中,航天飞船上的事故接连出现,宇航员的安危起起伏伏;每当地面指挥站中的电脑屏幕上闪烁的光点和变化的数据告诉人们飞船处于危机时,观众便会立刻心弦紧绷。

又如,国产电视连续剧《潜伏》(2008年)中,中共地下党人余则成(孙红雷饰)的潜伏生活也是险象环生、危机不断,面对的是一个又一个的障碍和陷阱;可谓送走瘟神、再迎阎王,方出虎口、又入狼窝。

2. 第二式:峰回路转,柳暗花明

突转的魅力在于剧情发生转折时带给观众的突然感。突转之处,情节陡转,波澜顿

生。所以,使用"突转法"最忌讳在剧情转折之际或之前进行明显的情绪渲染。有意的情绪渲染,尤其是"慢动作",会彻底破坏剧情转折时的突然感。因此,情绪渲染必在突转之后。

例如,香港系列电影故事片《无间道》中曾设计了一种"突然死亡法",可谓运用"突转"的典范。《无间道1》(2002年)中,警司黄志诚(黄秋生饰)被扔下高楼,卧底陈永仁(梁朝伟饰)电梯前中枪;《无间道2》(2003年)中,韩琛女友(刘嘉玲饰)被汽车撞毙,都是突然发生,从而瞬间形成一种震惊,刺激着观众的观赏情绪。人物角色遇难之后,则紧接着渲染悲凉的氛围和情绪。

美国电视剧(简称"美剧")的编剧很善于运用突转之法来调动观众的观赏兴趣。美剧采用"边写边拍边播"的"三边"创作模式①,每当发觉观众兴趣低落、收视率下滑的迹象,编剧往往会使出一招"峰回路转",以图扭转乾坤,例如将剧中某个重要人物角色"置于死地"。

突转有大小之分。大突转作用于总体情节,可以导致情节走向的骤变,往往制造出一种震惊。小突转作用于局部情节,可以丰富剧作节奏,增添一种刺激或情趣。

大突转,以美国电影故事片《偷天陷阱》(1999年)为例。该片讲述一幅无价名画在纽约被盗,所有证据都指向大盗罗勃·麦克(肖恩·康纳利饰)。保险公司设下美人计,派出旗下美艳的保险调查员维吉尼亚(凯瑟琳·泽塔·琼斯饰)诱捕麦克。维吉尼亚找到麦克,提出合作盗宝。合作中,麦克发现维吉尼亚其实也是一个大盗,名画实为她所盗,目的是引出麦克合作一件大案。剧情出现第一次"大突转",由"猫捉老鼠"变成"狼狈为奸"。其后,合作继续进行,两人洗劫了世界上防卫最森严的银行。但盗窃成功后,麦克暴露了真实身份——他是FBI为抓捕维吉尼亚而设下的陷阱。剧情出现第二次"大突转","兵匪关系"完全易位。结局是麦克并未抓捕维吉尼亚,两个盖世大盗陷入爱河。两次"大突转"将这个陷阱中套陷阱、圈套中有圈套的故事讲得峰回路转、妙趣横生。

小突转,以国产电视连续剧《解放大西南》(2010年)中的一段情节为例。解放军进军西南,蒋介石(马晓伟饰)此时视察所谓的"游击骨干训练班",妄图垂死挣扎。国民党官员先是鼓吹训练教材比共产党的更加理论化,继而让学员们举起教材。这时,官员们才发现所用教材竟是毛泽东所著的《论持久战》。嘲讽的效果顿生,国民党反动派的大势已去毕现。

在影视剧中,以突转作为结尾,称为"倒勾"或"反弹",可以推进或加深观众对剧情内容和意蕴的理解与感受。

例如,美国电影故事片《战略特勤组》(2010年)中,前美军特种部队炸弹专家史蒂芬·阿瑟·杨格(麦克·辛饰)宣称在美国三个城市中分别安放了三枚微型核弹,美国本土危在旦夕。FBI等反恐部门经过激烈的斗争和曲折的谈判,终于逼问出三枚核弹的安放地点。片尾,拆除了核弹的人们欢呼雀跃;这时,镜头转向隔壁,被藏匿的第四枚核弹正在迅

---

① 涉及"三边"创作模式的讲解,请参阅本书第九章第二节相关内容。

速地倒计时，倒计时结束之际，影片戛然而止。结尾时的最后一转，使影片顿生深意：只要滋生恐怖主义的根源犹存，恐怖事件就难以杜绝，其威胁也无法根除。

再如，国产电影故事片《遍地狼烟》(2011年)的结尾，主人公——国军狙击手牧良逢(何润东饰)战胜日军强敌，与柳烟(小宋佳饰)及战友携手而行。就在这"大圆满"之际，一行人突然被狙击枪的瞄准镜所笼罩，又紧紧抓住了观众的心弦。而这正喻示了狙击战士时刻与危险、死亡相伴的命运。

三、"故弄玄虚，答疑解惑"——悬念与包袱

这一招实质是处理"问与答"的关系。悬念在于设问，包袱在于解谜。

悬念是观众观赏影视剧时对情节发展和人物命运的紧张关切之情，是一种好奇心和焦虑感。"包袱"则是悬念解开时的意料之外、情理之中的感觉，是对好奇的满足感和对焦虑的释放感。观众正是在"悬念与包袱"的一问一答中，体验着期待获得满足的观赏快感。在戏剧理论中，则描述为——将人放进火坑，让观众观赏他如何爬上地面。

1. 第一式：装神弄鬼，故布疑阵

常见的悬念设计方法有两种，可以分别形容为"5分钟炸弹"和"走着瞧"。

希区柯克曾给悬念下过一个著名的定义：如果你要表现一群人围着一张桌子玩牌，然后突然一声爆炸，那么，你便只能拍到一个十分呆板的炸后一惊的场面。另一方面，虽然你是表现这同一场面，但是在打牌开始之前，先表现桌子下面的定时炸弹，那么，你就造成了悬念，并牵动了观众。

这就是希区柯克式的"5分钟炸弹"。观众的认知范围大于剧中人物，当危险即将来临，剧中人物还浑然不觉，观众此时就会产生深深的紧张和焦虑。这种"炸弹情节"在美国电影故事片《生死时速》(1994年)、《惊天核爆》(2002年)、韩国电影故事片《生死谍变》(1999年)等诸多作品中都有运用。

在电视单元剧《暗算》(2005年)的第三单元"捕风"中，环环相扣的悬念设计依据的同样是"5分钟炸弹"原理。

该单元改编自麦家的电视剧剧本《地下的天空》，故事背景设置在20世纪30年代。主人公——中共地下党钱之江(柳云龙饰)，代号"毒蛇"，卧底在国民党上海警备司令部，担任总破译师。国民党特务将他与几名同事一起软禁在"七号楼"，并设下重重圈套，欲从中揪出真正的"毒蛇"。同时，国民党特务发出假情报，对中共地下党布下陷阱。而钱之江则要想方设法将情报传递出"七号楼"，向同志们示警。

观众们在剧情开端就已知晓了钱之江的卧底身份和最终牺牲的命运，并眼看着国民党特务们撒下罗网，设下圈套，可谓"挖好深坑待虎豹，放下香饵钓金鳌"。而主人公钱之江如何与敌人周旋、传递出情报，被当做猎捕对象的中共地下党能否识破陷阱、破解阴谋，

则是使观众揪心不已的悬念。

另一种常见的悬念设计是"走着瞧",即观众与剧中人物具有相同的认知范围,都不知道将要发生的事。于是,观众在好奇心的驱使下和剧中人物一起"走着瞧",在疑窦丛生中逐步拨开迷雾,窥见真相,揭晓谜底。

这种悬念设计常见于探案侦破类影视剧,福尔摩斯、包公、柯南、波洛等各国侦破高手的故事不胜枚举。而在探险惊悚类影视剧中这一方法也多有运用,代表作有美国电影故事片《女巫布莱尔》(1999年)、《红色之山》(2009年)、《灵动:鬼影实录》(2009年)等以"伪纪录片"手法拍摄的作品。

谍战题材电影故事片《风声》(2009年)也采用了"走着瞧"的悬念设计方法。该片改编自麦家同名小说,也是《地下的天空》的改写版,故事背景设置在抗战时期。日伪特务发现代号为"老鬼"的中共地下党潜伏在汪伪华东剿匪司令部内,于是发出假情报,准备将中共地下党一网打尽。同时,五名嫌疑人——收发专员顾晓梦(周迅饰)、译电组组长李宁玉(李冰冰饰)、剿匪大队长吴志国(张涵予饰)、司令侍从官白小年(苏有朋饰)、军机处处长金生火(英达饰)被一起软禁在封闭的"裘庄"中。日伪特务千方百计要从中揪出"老鬼"。

与《暗算-捕风》不同的是,观众在影片开始时并不知道谁是"老鬼",只能随着剧情发展"走着瞧"。因此,谁是"老鬼","老鬼"又如何传递出情报,构成了影片最核心的悬念。

人物对应表		
《风声》	VS	《暗算》
顾晓梦(伪军军机处译电科科员,中共地下党)		钱之江
吴志国(伪军军事参谋部部长,中共地下党)		阎京生
李宁玉(伪军军机处译电科科长)		裘丽丽
武田(日军特务课机关长)		代主任
王田香(伪军特务处处长)		黄一彪
金生火(伪军军机处处长)		汪处长
白小年(伪军总司令侍从官)		董副官

电影《风声》与电视剧《暗算-捕风》人物对应表①

影视剧中的悬念,又分总悬念与小悬念。

总悬念是全剧主要矛盾冲突的焦点所在,往往在全剧开端时即提出,并随着冲突的上升而不断加强,一直到高潮。它是贯串全剧戏剧性结构的情绪支柱。

例如,美国电影故事片《公民凯恩》(1941年)中著名的"玫瑰花蕾"之谜。这只是一个情节的噱头,提供了一个戏剧性的问题来吸引观众入戏。但正是对"玫瑰花蕾"含义的探寻使叙事成型,将全片叙事紧密地联系在一起。

---

① 《〈风声〉电影版〈暗算〉归来?》,来源:《广州日报》,http://news.163.com/09/0926/04/5K43APTT000120GR.html。

小悬念则出现在剧情的每一个发展段落或主要场面中,作用于局部情节,可以不断丰富和加强总悬念,并在每一幕或每一场结束时,把观众的注意力和兴趣引向下一幕或下一场。

例如,国产电影故事片《大兵小将》(2010年)中,梁兵(成龙饰)押解卫将(王力宏饰)回国,梁兵能否成功,卫将能否逃脱,这是总悬念;而一路之上,"梁兵腰间的包袱"、"舞女对卫将的耳语"、"木牌后面的文字"等则是穿插其间的小悬念。

在长篇电视连续剧中,总悬念与小悬念也是相对而言的。

例如,韩国编剧金英贤的作品惯于"开篇设谜"。在其编剧的电视连续剧《大长今》(2003年)的第一集中,道士预言徐长今(李英爱饰)的父亲徐天寿(朴赞焕饰)的命运将由三个女人支配,最终第三个女人将害死徐天寿,但这个女人未来却可以救很多人。这"第三个女人"指的正是主人公徐长今。她的命运,即如何成为"可以救很多人"的名医,是全剧的总悬念;而徐天寿的命运,即如何受三个女人支配,则是前两集的悬念,相对于全剧而言是小悬念。

金英贤编剧的电视连续剧《善德女王》(2009年)的第一集中,国仙文努(郑浩彬饰)得到天启:"北斗七星变成八星之前,美室将天下无敌;北斗七星变成八星之日,美室的克星将会出现"。"美室的克星"指的正是主人公金德曼(李瑶媛饰)。她的命运,即如何战胜美室、成为女王,是全剧的总悬念;而美室(高贤贞饰)如何登上权力顶峰而"天下无敌",同样是前两集的悬念,相对于全剧而言也是小悬念。

2. 第二式:石破天惊,恍然大悟

突转未必都能抖出包袱,但包袱往往可以形成突转。"抖包袱"的技法可以将故事讲得极具诱惑力和欺骗性,巧妙地用后面的情节颠覆观众在前面所得到的信息和感受,用出人意料的转折不断吊起观众的胃口,带来"石破天惊,恍然大悟"的观赏乐趣。

包袱也有大小之分。大包袱之于总悬念,是一种首尾呼应的技巧,一般设置在高潮部分。

以美国电影故事片《肖申克的救赎》(1994年)为例。影片高潮部分抖出一个大包袱,蒙冤入狱的安迪(蒂姆·罗宾斯饰)一夜消失,越狱高飞。通过随后的叙述,观众才恍然大悟,原来之前的情节之中场皆有铺垫,处处埋有伏笔。

再如,美国电影故事片《第六感》(1999年)讲述了心理医生麦尔康(布鲁斯·威利斯饰)帮助少年柯尔治疗心理疾病的故事。但剧情发展到100分钟之后,观众才发现自己被结结实实地骗了一把:原来麦尔康已在开端的一次袭击中丧命,之后的情节其实是人与鬼的交流。而之前的情节中同样埋有多处伏笔,可谓意料之外,却又合情合理。这就是编剧用来误导观众的"圈套"。包袱抖出时,观众早已不知不觉地落入圈套。

小包袱往往分散在情节发展之中,也可能只是插科打诨、调剂剧情的一味佐料。例如,国产电影故事片《大兵小将》(2010年)中,梁兵(成龙饰)乘船回到梁国,上岸之后解开了腰间的包袱,里面竟是一面梁国的军旗。观众由此进一步感受到,这个贪生怕死的逃兵其实满怀着对自己国家的热爱。

四、"伏脉千里,运筹帷幄"——伏笔与照应

这一招与"悬念与包袱"是一套"组合拳",实质是处理叙事中"藏与露"的关系。伏笔在前面的讲述中已多次提及,是指剧作中在前面的段落里为后面的剧情所作出的暗示,可以理解成为后面的剧情埋伏线索。伏笔之要,首在含蓄,即铺设伏笔时应自然而然,不显山不露水,让人不易觉察。

伏笔的目的是为后面剧情的转折变化作铺垫,其转折变化之处就是照应之处。观众在发现剧情的转折变化时,才会回想起之前的伏笔,从而顿生新奇巧妙之感,甚至是拍案叫绝。这就叫做"有伏必应"。

1. 第一式:草蛇灰线,伏脉千里

伏笔也可以说是裹"包袱"的布。情节发展中的伏笔往往如草蛇灰线、蛛丝马迹,不易察觉。而同一功用的伏笔往往会多次设置,有时还会重复显现。

以英国电影故事片《成长教育》(2009年)为例。该片由丹麦女导演罗勒·莎菲执导,获得第82届美国奥斯卡电影金像奖最佳影片、最佳女主角、最佳改编剧本三项提名;其剧本由尼克·霍恩比编写,改编自记者琳恩·巴伯的回忆录,被《综艺》杂志评为"2007年未被拍出的最优秀的英国剧本"之一。

该片讲述16岁女孩珍妮(凯芮·穆里根饰)结识了成熟时髦、风趣迷人的成年男性大卫(彼得·萨斯加德饰),并与他陷入爱河。但就在两人要举行婚礼前,珍妮发现大卫原来有妻有子。显然,大卫是一个老到的情场骗子。

《成长教育》海报

真相的揭开是一个包袱,也是一个突转。但之前的剧情之中,已埋有多处伏笔。例如,珍妮乘坐大卫的车赶赴婚礼,在汽车加油时,无聊的珍妮从车内的抽屉里取香烟,于是发现了暴露大卫已婚的信封;而大卫和珍妮从抽屉里取香烟的动作之前多次重复出现,这正是伏笔。再如,大卫的朋友对两人的恋情表现出奇怪的态度,而大卫从不带珍妮去自己家,这些也都是伏笔。

再如,台湾电影故事片《饮食男女》(1994年)的片尾,父亲老朱(郎雄饰)突然宣布要与女儿的同学锦荣(张艾嘉饰)成婚。原本以为父亲会与锦荣的母亲——梁伯母(归亚蕾饰)结合的女儿们大惊失色,观众们也大跌眼镜。但之前的剧情早已为这个包袱和突转埋下了多处伏笔。

其中,设计最为巧妙的是开场"老朱打电话"一段的伏笔。老朱与通话之人关系微妙,并指教其如何做鱼。当夜,锦荣母女来到老朱家,锦荣女儿的第一句话就是"妈妈今天把鱼煎煳了"。此时,谁也不会联想到这句话与此前的"打电话"情节有何关联。但片尾,当观众们意识到与老朱通话的正是锦荣时,这句"妈妈今天把鱼煎煳了"的伏笔就可算是让人拍案叫绝了。

2. 第二式:前呼后应,运筹帷幄

前有伏笔,后必照应;只伏不应,即是败笔。因此,编剧需巧妙布局,运筹帷幄于伏笔埋设之前。而照应之处往往也会形成突转。

例如,香港电影故事片《无间道1》(2002年)中,警方卧底陈永仁(梁朝伟饰)发现警司刘建明(刘德华饰)是黑社会安排在警局的卧底,因为他在刘建明的办公桌上发现了黑社会寄来的信封。这个信封上有陈永仁无意间留下的一处标记。那么,留下标记的情节正是伏笔,而发现信封及标记则是照应之处,亦是剧情的突转之处。

又如,国产电影故事片《赵氏孤儿》(2010年)的开端是程婴(葛优饰)将自己与妻儿生活的房间封门闭户。这是一处伏笔。片尾,程婴为了向赵家孤儿证明自己曾经有儿子,将封闭十几年的房间拆封。当年"一家三口"的生活陈设历历在目,这就是照应之处。

有时,照应仅作为一种首尾呼应的技巧,而之前的伏笔并不明确。例如,美国电影故事片《断箭》(1996年)的开端是狄坚上尉(约翰·特拉沃塔饰)与希尔中尉(克里斯汀·史莱特饰)在拳台上比赛,两人之间的赌注是一张美元钞票。片尾,两人展开生死决战,这张美元钞票又再次出现,见证两人的胜负。这也是一种照应手法。

五、"溯流穷源,顺流而过"——铺陈与推演

这一招好比"顺与逆"的关系。铺陈是指对剧中人物的行动或事件的发展进行详细描述,在对过程的展现中吸引观众,往往是顺叙式的。推演,也称推理,其实是一种特殊的铺陈,是依据现在时空中的人物行动和事件过程来对过去时空中的人物行动和事件过程进行推论和演绎,由现在回溯过去,由已知探求未知,常采用倒叙和插叙。

1. 第一式:瓜熟蒂落,水到渠成

铺陈的魅力在于过程的展现。在前文提到的美剧《越狱》、美国影片《偷天陷阱》(1999年)等作品中,铺陈之法都有运用。

这里以潘军编剧的国产电视剧《五号特工组》(2007 年)为例。该剧的创作素材来源于许多真实的谍战事件,如粉碎日本暗杀蒋介石的计划、破获"黄浚案"、击毙"帝国之花"南造云子、揭露南京大屠杀的真相等,经过艺术加工后串联在一起,铺陈出一系列险象环生、惊心动魄的谍战故事。

例如,该剧第 6 至第 7 集讲述了"五号特工组"受命铲除日本间谍竹内云子的故事,取材于"击毙南造云子"的历史事件。对此,拙劣的编剧可能会设计一场乏味的枪战戏来作了结。而该剧则是用了近 30 分钟的时长来铺陈出这一行动的三个阶段,编织出惊心动魄、趣味盎然的情节。

第一阶段是"布网"。为了找到藏身在上海法租界的竹内云子(高露饰),"五号特工组"求助于日本友人中西平(原型为日籍中共党员中西功),获知了竹内云子一个生活习惯,即喜爱"圣代牌"咖啡。于是,特工们开始对法租界的所有咖啡厅进行监视,守株待兔,终于发现竹内云子藏身于"新光里"。

第二阶段是"寻踪"。特工们对"新光里"进行重点监视,查访寻觅竹内云子的踪迹,并开始筹划暗杀计划。任性自负的竹内云子终于泄露了行踪。特工们根据捡到的"樱花牌"香烟的烟头,判断出其藏身于"新光里"八号楼。

第三阶段是"收网"。特工们布置并实施暗杀计划,抢在竹内云子转移之前将其狙杀在八号楼的窗前。

在探秘历险类题材的影视剧中,铺陈更是必不可缺的技法。这类作品以探秘、历险、寻宝、犯罪等情节贯穿全剧,情节发展曲折离奇,矛盾冲突紧迫尖锐,场面惊险,扣人心弦;因此,必以铺陈之法来展现,同时,也多用突转、悬念、夸张等技法。

以美国电影故事片《偷天换日》(2003 年)为例。该片是 1969 年同名英国影片的翻拍版,属于犯罪片,讲述大盗查理·克洛克(马克·沃尔伯格饰)及其同伙盗得一大笔黄金,但他们的搭档史蒂夫(爱德华·诺顿饰)却暗算他们,独吞了黄金。为了报仇雪恨,查理和他的同伙们开始筹划从史蒂夫手里夺回黄金。他们先是网罗人手、充实队伍,吸纳了开锁高手斯黛拉(查理兹·塞隆饰)。之后,一个详细周全的盗窃和逃跑计划逐步展开。影片以铺陈之法将一个完美无缺的计划、一项天衣无缝的行动、一次干净利落的逃亡讲述得引人入胜、扣人心弦。同类作品还有《夺宝奇兵》系列影片、《罗汉》系列影片等。

铺陈也是"职业剧"的常用技法。所谓"职业

《偷天换日》海报

剧",是指以某一特定的职业人群为题材,对其工作过程、从业经历、职业精神、职场生态等进行展现的影视剧,如医疗剧、律师剧、教师剧、厨师剧等。编剧必须对该职业进行深入了解,才能铺陈出真实感人、饶有趣味的情节,否则,必然带给观众虚假空洞、不切实际的感觉。

例如,由麦兆辉、庄文强编剧并执导的香港电影故事片《窃听风云》系列就涉及两个职业领域——窃听和股市。《窃听风云1》(2009年)讲述的是香港商业罪案调查科情报组的三名警察卷入到一场金融犯罪之中。《窃听风云2》(2011年)则讲述了由几名金牌股票证券经纪组成的神秘组织——"地主会"的起落兴衰。编剧必先研究和掌握充足的专业知识,才能在铺陈中充分展现窃听手段的波谲云诡和股票市场的风云变幻。

2. 第二式:顺藤摸瓜,寻根溯源

推演之法多用于侦破推理类题材的影视剧。这类作品往往以严密的逻辑推理来侦破犯罪案件,通过对案情进行严密细致、精确合理的分析来令观众叹服。以福尔摩斯、波洛、柯南、狄仁杰等推理高手为主角的影视剧中,此法多有妙用。

>> 【资料链接】中国观众熟知的"中外四大推理名探"

夏洛克·福尔摩斯:英国作家阿瑟·柯南·道尔(1859—1931)笔下的英国侦探形象,已成为世界通用的名侦探代名词。

赫尔克里·波洛:英国作家阿加莎·克里斯蒂(1890—1976)笔下的比利时侦探形象。

江户川柯南:日本漫画家青山刚昌(1963—)笔下的日本侦探形象,真名为工藤新一。

狄仁杰:中国唐代名相,荷兰汉学家高罗佩(1910—1967)在《狄公案》基础上将其塑造成中国侦探形象,被誉为"中国的福尔摩斯"。

具体来说,推演是在与悬念、包袱、波折、突转、伏笔等技法的综合运用中发挥其功效的,可谓相生相应。以侦破推理类影视剧为例,其起承转合依赖于多种技法的运用。

一般而言,剧作的开端为"呈现部",是呈现案件、构成悬念的部分,所占篇幅、时长不等。往往是呈现一件或一组匪夷所思的案件,而一名或多名"侦探型"的人物角色主动或被迫卷入其中,从而产生悬念:案件的真相是什么?侦探如何发现真相?犹如一则谜语或一道智力竞猜题。

剧作的发展为"探索部",所占篇幅最长。侦探开始勘察现场,接触证人,收集线索。这里的"线索"是案件发生前后所遗留和隐藏的蛛丝马迹,犹如"智力竞猜题"的提示,是侦探进一步探查的依据。这些细节的遗留和出现,就是编剧预设的伏笔,看似无心之举,实则有意为之。

这一过程往往波折不断,迷雾重重,或是不断遭遇障碍和误区,或是案件进一步升级,关键时刻又往往有突转,出现新的线索。侦探则在此期间运用逻辑思维,展开推理程序,往往"沉默"之中已逐步窥破天机。

剧作的高潮为"揭秘部",是最有趣味的部分。侦探根据探查所获来回溯案件的前因后果,运用逻辑推理方法揭示出真相,并将其来龙去脉和推理过程条理清晰地展示出来,从而形成足够的说服力。这一过程重在打破观众的思维定势,形成出乎意料的"包袱",使观众的好奇心获得满足并产生智力上的赞叹和钦佩。

剧作的结局为"收束部",通常是宣告案件的终结,交代人物的归宿,并对之前的过程作必要的补充。

可见,此类作品最大的魅力在于其引人入胜的推理过程,其深入细致的分析和精到准确的判断可以给予观众艺术享受和思想启发。对此,美国作家范·达因和英国作家罗纳德·诺克斯在1928年分别发表了"范·达因二十准则"和"诺克斯推理十诫"。如今的创作虽早已超出所限,但其仍是创作者的重要参考准则。

▶▶【资料链接】诺克斯推理十诫

1. 罪犯必须是故事开始时出现过的人,但不得是读者可以追踪其思想的人。
2. 侦探不能用超自然的或怪异的侦探方法。
3. 犯罪现场不能有超过一个秘密房间或通道。
4. 作案时候,不能使用尚未发明的毒药,或需要进行深奥的科学解释的装置。
5. 不准有中国人出现在故事里。(中国人在当时的西方被认为具有超自然力量,其意应为"不准具有超自然力量的人出现在故事里")
6. 侦探不得用偶然事件或不负责任的直觉来侦破案件。
7. 侦探不得成为罪犯。
8. 侦探不得根据作品中未向人们提示过的线索破案。
9. 侦探的笨蛋朋友,比如华生,必须将其判断毫无保留地告诉人们;此人的智力应轻微低于人们的平均水平。
10. 作品中如果有双胞胎或双重身份的人时,必须提前告诉人们。

侦破推理类作品流行已久,贵在创新。对于观众而言,往往其"揭秘部"最具吸引力,而"探索部"则容易显得单调而呆板。因此,侦破推理类影视剧通常会加入惊险元素与动作场面,使推理过程更显曲折离奇,从而增强其观赏性,如电影故事片《大侦探福尔摩斯》(2009年)、《狄仁杰之通天帝国》(2010年)等。

同时,如果使用大量人物语言来叙述推理过程,必然会削弱影视剧的视觉性。因此,写作人物语言时也应取舍得当,不可任意发挥,并进行必要的视觉化处理。

例如,张家鲁编剧的电影故事片《狄仁杰之通天帝国》讲述的是,侦探狄仁杰(刘德华饰)受命侦破"洛阳焚尸案"。出于电影视觉化层面上的考虑,影片摒弃了静态的分析和冗长的述说,而以"奇险"元素来进行包装;将推理过程分为"验尸查死因"、"鬼市访高人"、

"夜探无极观"、"救驾擒真凶"四个环节,且都极尽奇险。总体而言,虽然推演之法的运用并不出众,且有漏洞,但多种技法、元素的搭配却很得当。

六、"紧锣密鼓,从容不迫"——紧密与拖延

这一招是讲"张与弛"的关系,涉及节奏问题。总体而言,情节的发展应当张弛有度,缓急得当。紧密是指叙事节奏紧凑,矛盾冲突密集,情节进展紧张绵密,在有限的时间内传递出更多的信息量。而拖延,也称延宕,则是在观众对剧中有待解决的问题产生期待之后,延缓叙事节奏,将问题悬置起来,有意"捱"着观众,从而增强其观赏渴望。

1. 第一式:紧锣密鼓,目不暇接

所谓"紧",是指叙事节奏紧凑,矛盾冲突层层递进,情节发展环环相扣。

以香港电影故事片《十月围城》(2009年)中的一段"接力式"情节为例。该片高潮段落的时长将近五十分钟,展现的是革命领袖孙中山在香港停留的两个小时之中所发生的故事,即故事时间①为两小时。

在这个剧情段落中,为了使孙中山(张涵予饰)免遭清廷杀手的暗杀,车夫阿四(谢霆锋饰)、小贩王复明(巴特尔饰)、戏班女方红(李宇春饰)、学生李重光(王柏杰饰)、赌徒沈重阳(甄子丹饰)、乞丐刘郁白(黎明饰)等义士展开了一场前仆后继的"接力保护",先后浴血街头。义士们的"接力保护"与杀手们的"全城追杀"集中发生在孙中山在港的两小时之内,紧张刺激,惊心动魄。观众看罢感言:"心为之跳,气为之促,神为之紧,目为之不交睫。"

游乃海与叶天成编剧、杜琪峰执导的香港电影故事片《龙城岁月》(2005年)中也设计了一段"接力式"的情节。香港帮会"和联胜"选举"话事人"(即帮会大哥),乐哥(任达华饰)当选,而作为"话事人"信物的"龙头棍"不翼而飞。帮中"五虎"相继受命去寻回这件象征最高权力的信物。而觊觎"话事人"之位的大D(梁家辉饰)则意图强夺"龙头棍"。为了完成将"龙头棍"送回帮会的共同任务,本不相识的"五虎"展开了一场扣人心弦的"接力护送"。

所谓"密",是指冲突焦点密集,各方纠葛错综交织,多组矛盾此起彼伏。

以科恩兄弟自编自导的美国电影故事片《老无所依》(2007年)中的一段"连环式"情节为例。该片改编自考麦克·麦卡锡同名小说,荣获第80届美国奥斯卡电影金像奖最佳影片、最佳导演、最佳改编剧本、最佳男配角四项大奖。

片中,美国西部的老牛仔摩斯(乔什·布洛林饰)偶然捡获了黑帮火并后遗落的一箱巨额现金。摩斯决定将现金据为己有,却因此惹祸上身,踏上逃亡之路。冷血杀手安东·

---

① 故事时间,是指影视剧所述故事的发生过程所持续的时间,在电影故事片中称为银幕时间,在电视剧中则称为屏幕时间。

奇古尔(贾维尔·巴登饰)受命追杀摩斯,而老警长埃德·贝尔(汤米·李·琼斯饰)为解救摩斯而追捕杀手。几个主要人物角色之间形成多组矛盾冲突,从而编织成一个扣人心弦的"连环追捕"故事。

盖·里奇自编自导的英国电影故事片《两杆大烟枪》(1999年)同样是一个"螳螂捕蝉、黄雀在后"的"连环互咬"故事。片中设置了两条线索,即"牌局陷阱"和"两把古董枪的流转";为此,小混混、毒贩、劫匪、警察等纷纷卷入其中,其命运被戏剧性地交错在一起,在一连串令人捧腹的机缘巧合之下,接连引发了一系列血案,从而构成"多米诺骨牌"式的"连锁反应"。宁浩执导的国产电影故事片《疯狂的石头》(2006年)、《疯狂的赛车》(2009年)皆属后继的仿效之作。

《两杆大烟枪》海报

当然,矛盾冲突的密集程度需视剧作的篇幅和容量而定,即便是长篇电视连续剧,也应适可而止;否则,容易分散笔墨,并造成观众的观赏和理解障碍。

例如,千成日编剧、郭政焕执导的韩国电视连续剧《推奴》(2010年)也是一个典型的"追捕"故事。该剧的广受欢迎也得益于"连环追捕"的情节设计。但开篇后,追捕关系逐步拓展累积:李大吉(张赫饰)、宋太和(吴志浩饰)、金惠媛(李多海饰)、黄哲雄(李宗赫饰)四个主要人物之外,又加入白虎(安信源饰)、明朝女杀手(尹智敏饰)两个次要人物,剧情发展至第7集已形成六个人物角色相互追捕的复杂关系。戏剧效果固然得到了强化,但也加大了观众的理解难度。因此,编剧只得在第9集将两个次要人物"置于死地",将之简化为四个主要人物之间的追捕关系。

"紧"与"密",如同球类比赛中目不暇接的"传球"和密不透风的"盯防",结合起来可以为观众奉献出紧锣密鼓、高潮迭起的精彩"赛事",带给观众很强的观赏快感。在紧密之法的运用上,最显著的当属以美剧《24小时》为代表的"实时剧",将紧凑的叙事节奏和密集的矛盾冲突推向了极致。

>> 【资料链接】《24小时》与"实时剧"

所谓"实时剧",是指剧中时间"实时"进行的电视剧,即每集剧情的故事时间与该集的播映时间保持进度一致。

以美国季播剧①《24小时》为例。该剧讲述了美国反恐特工杰克·鲍尔（基弗·萨瑟兰饰）及反恐局（CTU）对抗恐怖分子的故事。每季共24集，均讲述某一天24小时内的故事；每集时长1小时，依次讲述这一天内每个小时所发生的故事。

该剧在美国电视台首播时需要插播广告，除去广告时间，每集时长实际上约为43分钟。在广告占用的时间里，剧情仍在屏幕后继续发展，只是被设定为不重要的情节而不被展现。

该剧自2001年至2010年共播映了8季192集（不含第七季先行篇），讲述了杰克·鲍尔在8天192小时时光中的经历。

第一天，杰克为了保护总统候选人以致妻子遇害；第二天，洛杉矶面临核武器威胁，杰克成功解救危机，却没能为妻子报仇；第三天，杰克化解了生化武器袭击，却也染上毒瘾；第四天，杰克卷入外国使馆纷争，最终被秘密抓走；第五天，杰克又拯救了世界，但在最后5分钟却又被抓走；第六天，杰克为了国家安全而亲手杀死了父亲；第七天，杰克成功抵御了非洲恐怖分子的袭击，却面临法庭的审判；第八天，杰克卷入针对伊斯兰国家总统的暗杀行动以致女友遇害，查明真相后再次浪迹天涯。

该剧在每一集开始时都会提醒观众"以下内容发生于某时至某时"；剧中频繁出现滴答作响的数字计时器，画面上的时间指数不断跳动，提醒观众时间在一分一秒地流逝，从而将观众的感官神经调动到最紧绷的状态。为了增加情节的紧张感，屏幕常会被分割成两个或多个画面，同时展现同一时间不同空间的人物状态。

反恐情节之外，编剧还将内阁政变、政治丑闻、儿女情长、内忧外患等都糅合在一起，使得本已紧张刺激的情节更为紧凑和戏剧化。上一集中的反派在这一集中会突然成为扭转局势的关键，而在下一集中又会成为更大的威胁；如果跳过该季的任何一集，都会无法理解剧情的发展，可见其跌宕起伏的程度。②

2. 第二式：千呼万唤，从容不迫

所谓"拖延"，绝非拖沓，而是在于恰到好处地牵引观众的观赏兴趣，更好地营造出悬念效果。

以韩国电视连续剧《善德女王》（2009年）为例。在第8集中，自幼被宫廷抛弃的主人公德曼（李瑶媛饰）为探寻身世而回到出生的新罗国都。此时，她与亲友故人们近在咫尺，虽屡有接触，却互不相识。而荧屏前的观众却只能干着急。于是，观众们对"身世大白"的期待随着剧情的发展愈加强烈。德曼的身世何时被揭破，成为一大悬念。剧情发展到第19集，初见端倪，剧中人物终于开始察觉德曼的身世。而直到第21集才算豁然开朗，德曼

---

① 涉及"季播剧"的讲解，请参阅本书第九章第二节相关内容。
② 《〈24小时〉"实时剧"时代的终结》，来源：《东方早报》，http://news.163.com/10/0527/14/67MPTUQP00014AED.html。

的身世终于为剧中主要人物所共知。而德曼回归宫廷、与父母团聚则是在第29集。这期间,可谓变故丛生、波折无数。

编剧正是运用拖延之法,从容不迫地营造出悬念感,在千呼万唤中实现剧情转折。同理,美剧《越狱》中,主人公的越狱行动总欠火候,久拖不决;国产电视剧《暗算》(2005年)中,主人公完成任务时屡遭变故,绝不会一帆风顺;国产电视剧《我的娜塔莎》(2012年)中,有情人之间障碍迭生,天各一方,难成眷属。当剧中人物冲破种种阻力而重获自由、得偿所愿、终成眷属之时,"久盼逢甘霖"的观众则会愈加宽慰、倍感兴奋。

七、"高湖蓄水,倾泻直落"——累积与释放

这一招是讲"收与放"的关系。累积是指将表现同一种情感、情绪的情节内容接连展现,从而将情感、情绪层层积聚起来。而释放则是在剧情发展到适当之处再"开闸泄水",让之前累积的情感、情绪通过这个泄洪口奔涌而出。

1. 高湖蓄水,层层叠加

累积与铺陈相似,但铺陈重在过程,而累积则着眼于情感、情绪。以悲剧作品为例,累积之法多有运用。悲情一般源于生离、死别、国破、家亡、冤屈、相残、坎坷、奉献等几类情节。正如鲁迅先生在《再论雷峰塔的倒掉》中所说:"悲剧将人生的有价值的东西毁灭给人看。"通过这些情节的叠加,可以形成悲情的累积。

>> 【资料链接】典型悲剧情节

生离:《破幽梦孤雁汉宫秋》、《白娘子永镇雷峰塔》、《崔莺莺待月西厢记》("长亭送别")

死别:《唐明皇秋夜梧桐雨》、《孟姜女哭长城》、《梁祝化蝶》

国破:《屈原投江》、《长生殿》、《桃花扇》

家亡:《美狄亚》、《红楼梦》、《雷雨》

冤屈:《感天动地窦娥冤》、《精忠旗》("武穆归天")

相残:《俄狄浦斯王》、《哈姆雷特》、《李尔王》

坎坷:《琵琶记》、《宝莲灯》("沉香救母")、《白毛女》

奉献:《被缚的普罗米修斯》、《冤报冤赵氏孤儿》("搜孤救孤")、《清忠谱》

所谓的"催泪弹"影片皆采用这种技法。例如,吴永刚自编自导的电影故事片《神女》(1934年)、吴思远自编自导的电影故事片《法外情》(1985年)、陈朱煌执导的电影故事片《妈妈再爱我一次》(陈朱煌、柳松柏编剧,1988年)和《豆花女》(刘正谦编剧,1992年)、乌兰塔娜自编自导的电影故事片《暖春》(2003年)等。

《妈妈再爱我一次》海报

而《蓝色生死恋》(2000年)、《冬季恋歌》(2002年)等韩国"苦情剧"对此更是依赖,虽然情节俗套,仍旧屡试不爽。登峰造极者当属电视连续剧《天国的阶梯》(2003年),以"哭不死你不罢休"的架势"一悲到底",成为不折不扣的"悲情生死剧"。女主人公韩静书(崔智友饰)的坎坷经历更被观众们叹为"倒霉到逆天":生母早逝、遭继母虐待、失忆、失明、绝症、生离死别……人间种种苦难与不幸齐集。但该剧播映时仍是广受欢迎、赚足眼泪,可见这种技法的功效何其显著!

2. 第二式:飞流直下,一泻千里

如何取得"释放"的最佳效果呢?我们将情节的发展比作"吹气球",吹进去的就是情感和情绪。"释放"应当如同用针刺破吹鼓的气球一样,才有最佳效果。如果边吹边放,效果必定大打折扣。

例如,国产电影故事片《白毛女》(1950年)中,恶霸地主黄世仁(陈强饰)为非作歹,逼死杨白劳(张守维饰),霸占喜儿(田华饰),可谓做尽坏事。而喜儿则是命运多舛、灾祸不断。观众看到的是,贫苦人受尽欺凌,作恶者却享尽荣华。义愤填膺之下,观众的悲悯愤怒之情逐步累积,却无从释放。直到八路军来到乡里,喜儿才重获新生,黄世仁终于受到严惩。全片着力设计的唯一的情感"泄洪口"就是片尾"公审黄世仁"这一大快人心之时。

相反,国产电影故事片《唐山大地震》(2010年)原本具备天然的悲情素材,却恰恰采取了"边吹边放"的样式。因为所欲表现的内容过多,所以情感"泄洪口"只得无奈地增多,其悲情感染力自然大打折扣。

其实,当情感的累积"水到渠成"之际,在其"释放"之处是无需刻意雕琢的,即使在无言之中,也可以感染观众。例如,改编自罗伯特·詹姆斯·沃勒同名小说的美国电影故事片《廊桥遗梦》(1995年)中,生活在冷清孤寂中的有夫之妇——弗朗西斯卡(梅丽尔·斯特里普饰)遇到摄影师罗伯特(克林特·伊斯特伍德饰),两人陷入爱河。短暂的四天中,他们的爱情被渲染得刻骨铭心。但弗朗西斯卡却不愿与罗伯特一起远走,他不愿放弃对家庭的责任,不愿整个家庭因自己而破碎。两人痛苦地分手,再无相见之日。

最后离别之际,弗朗西斯卡坐在丈夫的车里,罗伯特在远处默立雨中,相望无言。罗伯特依依不舍地开车远去,在车里目送着他远去的弗朗西斯卡紧握车门手柄,强掩悲痛。所谓"三十三天,离恨天最高;四百四病,相思病最苦"。这场沉默戏将"生离"的泪水积压成最后的高潮,赢得了无数观众的同情唏嘘。

八、"因缘际会,阴差阳错"——巧合与差错

这一招是讲"对与错"的关系。巧合是利用偶然因素来组织情节,关键在于一个"巧"字,而"合"是基本要求;"合"得既在情理之中,又出乎意料,才算得上是"巧"。差错也是一种"巧",体现为偏差和误会,也需合情合理、自然而然。如果说,巧合是恰巧"对上了",差错则是恰巧"错开了"。

1. 第一式:冤家路窄,因缘际会

"无巧不成书。"巧合是影视剧情节编织中最为常见的技法之一,尤其在喜剧作品的创作中更是缺之不可。

例如,国产喜剧电影故事片《人在囧途》(2010年)中,两位主人公——老板李成功(徐峥饰)与民工牛耿(王宝强饰)从乘飞机至乘火车,再到乘汽车,屡屡偶遇,更是同遭变故;两人成了一对"冤家",共同经历"春运"中的种种波折,可谓"同是天涯沦落人,相逢何必曾相识"。

再如,西蒙·金伯格编剧、道格·李曼执导的美国电影故事片《史密斯夫妇》(2005年)翻拍自希区柯克的旧作。主人公约翰·史密斯(布拉德·皮特饰)和简·史密斯(安吉丽娜·朱莉饰)表面上是一对平凡的夫妻,其实却是各为其主的职业杀手,但两人并不知道对方的真实身份。直到两人在执行同一项任务时狭路相逢……这显然是一个巧合至极的情节,但却可以讲出妙趣横生的故事。韩国电影故事片《特工强档》(2009年)与国产电影故事片《剑雨》(2010年)则都是本土化的仿效之作。

而大卫·格里菲斯在其《一个国家的诞生》(1914年)等影片中设计的"最后一分钟营救"情节也是巧合之法的体现。美国电影故事片《惊天核爆》(2002年)、韩国电影故事片《生死谍变》(1999年)等诸多作品都以此营造戏剧效果。

其实,这种"最后一分钟营救"在中国故事中也是被广泛运用的,可以常见此类情节:深秋时节,北风呼啸,法场之上,开刀问斩;监斩官掷下火签,刽子手手起刀落;千钧一发之际,远处驰来骏马,来人高喊:"刀下留人";顷刻刀悬半空,只见离颈寸许。

这可谓巧之又巧。如果"刀下留人"出口,而刀已落下,那就不是"巧合",而是"差错"了。

2. 第二式:弄巧成拙,阴差阳错

"人生不如意事十之八九。"在生活中,偏差和误会时有发生。

例如,有这样一条新闻:在保加利亚,一名11岁女孩与其19岁男友偷尝禁果而有了身孕,就在两人成婚之日,少女突然分娩,诞下一名女婴,成为保加利亚史上"最年轻新娘"和"最年轻母亲"。婚礼之上,分娩诞子,这就是"巧合"。

之后,初为人父的新郎随即因涉嫌与未成年人发生性关系而遭逮捕,面临最高长达六

年的监禁。新婚燕尔,天各一方,这就是"差错"。

根据台湾漫画家几米同名漫画改编的香港电影故事片《向左走·向右走》(2003年)可谓运用差错之法的典范。男女主人公——刘智康(金城武饰)和蔡嘉仪(梁咏琪饰)居于同一幢公寓,但彼此习惯不同:一个向左走,一个向右走。因此,两人从未相遇,却不断擦身而过:在旋转门一进一出、在电梯一上一落、在月台上分站两旁……总是稍欠一点就会碰到。

终于,两人在公园相遇,一见投缘,却突遭倾盆大雨,慌忙交换电话号码后匆匆分手。但两人的电话号码都在湿透的纸上模糊成一片,两人不断拨号却无法联系到对方。就这样,两位有情的都市男女无缘相见,而他们所住之地却只有一墙之隔。

俗话说,天意无常,造化弄人。差错之法的运

《向左走·向右走》海报

用,往往使观众产生对命运的感慨和叹惋。

再如,国产电视连续剧《上错花轿嫁对郎》(2000年)改编自台湾女作家席绢的小说《上错花轿嫁对郎》和《请你将就一下》,剧情在阴差阳错之下显得妙趣横生。明朝末年,扬州女子杜冰雁(李佳璘饰)和李玉湖(黄奕饰)同日出嫁。两人皆不情愿,暗自悲泣。谁料出嫁当天,两支送亲队伍涌到一座庙内避雨,两位新娘慌乱之中上错花轿,从而引出两段曲折离奇又各成眷属的爱情故事。

这种身份错位乃至互换的情节设计也是一种误会。俄国作家果戈理的讽刺喜剧《钦差大臣》中,小官吏赫列斯达科夫被外省某市的市长错认为是上级派来的钦差大臣,就是典型的"误会"情节。

又如,国产电影故事片《赵氏孤儿》(2010年)中的"搜孤救孤"一段:程婴(葛优饰)将赵孤带回家后,交给妻子(海清饰)照顾,自己去找公孙杵臼(张丰毅饰)求助。当他们赶到程婴家时,屠岸贾(王学圻饰)派出的士兵却已将赵孤当做程婴的儿子抱走。于是,多疑的屠岸贾反将程婴的儿子当做了赵孤,并摔死。真正的赵孤则被程婴救下。这种身份的"误会"形成了命运的"差错"。

冯小刚也善于在自己的电影作品中运用"巧合与差错"来编织情节。例如,其与王朔编剧的电影故事片《非诚勿扰2》(2010年)中,冯小刚阐述道:"有的人以为自己是找婚姻的,其实是找爱情的;有的人以为自己是找爱情的,其实是找婚姻的。这就是秦奋(葛优饰)和笑笑(舒淇饰)的误会。"这种情感上的"误会"无疑也是一种"差错"。

九、"穿凿附会,神出鬼没"——附会与猎奇

这一招是讲"隐与显"的关系。附会是指将情节与观众熟悉的、能产生共鸣的事件或背景联系在一起,从而赋予情节另一重意味或情调。而猎奇则是一种揭秘,是在情节发展中牵引出一种观众陌生而又感兴趣的内容或意念。可以说,附会是对情节进行熟悉显在的装饰,猎奇则是为情节增添新奇。

1. 第一式:穿凿附会,应时而生

附会有时只是"赶个时髦"。例如,国产电影故事片《甲方乙方》(1997年)中涉及"迎接香港回归"的情节,国产电影故事片《爱情呼叫转移》(2007年)中涉及"2006世界杯"等时事的情节,香港电影故事片《精武风云—陈真》(2010年)中加入了"华工参加一战"、"郭松龄反奉"等历史事件,而美国电影故事片《变形金刚3:月黑之时》(2011年)则将"变形金刚"的虚构故事与"阿波罗登月"计划及相关航天事件联系到一起。

而有时则是"醉翁之意不在酒"。例如,美国电影故事片《现代启示录》(1979年)表面上是讲"越战",但其实可以套用于任何战争。该片荣获1979年法国戛纳国际电影节金棕榈奖以及美国奥斯卡电影金像奖最佳摄影和最佳音响奖,并被评论界认为是最深刻、最有代表性的"越战片"。但该片却并非以越战记录为蓝本,而是改编自英国小说家约瑟夫·康拉德的经典名著《黑暗之心》。编剧、导演弗朗西斯·福特·科波拉在片中融入了对人性、战争及现代文明的哲学思考,并且巧妙地将哲理性与象征性有机地融入全片情节之中。虽然影片不乏对战争的正面描写,但精髓是刻画人性中的黑暗。之所以将背景设定为"越战",不过是增添一重现实意义罢了。

2. 第二式:秘海钩沉,神出鬼没

与附会相比,猎奇对情节编织的作用更大,可以赋予剧情内在的魅力。

例如,奥利弗·西斯贝格执导的德国电影故事片《帝国的毁灭》(2004年)讲述希特勒(布鲁诺·冈茨饰)人生中最后的十二天时光,其中包括希特勒同新婚妻子爱娃·布劳恩自杀、戈培尔一家之死、德军投降等历史秘闻。该片的创作素材来源于历史学家约阿希姆·费斯特的著作《希特勒的末日》(2002年)和希特勒最后的女秘书特劳德尔·琼格的回忆录《直到最后时刻》(2002年)。影片从中提取大量素材,突破了德国对于该历史人物的禁忌,展现了希特勒鲜为人知的最后时光。

再以美国电影故事片《国家宝藏2:夺宝秘笈》(2007年)为例。该片剧本采用集体创作方式,编剧过程是格雷戈里·鲍瑞尔写故事,考麦克·韦伯利和玛丽安·韦伯利执笔,再加上黄金组合泰德·埃里奥特和特瑞·鲁西奥;两个小组不断交换意见,发掘、改进已经成型的剧本。

美国电影故事片《国家宝藏1》(2004年)的故事核心是围绕"独立宣言"及18世纪美国独立战争。① 而《国家宝藏2:夺宝秘笈》的故事核心则是围绕19世纪美国南北内战及"约翰·威尔克斯·布斯刺杀亚伯拉罕·林肯总统事件"。

导演乔·德特杜巴介绍说:"故事起源于林肯总统遇刺。我们发现约翰·威尔克斯·布斯被抓获并被打死时,随身带着一个日记本,上面记录着发生的一切;可是其中有几页被撕掉,至今不见踪影。我们想这件事很神秘。那几页上写的是什么?哪些事情被漏掉了?某些人想隐瞒什么?那是这部影片的切入点吗?紧跟着是一条崎岖艰险的道路,布满线索、密码、谜语,等着本(尼古拉斯·凯奇饰)、艾比盖尔(戴安·克鲁格饰)、莱利(贾斯汀·巴沙饰)和帕特里克(乔恩·沃伊特饰)去一一破解,当然最终离不开艾米丽(海伦·米伦饰)。"

《国家宝藏2:夺宝秘笈》海报

编剧考麦克·韦伯利说:"像所有布鲁克海默(该片制片人)的影片一样,故事的出发点必须是真实历史事件。我们把大量这样的事件写进剧本:刺杀林肯总统、布斯日记缺失、那两张'坚毅号书桌'、寻找'黄金城'的历史、自由女神像的制造、弗农山庄园下面的地窖、罗斯摩尔里的山洞。"

编剧玛丽安·韦伯利补充说:"片名中的'夺宝秘笈'有两层意思,布斯日记丢失的页篇,还有本、艾比盖尔和莱利苦苦寻找的'总统神秘书'。尽管没有证据证明'总统神秘书'的存在,但这个传说从未被遗忘过。"

影片故事背景也扩展至美国以外。乔·德特杜巴说:"把《国家宝藏2:夺宝秘笈》的外景地扩大到国外有两个原因:第一,能让结局有更多更广的选择。第二,我们想看看本·盖茨离开美国,看看法国历史、英国历史如何与美国连接。"

因此,《国家宝藏2:夺宝秘笈》中基于历史事件的情节远比第一部《国家宝藏1》(2004年)要多。执行制片人查德·欧曼说道:"你随便挑影片中的一个事件,用谷歌搜索都能找到许多信息。我们还运用艺术加工,拿几个事件打趣。第一部《国家宝藏》给了我们启发。我们可以告诉孩子们还有成人一些他们不知道的历史,引发他们的兴趣。我们希望在《国家宝藏2:夺宝秘笈》里继续这么做。"

乔·德特杜巴还说:"《国家宝藏》与其他惊险大片相比,最有趣的是片中的主角们绝

---

① 相关内容参阅本书第三章第一节。

对需要极高超的解谜水平才能解开片中环环相扣的难题。这非常有趣,这就是历险,观众会想要跟随片中的主角们一起完成这个探险历程。如果太简单就没有意思了。"该片制片人杰瑞·布鲁克海默则说:"《国家宝藏2:夺宝秘笈》最让人兴奋的是你必须动脑筋思考,必须紧跟剧情、随着线索。"①

此类作品还有电影故事片《夺宝奇兵》系列、《达·芬奇密码》(2006年)及《神话》(2005年)等。

十、"判若云泥,重彩浓墨"——比衬与夸张

这一招是讲"正与反"的关系。比衬是通过对比和衬托来形成情节上的反差。而这里所说的"夸张"则是指运用丰富的想象力,对情节进行夸张性的渲染和展现,以增强其表现效果。

1. 第一式:判若云泥,烘云托月

编织情节时采用比衬之法,对于人物形象的塑造、主题思想的表现等都有显著功效。

例如,改编自孙皓晖同名历史小说的电视连续剧《大秦帝国》(2009年)中,秦魏两国展开"河西之战"。一边展现的是秦军主帅商鞅(王志飞饰)团结诸将、激励三军、运筹帷幄、明辨军情,详查地理后巧布用兵之策;另一边展现的则是魏军主帅公子卬(王辉饰)狂妄自大、骄傲轻敌、颐指气使、生活奢靡,临阵迎敌时尽是昏聩之举。结果自然是秦军哀兵必胜,魏军骄兵必败。这两段情节的编织运用了比衬之法,在对比中鲜明地塑造出一个英明果毅的"智圣式"统帅形象和一个滑稽可笑的"蠢猪式"统帅形象。

再如,电视连续剧《走向共和》(2003年)中,运用比衬之法着力展现了中日两国最高统治者在"甲午战争"前后的表现。战前,日本明治天皇(矢野浩二饰)为购买军舰筹款而节食,每日只进一餐,以致群臣戮力、百姓解囊;而清朝慈禧太后(吕中饰)摆着108道菜的盛宴排场,耗费民脂民膏来大修颐和园。战后,日本明治天皇获知捷报,喜极而泣,从怀中掏出一块饭团来,吃得津津有味;而清朝慈禧太后、光绪皇帝(李光洁饰)饱尝苦果,抱头垂泣,瞅着满目的山珍海味,却毫无食欲。

又如,国产电影故事片《麾兵天府》(2009年)反映的是人民解放军以摧枯拉朽之势解放大西南的历史,也运用了比衬之法。剧中,解放军乘胜追击,高歌猛进;国民党军队大势已去,兵败如山。导演李康生、钱路劼阐述道:"要抓住一个'心'字来出'戏'。这个'心'字怎么讲? 对国共双方来讲都是三个字! 共产党方面,从领袖、将帅到战士,都是三个字:心情好! 国民党方面,从总裁到军政大员,从'中央'到'地方'也是三个字:心事重!"②

比衬之法也广泛应用于喜剧作品。例如,香港电影故事片《长江七号》(2008年)的"周

---

① 参阅百度百科,http://baike.baidu.com/view/1483378.htm。

② 参阅百度百科,http://baike.baidu.com/view/2418698.htm。

小狄首次带七仔上学"段落中,首先展现的是周小狄(徐娇饰)的美梦——他带着外星狗"七仔"上学后,七仔助其考试得满分、游泳快过快艇、跑烂跳步机、一飞冲天,可谓心想事成、无所不能;之后的情节却是现实之中,"七仔"对小狄毫无帮助,使他处处受挫、接连倒霉。这样,一前一后、一虚一实、一喜一悲,形成了鲜明的对比,编织出爆笑的情节。

2. 第二式:浓墨重彩,夸大其词

运用比衬往往要形成反差,而形成反差则可以采用夸张的技法。当然,夸张也不能任意发挥,而要以现实为基础、以生活为源泉。例如,许冠文、周星驰、冯小刚、宁浩等喜剧领军人物的电影作品都很擅长运用夸张之法。影片中诸如"小偷团队"、"笨贼搭档"之类的情节也绝非凭空杜撰。

例如,有这样一条新闻:来自美国俄亥俄州辛辛那提市的50岁男子罗宾森在过去两年时间内,被捕74次,被起诉153次。罗宾森几乎什么都做过,行乞、非法侵入和拘禁等。周一,他因涉毒被判90天刑期,但相当"杯具"的是,在判定还没生效之前他就被监狱告知,牢房空间不足,没有多余的位子了,遂被释放。这还没完,周二他又因吸食可卡因再次被捕。我们完全可以用夸张之法将类似趣事再加渲染,编织成极具喜剧效果的情节。

再如,电影故事片《非诚勿扰 2》中,"离婚典礼"、"试婚"、"人生告别会"等情节都极尽夸张之能事,营造出了独特的喜剧效果。而姜文的电影作品中也常会呈现许多匪夷所思的夸张情节。例如,电影故事片《让子弹飞》(2010 年)中的火车翻飞、财宝堆山、白银泻地等情节,都可谓天马行空。

第三节　细节设计的功用

所谓细节,即情节的细枝末节,是指影视剧中对人物性格、事件发展、自然景物、社会环境等的细微描绘;虽是细枝末节,但却往往是奠基之石或点睛之笔。可以说,结构是骨架,情节是血肉,细节则是活跃的细胞。

细节之处,方显功力。巧妙的细节可以为剧作增添独到的艺术魅力。无论何种类型的影视剧,创作时都绝不可忽视对细节的设计。具体来说,对细节的设计包括人物细节与物件细节两个方面。

人物细节是指对人物外貌、着装、动作、情绪、语言以及心理活动的描绘。典型化的细节可以深刻地揭示人物的个性特征和心理活动。例如,李小龙的怪叫、周润发的风衣、梁朝伟的眼神、周星驰的笑声……这些都在他们所出演的影视剧中形成了典型的人物细节。

物件细节在影视剧中是被作为布景、道具来使用的,可以设计到剧情之中,用以引发事件、影响人物、展开冲突,对于塑造人物、揭示情感、组织叙事等都有着重要作用。许多影视剧也都以剧中重要的物件细节作为片名或剧名,例如,电影故事片《砂器》(1974 年)、

《幸福的黄手帕》(1977年)、《刀》(1995年)、《十七岁的单车》(2001年)、《疯狂的石头》(2006年)、《手机》(2003年)、《集结号》(2007年)等,电视连续剧《龙票》(2002年)、《玉观音》(2003年)、《紫玉金砂》(2005年)、《旗袍》(2011年)等。

大凡成功的影视剧,其剧作在细节设计上必有独到之处。细节设计的功用有如下几个方面:

一、贯穿情节结构

例如,在电影故事片《疯狂的石头》(2006年)中,整个故事由一块在厕所里发现的价值不菲的翡翠引起。国际大盗、本地小偷、厂长儿子……各路人马都盯上了这块翡翠,他们与看护翡翠的保卫科长包世宏(郭涛饰)展开明争暗斗的较量。显然,这块翡翠石是贯穿剧情、支撑结构的重要物件细节。

又如,电影故事片《天下无贼》(2004年)中的"傻根的包"、《疯狂的赛车》(2009年)中的"毒品与钞票"、《十七岁的单车》(2001年)中的"自行车",都具有此种功用。

二、揭示人物心理

例如,坂东贤治编剧、新城毅彦执导的日本电影故事片《天国森林》(2006年)中,主人公濑川诚人(玉木宏饰)有一个重要的动作细节——涂抹药膏。诚人因为从小皮肤过敏,经常要在身上涂抹药膏。他很担心药膏的味道会引起他人的反感,所以不喜欢与他人接触,逐渐养成了孤僻的性格。每当他突感不适而手忙脚乱地涂抹药膏时,尴尬、烦恼的心理状态都通过这一动作细节展现出来。这也影响到了他的恋爱行为。他与女同学静流(宫崎葵饰)相处时,得知静流患有鼻炎而嗅觉很差后,心理状态就立刻变得自在释然。

三、传递抒发情感

例如,在王家卫的电影作品中,细节具有传递抒发情感的重要功用。例如,电影故事片《重庆森林》(1994年)中的"凤梨罐头"、《春光乍泄》(1997年)中的"厨房探戈"以及几乎出现在每部影片中的"斑驳的镜子"等。在《花样年华》(2000年)中,二十几套变幻莫测的旗袍传递着女主人公苏丽珍(张曼玉饰)的情感变化,时而忧郁,时而雍容,时而悲伤,时而大度,深具唯美主义气韵。

四、蕴含深层寓意

以约翰·莱斯和乔·巴特尔编剧、吴宇森执导的电影故事片《风语者》(2002年)为例。该片讲述了第二次世界大战期间,美军将没有外族人能听懂的印第安纳瓦霍族语设计成军事密电码,并将几百名纳瓦霍人训练成译电员,用以防范日军破译。这些纳瓦霍人被称为"风语者"。每名"风语者"都由美军士兵贴身保护。海军陆战队队员乔·安德斯(尼古拉斯·凯奇饰)就是一名译电员保护者,他奉命保护纳瓦霍士兵本·亚兹(亚当·比奇饰)。

乔·安德斯的外貌有一个明显的细节——受伤的左耳。这个外貌细节不仅负载着伤痛的过去,还象征着沟通的障碍。

乔·安德斯在影片开端的战斗中因为无法联系求援而丧失了所有的战友。在战场上,伤耳的震痛屡屡勾起乔·安德斯对那次惨痛经历的回忆,也象征着美军因密码遭到破译而变成了"聋子"。于是,美军将纳瓦霍士兵作为自己的耳朵,而本·亚兹则是乔·安德斯贴身保护的"耳朵"。但两人因种族、经历等方面的差异,又具有沟通的障碍,恰如乔·安德斯的那只伤耳。因此可以说,打破沟通藩篱之时,即是走向胜利之日。

五、彰显时代特征

影视剧中的细节往往带有时代的印记。例如,古代的"八抬轿"、近代的"黄包车"、建国之后的"中山装"、文革时期的"绿军装"等。重视这些细节的设计,可以增加剧作的时代感。

例如,钱雁秋编剧的电视单元剧《神探狄仁杰》系列在人物语言的细节上就很考究。在《血色江州》单元中,狄如燕(姜昕言饰)说:"锦娘美得紧。"在古人口语中,"紧"即"很"之意。而薛青麟(赵军凯饰)说:"求大人宽恕则个。""则个"则是古代的语气词。

反观电影故事片《赤壁》(2008年),孙尚香(赵薇饰)居然改造了明末清初顾炎武的观点,说出"天下兴亡,匹女有责。"[①]该片编剧、导演吴宇森却解释说:"是某一个编剧写的,不是我推卸责任。当时赵薇在现场讲这个话,大家觉得有趣就用了。当时那场戏是蛮好玩的,不过以后要检讨一下。"[②]可见,这部耗资数亿的历史巨片的主创人员对历史竟全无敬畏之心。

再如,电影故事片《大魔术师》(2012年)中,北洋军阀统治时期的街头,"数来宝"中竟唱道:"法币变成了金圆券。"国民党统治时期的法币和金圆券怎么会出现在此时?同样,秦朝不会出现纸张,汉朝也做不出剁椒鱼头。

可见,编剧在创作剧本的过程中,应当成为剧作所涉及领域的"专家",至少谈及相关知识,可以信手拈来。否则,就很容易贻笑大方。如今,一些历史类影视剧在细节上饱受诟病、屡成笑柄,欠缺知识积累的编剧与有名无实的顾问难辞其咎。

综上所述,细节的设计在影视剧作中具有不可低估的多重功用。编剧在编织情节的同时,不可忽视对细节的设计。

[①] "天下兴亡,匹夫有责"是明末清初思想家顾炎武在《日知录·正始》中提出的观点,而八字成文的语型则出自梁启超。

[②] 《吴宇森回应"匹女有责" 责任在编剧》,来源:《华商报》,http://yule.sohu.com/20080708/n258010554.shtml。

第八章 语言与风格

第一节　影视剧作的语言
　　一、叙述语言
　　二、人物语言
　　三、补充语言
第二节　影视剧作的风格
　　一、戏剧化风格
　　二、散文化风格
　　三、纪实化风格
　　四、主观化风格

美国电影学会(AFI)在2005年评选出了100句经典电影台词。这100句台词由1500个评委在400句候选台词中选出;提名的原则包括某句台词的文化冲击力、它在日常语言中的使用频率以及在提到它所属的那部电影时被引用的频率。以下为排名前三位的三句台词:

1. Frankly, my dear, I don't give a damn. (坦白地说,亲爱的,我不在乎。)

——《乱世佳人》中的瑞特·巴特勒(克拉克·盖博饰)

影片结尾,瑞特决意离开。斯嘉丽苦苦哀求:"你要是走了,我该去哪里? 我该怎么办?"瑞特冷冷地扔下这句话扬长而去。

2. I'm going to make him an offer he can't refuse. (我会开出一个他无法拒绝的条件。)

——《教父》中的维托·柯里昂(马龙·白兰度饰)

影片开头,庄尼到教父家中求助,希望帮他成为一部电影的主演。教父非常自信地用这句话安慰庄尼,叫他放心。影片后期麦克(阿尔·帕西诺饰)接管家族事务后,在处理拉斯维加斯赌场事务时也引用了父亲的这句话,表明他已成长为新一代教父。

3. You don't understand! I coulda had class. I coulda been a contender. I could've been somebody, instead of a bum, which is what I am. (你根本不能明白! 我本可以获得社会地位,我本可以是个竞争者,我本可以是任何有头有脸的人,而不是一个毫无价值的游民!)

——《码头风云》中的泰瑞(马龙·白兰度饰)

哥哥劝说泰瑞向工会头目屈服。泰瑞愤怒地指责哥哥当初命令他在拳击比赛中放水,使他成为一个一事无成的小混混。在《愤怒的公牛》中,退役拳手杰克·拉莫塔(罗伯特·德尼罗饰)也对着镜子引用了这段台词。

第一节　影视剧作的语言

众所周知,影视艺术是一门声画结合的艺术。在实际生活中,声画结合才能给人以完整的真实感。那么,影视剧本则需要通过文字语言来描述出整部作品的声画形象。

苏联电影理论家普多夫金论述道:"小说家用文字描写来表述他的作品的基点;戏剧家所用的则是一些尚未加工的对话;而电影编剧在进行这一工作时,则要运用造型的(能从外形来表现的)形象思维。""编剧必须经常记住这一事实,即他所写的每一句话将来都要以某种形式出现在银幕上。因此,他们所写的字句并不重要,重要的是他的这些描写必须能在外形上表现出来,成为造型的形象。"[①]

在影视剧本中,要尽量避免出现说明性、陈述性的文字,无论是对剧情的交代,还是对人物的描写,乃至对人物的心理介绍,都应使之形象化。

我们将影视剧作的语言分为叙述语言、人物语言和补充语言。

一、叙述语言

叙述语言的主要作用是交代剧情、描绘环境、刻画人物等,因此可以分为环境描述、外貌描述、动作描述、声音描述四个方面的语言。

1. 环境描述语言

影视剧作中的环境描述语言必须是可以用画面来进行表现的,要形象、简洁。

▶▶【范例】电影故事片《孔雀》(2005年)剧本开端段落

该片由李樯编剧,顾长卫执导,荣获第55届柏林国际电影节评委会大奖银熊奖。

第一场:一个小城市的街道　傍晚　外　夏

整个城市笼罩在一片白茫茫的烟雾之中。大街小巷都燃烧着六六粉,熏赶蚊蝇。城

---

① 普多夫金:《论电影的编剧、导演和演员》,中国电影出版社1980年版,第32页。

市里正在进行爱国卫生运动,标语横幅横挂在路两边。

市民们日常地下班、赶路、吃饭。这只不过是这个城市夏季生活的普遍场景,就像某个起雾的一天。

第二场:一个小城市家属院的筒子楼 黄昏 外 夏

筒子楼有宽敞向阳的公共走廊,铁栏杆护着。家家户户都在走廊搭着小厨房。

从远处可以清楚地看见每家每户,人们在走廊里来来往往走动着。

夏天黄昏开饭的时分,光线还很明亮。筒子楼的住户们在自家门前的走廊上吃饭,围着小饭桌。天气闷热,不少人手拿蒲扇。

《孔雀》里的这一家也围在小桌前。他们家坐的小板凳矮小,一家人几乎是蹲在地上。

爸爸、妈妈、哥哥、弟弟都在,空着一个座位和一副碗筷。

四口人吸吸溜溜地喝着玉米粥。天热粥也热,喝粥的声音很大。

哥哥肥胖,但一望便知,他的胖不健康。哥哥的吃相很贪,几乎是暴饮暴食。

正常人不会这等吃相的,不过他们一家人早已习惯。哥哥戴着一副老式眼镜。

姐姐挑动竹帘从屋里出来,坐到小桌前的空位上。她白衬衣,深蓝的裙子。

姐姐秀气得很,整个人显得清淡,有一种清教徒式的气质。

姐姐哥哥年岁不差上下,二十岁左右。弟弟十七八岁,处在最飘忽不定的时光中。

爸妈五十多岁的模样,庸常而善良,容颜劳顿。

一个邻居推着自行车从这家饭桌边过。

一家人专心地喝粥,没人讲话。

街上隐隐传来游行的鼓声,不仔细听以为是雷声。

爸爸妈妈不约而同地抬头看天,以为要下雨了。

那鼓声近了,整齐隆重地响着,不知道又是什么群众活动。

楼上的邻居们三三两两亢奋地从这家人饭桌旁杂沓而过,下楼去奔赴那鼓声。

妈妈爸爸也起身离去,哥哥弟弟跟着站起来跑下楼。

姐姐沉静地喝着粥,像什么也没发生。

这一幕有些回忆的味道。

(淡出成孔雀蓝的色底)

(渐入手风琴演奏的主题音乐。叠印出金黄色字体片名"孔雀"及主创人员字幕)

(淡入)

第三场:走廊 午 外 夏

老人躺在走廊上的竹椅上,摇着扇子纳凉。

姐姐坐在走廊上拉着手风琴,是一首朝鲜歌曲,单纯、明净、忧伤。这曲子在整个影片中,永远代表这种性质。

姐姐拉琴的时候没什么表情,无动于衷的样子。她很美,但她不知道,或是她对她的美根本不感兴趣。

厨房煤球炉子上的水开了,水溅到火焰上,嗞嗞响着。蓝的小火焰东躲西闪地晃着。

姐姐拉着琴转头看了一眼,这水壶打扰了她。她没管,又扭头安之若素地拉完最后一个音符,才放下琴,将水提下来。①

2. 外貌描述语言

一般来说,对人物外貌的描写应尽可能简略,重在描述人物身上的内在精神气质,帮助演员理解角色的性格特征,捕捉人物在特定情境下的思想和心理状态,尽力做到"绘形传神"。

▶▶【范例】美国电影故事片《断背山》(2005年)剧本开端段落

该片改编自普利策奖得主安妮·普鲁克斯的同名短篇小说,由拉里·麦克默特里、戴安娜·奥萨纳编剧,李安执导,荣获第78届美国奥斯卡电影金像奖最佳改编剧本等三项大奖。

外景 怀俄明 高速路 夜晚(差不多天明了)1963年
一辆运载牲畜的卡车,车上是空的,此时正独自行驶在西部荒原的高速路上。
东方泛起了黎明第一道微弱的曙光。
在荒原的另一端,大约是20英里开外,闪烁的车灯像坠落在地球上的星星一样探照在广袤漆黑的荒原上。
卡车轰鸣着继续前行。
内景 怀俄明 高速路 卡车车厢 夜晚 还是1963年
此时天色微亮,但是光照高高在天上,大部分荒原仍旧是处在漆黑的天色里,怀俄明州西格纳尔镇的灯光现在更近了,也比较清楚了,大约在前面5英里处。
我们看不清司机,他此时莽撞地在疾驶卡车前行。
我们看到了这位卡车的乘客:他就是恩尼斯·德尔玛,大约20岁,无论是外貌、脾性还是举止都不怎么张扬外露,但是却迅速地让人察觉到——他是那种没有什么前途而辍学的高中生,农村来的孩子,在艰难和穷困的环境下长大的,所以养成了一种言谈、做派、举止都显得粗糙、野性,对喜怒哀乐等人之常有的感情也不轻易流露的人。褪色的牛仔衬衣因为长大了而显得不合体,衬衣的袖口已经遮不住他伸出的手腕,扣子是松开的。
恩尼斯两眼直望着前面的车灯。

---

① 参阅《电影剧本〈孔雀〉》,来源:动画编剧网,http://www.bianju007.com/web/viewarticle.asp?userid=1219085&lanmuid=8597289&contentID=2110357。

外景 西格纳尔 怀俄明 大街 白天（稍后）1963年

卡车的灯静止下来了。随着一声急刹车声，卡车停在了一家服务站的前面。

恩尼斯走出卡车，没有带行李箱，只是提着一个普通的大麻布袋，里面装着他的另一件衬衫和一条利维斯的牛仔裤。

卡车再次开动，等他再次准备下车的那一刹那，扬尘洒了他一身。

恩尼斯身材瘦高，但他那身肌肉和柔顺的躯体，天生就是一个牛仔和擅长打斗的料子。他舒展了一下身体。

西格纳尔街上空无一人。过了一会儿，恩尼斯提着他的麻布袋，开始走路步行。

外景 西格纳尔 怀俄明 拖车 白天 1963年

阳光洒满了大地，但是现在时间还是清晨。微风轻轻地吹起一些响动。

《断背山》海报

恩尼斯靠在一个邋遢的拖车式的房子边，门上有一道弯曲的标示，上面写着：农牧场雇用处。

他抽着烟等着。

他看见一辆破旧的敞篷小货车轰隆隆地开过来。恩尼斯这才注意到这辆敞篷小货车不仅消声器不好，而且还有更多的问题。当这辆小货车驶进农牧场雇用处用沙砾铺的停车场时，车身跌跌撞撞，好几个地方发出劈啪声和咔嗒声，随后就像死了一样地止住了声响。

司机在驾驶员的座位上停歇了片刻，然后走出来，以一种厌恶的方式把小货车的车门砰地撞上了。

他叫杰克·特维斯特：也像恩尼斯一样，一副没怎么受过教育，非常粗犷的乡下男孩的模样；但是在外貌和态度上有些不一样，他在情感流露上没那么无动于衷，而更多像是一个充满渴望和梦想的年轻人。他很容易流露出笑容，因而显得更有亲和力，也更有吸引力。他也是20岁左右，不如恩尼斯高，身子更为结实精瘦，黑头发，留有短而粗的胡须。他穿着牛仔裤、褪色的衬衣，系着骑牛仔的宽口皮带，戴着牛仔帽，脚上的靴子也快破了。

起先他没注意到恩尼斯。等他注意到时，他显得有些僵硬。他望着恩尼斯——然后他又望向别处。然后,两个人完全漠视对方的存在。①

3. 动作描述语言

在影视剧作中,人物的动作分为戏剧性动作和非戏剧性动作。没有戏剧性动作,剧情便难以展开戏剧冲突;缺少非戏剧性动作,剧情又会削弱生活气息。通常情况下,人物在剧中动作线的形成,有赖于两者的穿插结合。两种动作的交替演进,也便于产生动作的节奏感。

▶▶【范例】电影故事片《孔雀》(2005年)剧本第四至六场

第四场:筒子楼下的小院 傍晚 外 夏

爸爸妈妈一左一右护着哥哥从外面走回来。他们陪儿子游泳去了。

爸爸妈妈的形态俨然两个小喽啰,跟着自己的主子;抑或是一对尊贵的夫妇,骄傲地溜着他们珍贵的狗回来。

哥哥肩上挂着一只充气的黑色轮胎,头发湿漉漉的。他好像还在水中,两只手划着水,嘴里噗噗地吐着气。他是不懂廉耻的样子。

弟弟独自一个尾随回来,头发也是湿湿的。他的出现让人心里冷清,况且他又那么清秀。

姐姐从走廊上看见了她家人回来的情景。

她坐在栏杆前,下巴抵在琴上。她看她家人的时候,那种很遥远的眼神,像看远处的山,显得深不可测。

到现在能觉出来,她是把自己隔离起来了,也可能是把外界隔离开来了。

因此,没什么能伤害她,只有她自己办得到。

第五场:筒子楼走廊 傍晚 外 夏

姐姐一家五口围在小桌前吃西瓜。

妈妈将一片西瓜放到姐姐跟前。

妈妈:让你去托儿所上班的事办得差不多了!

姐姐没什么惊喜,看了妈妈一眼。

妈妈:我把院长家的门槛都快踢平了,她总算吐了口。

姐姐有些不如意,试探地:要是不好办,我想再等等。

妈妈有点生气:还等什么! 你以为好工作都等着你呢!

弟弟偷看了一眼姐姐。

姐姐埋头吃西瓜。

哥哥自顾自地吃着。

---

① 李二仕译自《断背山:从故事到剧本》(美国纽约斯克莱布诺,2005年10月出版),《世界电影》2006年第5期。

妈妈：你以为你是神仙，什么都看不上眼！这工作已经不错了，总比让你去涮瓶子强！

爸爸有些紧张，安抚地对妈妈说：她会去的！

一家人继续吃瓜，没人吭声。

姐姐抹抹嘴，起身掀帘进屋。

第六场：托儿所 日 内 夏

七八个岁数不等的孩子排成一排坐在便盆上，一个五十多岁的老阿姨在给一个孩子擦屁股。

姐姐无聊地呆坐在墙边。

一个男孩手持玩具汽车跑到姐姐跟前，举着他的汽车。

男孩：阿姨，我的汽车不跑了，你给我修修！

姐姐皱了皱眉，为难地：我不会！

男孩有些不高兴，撅着嘴离开。

屋里一个小孩儿在小床上发出啼哭声。

老阿姨冲姐姐喊：小高，去看看孩子怎么了！

姐姐坐在原地没动，有些不情愿地：他老哭，我都抱了他好几次了！

老阿姨：你小时候也得哭呀，大人就不哄你了？

姐姐站起来。

老阿姨：别人想来托儿所还来不了呢，你得好好工作！

姐姐走到小孩儿床边，笨拙地抱起小孩儿。小孩儿手脚乱蹬；姐姐想换个姿势抱，一不小心，小孩儿摔在地上；姐姐吓呆了，脸色铁青地望着地上。

老阿姨失声大叫：天哪！

老阿姨冲过来，一把把姐姐推到一边，弯腰抱起孩子。孩子的头上流出血，小孩儿的哭泣声更加刺耳。①

▶▶【范例】40集电视连续剧《雪山飞狐》(2007年)剧本第一集第一场开端段落

该剧改编自金庸武侠名著《雪山飞狐》及《飞狐外传》，由戴明宇、孙铎、白一骢、张晓莉编剧，王晶任总导演。

第一场

时间：夜（黄昏，入夜前）

场景：紫禁城/御书房

人物：田归农、乾隆、太监甲、太监乙、几名小太监、四轿夫、四侍卫、八带刀喇嘛

---

① 参阅《电影剧本〈孔雀〉》，来源：动画编剧网，http://www.bianju007.com/web/viewarticle.asp?userid=1219085&lanmuid=8597289&contentID=2110357。

（日暮西山）
（金紫色的云彩压着整座紫禁城）
（一个特效卷轴打开,「清。乾隆十八年,深秋。」）
（四名带刀侍卫带着头,一顶轿子自宫侧门进入）
（穿过一座座宫殿,直赴乾隆的御书房）
（轿旁的纱窗下了帘,一见带头的侍卫扬起手上金澄澄的金牌,便行礼分开,让轿子通过）
（终于,轿子来到御书房外）
（带头的侍卫头领,中年,留着威武的胡子,回头向轿中人低语）
头领：田掌门,咱们已经到了,待小的向圣上禀报,然后再请田掌门面圣。
（轿中人静如渊岳）
田：有劳了。
（侍卫头领走到御书房门外）
（二太监正在侍候）
头领：两位公公,请代通报圣上,说卑职牛天豹已把田归农田掌门带到。
太监甲：知道了。（突然自袖中翻出一把匕首,插入牛天豹胸口）
（牛天豹一呆）（中太监乙一脚,倒仆出去,气绝）
（其他三侍卫与四轿夫呆住）
（瓦面上跃下八名红衣喇嘛）
（人人都是两把戒刀）
（三招之内,已把送轿子来的八人毙于刀下）
（但轿中人依然毫无反应）
（太监甲走到轿前,八喇嘛收刀列队到了太监甲身后）
太监甲：田掌门果然是一代宗师,轿外刀光剑影,可以视如不见。奴才佩服之极。
田：（在轿中）公公实在太谦虚了。刚才当胸一匕首,暗藏八种变化、十六种后招。田某如果没看错,公公是峨嵋派弟子,所使的是子母剑第十七式「青出于蓝」。
太监甲：田掌门见识广博,奴才心服口服。刚才所为是皇上的旨意；如有得罪,万望田掌门见谅。
田：皇上密旨召见草民,相信事关重大,少几张嘴巴把机密传出去,是皇上对草民的体贴。
太监甲：皇上已在等候田掌门,请。
（轿门掀起,出来的不是七尺大汉,反而是一位翩翩浊世佳公子）（天龙门掌门,田归农）
（田归农向御书房走出）
（八喇嘛向两旁一分,形成了一条窄窄的通道。田归农一捞长衫后摆,纸扇一张,便走了过去）
（八喇嘛似乎心意相通,眉头一动,已一齐向田归农挥刀劈下）

（田归农突然腾空弹起，人旋转了起来，双腿连环踢中八僧脸面）

（八人退后，田归农又头下脚上，身体沉下）

（手中亮出两条链子枪）（一绕）

（已分绕八僧脚踝）

（一用力，八僧倒翻出去）

（田归农纸扇一点地，整个人180度旋转，潇洒地落下）

（这三招打退八僧，一气呵成，漂亮之极）

太监甲：好俊的功夫！……

（一蹲身，双手各亮出一把匕首，刺向田归农。田归农纸扇一张，挡住双匕首，一扣一反打，把两柄匕首插进太监的双肩）

太监甲：（闷哼一声退后）……

田：得罪。

太监甲：刚才实是皇上旨意，要看田掌门的身手。奴才只是奉命行事。田掌门没把匕首横剖，割断奴才手筋，已是手下留情。奴才感激不尽。①

4. 声音描述语言

影视剧中的声音包括三个方面：人声、音乐和音响。这里的声音描述语言指的是对人物语言之外的环境声和无声源的音乐、音响的设计。对环境声的描述也属于环境描述语言，这里单列讲述。

对环境声的设计，我们以贾樟柯的电影作品为例，其作品中的声音有以下几种：

其一，是流行音乐。贾樟柯电影中出现的流行音乐，都是现成的歌曲，是画面内部发声的有声源音乐②，很少使用无声源音乐③。

例如，电影故事片《小武》（1997年）中，小武徜徉街头时，音像店里传出歌曲《霸王别姬》的歌声；电影故事片《任逍遥》（2002年）中，小武与小勇在一起时出现歌曲《心雨》；电影故事片《三峡好人》（2006年）中，沈红等待丈夫时出现歌曲《潮湿的心》，郭斌和沈红拥抱后出现歌曲《满山红叶似彩霞》……这些流行音乐在影片中参与叙事、深化主题、营造意境、渲染时代氛围，具有重要的作用。

其二，是现场同期声。贾樟柯电影中频繁出现一些小县城日常生活中的声音，如人群的嘈杂声、叫卖声、广播声、手机铃声、榔头的敲打声、汽船的鸣笛声、汽车声、摩托车声、说

---

① 参阅《〈雪山飞狐〉剧本第一集》，来源：雌蚊子网，http://www.ciwen.net/section.php?play_sid=78。
② 有声源音乐，又称客观音乐或画内音乐，指画面的规定情境中应有的音乐，如人物在歌唱、演奏乐器、收音机的广播等。
③ 无声源音乐，又称主观音乐或画外音乐，指画面并未提供出现音乐的根据，而是创作者出于塑造人物性格、抒发人物内心情感或渲染环境气氛的需要而专门配上的音乐；是对画面的补充、解释或评价，表现了创作者对所展现的事件的主观态度，可以深化画面的内容，加强艺术感染力。

话声、江水奔流声等。

例如,电影故事片《小武》的结尾,当小武被铐在街旁电线杆上时,所有的流行音乐都消失,只剩下机动车耵噪的声响,连同行人簇拥围观和絮絮叨叨的议论。这些写实性的声音,真切地表现了当下的生存环境和片中主人公的生存状态,使影片在表现底层小人物方面更加出色。

其三,是广播、电视中的声音。例如,电影故事片《小武》中,小武走在村路上,广播中播放的既有村民卖猪肉的广告,也有香港回归的消息;电视新闻中则在宣传"致富经",并播放对致富成功人士小勇的采访报道。这些夹杂在影片中的影音资料,既能够推动情节发展,又紧贴故事的时代背景。

对音乐、音响的设计,我们再以王家卫电影作品中的音乐为例。王家卫电影中使用过的音乐种类很多,如恰恰舞曲、探戈舞曲、爵士、摇滚、电子乐、民歌等,在影片中发挥着增强或弥补叙事功能的作用。剧情中的情感状态可以通过这些音乐来形象地描绘出来。

例如,电影故事片《花样年华》(2000年)的故事背景为20世纪60年代的香港,当时还没有电视机,人们每天通过收音机来收听不同风格的音乐,京剧、越剧、粤剧、流行歌曲……混杂在一起,营造出东方化的意境,这些都属于有声源音乐。而《花样年华》的主题音乐《梦》则为整部影片奠定了凄婉的基调,属于无声源音乐。

▶▶【范例】电影故事片《城南旧事》(1982年)剧本开端段落

该片改编自林海音的同名自传体短篇小说集,由伊明编剧、吴贻弓执导。

一望无际的海洋,空中黑云滚滚,映入海水中。黑沉沉的浪涛澎湃。

星月交辉,海上闪耀着粼粼碧波。

歌声起,悲怆而沉寂。

"远隔重洋,远隔重洋,重洋彼岸我家乡,家乡,家乡,家乡。遥望长空,遥望长空,长空之下我故国,故国,故国,故国。飞雁断,音信绝,故国梦中归,觉来双泪垂。"

歌声落到以下的画面:

蜿蜒的长城。宏伟的前门箭楼。

一行骆驼迈着沉重的脚步在黄土大道上行进,大道扬起了风沙和驼铃声。辽阔的长空,海鸥飞翔。

香山的枫树,满山红遍。

万寿山,佛香阁,玉砌银装。

中山公园的古柏林间,皑皑的雪地上,六岁的小英子挽着她双亲的手,信步走来。

春天,牡丹盛开,鸟语花香,来今雨轩茶座

《城南旧事》海报

的前面。

小英子和她的双亲在花丛中观赏。

夏天,英子和她的双亲在昆明湖上放舟荡漾。

奔腾的黑云,汹涌澎湃的浪涛。

大街上,行人驻足,惊惶失色。正过着出红差的队伍,监斩官骑着高头大马;敞车上押着几个五花大绑的学生模样的人,背脊上插着打着红勾的法条;观者寂寂无声。

星月辉映的云空,礁石满布的海岸。

(上述画面上,叠印片头字幕《城南旧事》。歌声止)

胡同拐角的井窝子旁。吱吱呦呦的独轮水车一辆来一辆往,满地是水和冰,井边已结了厚厚的冰柱子。

胡同里。惠安馆门口,辫子甩在胸前的一个大姑娘倚门而立。小英子挽着宋妈的手匆匆走过,英子频频回首。放话匣子的人正在放《洋人大笑》的唱片,周围围了不少人。

静静的胡同,夜深人静,更锣声声。

透过枯枝,看到蒙蒙的冬阳,一群家雀飞来,叽叽喳喳。

胡同里,几匹骆驼卸下了煤,正在吃草料。

站在自家门口的英子看着骆驼吃草,上牙和下牙交错地磨出磨去。英子模仿着,她的上下腭也交错地动着。

英子奔进自己的家。院子里,爸爸正在付煤钱,英子跑到他身边。

英子:爸爸,骆驼为什么要挂一个铃铛?

爸爸:赶狼呗。

英子:不,骆驼走远道儿,怕一个"人儿",挂个铃铛,叮叮当当的,又好听又热闹。

爸爸(想了想,笑了):唔,也许你的想法更美些。

宋妈拿起竹篮子和秤。

妈妈:宋妈,看有没有鳜鱼,买两条回家。

宋妈:嗳。

英子(跑到宋妈身边):宋妈,我跟你去买菜。

宋妈:你不怕惠安馆的疯子?

英子:她每回见了我都冲我笑,要不是您拉着我,我说不定过去跟她搭上话了。

英子跟着宋妈往外走去。

油盐店里。宋妈和英子走到柜前。英子看到一个穿红棉袄裤的妞儿,两只手端了两个碗,给了一大枚,又买醋,又买酱。伙计扣住了她一碗酱逗她。

伙计:妞儿,唱一段才许你走。

妞儿不做声,像要哭了。

英子看在眼里,生气了,一下蹲到妞儿身旁,双手叉着腰,瞪着眼。

英子：凭什么？

伙计们（笑了）：这妞儿好厉害。

英子过来把伙计扣住的一碗酱拿过来，递给妞儿。妞儿朝她笑了笑。

从门外传来嘈杂的人声：来了，来了！出红差的过来了！

不时传来开道的锣声。

店内的人纷纷拥向店外，宋妈拉了英子也挤了出去。①

二、人物语言

人物语言是指影视剧中的人物角色所说的台词，包括对白和独白两种形式。影视艺术是形象直观的艺术，观众希望看到直观的形象，看到人物的行动。因此，在剧本中能用动作表现的内容，尽量不用人物语言。

1. 对白

对白是指剧中人物角色之间的对话，是人物语言的主体，具有塑造人物和编织情节等作用。

>> 【范例】美国电影故事片《盗梦空间》（2010年）剧本开端段落

该片由克里斯托弗·诺兰自编自导，荣获第83届美国奥斯卡电影金像奖最佳摄影、最佳视觉效果、最佳音响效果、最佳音效剪辑四项大奖。

（淡入）

黄昏。海浪翻滚。

波涛将一个满面胡茬的男子推上湿软的沙滩。他躺着不动。

孩子的叫声让他抬头看见：一个金发小男孩蹲着，背对着我们，看着海浪推磨一座沙堡。一个金发小女孩加入。胡茬男子试着呼喊他们，但小孩跑开了，没看到脸。他倒下。

一根冲锋枪枪管将胡茬男翻身到背面。一个日本保安俯视着他，然后呼叫沙滩上靠着吉普车休息的同事。他们背后是座悬崖，顶上有一座日式城堡。

内景 豪华餐厅 日式城堡 晚些时候

保安等待，一个侍者正和一个端坐在餐桌前的日本男人面谈，他背对着我们。

侍者（说日语）：他神志不清。不过他叫着您的名字要见您。而且……（对保安）给他看看。

保安（用日语）：他身上什么都没带，只有这个……

他把一把手枪放到桌上，老人继续吃着。

---

① 参阅百度文库，http://wenku.baidu.com/view/89326e8ad0d233d4b14e69ac.html。

保安:……和这个。

保安把一个铝合金小圆锥放在手枪边上。老头停止进食,拿起小圆锥。

日本老头(说日语):带他上来。再拿点吃的。

内景 豪华餐厅 日式城堡 片刻过后

《盗梦空间》海报

老头看着胡茬男狼吞虎咽吃着饭。他慢慢拿起桌上的手枪对准他。

日本老头(说英语):你是来杀我的吗?

胡茬男瞥了他一眼,继续吃饭。

日本老头用大拇指和食指拿起小圆规。

日本老头:我认得这玩意儿。

他在桌面上转起小圆规——它在光亮的黑檀桌面上优雅地旋转起来,这是一个陀螺。

日本老头:这玩意我见过。很多,很多年以前……

日本老头出神地凝视着陀螺。

日本老头:它属于一个我依稀记得在梦里见过的男人……

优雅旋转着的陀螺入画……

日本老头:一个满脑子激进想法的男人……

日本老头凝视着,努力回忆着……

科布(画外音):什么是适应性最强的寄生虫?

(切到)

内景 同一间豪华餐厅 夜晚 多年以前

说话者是科布,35岁,英俊潇洒,西装革履。一个年轻的日本人,斋藤,边吃边听。

科布:某种细菌?病毒?

科布手持红酒杯,在席间比划着。

科布:一条蛔虫?

斋藤的餐叉突然停在半空。科布咧嘴大笑。桌边还坐着第三个人——阿瑟。他赶紧插话救场。

阿瑟:科布先生指的是……

科布:一个想法。

斋藤饶有兴趣地看着科布。[①]

---

① 参阅百度文库,http://wenku.baidu.com/view/00fac66c58fafab069dc02e3.html。

2. 独白

独白是指剧中人物角色独自念出的台词,是以自言自语形式表现的对思想感情、内心活动、憧憬愿望的表述,能充分展示人物的思想、性格和此时此刻的心理、感情,使观众更深刻地理解人物的思想感情和精神面貌。在影视剧中,往往通过这种人物内心表白来揭示其隐秘的内心世界。

▶▶【范例】《美丽心灵的永恒阳光》(2004年)中男主人公乔尔的画外独白

乔尔:2004年情人节遐想,这是一个由贺卡公司发明的节日,让人觉得窝囊。我今天旷工了。坐上了去蒙托克的火车。自己也不知道为什么,我不是一个心血来潮的人。我猜是由于早上起来就有点心慌。我还得去修车。

这海滩上真他妈冷,2月的蒙托克,太棒了,乔尔。有几页被撕掉了,不记得自己做过。似乎是两年来我第一次写,傻子没什么了不起,只是细小的岩石罢了。(挖沙子,一头走来一个红衣女孩)要是能结识新朋友就好了,我猜这种机会很小。因为我都不敢看陌生女人的眼睛。(从窗外向内打量一幢空房)也许我该和尼奥米重新修好,她人不错。这就不容易了,她也爱我。(红衣女孩喝茶,向乔尔致意,乔尔低头)为什么任何女人向我表示出些许关注,我就会爱上她?

▶▶【范例】《十月围城》(2009年)中孙中山的画外独白

孙中山:十年以前,衢云兄与我在此讨论何谓革命。当时我说,革命,就是为了四万万同胞人人有恒业、不啼饥、不号寒。十年过去了,与我志同者相继牺牲。我从他乡漂泊重临。革命两字,于我而言,不可同日而语。(画内)今天再道何谓革命。我会说,欲求文明之幸福,不得不经文明之痛苦。这痛苦,就叫做革命。

人物语言的写作要求有以下六点:

第一,人物语言应当符合人物角色的身份地位及所处情境,体现其性格特征、内在气质和精神面貌,塑造出人物形象。

在张炭编剧的台湾电视连续剧《新龙门客栈》(1996年)中,人物语言的设计颇具功力,下面以剧中塑造的魏忠贤(李立群饰)与常言笑(关礼杰饰)这两个人物为例进行分析。

魏忠贤这一历史人物以往通常被描绘成"千人所指,一丁不识"的卑琐之徒。而由台湾表演艺术家李立群饰演的"魏忠贤"则更多地展现出其作为把控朝政的一代枭雄的形象,人物塑造更显立体、丰满。我们来看编剧为这一人物设计的几句对白和独白:

不要因为你的敌人是个无赖、阴险、狡诈的人而去讨厌他、痛恨他;反过来,也不要因

魏忠贤造型

常言笑造型

为你手下的人是很能干、有眼光、有魄力的人而去喜欢他。感情的东西多了不如少了，多了是麻烦。

这是剧中魏忠贤告诫常言笑时所说的，体现了其冷酷无情、不择手段的处世作风。

我不管这里有多少机关、多少人，只要我想动手，这里就会死人，而且至少两个——一个是我，另一个您认为会是谁呢，皇上？

这是魏忠贤在被崇祯帝朱由检架空权力之后，身处危境时的对白，体现了其枭雄之气与机变之才。

在这个没血没泪的年头、无情无义的沙漠，有谁能真的想起这些真心情意的人呢？

这是魏忠贤剿平龙门客栈、手刃生平劲敌之后，在爱人与敌人的墓前的独白，体现了其内心隐秘的孤独之感、悲凉之情。

常言笑是剧中虚构的一个人物，由台湾演员关礼杰饰演，其亦正亦邪的形象突出体现在一个"笑"字上。我们来看人物性格是如何体现在对白上的：

清逸洒脱——无论大事小事好事坏事，不如一笑置之，当做一件闲事，乐得清闲。

玩世不恭——杀人放火、打家劫舍是为恶贼，危害苍生、祸国殃民则为枭雄；反正事情就是如此，倒不如让我亦正亦邪吧。

我行我素——这个年头，忍一时不见得风平浪静，退一步未必海阔天空。与其忍让不动，不如我行我素，反正得失寸心知、苦乐独我尝。

这些性格特征构成了该人物角色由正入邪的转变基础。剧终处，主人公周淮安（马景涛饰）的一句告诫定格了该人物角色的归宿，同样落脚在"笑"字上——"我希望你不要把这个天下当做一个玩笑，这个玩笑你开不起的。"

再如，圣堂创作工作室、田羽生、史晨赟编剧的电影故事片《人在囧途》（2010 年）中老

板李成功(徐峥饰)的一段台词,形象地表现出其盛气凌人、尖酸刻薄的性格作风:

(酒店餐桌前)

李成功(面向三个下属):认识你们,使我相信一切都是命运的安排。也许上天早就注定,冥冥之中牵引着我们一起走过。现在我想说的是,我上辈子到底造了什么孽呀!全国动漫市场这么火爆,你们居然拿出这样的销售业绩给我看。你的智商真的很提神。而小张,你今年还是有进步的。去年你是弱智,今年晋级为愚蠢了。而关于你,我一直觉得世界上有两种人最吸引人,一种是那种长得很漂亮的人,还有一种就是你。谢谢你,让我体会到头发长见识短是一个真理。春节以后你不用来上班了。

下　属:老板,这是我的辞职信。

李成功:这是你本年度做得最正确的一个决定。

第二,人物语言能够表现人物角色的心理活动、思想情感,开拓人物形象的内心层面。

王家卫电影作品中的人物语言就总能将人物的情绪、情感表现得意味深长、令人感慨,并在阐释主题的同时道出哲理。

例如,王家卫自编自导的香港电影故事片《重庆森林》(1994年)中警察223(金城武饰)的画外独白和警察663(梁朝伟饰)的画内独白:

警察223:我们分手的那天是愚人节,所以我一直当她是开玩笑,我愿意让她这个玩笑维持一个月。从分手的那一天开始,我每天买一罐5月1号到期的凤梨罐头。因为凤梨是阿May最爱吃的东西,而5月1号是我的生日。我告诉我自己,当我买满30罐的时候,她如果还不回来,这段感情就会过期。

警察663:(对着香皂)你不要自暴自弃嘛。前阵子还好好的,好好的怎会胖成这样子?她虽然不在了,你还是得见人嘛。不要再放纵自己了,减肥吧。(对着毛巾)你知不知道我想骂你很久了,你变了很多呀。做人要有性格嘛。不管她回不回来,你也不应该改变你自己嘛,你自己好好反省吧。(画外)看着它哭的样子,我觉得很开心。因为无论它的外表怎么变,它仍然是一条多愁善感的毛巾。(对着布老虎)觉不觉得我乐观多了?我觉得很多东西都变漂亮了。我以前觉得你很笨,现在看看你也蛮可爱的嘛!可是你不要弄得自己脏兮兮的嘛!以前白白的不是很好吗?干嘛要弄得黄黄!看,还一条大疤痕。你是不是和别人打架啦?(对着衬衣)你干嘛要躲在这里,你知不知道我找你很久了?躲在这里没有用的,要面对现实嘛!你看你都发霉了。明天吧,明天我有空给你晒太阳。

第三,人物语言应当具有交代故事、理顺情节的作用。

一般来说,影视剧本中不应依赖大量的人物语言来交代故事的来龙去脉、人物的前尘往事,因此,用于交代剧情的人物语言绝不能脱离人物角色所处的情境而长篇大论、任意发挥。

例如,40集电视连续剧《雪山飞狐》(2007年)剧本第一集开场中乾隆与田归农的对白,其中,"胡、苗、范、田四家的恩怨"以及"闯王宝藏的由来"都是在两个人物角色的"御书房密谋"过程中交代出来的:

(田归农到了御书房门前)
(大门已自内打开)
(有另四名太监在内)
田归农:启禀皇上,田归农求见。
乾　隆:(画外音)进来吧。
(田归农恭敬地垂首步入)
(只见一个威武的黄衣人正站着看一本《春秋》)
田归农:草民田归农叩见皇上。(跪下)
乾　隆:通通给朕退出去。
(众太监退出,带上门)(田归农神色不变)
乾　隆:你就是天龙门掌门?(放下手中的《春秋》)
田归农:草民正是。
乾　隆:号称"打遍天下无敌手"的"金面佛"苗人凤是你义兄?
田归农:(稍一迟疑)胡、苗、范、田四家,除胡家外,俱为数代世交。若说苗人凤为草民之义兄,也无不可。
乾　隆:朕刚才已见过你的身手,比之苗人凤如何?
田归农:(略一沉吟)苗人凤武功,在草民之上十倍。
乾　隆:怪不得朕派去对付他的好手,总是有去无回……你们胡、苗、范、田四家,就是当年李闯手下四大家将?
田归农:是。
乾　隆:苗、范、田三家,跟胡家结了缠绵数代的仇怨,却又是为了什么?
田归农:胡家先祖飞天狐狸,出卖了闯王,归顺朝廷;可是胡家武功极高,每一代我们三姓合力,都无法复仇。后来胡家迁到关外,仇杀才得以停止。
乾　隆:可是到了这一代,苗家却出了个"打遍天下无敌手"的苗人凤……成为关内第一高手。
田归农:胡家也出了一个"单刀一掌震关东"的胡一刀,听说武功不在苗人凤之下。
乾　隆:他们两个没碰过头?
田归农:没有。
乾　隆:可是,他们两个都是跟朝廷作对的头儿,苗人凤与红花会遥相呼应,胡一刀更是关外造反势力的第一号人物。
田归农:皇上对江湖上的形势了如指掌,草民佩服。

乾　　隆：逞匹夫之勇，讲究的是功夫高下、气力强弱；但王者之兵，胜负却在于消息情报，知己知彼，能料敌者胜。朕安插在各门各派的眼线，数在万人。尔等一举一动，朕都抓在指掌之中。

田归农：草民的天龙门中，也有皇上的眼线？（不太相信）

（乾隆不答，只拿起一本奏折）

乾　　隆：十一月初八，天阴，田归农晨卯时早起，早点稀饭两碗、蟹壳黄一只；练功两个时辰，主练链子枪及铁扇功；午晤苗人凤，二人闭门密谈。入暮，独赴杏花楼，召妓琼花侍寝；次日始归家。

（田归农越听越胆寒，叩头）

田归农：皇上无所不知。草民胆敢猜疑，罪该万死。

乾　　隆：（冷冷地）朕要知道的东西，会不惜一切手段去拿到。

田归农：草民明白了。

乾　　隆：你愿意成为为朕收集情报、对抗叛贼的特使吗？

田归农：谢皇上恩典，草民万死不辞。

乾　　隆：朕素来赏罚分明。眼前就有三件事交付给你，如果都办成了，朕自然会赏给你一场天大的富贵。

田归农：未知是哪三件大事？

乾　　隆：第一，杀胡一刀；第二，杀苗人凤；第三，找到胡家所保管的、当年李闯秘密收藏的一大批宝藏。当日太祖打到京城，国库中的一切财宝都已被李闯卷走，据说价值比朕的国库还要大！但九宫山战败之后，那批财宝却遍寻不获。

田归农：杀他们两个不是问题，这第三件事嘛……却要在杀他们两人之前便得要先查明。

乾　　隆：来人！赐黄马褂。

（二太监匆匆走上，双手高举两个盒子。其一放了件黄澄澄的马褂，另一个盒子上却是个令牌）

田归农：谢皇上恩赐。

乾　　隆：起来吧。

（田归农起来，摸一下那代表无比尊荣的黄马褂）

乾　　隆：黄马褂只是虚荣，这令牌才是真正的权力！

田归农：臣愚鲁……

乾　　隆：（抛一个令牌给田）凭此令牌，你可以在一年内，在兵部任意调动三万兵马。够了吗？

田归农：杀他们两个，靠的不是人多。

乾　　隆：（询问的眼神）

田归农:是靠……这里……(指着脑子)

(乾隆欣赏地大笑)

(田归农也笑了,笑得很好看,但也很奸险)[①]

王家卫电影中的独白不仅能够表现人物情感,还具有理顺故事情节的作用。其影片常以断裂性的情节叙述方式来表现所蕴含的情绪和情感,又多采用生活流和意识流的表现手法。这就需要运用人物语言来交代和陈述剧情,从而建立起叙事逻辑,将原本支离破碎的情节联系起来,简洁通顺地传达给观众。

例如,王家卫自编自导的香港电影故事片《东邪西毒》(1994年)中欧阳峰(张国荣饰)的画外独白:

欧阳峰:立春之后,很快就到了惊蛰。每年这个时候会有位朋友来看我,但是他今年没有来。没多久,我收到一封白驼山来的信。我大嫂在两年前的秋天,因为一场大病去世了。我知道黄药师不会再来,可是我还继续等。我在门外坐了两天两夜,看着天空在不断地变化。我才发现,虽然我到这里很久,却从来没有看清楚这片沙漠。以前看见山,就想知道山的后面是什么;我现在已经不想知道了。我是孤星入命的人。从小父母早死,只好跟着哥哥相依为命。从小我就懂得保护自己。我知道,要想不被人拒绝,最好的方法是先拒绝别人。因为这个原因,我再也没有回去。其实那边也不错,可惜已经不能回头。我的命书里说过,夫妻官太阳化忌,婚姻有实无名。想不到是真的。

第四,人物语言应当具有推动情节发展的作用。

以美国电影故事片《唐人街》(1974年)中"吉蒂斯(杰克·尼科尔森饰)接受墨尔雷太太的调查委托"一段为例。该片由罗伯特·汤纳编剧,罗曼·波兰斯基执导,荣获第47届美国奥斯卡电影金像奖最佳原创剧本奖;该剧本被誉为20世纪70年代的最佳电影剧本。

(内景 德菲和沃尔希的办公室)

吉蒂斯进屋。沃尔希站起来。

沃尔希:墨尔雷太太,请容许我介绍吉蒂斯先生。

吉蒂斯向她走去。脸上又闪现出温暖和诚恳

《唐人街》海报

---

① 参阅《雪山飞狐》剧本第一集,来源:雌蚊子网,http://www.ciwen.net/section.php? play_sid=78。

的微笑。

吉蒂斯:您好,墨尔雷太太!

墨尔雷太太:吉蒂斯先生……

吉蒂斯:请问,墨尔雷太太,你的问题大致是什么?

墨尔雷太太屏息。泄露家丑对她不是那么容易的。

墨尔雷太太:我相信我丈夫有另外一个女人。

吉蒂斯显得稍感惊奇。转身对着他的两个合伙人,希望得到他们的肯定。

吉蒂斯(严肃地):真的吗?

墨尔雷太太:恐怕是真的。

吉蒂斯:遗憾。

吉蒂斯拉过一把椅子,坐在墨尔雷太太身旁,也就是在德菲和沃尔希之间。德菲嚼着口香糖,吧哒作响。吉蒂斯狠狠地瞥了他一眼。德菲停止咀嚼。

墨尔雷太太:我能同你个别谈话吗,吉蒂斯先生?

吉蒂斯:我看不必,墨尔雷太太,他们两位是我的执行人,有些地方他们要协助我工作。我不可能每件事都自己去干。

墨尔雷太太:那当然。

吉蒂斯:好吧。你根据什么肯定你丈夫和别人有瓜葛?

墨尔雷太太犹豫了一下。看来她对这个问题表现出非同一般的紧张。

墨尔雷太太:当妻子的感觉得出来。

吉蒂斯叹息。

吉蒂斯:你爱你的丈夫吗,墨尔雷太太?

墨尔雷太太(震动了一下):……当然!

吉蒂斯(故意地):那就请回家,把这件事忘掉吧!

墨尔雷太太:可是……

吉蒂斯(注视着她):我可以肯定地说,他也很爱你。有一句老话,"多一事不如少一事"。你最好装作不知道。

墨尔雷太太(真有些急了):可我非知道不可。

看来她的焦急是真的。吉蒂斯望了望他的两个助手。

吉蒂斯:好吧! 你丈夫叫什么名字?

墨尔雷太太:霍利斯! 霍利斯·墨尔雷!

吉蒂斯(吃惊地):是水电部的?

墨尔雷太太点点头,有点害羞。吉蒂斯现在尽量不动声色地仔细打量着墨尔雷太太的装束——她的皮包、皮鞋等等。

墨尔雷太太:他是总工程师!

德菲(有些惊讶地):总工程师?

吉蒂斯的眼光使德菲感到吉蒂斯想让他来提问题。

墨尔雷太太点点头。

吉蒂斯(以恳切的口吻说):这类调查可能要您大掏腰包的,墨尔雷太太,要花时间。

墨尔雷太太:钱对我来说不成问题,吉蒂斯先生。

吉蒂斯叹了一口气。

吉蒂斯:那好。我们看看该怎么办。①

第五,人物语言应当具有揭示主题思想的作用,并蕴含一定的寓意、情趣或"潜台词"。

在影视剧中,如果通过人物语言来揭示作品的主题,则不宜直白阐明,应当含蓄委婉,从而耐人寻味。

例如,电影故事片《梅兰芳》(2005年)结尾段落中邱如白(孙红雷饰)的一段独白:

邱如白:咱俩这一辈子!年轻的时候,连一件时髦的衣服我都不让你穿,一根时髦的绣花绑腿我都不让你打。因为活得真,戏里才能真。你都依了我了。因为我,你连你最爱的女人你都没留住。可要有来世,我就再不会阻拦你了,我都依你。因为我懂了,你想做个凡人。也许……也许你一直,其实都是个凡人。

再如,电影故事片《孔雀》(2005年)剧本结尾段落中的人物语言就寓含了三种不同的人生观。正如该片编剧李樯所说:"《孔雀》里的三个孩子代表了这三个阶段。你可以将这三个孩子看成人生的三个阶段,也可以将他们看成不同的三个人——姐姐是唯美的,理想主义的;哥哥是世俗的,实用主义的;弟弟是虚无的,悲观主义的。"

(公园 日 外 冬)
公园的孔雀笼边。四五点钟的光景。
一家大小带着孩子看孔雀。
姐姐和爱人领着女儿入画,站在孔雀笼边。
女儿冲着孔雀喊:孔雀,孔雀,你开屏吧,你没我的衣服花!
笼子里的两只孔雀没什么反应。
女儿:我每次来喊,孔雀都不开屏。
姐姐:今天是星期天,孔雀放假。玲玲,咱们回家吧,妈妈也累了。
女儿:好吧,我不看了。
一家三口离开。
隔了一会儿,哥哥和挺着肚子的金枝过来。金枝穿金戴银地透着富裕,依旧一拐一拐。

---

① 王守成译,周传基校:《〈唐人街〉电影剧本》,来源:豆瓣网,http://www.douban.com/note/69557507/。

哥哥掏出手绢对孔雀也喊:孔雀,孔雀,你开屏吧,你没我的手绢花!

孔雀没什么动静。

金枝:胖子,等咱孩子生出来,买俩孔雀养院子里头。

哥哥:省得老花钱买门票来看。

哥哥和金枝离开。

弟弟和张丽娜带着孩子紧接着过来。

弟弟背着孩子,孩子已经睡着了。

弟弟:别叫他了,和咱姐和咱哥一块走吧。

张丽娜:他会不高兴的。

弟弟:有什么不高兴的,这破公园来了一百次了。我小时候就来,走吧走吧!

三人也离去。孔雀笼边空无一人了。

阳光昏黄起来。

两只孔雀无聊地走动着。

一只孔雀叫了一声,开出屏来,很灿烂。

画面隐黑。

他们的日子就这么过下去了,每天都差不多,一日长于百年。①

又如,胡大为、李晓敏编剧的电影故事片《遍地狼烟》(2011年)中的许多人物语言显得幽默轻松,现代气息浓厚,极富情趣,如"你懂的","蛋熟了,鸟都飞不起来","英名只是一片浮云"等冷幽默台词,很好地缓解了战斗情节带来的紧张氛围。

片中,狙击手"复旦牛"小伍(何晟铭饰)的台词里,既有"我常常问我自己,生命中到底欠缺些什么"等哲理语句,也有"笔试"、"口试"等隐晦的荤段子。导演胡大为表示,"以往提到枪战背景,大家大都看得很压抑。《遍地狼烟》加入这些即兴的搞笑台词,可以缓解观影压力、减少与观众的距离感。"②

所谓"潜台词",是指在人物语言的背后所隐藏的未直接表达出来的意思,即"话中有话"。人物角色虽未明说,但观众通过思考却能领悟其"言外之意"。

例如,香港电影故事片《无间道》(2002年)中,黄警司(黄秋生饰)与韩琛(曾志伟饰)在发现对方在己方安插了卧底之后在警局中的一段对白:

警局,韩琛在用餐,手下们站在身后。黄警司带着警察走进来。

黄警司:哎,琛哥,胃口很好嘛,不错嘛。

---

① 参阅《电影剧本〈孔雀〉》,来源:动画编剧网,http://www.bianju007.com/web/viewarticle.asp?userid=1219085&lanmuid=8597289&contentID=2110357。

② 《电影〈遍地狼烟〉公映解析五大看点》,来源:新浪娱乐,http://ent.sina.com.cn/m/c/2011-12-01/22373497062.shtml。

韩　琛：不错吗？

黄警司：我们查清楚了，你两个手下在沙滩那儿吹风。

韩　琛：那可以放他们了？

黄警司：行，随时都行。不能麻烦琛哥你了，你这么忙。

韩　琛：大家这么熟，别那么多废话了。我也很久没在这儿吃东西了。

黄警司：你喜欢，随时来都行，明天吧。

韩　琛：哈哈，算了吧。买水果钱都没有了，怎么好意思？

黄警司：不用客气了，是我不好意思，连累琛哥今天晚上损失了几千块。

韩琛将饭盒推翻在地。

韩　琛：在我身边安卧底就可以赶绝我？

黄警司：大家都一样。

两人环视周围。

黄警司：哦，我想起个故事。有两个傻瓜在医院里边等着换肾，但肾只有一个。那么两个人就玩一个游戏。一个人把一张牌摆在对方的口袋里，谁猜到对方拿到什么牌放到自己口袋里，谁就算赢。

韩　琛：你知道我看见你什么牌了。

黄警司：我都相信是。

韩　琛：嘿……我赢定了。

黄警司：行，哦，大家小心点，啊。

韩　琛：好哇。

黄警司：哦，忘了告诉你，如果谁输的话就是死。

韩　琛：我看你什么时候死。

黄警司伸手握别。

韩　琛：你见过有人去殡仪馆和死尸握手吗？

黄警司：哼……

韩　琛：走！

第六，人物语言要具有地域色彩和时代特征。

例如，游乃海与叶天成编剧、杜琪峰执导的香港电影故事片《龙城岁月》(2005年)是以黑社会的人物变迁为背景，对话繁多，涉及地道的香港风俗人情，因此，黑社会"切口"、"暗语"频频出现。

以叶京自编自导的电视连续剧《与青春有关的日子》(2006年)为例。该剧改编自王朔小说《玩的就是心跳》，讲述了一群出生于20世纪50年代末、生长在北京某军队大院的青年人的青春往事，其"臭贫式"的京味台词中标注着时代的印记。

高洋:只要你敢干,钱花出去还会像水一样流回来。
方言:反正我是黑了心的,杀人我都去。
许逊:只要你揣了吃孩子的心,事就没有不成的。
卓越:这些都是办实事的人,已经把这折腾得天翻地覆,再加上你们,咱更得撒欢啦!
高晋:咱不这么干不行啦!别人都在干,最贪婪最拙劣地干。都他妈发财啦!
冯裤子:咱们也就是以前太正派,没干。咱们要是干,还有他们什么事,咱不比他们猛?越南人怎么样,美国人都没治了他们,愣让哥们给治啦!
夏红:咱不干则已,要干就干大的,惊天地泣鬼神!
乔乔:对,敢上九天揽月,敢下五洋捉鳖。
高洋:咱们这帮人凑一块可不得了,都一肚子坏水。蓝衣社想不出来的,咱都干出来。
方言:真是的,什么天上地下飞的跑的,只要咱们看上啦,那就逃不出咱们的算计。你没看全国人精都在这儿了。
许逊:干,哥们也豁出去啦!能找到诸位这么对脾气的不易,咱不能再这么窝窝囊囊地活下去啦。让他们也尝尝咱们的厉害,生产打仗都是模范。
卓越:我最恨光说不练的人。要么不说,说了就雷霆万钧。
高晋:跟我一样。蔫人出豹子,叫醒一回不容易,醒了就叫你摧肝裂胆。
冯裤子:我怕谁呀,我一动起来那就是挟风掣电,让你躲都来不及。我怎么打越南人的,我就怎么打你们。
夏红:咱们都这样,看着松头日脑的,那叫真人不露相。
乔乔:高洋,你别老傻笑,也发表点高论。
高洋:我就笑嘿。打明儿起不定谁倒霉呢,碰上咱们这帮人。
方言:爱谁谁,一律活该。

三、补充语言

补充语言包括旁白和字幕,创作时应力求凝练。凡是能通过画面形象来说明,就无需使用补充语言。

旁白是指从客观叙述者的角度,直接用有声语言来交代、说明或评论的一种画外音表达方式,多用第三人称,也可借用剧中人物的口吻、用第一人称来述说。旁白直接揭示人物的内心活动和思想情感,对人物的心理加以阐释和补充。

以电视连续剧《与青春有关的日子》(2006年)中的旁白为例:

我们浪费掉了太多的青春,那是一段如此自以为是又如此狼狈不堪的青春岁月。有欢笑,也有泪水;有朝气,也有颓废;有甜蜜,也有荒唐;有自信,也有迷茫。我们敏感,我们偏执,我们顽固到底地故作坚强;我们轻易地伤害别人,也轻易地被别人所伤。我们追逐

《与青春有关的日子》海报

于颓废的快乐,陶醉于寂寞的美丽。我们坚信自己与众不同,坚信世界会因我而改变。我们觉醒其实我们已经不再年轻,我们前途或许也不再是无限的,其实它又何曾是无限的?曾经在某一瞬间,我们都以为自己长大了。但是有一天,我们终于发现,长大的含义除了欲望,还有勇气、责任、坚强以及某种必须的牺牲。在生活面前我们还都是孩子,其实我们从未长大,还不懂爱和被爱。

这里所说的"字幕"指的不是影视剧后期制作时对人物语言和旁白的文字呈现,而是指剧中的解说性文字以及人物、地名、年代背景介绍等,也包括片名、演职员表等信息。

补充语言的共同作用如下:

第一,在剧情展开之前,对故事发生的时代背景和社会环境作出说明。

第二,交代人物之间的关系。

第三,对省略的事件进行简要的叙述说明。

第四,对剧情进行评论。

第五,"承前启后",在每一集(部)的开头交代之前的剧情,结尾处预告下一集(部)的剧情。

总体而言,影视剧作中各类语言的风格应当和谐一致,并与剧作的整体风格相统一。

【资料链接】华语电影经典台词集锦

人生不能像做菜,把所有的料都准备好了才下锅。——《饮食男女》

说好了是一辈子,差一年、一个月、一天、一个时辰……都不算是一辈子!——《霸王别姬》

谢谢你给了我一个江湖的梦,可是我却看不到江湖的边。——《卧虎藏龙》

在每个东西上面都有一个日子,秋刀鱼会过期,肉罐头会过期,连保鲜纸都会过期。我开始怀疑,在这个世界上,还有什么东西是不会过期的?……我和她接近的时候,我们之间的距离只有0.01公分,我对她一无所知;57个小时之后,我爱上了她;6个钟头之后,她喜欢了另一个男人。——《重庆森林》

每个人都会经过这个阶段,见到一座山,就想知道山后面是什么。我很想告诉他,可能翻过山后面,你会发现没什么特别……当你不能再拥有的时候,唯一可以做的,就是令自己不要忘记。——《东邪西毒》

如果有多一张船票,你会不会同我一起走?——《花样年华》

有人的地方就有恩怨,有恩怨就有江湖。人心就是江湖,你怎么退出?——《东方不败》

有一日,我的心上人会脚踏七色祥云、身披金甲战衣来迎娶我。可惜我猜中了开头,却猜不中这结局。——《大话西游》

其实,我是一个演员。——《喜剧之王》

阿Sir,我不做大哥很久了!——《英雄本色》

阿爹常说:"出来混,迟早都要还。"——《无间道2》

错的事情我们都敢做,对的事情反而不敢做了!——《窃听风云1》

我的命,我自己操盘!——《窃听风云2》

我们的口号是:不求最好,但求最贵。——《大腕》

做人要厚道。——《手机》

黎叔很生气,后果很严重。——《天下无贼》

我胡汉三又回来啦!——《闪闪的红星》

高!实在是高!——《地道战》

甭说吃你几个破西瓜,老子在城里吃馆子都不交钱!——《小兵张嘎》

只有在卡拉面前,我才觉得自己有点人样!——《卡拉是条狗》

第二节　影视剧作的风格

影视剧作的风格是指编剧在其剧作中所表现出来的思想内容和艺术形式方面的格调和特色。风格不同于一般的艺术特色或创作个性,它是通过影视剧表现出来的相对稳定、更为内在和深刻的一种外部印记,能够更为本质地反映出时代、民族或编剧个人的思想观念、审美理想、精神气质等内在特性。

风格的形成是影视剧所表现的内容与形式之间的统一,是编剧的个性特征与剧作的类型、题材、主题以及社会、时代等历史条件决定的客观特征之间的统一。风格的形成有其主、客观原因。

秦牧在《艺海拾贝·鲜花百态和艺术风格》中说:"一个作家的生活道路、思想、感情、个性、选择的题材、运用文学语言的习惯和特色、生活知识积累的广度和深度……这一切总汇起来构成他的风格。"编剧由于其个人出身、生活经历、文化教养、思想感情的不同,再加之创意与选题的特殊性,以及既成创作观念的影响,剧作就形成了不同的风格。而这种风格往往又表现出时代的、民族的、阶级的、阶层的属性。

例如,我们将中国电影导演划分为六代,他们之中很多人兼做编剧。他们的剧作风格均深受其成长背景、个人经历等因素的影响。以中国第六代电影导演贾樟柯为例,贾樟柯作品风格的形成与其个人成长环境和社会大环境是紧密关联的。

贾樟柯1970年出生于山西汾阳,经历了从"文革"到改革开放的时代变迁。他在县城生活和在北京求学、创业的过程中,感知了历史转型时期人们的迷茫、困惑和无所适从;成为编剧和导演以后,他开始以电影为媒介来考察当代都市普通人或边缘人的生活状态,用镜头语言讲述人在时代浪潮中的变化,进行冷静客观的思考,关注着生命的卑微与伟大。

风格不仅体现在影视剧所表现的内容上,还体现在影视剧的类型、题材、结构、语言及艺术手法等形式方面的因素上。不同类型、题材的影视剧对风格有不同的要求。不同的语言特色既是形成风格的重要因素,又是风格的重要外在表现,因此,语言风格是创作风格的重要方面。而剧作结构和艺术手法对风格的影响则更为明显。

风格由于多种因素的交互作用而显得千差万别。南北朝时期的文学理论家刘勰曾把风格分为典雅、远奥、精约、显附、繁缛、壮丽、新奇、轻靡八类,但依旧不能穷尽风格的差异。影视剧作的风格就更加多样而庞杂了,我们大致分为戏剧化风格、散文化风格、纪实化风格、主观化风格四个主要类别来进行介绍。

一、戏剧化风格

戏剧化风格以故事因果关系为叙述动力,情节发展环环相扣,矛盾冲突尖锐激烈,人物命运婉转曲折,叙事结构逻辑严密。戏剧化风格的影视剧历史最久,符合观众传统的审美心理和欣赏习惯,容易吸引观众入戏,因此在创作中所占比例也最大。一般情况下,情节紧张曲折的影视剧多具有戏剧化风格。

戏剧化风格的影视剧的创作特征是:

第一,以"戏剧冲突律"为基础,注重戏剧冲突的设置和情节的起伏变化。剧情往往是以一个主要矛盾冲突的形成、发展和解决来完成,以此推动情节发展,形成环环相扣、层层递进的态势,逐步将矛盾冲突尖锐化。在情节布局上,因果关系清楚明了,起承转合相对明晰,有一条由开端、发展、高潮、结局构成的情节线索贯穿剧情。因此,矛盾冲突的设置要合情合理,每一个冲突要有铺垫、爆发、解决的过程演进。

第二,段落布局合情合理。每段剧情都按照因果关系连接起来,层层加深,步步推进,进而构成一个严谨的整体。从整体来看,整部剧显得起伏跌宕,欲罢不能;从局部看,每场戏也有起承转合,引人入胜。

以香港电影故事片《十月围城》(2009年)为例。该片讲述了来自社会各阶层的革命义士于1906年10月15日在香港中环浴血拼搏、保护革命领袖孙中山、粉碎清政府暗杀行动的故事。显然,革命义士与清廷杀手之间关于保"孙"和刺"孙"的斗争是全片的主要矛盾冲突,这一冲突从形成到解决的过程被集中在四天之内,剧情显得紧凑密集。

影片的序幕部分即是兴中会前任会长、革命志士杨衢云(张学友饰)在港遇刺,交代了清廷疯狂捕杀革命党人的时代背景,显示了当时香港局势的凶险莫测。

开端交代了革命领袖孙中山(张涵予饰)将要冒险赴港,而清廷已布置下暗杀任务。主要矛盾冲突迅速形成,并在影片的前半部分形成组织保"孙"和筹划刺"孙"两条线索。这两条线索交织起来,互为因果,相互作用,将矛盾冲突推向白热化。

影片的前半部分由剧中前三天的事件组成,可谓环环相扣、层层递进。刺"孙"杀手在这三天中步步紧逼,在全港逐渐织起"刺孙"的天罗地网。而保"孙"义士在第一天即遭受重创,在第二天开始重组,在第三天布置计划。这是影片的发展部分。

影片的高潮部分是在第四天,即孙文抵港之日,义士与杀手之间正面展开高潮迭起的对决。这场对决被集中于孙文在港的两个小时之中。直到结局之时,双方胜负已分,孙文安然离港。

影片在尾声部分,通过字幕交代了其后革命形势的风起云涌和最终成功,总结了义士们拼搏牺牲的价值和意义。

全片剧情可谓精彩,其感觉正如观众所言:"心为之跳,气为之促,神为之紧,目为之不交睫。"而每一段落亦是起伏跌宕。例如,每位义士参与义举几乎都有一个起伏过程,逻辑严谨,其间又有因果关联。以商人李玉堂(王学圻饰)的转变为例。他是革命党人陈少白(梁家辉饰)的莫逆之交,在开始时对革命出钱不出力,并严禁独子李重光(王柏杰饰)参与革命。他的转变是在陈少白失踪之后。此时,保"孙"力量遭受重创,群龙无首,使李玉堂无法袖手旁观,从而担负起"保孙"的指挥工作,重组保"孙"力量,并最终为此付出沉痛的代价。该人物角色在每一段落的发展变化都有其合理性与必然性,从而使其形象显得立体鲜活,行为显得真实可信。

当然,随着影视剧作观念的不断发展,戏剧化风格也在不断演进,诸如戏剧性冲突日趋生活化、封闭的叙事方式渐渐被突破、戏剧技巧的运用变得藏而不露等。

二、散文化风格

散文化风格是对戏剧化风格的颠覆,是按照生活的自然流程去展示散碎的生活片断,没有完整的戏剧性情节,而是着力于生活细节描绘,通过对日常化情绪的累积与释放,使观众感受到某种人生启迪或情绪感染;因此,没有连贯统一的情节发展主线和戏剧冲突焦点,段落间也没有明晰的因果关系。

散文化风格的影视剧的创作特征是:

第一,"形散神聚。"结构打破了由开端、发展、高潮、结局所构成的情节线索,将时空散乱的生活片断串联起来进行铺展;貌似外部结构松散,却讲求内在主题的统一。

第二,不以情节取胜,而以意境见长。通过对人物情感和场景环境的细致描绘,形成有效的情绪累积,常在含蓄舒缓的节奏中体现出深长隽永的意境;就如潺潺小溪,给人以清幽舒畅、遐思无限的感觉。

例如,韩国女导演李廷香自编自导的电影故事片《爱·回家》(2002 年,又名《外婆的家》)讲述了 78 岁高龄的外婆和 7 岁的小外孙之间一段温馨感人的故事,是一部典型的散文化风格作品。

片中,小外孙相宇(俞承浩饰)在暑假被母亲送到偏僻的乡村,交给又老又哑的外婆(金亦芬饰)暂时照顾。相宇很不适应乡村的简朴生活,也瞧不起又穷又哑的外婆,常向外婆发脾气。但相处日久,外婆伟大而无私的爱逐渐感动了相宇。

《爱·回家》海报

该片对平淡生活段落的展现平实而细腻,传递出祖孙之间浓浓的亲情;人物对白极少,但生活细节琐碎而充实,人物情感细腻而真挚。尤其是非职业演员金亦芬所散发出的自然本色和其出色的表现,为观众们呈现了一位世界上最慈祥的外婆。

此类风格的国产电影故事片代表作包括 1948 年版和 2002 年版《小城之春》、《巴山夜雨》(1980 年)、《城南旧事》(1982 年)、《我的父亲母亲》(1999 年)、《千里走单骑》(2005 年)、《山楂树之恋》(2010 年)等。

黄志翔编剧、徐小明执导的电影故事片《五月之恋》(2004 年)是一部散文化风格的影片,讲述了一个清纯的情感故事。玩世不恭的 19 岁少年阿磊(陈柏霖饰)是"五月天"乐团成员阿信的弟弟,负责维护其官方网站。冒称阿信的他在网络上认识了哈尔滨京剧团的 17 岁学生瑄瑄(刘亦菲饰)。瑄瑄随剧团到台北表演,要阿信带她去三义看"五月雪"(油桐花)。阿

《五月之恋》海报

磊冒名赴约,被瑄瑄识破,但还是履约陪其去三义。两人在短暂的相处中萌生朦胧的爱意和友情。瑄瑄离开台北后,满怀思念的阿磊回到三义,探寻关于"五月雪"的秘密。原来,"五月雪"承载着瑄瑄祖父——一位离乡赴台几十年的老人的怀乡思亲之情。最终,阿磊北上哈尔滨,寻找瑄瑄。

该片以轻快的言情故事牵引沉重的"寻根"基调,暗含一段因历史横亘而阻断的两岸三代之间的亲情故事;没有大起大落的情节,只以纯纯的初恋开始,以浓浓的亲情结束,在

唯美自然的画面中诠释了海峡两岸亲情与爱情的牵绊。片中,冰天雪地的北国风貌与晴光暖日的南国情怀相映成趣,台北都市的繁华印象映衬着初恋的青涩,苗栗三义的田园风情传递着淡淡的忧伤,油桐花海的浪漫景观则弥漫着缠绵的乡愁。

《北京童话》海报

邱怀阳与黄剑东编剧、李威执导的电视电影《北京童话》(2004年)也具有散文化风格特征,讲述了身患白血病的音乐制作人刘小峰(严宽饰)结识了同病相怜的女孩朱珠(杨幂饰)。朱珠古灵精怪,调皮任性,每日吵吵闹闹;刘小峰沉默忧郁,无所事事,每日涂涂画画。相处中,颓废的小峰被活泼乐观的朱珠所感染,决心帮助朱珠去北京参加她的偶像——歌手阿琳的演唱会。两人在途中渐生情愫。不知小峰重症缠身的朱珠在其鼓励下回到医院接受了骨髓移植手术。病愈的朱珠睁开眼睛时,小峰却已离开人世,只留下小峰记载这段童话的画册和两人回荡在山谷中的欢声笑语。

该片具有一定的戏剧性情节,但情节线索并不完整,戏剧冲突也并不突出;而是以男女主人公的情感碰触和相互感染来串联全片情节,通过简单纯美的故事、淡然平和的情感、灵动忧伤的音乐、纯净率真的表演,起到触动人心的艺术效果。例如,片中男女主人公登上山顶,面对蓝天白云、群山空谷,高喊着:"我要活下去。"在写意化的情景中蕴含着乐观豁达的生活境界。

蒋钦民与江湖编剧、蒋钦民执导的电影故事片《恋爱前规则》(2009年)改编自网络小说《和空姐同居的日子》,兼具散文化风格和主观化风格。该片讲述古灵精怪的空姐冉静(王珞丹饰)误打误撞地住进孤僻木讷的宅男陆飞(陈柏霖饰)的家。两人荒诞离奇地开始了共同居住的生活。性格相异的两人在生活中摩擦不断,并制定出一系列的生活规则。陆飞在冉静的影响下,逐渐打破自我封闭,敞开爱情心扉。片尾在两人未果的爱情之路前落幕,剧情可谓有头无尾,主要是对都市宅男生活的散漫展现。影片对生活细节的描绘居多,并以两人情感上的相互感染来统摄全片,可谓"形散而神不散"。

表现现实生活题材的电视连续剧也多具有散文化风格。例如,电视连续剧《贫嘴张大民的幸福生活》(1998年)、《激情燃烧的岁月》(2001年)、《与青春有关的日子》(2006年)、《金婚》(2006年)等。

散文化风格的影视剧在创作中虽不以戏剧性情节吸引人,但需要设计好其中的观赏兴趣点,或是情绪的流露,或是意味的点化,或是情趣的传递,或是世态的变故。总之,要在散淡的叙事中时时触动观众的心弦。

三、纪实化风格

纪实化风格重在"纪实"二字，深受意大利"新现实主义"电影思潮的影响。"新现实主义"关注现实生活，强调长镜头、自然光等手法所创造的真实感，采用"摄影机扛到街上"的实景拍摄原则，通过普通人的真实生活遭遇反映当代社会问题。

这类风格的剧作也注重人物形象的刻画和内心情感的揭示，但都是基于真实生活，尤其擅长通过逼真的细节来刻画人物；情节发展崇尚自然，不刻意追求戏剧性，尽量避免人工雕琢的痕迹；冲突产生于生活，又消弭于生活，真实而自然。

纪实化风格的影视剧的创作特征是：

第一，通过表现真人真事或模仿真人真事来反映社会问题，因此多取材于现实生活中的真实事件，讲述人物的生活故事和真实情感。

第二，以朴实无华的叙事手法展现生活原貌，注重细节刻画，人物语言力求生活化。

中国第六代电影导演群体所编剧、执导的电影故事片多以纪实化风格为主要特色。以其领军人物贾樟柯的电影故事片为例，他的主要电影作品有《小武》（1997年）、《站台》（2000年）、《任逍遥》（2002年）、《世界》（2004年）、《三峡好人》（2006年）、《二十四城记》（2008年）等。

贾樟柯曾说："我想用电影关心普通人，首先要尊重世俗生活；在缓慢的时光流程中，感觉每个平凡的生命的喜悦或沉重。"其作品一贯保持着纪实化风格，以社会原生态作为自己的立足点和素材来源，关注生活在社会底层的最普通的人群，展现当下社会中人们生活的真实环境，描绘社会转型时期的真实社会面貌，促成对人物生存状态的反思，并以现实主义的手法叙述生活，又以浪漫主义的情怀升华主题。

例如，电影故事片《小武》（1997年）是一部"虚构小人物的纪实影片"。故事、人物是虚构的，但生活与社会环境是真实的。主人公小武（王宏伟饰）每天除了偷窃钱财之外再无别事。影片开始时，他站在公路边等车；一直混到电影结束，被手铐铐住，蹲下，街上的人围上来。影片在客观冷静中以毫不掩饰的纪实精神，把种种类似中国县城小混混的生活状态准确地表现出来。

荣获第63届威尼斯国际电影节金狮奖的电影故事片《三峡好人》（2006年）中的主人公也是小人物。韩三明（韩三明饰）和沈红（赵涛饰）为了寻找各自的爱人来到三峡。在两人的寻找轨迹里，可以看到很多生活在社会底层的形形色色的人物。影片通过这两个小人物和他们身边人的故事，赋予小人物悲凉与温情的双重情感。

贾樟柯电影惯于通过演员本色质朴的表演来营造逼真的感觉。地道的方言、朴素的服装、木讷的表情，本色地还原出底层人物的生存状态。片中人物角色或插科打诨、或吸烟打牌、或忙于生计，旁若无人。这些冗长琐碎的生活细节带给观众身临其境的真实感。

在电视剧创作方面,以纪实化风格为主的电视剧被统称为"纪实性电视剧"。国产纪实性电视剧以《长江第一漂》(1986年)为开山之作,代表作有四川电视台摄制的"三长剧"(即《长江第一漂》[1986年]、《长城向南延伸》[1989年]、《长征号今夜起飞》[1991年]三部电视剧)、《好人燕居谦》(1991年)、《九一八大案纪实》(1994年)、《孽债》(1994年)、《嫂娘》(1998年)、《末路》(2000年)、《大雪无痕》(2000年)、《威胁》(2001年)、《绝不放过你》(2001年)等。

纪实化风格的影视剧较多关注百姓生活,尤其是社会弱势群体的生存状态,具有浓厚的人文关怀。但在创作中也要防止走入过分追求纪实的误区,避免产生内容空洞、节奏拖沓、叙述沉闷等弊端。因此,在影视剧创作中,应当注意纪实化风格与其他风格的交融。

例如,香港电影故事片《弹道》(2010年)再现了震荡台湾政坛的"3·19枪击案"。2004年,在台湾最高领导人选举中寻求第二个任期的陈水扁因政绩糟糕,根本无望击败对手连战。关键时刻,两发神秘的子弹出来搅局,陈水扁与其副手吕秀莲各中一弹。此后,陈水扁以受害者的姿态神奇地实现逆转,再次当选。《弹道》即是对"3·19枪击案"的高保真模拟。影片以戏剧化的情节和纪实化的细节,展现了一幅台湾政治风情画。

《弹道》海报

四、主观化风格

主观化风格是指运用主观化叙事手段,将人物的内心世界进行视觉化呈现,可以让人们看到同一事件或人物的不同侧面,可以将过去与现在、梦幻与现实结为整体。此类影视剧摒弃了传统的线性叙事结构,打破了时空界限和故事脉络,注重运用画面来表现人物的内在心理状态乃至潜意识活动,从而扩展作品容量、深化主题思想、探讨哲理命题。电影故事片《公民凯恩》(1941年)、《罗生门》(1950年)都是主观化风格的代表作。

主观化风格的影视剧的创作特征是:第一,在现实媒介的刺激下,以意识流手法来剖析人物的内心世界,主题往往具有多义性;常运用内心独白,且多具有浓郁的文学色彩。第二,时空跳跃多变,并不围绕中心事件展开,而是按照人的不规则的潜意识活动来进行处理,常运用闪回、倒叙等手段。

在电影故事片创作方面,西方的"意识流电影"集中体现了主观化风格。"意识流"这个名词最早由美国心理学家威廉·詹姆士提出。他在《心理学原理》中说:"意识……并非以一段段的情势呈现的,像'链'或'环节'这样。它不是联结兴起的,而是活动的。河流或流水是描写意识形状的借喻。"

"意识流"的概念于 20 世纪 50、60 年代进入电影作品之中。"意识流电影"主张反情节化、反戏剧化,不要求有完整的戏剧事件贯串全片,而着重剖析人物的内心世界,表现人的非理性的、潜意识的、直觉的思维活动,其结构打破了传统的戏剧式结构,时空跳跃多变。

例如,瑞典导演英格玛·伯格曼的电影作品,主要以人的潜意识为对象,通过对人物的回忆、直觉、幻觉、梦境等的表现来传达其哲学思想和宗教观念。其作品中的"意识流"具有很大的假定性,如人与神并存、死人与活人重逢之类;代表作有《野草莓》(1957 年)、《第七封印》(1957 年)、《处女泉》(1960 年)等。

又如,意大利导演费里尼的代表作——电影故事片《八部半》(1962 年)是一部以隐喻手法来探讨现代人精神危机的"内省作品",主要表现人的内心现实,反对理性加工。还有法国导演阿仑·雷乃的《广岛之恋》(1959 年)和《去年在马里昂巴德》(1961 年),法国导演罗伯特·安利可的《老枪》(1975 年)等。

国产电影故事片的创作中,也出现过一批具有意识流色彩的心理式结构的影片,例如《苦恼人的笑》(1979 年)、《小花》(1979 年)、《天云山传奇》(1980 年)等。

《新世纪福音战士》海报

以主观化风格为主的电视连续剧并不多见,但多有石破天惊之作。例如,庵野秀明执导的日本电视动画连续剧《新世纪福音战士》(1995 年)就是一部主观化风格突出的杰作。作品开始是典型的机器人动画,故事着重描写战斗场景和人物对话。随着情节推移,故事逐渐变成对人物内心世界的精神分析式的叙述,尤其最后几集中更是发挥得淋漓尽致。

具有革命性的意识流手法,大量宗教、哲学意象的运用,使得该剧在日本产生巨大反响,并形成一种"社会现象"。在日本动画史上,该剧作为一部里程碑式的作品,与《宇宙战舰大和号》(1974 年)、《机动战士高达 0079》(1979 年)并称为日本动画史上的三次高潮,更被许多动漫爱好者视为最伟大的动漫作品之一。

在主观化风格的影视剧作中,要注意视点的统一,即所选择的事件都应当是主观视点内的事件,也就是说,应当是叙述者所经历的或能看到的,否则容易造成叙事上的混乱。

风格的形成是时代、民族或艺术家在艺术上超越了幼稚阶段,摆脱了各种模式化的束缚,从而趋向或达到了成熟的标志。每位编剧假以时日,都可能形成自己的相对稳定的创作风格。但风格也具有一定的变动性和发展性。编剧创作风格的成熟,往往有一个发展过程,即使已经形成了自己独创的风格,也不应是僵化的,而是随着反映对象的不同、创作时具体的客观环境与主观心境的不同,还会有所发展变化,呈现出阶段性。

第九章 变革与展望

第一节　电影变革趋势展望
　　一、立体电影（3D电影）的创作
　　二、微型电影（微电影）的创作
第二节　电视剧变革趋势展望
　　一、"自制剧"的创作
　　二、"季播剧"的创作
　　三、"周播剧"的创作
　　四、"三边"创作模式

如果有人将好莱坞的商业大导们排排座、分果果,那么在前十位的聚会里,你将会看到以下莫名场景:

一个男人戴着眼镜不苟言笑地走进门,他的身后随从众多:摇头晃脑的 E.T.、长着血盆大口的恐龙嘶吼、外星鱿鱼般的怪物跟从;而另一个胖子在两只猛兽的庇护下靠近,史前猛犸巨象与黑黝黝的金刚如哼哈二将不离左右;走进来个须发皆白的老者,身后都是些奇怪的机器玩意,大刺刺晃悠的飞船载着手持激光剑的天行者;而一群老男人涌来了——对,都是老男人,互相吻手又致敬……可我们还漏掉了一个,容易被忽视的家伙。

这家伙的作品名单里,有着太多不可思议的事件。他可以将液态金属机器人的变形,在那一刻安排得如此完美;也可以让世界上最伟大的肌肉动作演员横扫一层大楼。他更可以在奥斯卡颁奖典礼上狂喊"世界之王",更可以在最耀眼后迅速消失,将想法极端化或者隐藏。①

——影评人"慕容天涯"《〈泰坦尼克号 3D〉:那些年,我们一起追的大船》

---

① 文中提到的大师级导演依次为:史蒂文·斯皮尔伯格、彼得·杰克逊、乔治·卢卡斯、詹姆斯·卡梅隆。

第一节　电影变革趋势展望

美国剧作理论家罗伯特·麦基曾谈及自己对影视剧变革趋势的展望,他说:"有朝一日,电影院、电视广播可能会消失。每个人都会在小屏幕或者是在公寓的墙上看电影。所有的故事都会用卫星来传播。这个时代肯定会到来,所以你必须准备好,向全世界讲述真正的中国故事。"①

如今,3D电影巨作迭出、微电影方兴未艾……这些新兴形式的创作实践,正在将人们关于电影的那些梦想逐渐变为现实。

一、立体电影(3D电影)的创作

2009年12月16日,3D立体电影故事片《阿凡达》开始在全球各地陆续上映,为世界观众奉献了一场华丽震撼的3D视听盛宴。随后的2010年成为3D立体电影的"勃兴之年",被誉为"3D电影元年"。好莱坞开始倡言:"让电影立体起来","展望未来影坛,请先戴好立体眼镜"。

其实,立体电影的三大物质基础——拍摄器材、放映装置、观赏工具早在百余年前就已齐备。世界上第一部胶片立体电影《爱情的力量》诞生于1922年。中国第一部胶片立体电影则是桑弧执导的《魔术师的奇遇》(1962年),由王炼、陈恭敏、桑弧编剧,陈强主演。

但如今的3D立体电影已是站在"数字电影技术"这个巨人的肩上,远非昔日的胶片立体电影可比,成为世界电影发展潮流的重要标志之一。

在这个大有可为的新兴创作领域中,编剧同样具有举足轻重的地位,应当掌握3D立体电影的创作规律,让3D立体技术成为手中的"神笔",从而描绘出更为绚丽的梦幻天地。

1. 概念解析:"让电影立体起来"

立体电影,俗称"3D电影"。"3D"中的"D"是英文Dimension(线度、维)的开头字母,

---

① 《"中国作家需要讲述真正的中国故事"》,来源:《新华每日电讯》,http://news.xinhuanet.com/mrdx/2011-12/09/c_131296255.htm。

3D意指三维空间。值得注意的是,"3D"这个词汇在电影领域中其实指代着两个概念:一是立体电影;二是建立在3D视觉模型之上的"电脑合成图像"(简称CG或CGI)。这两种概念必须区分清楚,不可混淆。

立体电影的原理建立在人们双眼视觉的基础之上,是利用人们双眼的"视角差"和"会聚功能"来制作的可产生立体视觉效果的电影。

人们的视觉是依靠两只眼睛的差距来分辨远近距离的。人们两只眼睛的相隔距离大约是5至6厘米。除了瞄准正前方以外,两只眼睛看任何物体时的角度都不相同,这就是"视角差"。而当我们睁开双眼看物体时,物体在视网膜成像,左右两边的印像映合在一起,就能准确分辨出物体的远近距离,从而产生一种立体感,这就是"会聚功能"。

英国科学家查理·惠斯顿爵士早在1839年就根据"人类两只眼睛的成像是不同的"这一原理,发明了一种立体眼镜,让人们的左眼和右眼在看同样图像时产生不同效果。这就是如今"3D眼镜"的原理。

立体电影放映时,是将两幅画面重叠在银幕上呈双影,从而产生三维立体效果。而观众通过特制的眼镜或者幕前辐射状半锥形透镜光栅来观看时,左眼看到的是从左视角拍摄的画面,右眼看到的是从右视角拍摄的画面;而通过双眼的会聚功能,就合成了立体视觉影像。观众看到电影中的画面似乎伸出银幕以外,从而产生身临其境之感。

3D立体电影的发展,在革新电影摄制技术的同时,也创造了依靠3D数字技术才能呈现的视觉语言和叙事语言;并已经成为当今电影艺术的重要表现手法,甚至会成为未来的主流表现手法。电影创作者们应当了解其电影语言的特点。

例如,对于3D立体电影而言,其空间完整性得到进一步提高,不再需要重新构建场景中物体的体积感,观众可以在视觉系统中直接捕获到这些信息。

3D立体电影的单镜头长度一般来说都在八至十秒以上,蒙太奇手法受到了抑制,而长镜头得到更为广泛的应用;镜头纵深对比得到加强;"迎面"镜头与"过山车式"镜头成为不可或缺的镜头运动方式。

3D立体电影的摄影设备非常复杂、沉重,而由于视觉复杂性的增加和阅读时间的放大,其剪辑和制作视觉特效的过程则需要更为柔和与顺畅的剪辑系统。

2.勃兴之路:"世界之王"的"科幻之梦"

人们常说,好莱坞最大的资本是什么?

答案是:金钱与梦想。

3D立体电影故事片《阿凡达》(2009年)正是由"金钱与梦想"共同浇铸成的"科幻之梦"。在此之前,3D立体电影已然经历了几十年的曲折发展,可圈可点的作品并不少见,但与《阿凡达》相比,就都显得浅薄不堪了。

而这个"科幻之梦"的缔造者正是詹姆斯·卡梅隆①。他自编自导的这部科幻史诗片在21世纪第一个十年的尾声,掀起了全球观影热潮,并引发了电影业的一系列变革。

这部科幻片何以与3D数字技术结缘?让我们先来追溯这个"科幻之梦"的诞生始末。

(1)第一阶段:"梦"的发端

好莱坞"电影魔术师"乔治·卢卡斯②谈及《阿凡达》时曾说:"凭空创造出一个世界不是件容易的事,世界上只有一小部分疯子才能够完成。我曾创建一个《星球大战》的世界,卡梅隆现在做的这些是在挑战我们这些前辈的成果。"③

詹姆斯·卡梅隆正是一个敢于"凭空创造一个世界"的"电影疯子"。同时,他还拥有一系列的传奇称号——"好莱坞暴君"、"世界之王"、"烧钱机器"……

詹姆斯·卡梅隆在十几岁时看到了斯坦利·库布里克④自编自导的科幻杰作《2001太空漫游》(1968年),深受触动。后来,他又看到了乔治·卢卡斯的科幻巨作《星球大战》系列,对科幻电影更为痴迷,立志成为新一轮世界科幻狂潮的引领者。

1984年,詹姆斯·卡梅隆终于推出了第一部真正意义上自编自导的科幻电影故事片《魔鬼终结者1》,以650万美元的拍摄成本,获得3600万美元的美国国内票房;其全球票房达到7800万美元,并赢得影迷和评论界的一致好评。

詹姆斯·卡梅隆以《魔鬼终结者1》而一夜成名,并在其创作过程中组建了自己的特效团队。之后,他的代表作《魔鬼终结者2:审判日》(1991年)中,运用了大量电脑特效技术,并成就了第一个数字化CG特效人物形象——机器人T-1000。20世纪90年代,詹姆斯·卡梅隆打造的《真实的谎言》(1994年)、《泰坦尼克号》(1997年)等都是高投资、高回报的电影巨作。

功成名就的詹姆斯·卡梅隆有自己的野心:"重燃人们当年对科幻电影的兴奋与激情!"为了缔造这个"科幻之梦",他在1994年撰写了80页的电影《阿凡达》的剧本大纲,并计划在《泰坦尼克号》摄制完成后投入制作,但未能成行。卡梅隆解释说,当时的技术手段

---

① 詹姆斯·卡梅隆,男,1954年生于加拿大,多才多艺的世界电影大师,对于电影的导演、编剧、制作、剪辑、特效等各领域都很精通,擅长拍摄动作片与科幻片,电影主题往往探讨人与技术之间的关系;世界电影票房史上最卖座的两部电影故事片《泰坦尼克号》(1997年)与《阿凡达》(2009年)都是他的杰作。

② 乔治·卢卡斯,男,1944年生,美国著名电影导演、制片人、编剧,与弗朗西斯·福特·科波拉、马丁·斯科塞斯、史蒂文·斯皮尔伯格并称20世纪80年代的"好莱坞四大导演";最负盛名的作品是其执导的《星球大战》系列影片和其编剧的《夺宝奇兵》系列影片,《星球大战》在美国人心目中拥有崇高地位,曾经打破美国本土及世界上的多项票房纪录。

③ 《詹姆斯·卡梅隆:好莱坞狂人归来》,来源:中国网,http://www.china.com.cn/culture/txt/2009-12/17/content_19083414.htm。

④ 斯坦利·库布里克(1928—1999),男,美国著名电影导演、编剧,其代表作《奇爱博士》(1964年)、《2001太空漫游》(1968年)、《发条橙》(1971年)、《闪灵》(1980年)等都是世界电影史上的经典之作;他在完成最后一部作品《大开眼界》(1999年)的四天后去世。《国际先驱者论坛报》将其与意大利的费里尼、瑞典的伯格曼、日本的黑泽明列为当代世界上最重要的四位电影导演。美国电影史学家彼得·科维评价说:"库布里克敢于蔑视社会常规,拓展题材领域。他的每部作品都不是随时间流逝的平庸之作。"

还不足以表现出他想象的电影场景。

等待风云际会的卡梅隆在《泰坦尼克号》上映之后,陆续拍摄了 6 部关于深海世界的纪录片,并亲自研发了 3D 虚拟影像撷取摄影系统(Fusion 3-D Camera System)[①]。

2002 年 12 月 5 日,彼得·杰克逊[②]执导的魔幻史诗电影故事片《指环王 2》在纽约首映。作为首映嘉宾出席的詹姆斯·卡梅隆对片中由"维塔数码"(Weta Digital)制作的 CG 角色——"咕噜"赞叹不已。他开始看到制作《阿凡达》的可能性。

2005 年,彼得·杰克逊执导的科幻电影故事片《金刚》上映。"维塔数码"特效公司的高逼真度电脑特效再度令卡梅隆震撼。他认定缔造《阿凡达》的时机完全成熟了。

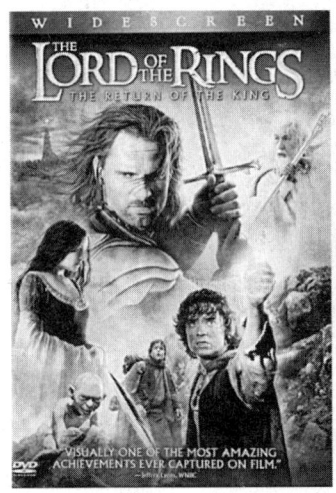  

《指环王之国王归来》海报　　　　《金刚》海报　　　　　　《阿凡达》海报

---

① 3D 虚拟影像撷取摄影系统,由詹姆斯·卡梅隆与其摄影技术顾问文斯·佩斯共同设计开发,两人曾于 1989 年合作科幻片《深渊》。他们在 2003 年共同完成了 3D 纪录片《深渊幽灵》,并为此设计开发了这套高清 3D 摄影系统。目前大部分 3D 影片都采用他们开发的这套系统装置。该装置通过两台 SonyHDCF950HD 摄影机创造立体 3D 效果,就像人的两只眼睛,提供不同角度的画面,以模仿人眼产生的立体感。这套系统在《阿凡达》(2009 年)中有所改进,使银幕具有不同层面的场景。在观影时如若摘下 3D 眼镜会发现最前端的景物是清晰的,只有后面的物体是模糊的,而不像以往观看 3D 影片时摘下眼镜就都看不清楚。正因为前景与背景呈现在不同层面上,在《阿凡达》中看不到之前 3D 影片里简单移动的平面图像,呈现的是真正立体起来的视觉效果。

② 彼得·杰克逊,男,世界著名电影导演、编剧、制片人、演员;1961 年 10 月 31 日(万圣节之夜)生于新西兰惠灵顿;八岁时受怪物片《金刚》的影响而开始迷上电影特效,理想是成为出色的特效师;十七岁辍学后又迷恋上魔幻鬼怪,开始痴迷于经典奇幻小说《指环王》;后在惠灵顿的一家报社冲洗照片达七年;1987 年摄制首部电影故事长片《宇宙怪客》,成为新西兰最著名的独立导演;其电影技巧未经任何正规学院培训,完全依靠观赏大量影片自学而成。1993 年,与理查德·泰勒、吉米·塞尔柯克等组建"维塔数码"特效公司;1994 年摄制电影故事片《梦幻天堂》,荣获威尼斯国际电影节银狮奖;2001 年至 2003 年摄制完成《指环王》三部曲,2005 年翻拍了影响其走上电影道路的《金刚》,皆大获成功。

(2) 第二阶段:"梦"的缔造

2006年初,詹姆斯·卡梅隆开始完善《阿凡达》的剧本。同年8月,"维塔数码"签约加盟,参与特效制作;卡梅隆的老搭档——化妆特效大师斯坦·温斯顿①等人也汇聚到他的麾下。同年9月,詹姆斯·卡梅隆宣布将把《阿凡达》拍成3D立体电影故事片。他的"科幻之梦"正式升华为"3D科幻之梦"。

2007年4月16日,在曾经拍摄影片《金刚》(2005年)的新西兰惠灵顿"石街摄影棚",《阿凡达》正式开机;官方公布的预算为2.37亿美元,另有1.5亿美元用于推广。

这是一个规模浩大的"造梦工程"。时长160分钟的《阿凡达》的每帧画面平均耗费4万个人工小时,40％的画面由真实场景拍摄,其余60％则完全由电脑动画合成;全片有1600个特效镜头、几百个CG特效角色;而拍摄立体画面使用的是卡梅隆团队自主研发的3D虚拟影像撷取摄影系统,也耗费了大量的成本。

"在那缓缓升起的巨型演职员表里,一共有48家公司,1858位工作人员。"除了詹姆斯·卡梅隆自己的特效团队之外,彼得·杰克逊旗下的"维塔数码"(Weta Digital)、迈克尔·贝②挂帅的"数字领域"(Digital Domain)以及乔治·卢卡斯和史蒂文·斯皮尔伯格③领军的"工业光魔"(Industrial Light and Magic)三大特效公司都参与了制作。

▶▶【资料链接】世界三大特效公司

工业光魔(Industrial Light and Magic,简称ILM)

创始人:乔治·卢卡斯

创立时间:1975年

核心技术:CGI动画技术、模型拍摄、全数字高清晰摄影技术

---

① 斯坦·温斯顿(1946—2008),男,美国好莱坞电影特效大师,被誉为"幕后的表演者";曾与詹姆斯·卡梅隆等人创立著名特效公司——"数字领域"(Digital Domain);他还创立了著名的"斯坦·温斯顿数字工作室"(SWD);曾获得四项奥斯卡奖,代表作有《魔鬼终结者1》(1984年)、《异形2》(1986年)、《剪刀手爱德华》(1990年)、《魔鬼终结者2》(1991年)、《侏罗纪公园》(1993年)、《侏罗纪公园2》(1997年)、《钢铁侠》(2008年)等;2008年6月15日,因多发性骨髓瘤逝世于美国加州洛杉矶。

② 迈克尔·贝,男,1965年生,美国著名电影导演、监制;自幼喜爱爆炸游戏,早年主要从事广告与音乐录影带的制作。1995年开始从事电影制作,并摄制首部电影故事片《绝地战警》,一举成名。曾执导电影故事片《勇闯夺命岛》(1996年)、《世界末日》(1998年)、《珍珠港》(2001年)、《绝地战警2》(2003年)、《变形金刚》系列等;风格上以铺天盖地的狂轰滥炸、激烈刺激的追逐情节、快速凌厉的镜头剪接而独树一帜,被影迷戏称为"爆炸狂"和"破坏王"。

③ 史蒂文·斯皮尔伯格,男,1946年生,犹太裔美国著名电影导演、编剧、制片人,堪称"电影织梦者"的世界电影大师,有史以来电影总票房最高的导演(数据截至2009年),曾两度荣获奥斯卡最佳导演奖,2009年荣获第66届美国电影电视金球奖终身成就奖。1994年,与杰弗瑞·卡森伯格、大卫·格芬一同创立"梦工厂"电影公司。执导的电影故事片代表作有《大白鲨》(1975年)、《E.T.外星人》(1982年)、《太阳帝国》(1987年)、《辛德勒的名单》(1993年)、《拯救大兵瑞恩》(1998年)、《幸福终点站》(2004年)、《世界大战》(2005年)、《战马》(2011年)以及《夺宝奇兵》系列、《侏罗纪公园》系列等。

简介：为了制作《星球大战》系列影片中大量的特效，乔治·卢卡斯于1975年在加利福尼亚州范努斯市的一间旧仓库里创建了如今的"工业光魔"；现已是全球第一大特效制作公司，总部位于美国加利福尼亚州旧金山莱特曼数字艺术中心。"工业光魔"已成为"电影魔术"的代名词，乔治·卢卡斯和史蒂文·斯皮尔伯格等电影大师的一系列特效巨作扬名世界，全赖"工业光魔"的精湛技艺。

近年代表作：《侏罗纪公园》系列、《星战前传》系列、《哈利·波特》系列、《加勒比海盗》系列、《变形金刚》系列、《钢铁侠》系列等。

成就：凭《星球大战》系列开创特效新时代，一举成为电影特效的"领头羊"；迄今为止，已经为超过200部的影片制作特效；曾获得奥斯卡最佳视觉效果奖十余次。

数字领域（Digital Domain，简称D2）

创始人：詹姆斯·卡梅隆、斯坦·温斯顿

创立时间：1993年

核心技术：数码合成软件 NUKE

简介：位于美国加利福尼亚州的威尼斯，有员工500余人；但公司创始人詹姆斯·卡梅隆、特效专家斯坦·温斯顿等都已经离开该公司。2007年底，由派拉蒙电影公司出资，为《变形金刚》的导演迈克尔·贝收购。

代表作：《真实的谎言》（1994年）、《阿波罗13号》（1995年）、《第五元素》（1997年）、《泰坦尼克号》（1997年）、《美梦成真》（1998年）、《世界末日》（1998年）、《后天》（2004年）、《返老还童》（2008年）、《2012》（2009年）等。

成就：与"工业光魔"齐名；迄今为止，参与制作了几十部影片，曾以《泰坦尼克号》（1997年）和《美梦成真》（1998年）两获奥斯卡最佳视觉效果奖和奥斯卡技术成就奖。

其技术优势在于粒子特效，如《后天》中的大气及海洋特效、《加勒比海盗3：世界尽头》（2007年）中的海战特效。在《泰坦尼克号》中，工作人员应用该技术，将模型船和背景重新结合，制作出泰坦尼克号在航行时的壮丽景观。

维塔数码（Weta Digital）

创始人：彼得·杰克逊、理查德·泰勒

创立时间：1993年

核心技术：Massive 程序

简介：位于新西兰首都惠灵顿，有14名高级设计师，有员工600余人。公司总裁理查德·泰勒是特效设计师兼总监制；近年来积极开拓市场，与中国的公司有不少业务往来。

代表作：《指环王》系列、《纳尼亚传奇》系列、《金刚》、《猩球崛起》等。

成就：曾为彼得·杰克逊执导的《指环王》系列影片制作特效，并提供布景、服装、道具的设计和制作，以此声名远扬，成为近年来好莱坞最负盛名的视觉特效公司之一；多次荣获奥斯卡最佳视觉效果奖。

理查德·泰勒(左图左四,右图中间站立者)于2009年12月1日到成都理工大学广播影视学院访问

詹姆斯·卡梅隆回忆说:"可以说整个拍摄过程就像坐过山车,经历了从最高点到最低点的那种起起落落。当我意识到我们所掌握的技术确实能发挥作用,帮助我们创造一个前所未有的、独一无二的东西时,那感觉就像坐过山车,置身云端;而当我们遭遇困难,甚至怀疑自己是否能把这部电影完成的时候,心情也随之跌入谷底,好在最终我们还是克服了种种障碍。拍摄制作《阿凡达》的四年就像是一段漫长而艰辛的旅程。"①

《时代》杂志透露,该片代表了当今数字电影制作技术的最尖端水平;其中有两项技术最突出,一个是 e-motion 动作捕捉技术,另一个就是数字 3D 立体电影技术。

詹姆斯·卡梅隆的 Raelity Camera System 特效制作公司②主要负责 3D 效果的拍摄与制作。影片的实拍镜头使用卡梅隆的 3D 虚拟影像撷取摄影系统。卡梅隆可以立即从监视器中看到真实演员和虚拟环境的互动,从而更好地指导演员与电脑生成的角色及环境配戏。而演员们拍摄时都是在摄影棚的蓝幕、绿幕前全凭想象来进行表演。

彼得·杰克逊的"维塔数码"主要负责 CGI 方面的工作。片中的外星世界——潘多拉星球苍翠茂密的水生丛林环境,全部由其制作。"维塔数码"的技术人员运用最先进的电脑生成影像技术把拍摄的人物和环境转化成照片级的虚拟影像,最终把观众带到一个广阔的外星世界;其运用动作捕捉系统塑造的"纳威族人",一举一动异常完美,将想象力转化成影像,用技术成就了剧情。

"数字领域"主要负责细微粒子化特效制作,比如大气、尘埃、海洋等。"工业光魔"则与"维塔数码"一起分担大部分的 CGI 制作。美国特效公司"巨人工作室"(Giant Studios)承担了片中人物动作与表情捕捉的任务。

在《黑客帝国》中设计制作"子弹时间"效果的法国著名特效工作室"BUF"同样负责

---

① 《詹姆斯·卡梅隆:好莱坞狂人归来》,来源:中国网,http://www.china.com.cn/culture/txt/2009-12/17/content_19083414.htm。

② Raelity Camera System,译为"真实摄影系统",又称"数码 3D 摄影机系统"(Fusion Digital 3-D Camera System)。

CGI 制作；印度公司 Prime Focus 则负责设计一个重要场景——喧闹的军方控制中心，公司为此派出了一个 90 人的团队。

《午夜凶铃》的制作者"像素解放阵线"（Pixel Liberation Front）的任务相当细节化：负责设计军用飞机的监视器和飞行仪。"像素解放阵线"为此参考了最新型的军用飞机，比如 F22、F35 和阿帕奇攻击直升机，最后为整部影片贡献了超过 220 个镜头。

与詹姆斯·卡梅隆合作多年的制片人乔恩·兰道说："《阿凡达》最令人激动的一点就是它创造了全新的世界。很长时间以来都没有电影能够做到这点了，自从《星球大战》以来都罕见这样的尝试。对我们来说，我们想创造一种文化，技术帮助我们做到了这一切。我们不必在现实世界中建立这样的幻想世界，我们通过计算机创造了'潘多拉星球'，同时真人演员也能在其中无懈可击地表演。"①

最终，"十年一剑"的《阿凡达》以其无与伦比的视觉效果震撼了所有人。《好莱坞记者报》评价称："詹姆斯·卡梅隆证明了他的确是'世界之王'；作为视觉特效技术大军、生物设计大军、动作捕捉大军、替身演员大军、舞蹈演员大军、演员大军、音乐和音响大军的总统帅，他用让人目瞪口呆的方式把科幻片带进了 21 世纪；这就是《阿凡达》。"

(3) 第三阶段："梦"的延续

《阿凡达》的横空出世，在世界影坛刮起了 3D 电影狂潮。3D 立体影片层出不穷，《狮子王》(1994 年)、《星球大战前传 1》(1999 年)等众多经典旧作也走上 3D 转制之路。詹姆斯·卡梅隆缔造的"梦"仍在延续，那个"科幻之梦"已蜕变为"3D 之梦"。

2012 年 4 月 14 日是"泰坦尼克号沉没百年"纪念日。而之前，投资 1800 万美元重新制作的 3D 版《泰坦尼克号》已开始带着观众重温杰克与萝丝之间刻骨铭心的世纪之恋，感受泰坦尼克号撞击冰山、沉入海底的震撼。

《泰坦尼克号》再度风靡世界，也在中国再次创下票房神话。其实，2011 年在中国内地上映的 3D 电影就已超过 30 部，其中 14 部票房过亿元；总票房超过人民币 50 亿元，几乎是 2010 年的两倍，约占全年票房的 40%，成为托起 130 亿全年票房的最大功臣。

2011 年，中国内地电影票房三甲——《变形金刚 3》、《功夫熊猫 2》和《加勒比海盗 4》都是 3D 影片。而票房过亿元的 17 部引进片中，除了《速度与激情 5》、《洛杉矶之战》、《致命伴侣》和《关键第四号》四部影片外，其余全是 3D 影片。

中国内地电影院线正式迎来好莱坞 3D 电影"一枝独秀"的时代，连韩国的"山寨怪兽片"《深海之战》(2011 年)也打着"亚洲首部 3D 科幻片"的旗号登陆中国。

与此同时，"伪 3D"影片也相伴而生，并广遭诟病。例如，后期转制的《诸神之战》(2010 年)被讽刺为"只有字幕是 3D 的"，《爱丽丝梦游仙境》(2010 年)的转制效果也不佳。

---

① 《詹姆斯·卡梅隆：好莱坞狂人归来》，来源：中国网，http://www.china.com.cn/culture/txt/2009—12/17/content_19083414.htm。

真 3D 也好，伪 3D 也罢，一个迫切的问题摆到了中国电影人面前：我们能否在中国延续《阿凡达》的"3D 之梦"。

中国电影人开始尝试，但《苏乞儿》（2010 年）、《魔侠传之唐吉可德》（2010 年）等实验之作相继惨败。直至 3D 武侠电影故事片《龙门飞甲》在 2011 年底"宝剑出鞘"，中国电影人终于缔造出了自己的"3D 之梦"。

该片导演、编剧徐克表示，自己很想把 3D 跟武侠结合在一起，"作为电影里面完全不一样的观看跟创作手段"。他说："《龙门飞甲》是我这么多年想拍摄的精华之一。在华人的电影里有很多 3D 银幕，这些银幕都是放映好莱坞的 3D 电影，因为没有我们自己的 3D 电影。我觉得值得去尝试把 3D 变成我们讲故事的工具。"

《龙门飞甲》投资 3500 万美金。徐克为此组建了十几人的特技团队，其中包括摄影师、3D 技术人员以及资料处理师等，开始探索如何将武侠与 3D 技术进行完美融合，缔造出"3D 武侠之梦"。主创团队总结出了许多经验。例如，传统香港武侠片动作很快，传统的武术动作不能很好地体现立体效果，"我们这次的每个动作都至少需要 6 到 8 秒的长镜头，跟以前讲究'短平快'完全不同。我们必须要观众明白看到动作本身的连贯，比如动感强的东西，我们已经不需要了；我只需要表现应该有的东西，它们会比 2D 更清楚"。①

《龙门飞甲》上映后大获成功，成为中国内地第一部真正意义上的 3D 武侠电影，使中国电影人得以延续自己的"3D 之梦"。

3. 剧作要求：为银幕创作"立体剧本"

3D 技术在诞生之初，更多的是被作为一种技巧运用于电影之中。很多 3D 立体电影故事片过分地关注 3D 的形式，却不注重剧情内容，成为一种"炫技片"，总是难成大器。而《阿凡达》区别于以往一些"3D 炫技片"的优点还在于其扎实的剧情。《阿凡达》有一个还算不错的故事，至少与炫目的 3D 技术相得益彰。

可以说，3D 电影故事片的两大要素，正是使 3D 技术必不可缺的故事和成熟的 3D 技术。3D 电影故事片同样需要一个好故事，而且 3D 技术所营造的华丽场景对剧本内容提出了更高的要求。

徐克认为，技术与故事在 3D 电影故事片中缺一不可。他说："技术是表现故事的手段。我每个故事都有自己的发展方向，要求电影能给观众不同的人生启发。但是电影不能抛弃技术。没有技术，电影同样没有新的吸引力。近两年 3D 技术发展不断进步，在这种情形之下，我觉得尝试把 3D 变成我们讲故事的工具，很值得。"②

詹姆斯·卡梅隆和彼得·杰克逊是两位创造了新时代电影技术的大师。但他们都自

---

① 《徐克与张艺谋贺岁档电影市场之争》，来源：《新民周刊》，http://news.sina.com.cn/c/sd/2011-12-21/155923670733.shtml。
② 《徐克：〈龙门飞甲〉设想二十年 新武侠片贵在斗智》，来源：《京华时报》，http://media.people.com.cn/GB/138367/16643208.html。

命为"讲故事的手艺人",而不是"新技术的奴隶",也不认为技术能够创造一切。他们在接受美国《新闻周刊》的专访时,对于3D电影中技术与故事的关系进行了探讨。

詹姆斯·卡梅隆说:"人们经常问我们未来的电影如何制作。因为过去这些年,你和我都是创新者,创造了大大小小的尖端技术。我的答案很简单,电影制作的基本原则没有变化,就是讲故事,就是人演绎人,就是演员的特写镜头,就是演员说台词、表演,以这种方式与观众的内心沟通。我想这些都不会变。我想过去的一个世纪里,这些也都没有变……创造美丽影像的不是计算机,是人……3D可能帮助我们在电影院里实现一些恢弘的场面,带来独一无二的电影体验,可是我认为电影体验的核心是群体体验。"

彼得·杰克逊则说:"电影人手里好用的工具并不太多,可是人们却总是把注意力放在技术上。也许电影业是咎由自取,很多人都过于关注技术而不是故事;反过来又误导了自己,预言那才是趋势。人们把计算机成像当成噱头,有时候又为糟糕的剧本和故事埋怨计算机成像技术。他们谈论计算机成像的时候,好像是要它为影片标准的下降负责任。我们现在得出这样一个观点——没有故事,就没有呈现。我们看到了恐龙,我们看到了外星人,《阿凡达》里出现了很多生动的外星生物。我想我们可以进入到另一个阶段了,那就是对故事的需求重新成为第一位的,而对计算机成像的兴趣会下降。"[1]

总之,在3D立体电影故事片的剧本创作上,技术与故事要相得益彰。技术不能游离于影片内容之外,必须成功地辅助故事;而故事内容要足以撑起3D技术的表现力,并与之完美流畅地结合在一起。

我们从以下三点具体来讲:

(1)"天马行空"的创意与题材

从好莱坞的创作经验来看,3D立体电影故事片的题材类型主要集中于科幻片、灾难片、史诗片、动作片、动画片等"类型片"上。《恐怖蜡像馆》(1953年)等一批3D恐怖惊悚片曾风靡一时。而希区柯克则在1954年运用3D技术拍摄了悬疑片《电话谋杀案》,实践了悬念题材与3D技术的结合。但无论何种题材类型的影片,都需要足以驾驭3D技术的创意。

影评人"慕容天涯"在《〈阿凡达〉:电影历史的分水岭》一文中曾列举了好莱坞影片的一系列精彩时刻:"《终结者2》的液态金属机器人,《侏罗纪公园》的呼啸霸王龙,《黑客帝国》的子弹时间。当然,更包括《泰坦尼克号》那艘大船的一切。进入新世纪,《魔戒》系列的化妆术与模型大会,《大事件》的开篇穿堂入室上天入地的超级长镜头,《金刚》的骷髅岛猩猩与恐龙大战,《谍影重重》系列的凌厉剪辑与通篇手提摄影,《变形金刚》的汽车人集体变形长镜头……"[2]

---

[1] 《卡梅隆对话彼得·杰克逊:电影纯靠技术很没种》,来源:《成都商报》,http://ent.sina.com.cn/m/f/2010-01-09/05102838544.shtml。

[2] 慕容天涯:《〈阿凡达〉:电影历史的分水岭》,来源:天涯论坛,http://www.tianya.cn/publicforum/content/filmtv/1/278167.shtml。

3D 立体电影所需的正是这类"天马行空"的创意与灵感。《阿凡达》就是一部兼具视觉冲击与情感激荡的电影故事片,以其非凡的想象力赋予了影片超越国界的情怀。例如,那些满天悬空的飞山、御风而行的异兽,无不呈现着人类梦寐萦怀的"飞天梦"。

作为"科幻狂人",詹姆斯·卡梅隆有着蓬勃的探险激情,而这些探险经历又为他带来了丰富的创作灵感。他说:"我在深海底看到太多,比如海底的生物、珊瑚礁、发光体;它们的颜色、形状,这些会影响我对潘多拉星球的设计。"

再如,2011 年上映的 3D 立体电影故事片《雨果·卡布里特》在第 84 届美国奥斯卡金像奖上横扫五项技术奖。马丁·斯科塞斯执导的这部影片绝非炫技之作,而是以细腻精美、赏心悦目的 3D 画面为观众还原了"1931 年的巴黎",可谓独具创意。影片以此向电影特效的鼻祖、伟大的"电影魔术师"乔治·梅丽爱致敬。

片中,孤儿雨果(阿沙·巴特菲尔德饰)的梦境里发生了一场可怕的火车出轨事故,借助 3D 技术呈现出来的视觉效果颇佳。其创意来源于法国的真实事件:1895 年 10 月 22 日,一列蒸汽机车晚点,司机没有及时刹车,导致后来刹车失控;结果列车撞上轨道尽头的缓冲器,又冲过车站大厅,一直冲出站外,直到车头触到站外电车路的地面。此事故造成五人重伤,另有路边报亭的一名路人被水泥碎片击死。该片真实还原了这一画面。①

1895 年真实事故照片

《雨果·卡布里特》剧照

(2)"绚丽多姿"的空间与人物

空间造型和人物造型是银幕世界的影像造型要素,3D 立体技术使其重要性更为凸显。3D 技术可以带给观众极强的空间现实感,在场景和画面构成上都要进行相应的调整。影片《雨果·卡布里特》的开端就以一组目不暇接的镜头将巴黎的夜景、雾气腾腾的火车站、雨果工作的大钟等场景串联起来,呈现给观众,3D 技术的魅力得到充分展现。

---

① 《电影〈雨果·卡布里特〉视觉艺术解读　新瓶装旧酒的魔术》,来源:时光网,http://et.21cn.com/gundong/etscroll/2012/03/01/10994116_9.shtml。

而在《阿凡达》中,3D 技术在呈现各种想象中的立体画面奇观时的优势得到全面体现,营造出宏大、复杂、绚丽、空间感强的场景,形成无与伦比的视觉效果。

如同卢卡斯缔造《星球大战》系列,詹姆斯·卡梅隆在《阿凡达》中也创造了一个属于自己的新世界:一群蓝色皮肤、高达 10 英尺的纳威人,生活在潘多拉星球。这里有 900 英尺高的参天古树,群山漂浮在半空中,夜晚各种奇异的花朵、植物会发出闪亮的光芒,交通方式、文明风俗也都与地球迥异……

卡梅隆说:"《阿凡达》并不是那种需要巨星云集的电影,我觉得在这部影片中,整个世界、星球才是真正的明星。因此我要做的就是挑选最适合的演员,可以真正全身心投入地去演绎好这些角色。我喜欢把钱更多投入到电影的制作中,让观众得到真正的视觉享受。"①

《阿凡达》是以 3D 技术缔造"科幻之梦",《雨果·卡布里特》是以 3D 技术还原"旧日图景",而《龙门飞甲》则以 3D 技术描绘"武侠世界"。

其实,3D 武侠电影由来已久。丁岚、王伯昭、葛存壮等主演的《侠女十三妹》(1986 年)是最早的实验之作。在自称"首部华语 3D 武侠电影"的《苏乞儿》(2010 年)中,只有十多分钟的动作戏是 3D 立体画面,其空间与人物均无法构成视觉冲击。

但在《龙门飞甲》中,3D 技术终于有了用武之地:飞天遁地的侠客、刁钻迅捷的招数、花样迭出的兵器、纵横交错的地道、大漠藏宝的宫殿……"武侠世界"变得绚丽多姿。

(3)"插翅而飞"的情节与细节

在 3D 版《泰坦尼克号》中,冰山遇险、深海沉船的情节更加震撼人心,男女主角在船头"比翼双飞"的画面也更令人陶醉。3D 技术令这些情节"插翅而飞"。

詹姆斯·卡梅隆说:"你必须保证影片的情节能受广大观众的欢迎,不仅是美国观众,而且是全球观众,尤其是考虑到拍摄一部片子所投入的资金。影片必须适应全世界观众的口味。我的方法是,给观众一些让他们眼前一亮的东西。在情节上要跌宕起伏、出人意料,而非陈词滥调、人云亦云的庸俗之作。我认为,对于观众来说,能始终让他们感到出乎意料是非常重要的。"

其实,《阿凡达》的故事构架与《与狼共舞》(1990 年)极为相近。但《阿凡达》中,人类与纳威族人的交锋被置于 3D 技术构建的瑰丽无比的"潘多拉星球"之上,呈现 3D 奇观的情节均匀地分布在全片之中。

尤其是片尾的决战段落中,峰回路转的空战、气势磅礴的陆战、惊心动魄的对决,情节高潮迭起,场面地动山摇。而细节也相当精彩,空战中飞禽扑落战机,陆战中弓箭对阵枪炮,对决中白刃徒手相搏,视觉冲击此起彼伏。

---

① 《詹姆斯·卡梅隆:好莱坞狂人归来》,来源:中国网,http://www.china.com.cn/culture/txt/2009-12/17/content_19083414.htm。

正如斯皮尔伯格对卡梅隆的评价:"他是那种典型的技术型小子,但又能把故事讲得楚楚动人。"①

徐克的武侠片《蜀山传》(2001年)曾因泛滥的特效而导致叙事的混乱。但在《龙门飞甲》中,技术与故事总算是相得益彰了。相较于前两版《龙门客栈》,《龙门飞甲》有着更多的奇思妙想,是一部依赖3D技术才能"振翅高飞"的作品。

胡金铨自编自导的《龙门客栈》(1967年)的故事情节主要发生在客栈内外的有限空间内。20世纪60、70年代,香港社会并不稳定,贪腐现象严重,市民生活困苦,人们的不满情绪在这类武侠片中得到了发泄。片中,客栈是三教九流汇集之处,是中国民间社会的缩影,可以形成复杂的人际关系,而其有限的空间又提供了集中戏剧性的焦点。在《新龙门客栈》(1992年)中,徐克则以"天马行空"的妙想和"奇险急"的情节赋予了"客栈故事"以更鲜活的生命力和更深刻的人生寓意。

《龙门客栈》海报

《新龙门客栈》海报

与传统胶片时代的"客栈情节"相比,3D数字时代的《龙门飞甲》必须超越"客栈"的空间局限,才能在情节上"飞甲"。于是,观众们看到:开端时,船厂水师的桅杆破幕而出,贴面划过;高手过招时,刀剑、暗器迎面而飞;黑沙暴来临前,风云突变、群鸟迁徙。而细节之处,斩断的剑锋、溅起的尘沙、迸出的血液都清晰可见;人物特写镜头中,睫毛、妆粉、汗珠都有立体效果。

尤其是片尾的"黑沙暴情节"堪称最具代表性的"3D情节"之一。特效师表示,拍摄时他们用上百成千的电吹风制造"龙卷风"。最终,后期人员使用"流体模拟"的技术,耗费几千小时的电脑运算才完美呈现出这一特效。

---

① 《詹姆斯·卡梅隆:好莱坞狂人归来》,来源:中国网,http://www.china.com.cn/culture/txt/2009-12/17/content_19083414.htm。

徐克认为,中国的武侠故事更适合3D技术。他说:"我一直在寻找武侠电影的一种改变,让它更适合现代观众,甚至想培养出一批武侠明星来。我很想把3D跟武侠结合在一起,这成为我的主要课题。3D更能表现武林高手对峙时的紧张感和气场,这是一般的武侠片或者2D的武侠片没有办法体验的。有3D技术,视觉上一定是给武侠插上飞翔的翅膀。"①

从无声到有声,从黑白到彩色,从平面到立体,世界电影的新一轮革新已然来临。上海大学影视艺术技术学院教授刘海波认为:"电影艺术向来和制作技术分不开。现在所说的电影技术转变,很像过去从默片向有声片的转型。一定会有一些电影人及小部分观众反对,但电影向3D、高科技拍摄技术转变的大趋势是不可阻挡的。高科技电影与好的故事情节并不矛盾,人们对故事性的需求丝毫不弱于感官。因此,今后的电影会在高科技与情节上共同推进。随着科技不断进步,电影的拍摄还会更具创新性,高科技所需的人力与财力也都会不断下降。另一方面,不具备高技术含量的电影市场不会消失,不过相对而言市场会越来越小,满足小众需求。"②

应该说,3D立体技术的应用并不会削弱电影的艺术表现力,但对剧情设计却提出了新的要求,编剧需要设计出能展现这些高新技术效果的故事情节。正如徐克所言:"技术就是一张纸,艺术就是你写什么内容进去。"③

二、微型电影(微电影)的创作

曾有电影爱好者向詹姆斯·卡梅隆请教,怎么才能成为电影人。卡梅隆的回答直截了当:"回家去,拿起你的摄像机,让钱去见鬼吧。去找几个人来,就可以拍了。再把你的名字打在上面。哪怕这是世界上最蹩脚、最廉价的影片;但从此后,你就是导演。"④

而微型电影(微电影)为电影爱好者们实现"电影之梦"开辟了一个新领域。如今,随着新媒体的迅猛发展,微电影已成为席卷全国的一种创作风潮;其佳作不断涌现,各类媒体的"微电影计划"也纷纷开启。

1. 概念解析——快速便捷的视觉盛宴

微型电影,俗称"微电影"、"微影",原是一种"电影短片"。所谓"微",是超短、超小的

---

① 《徐克:〈龙门飞甲〉设想二十年　新武侠片贵在斗智》,来源:《京华时报》,http://media.people.com.cn/GB/138367/16643208.html。
② 《柯达不再冠名奥斯卡　胶片情结难掩电影业数字化》,来源:《人民日报》,http://intl.ce.cn/sjjj/qy/201202/27/t20120227_23106231.shtml。
③ 《徐克与张艺谋贺岁档电影市场之争》,来源:《新民周刊》,http://news.sina.com.cn/c/sd/2011-12-21/155923670733.shtml。
④ 《詹姆斯·卡梅隆:好莱坞狂人归来》,来源:中国网,http://www.china.com.cn/culture/txt/2009-12/17/content_19083414.htm。

意思。"微电影"同样需要完整的主题内容、成熟的创意策划和系统的制作体系,适合在移动状态和短时休闲状态下观看,并具有"三微"的特点,即微播映时长(可短至 30 秒)、微摄制周期(可短至一天)、微投资规模(可少至几千元)。

新锐导演李紫超说:"随着人们生活节奏的加快、信息时代的不断推新,快速便捷的视觉盛宴越来越受到青睐。微电影艺术正好弥补和满足了时代快速发展中人们对电影、电视剧内心的空白。它承载了大众对电影、电视剧新兴事物的无限期待;尤其是多媒体、3G 手机等平台的应用,更给微电影艺术的发展提供了广阔的前景和发展空间。"

如今,微电影已与各种媒体播映平台相结合:在电视媒体上播映的称为"微剧",可理解为"微型电视短剧";在网络媒体上播映的称为"网络微电影"或"微视频";而以移动媒体为播映平台的则多是"手机微电影"。

微电影的主要特征有如下三点:

首先,微电影的互动性很强。其制作门槛很低,甚至不需要高清摄像机或者 DV,只用一部单反相机或者 iPhone 就可进行拍摄。只要有创意、有思想,就可以创作自己的微电影。人人皆可参与,而每一个人的评论和转发也参与到了宣传过程中。

其次,微电影的开放性很强。作为新兴事物,微电影拥有开放的传播平台,可以在网络、手机以及公交、地铁的移动电视等多种移动终端上播映,优秀作品还可在电影院线播映。中国电影集团与优酷网共同出品的"11 度青春"系列微电影就率先开通了网络与院线播映的双平台。

再次,微电影的宽松性很强。国家广电总局和国家互联网信息办于 2012 年 7 月 9 日联合下发的《关于进一步加强网络剧、微电影等网络视听节目管理的通知》要求,互联网视听节目服务单位按照"谁办网谁负责"的原则,要对网络剧、微电影等网络视听节目一律先审后播,行业协会要组织开展行业自律。

这种"以自审为主"的机制,使微电影获得了相对宽松自由的创作空间,可以为更多有志于电影创作的人提供成就自己的机会。他们的个人追求、独特风格和天才想象可以带来更多优秀的微电影作品。其创作也为青年影视工作者今后的影视之路积累了经验。

同时,由于摄制周期短,导演和演员更易于空出档期来进行拍摄,尤其是对于名导和名演员,大大提高了拍摄的可操作性。著名演员姜武说:"微电影投资成本降低,对年轻导演来说是个好机会。它在题材、类型上更自由,给年轻导演一个实习的过程,同时也能挖掘一批好编剧。"①

2. 发展概况——微时代的新宠儿

在信息碎片化、文化快餐化的"微时代",微博、微信、微小说、微经济等"微文化"大行

---

① 《微博之后流行微电影?》,来源:《解放日报》,http://www.qstheory.cn/wh/whsy/201108/t20110826_105486.htm。

其道。微电影这种灵活自如、短小精悍的形式更符合现代人的这种心理,尤其受到年轻观众的青睐。

北京大学新闻与传播学院副教授胡泳认为:"在'微时代',媒体的表现因人们消费媒体的需要而不断改变。当人们面临日益加快的生活节奏和获取更多信息的需要时,我们希望以最短的时间获取最多的信息。"①

微电影的最初尝试可追溯到2001年。宝马北美公司集结八位世界级一流导演,推出了八部具有鲜明个人风格和创新性的电影短片。同年,青年导演伍仕贤自编自导的时长11分钟的电影故事短片《车四十四》,则可以视作国内微电影的最初火种。

《一触即发》海报

2010年堪称"微电影元年"。诸多网站、名导演、名演员都开始在微电影领域发力。土豆网成立了自制剧部,第一部作品为《欢迎爱光临》;优酷网与中影集团联手打造的"11度青春"系列微电影,《老男孩》为压轴之作。港台方面,出现了彭浩翔监制的《四夜奇谭》系列、钮承泽监制的《清蜜星体验》;而吴彦祖主演的凯迪拉克首部微电影《一触即发》则在年末登陆央视。

目前,国内的微电影大致可分为三类:一类是广告主量身定制的名导、明星担纲的品牌营销类微电影;一类是视频、门户网站发起并寻求广告品牌合作的、对导演和演员没有很高专业性要求的剧集型微电影;一类是业余影视爱好者制作的微电影。

微电影的制作发行相对简单,网络是其目前最主要的播映平台。随着网络视频业务的发展壮大,互联网已成为一个重要的影视剧播映平台,各大门户和视频网站在视频领域的竞争异常激烈,热门影视剧的版权价格也随之水涨船高。高昂的版权购买费用导致运营成本剧增,同时,网络视频同质化竞争严重,网站需要寻找差异化的竞争路线,提升原创能力。而自制微电影不但成本低,而且能保证网站在运营中享有更多的主动权,且灵活性较强、风险性较低。

同时,生硬、直白、单调的"叫卖式"硬广告已不受欢迎,广告需要采用更软性、更灵活、更易为观众接受的营销方式,而定制专属于品牌自身的微电影成为新的行业趋势。一方面,微电影比传统广告更有针对性,观看它的人群主要是具有较强购买力的年轻人;另一方面,通过微电影,可以把产品功能和品牌理念与微电影的故事情节巧妙地结合,通过精

---

① 参阅崔兆倩:《浅析微电影的现状及发展》,来源:《新闻爱好者》,http://news.xinhuanet.com/zgjx/2012-03/27/c_131492410.htm。

彩的视听效果达到与观众的情感交流,使观众形成对品牌的认同感。

凯迪拉克系列微电影《一触即发》(2010年)、《66号公路》(2011年)等就让观众在获得电影观赏感受的同时,带动了与消费者的情感互动,灌输了品牌理念,提升了品牌的影响力和美誉度,使得广告中的系列车型在部分城市出现热销。

3. 剧作要求——与创意的飞速结合

"微电影"故事片同样需要有相对完整的故事内容。著名导演、编剧王小帅谈及微电影的创作时说:"做这个跟做大电影是一样的,剧本、脚本、台词、场景等都是一样的,所以我们应该用对电影的态度来对待它,只是它需要的时间短而已。"①

目前,"微电影"故事片以爱情片、青春片、喜剧片等类型为主,话题多集中在青春、梦想、爱情、亲情、友情等方面,内容融合了幽默搞怪、时尚潮流、公益教育、商业定制等主题,可单独成篇,也可合成系列;公益微电影、院线电影特别篇也成为新的类型。为了符合年轻人的口味,微电影又多选取轻松幽默、诙谐搞笑的话题,并适当采用网络语言,娱乐性很突出。

当然,优秀的"微电影"故事片最重要的还是好的创意和故事,其剧作要求主要体现在如下三点:

其一,以新颖求情趣。微电影以"微"见长,必须在短时间内吸引观众,并让观众产生继续看下去的兴趣。这就对微电影的内容提出了较高的要求。微电影一般侧重于情趣性,题材新颖,内容新鲜,贴近百姓日常生活和社会热点话题。

著名导演陈国富创作的微电影《初登场》(2012年)讲述了人们熟知的台湾歌星邓丽君的"风华一瞬"。1968年,年方十五的少女歌手邓丽君(王丁竺饰)独坐化妆镜前抹泪,她因为排演时忘词而挨了制作人的骂;眼看上镜机会就要溜走,而一场超现实般的邂逅改写了她的命运,也写下了华语歌坛的传奇史页。这个趣味盎然的小故事所选择的角度可谓"微而新颖、小而精巧"。

《初登场》剧照

---

① 《微电影呼唤草莽》,来源:《新闻晨报》,http://newspaper.jfdaily.com/xwcb/html/2012-03/30/content_776965.htm。

其二，以思想求深度。具有思想性的微电影显然更容易受到观众的青睐，如果缺乏一定的人文关怀与思考，微电影就很容易沦为庸俗的娱乐消遣。曾执导微电影《纵身一跃》（2011年）的蔡康永说："微电影可以用'震撼、提醒、讯息、启发'四个词来概括。这就像写140个字的微博，事先构思好并在创作的过程中不要忘记最初想要表达的东西，不偏离、不放弃。"

徐峥主演的微电影《一部佳作的诞生》（2011年）中，一个怀揣电影梦想的文艺青年（徐峥饰）本想通过绑架富家女来勒索一笔钱财，却在拍摄勒索视频的过程中过于投入，把勒索视频拍成了一部"佳作"，最后稀里糊涂地放走了被绑架者。

片中发出了这样的声音："你们知道中国电影为什么拍不好吗？就因为总是纠结在文艺片与商业片之间，而忽略了细节上的审美追求。如果我们的电影不能走进观众的心，我们怎么能取得商业上的成功呢？"对于电影艺术在文艺片与商业片之间的纠结，以微电影的形式提出来，是对电影艺术发展的一次质问，也是对微电影前景的一种审视。

其三，以情感求共鸣。微电影虽如"袖珍"，但透过"针孔"仍能洞见大千世界、倾诉世间情思，通过人类共通的情感来引起观众的共鸣。

在"11度青春"系列微电影的压轴之作《老男孩》（2010年）中，几十分钟的片长，蕴藉了人所共有的青春记忆。当"也许永远都不会跟她说出那句话，注定我要浪迹天涯，怎么能有牵挂"的歌声响起，多少怅然年华，都浸润在眼角的泪光中。微电影正是从它微小的"针孔"中透射出百态人间的一缕阳光、一抹风情。

【资料链接】国外优秀微电影推荐

《留下我》（Leave Me，2009年，美国，片长：5分钟）

内容简介：经历丧妻之痛的丈夫整理其妻子留下来的相机时所发生的故事。影片最后，丈夫让其父亲把他照在了相片里，只因那里有他的妻子。

推荐理由：撩动人心的配乐，打动人心的那份哀伤。

《最后的三分钟》（The Last 3 Minutes，2010年，美国，片长：5分18秒）

内容简介：讲述的是一个关于生命追忆的故事。一个年迈的孤独老人在临终前的三分钟回忆起他的人生之路。

推荐理由：幕后团队基本都是好莱坞一线从业者。

《父与女》（Father and Daughter，2001年，英国/比利时/荷兰，片长：8分25秒）

内容简介：述说一个小女孩等待父亲归来的心情。

推荐理由：画面简单，没有对白，只有管风琴和钢琴的伴奏，却别有一番意境。

《信号》（Signs，2008年，澳大利亚，片长：12分钟）

内容简介：木讷的公司白领杰森每日都与对面写字楼内的女孩"交谈"。他们的交流方式是将要说的话写在纸上。渐渐地，他爱上了女孩，于是鼓足勇气，决定表白。

推荐理由:奇妙的办公楼恋爱,全片没有一句对白。

《黑洞》(The Black Hole,2008年,英国,片长:3分钟)

内容简介:一间办公室,一架打印机,只有三分钟,却成就了一次科幻穿越。

推荐理由:只有短短三分钟时间,但戏剧冲突却做得很足。①

微电影的创作从创意策划到拍摄制作,都需要源源不断的新人加入。尤其是品牌营销类的微电影,要求创作人员兼具电影和广告两个领域的知识,对人才的要求更高。目前,各类媒体机构正通过电影大赛、影人计划、微电影节等平台来发掘新人、培养人才,同时加强与影视公司的合作,实现自身的资源整合与优化配置。

如今,微电影已经展现出其强劲的发展势头,或将改变未来中国电影的面貌。

第二节 电视剧变革趋势展望

常言道:洞中方一日,世上已千年。

近年来,中国内地电视剧创作开始越来越多地借鉴和学习国际通行的电视剧创作经验和模式。自制剧、季播剧、周播剧……各种提法层出不穷。中国内地电视剧创作模式的变革已是大势所趋。作为电视剧创作的"开路先锋",内地编剧必须"开眼看世界",不可做"井底之蛙"。

那么,所谓的"自制剧"、"季播剧"、"周播剧"都是何种模式?其对剧本创作又有哪些相应的要求呢?

一、"自制剧"的创作

自制剧,就是由电视台自己选择题材、组织剧本、投资拍摄的电视剧,然后在各自频道独家首播,享有独立版权和独播权。这使得电视台可以妥善安排电视剧的播映时间,有效地避开同质化竞争。

同时,电视台与制作公司一起投资制作电视剧,从选题立项或者剧本创作就开始介入,可以及时根据观众需求做出调整。而播出渠道有了保证,制作公司也不会再盲目制作。

"自制剧"也是电视台品牌标识的重要组成部分和载体,可以为电视台带来社会美誉度和品牌知名度等无形资产。因此,中外电视台往往都会投入大量制作资金和创作人员

---

① 参阅《微博之后流行微电影?》,来源:《解放日报》,http://www.qstheory.cn/wh/whsy/201108/t20110826_105486.htm。

来打造符合其定位与风格的"自制剧",以完善品牌包装。①

1. 境外"自制剧"的现状

在美国、日本、韩国以及中国香港、台湾等地区,早已实行电视剧自制自播的"制播合一"体制。这些电视台往往有自己的编剧团队,自己出资,安排导演来摄制电视剧,只供本台播映。这样,可以随时根据市场反馈来修改剧本、调整拍摄。

例如,在美国,商业电视网是电视产业结构体系的主体。所谓"电视网",本质上就是一家经营电视节目的大型电视公司。通常情况下,除了所在城市的直属台之外,各大电视网还在全国各地拥有许多数量不等的附属电视台,并向这些电视台提供电视节目。除了这些商业电视网之外,有线电视、公共电视、卫星电视、地方电视台等共同构成了美国庞大的电视传播网络。

▶▶【资料链接】美国主要电视网

哥伦比亚广播公司(CBS):美国广播电视公司"三巨头"之一,主推罪案剧,包括《CSI》、《犯罪心理》、《老爸老妈浪漫史》、《生活大爆炸》等。

全国广播公司(NBC):美国广播电视公司"三巨头"之一,美国第一个全国性广播电视网,代表剧集有《六人行/老友记》、《法律与秩序》、《白宫风云》、《超能英雄》等。

美国广播公司(ABC):美国广播电视公司"三巨头"之一,从NBC中分离而出,现为迪士尼-ABC电视集团的成员,代表剧集有《绝望主妇》、《迷失》、《波士顿法律》、《与星共舞》、《实习医生格蕾》、《丑女贝蒂》等。

福克斯广播公司(FOX):排名第四位,隶属于默多克新闻集团旗下,代表剧集有《识骨寻踪》、《24小时》、《X档案》、《豪斯医生》、《危机边缘》、《越狱》、《别对我撒谎》等。

哥伦比亚及华纳兄弟联合电视网(CW):排名第五位,代表剧集有《邪恶力量》、《美眉校探》、《超人前传》、《绯闻女孩》、《吸血鬼日记》、《尼基塔》等。

家庭电视广播网(HBO):时代华纳下属的付费电视网,代表剧集有《黑道家族》、《欲望都市》、《真爱如血》、《罗马》、《兄弟连》、《血战太平洋/太平洋战争》等。②

日本电视台分为公共电视台和商业电视台两种:

公共电视台是日本广播协会(NHK),以制作"大河剧"③著称。

五大商业电视台中,富士电视台(CX)和东京广播公司(TBS)的规模最大,知名的日本

---

① 参阅百度百科,http://baike.baidu.com/view/3177025.htm。
② 参阅百度百科,http://baike.baidu.com/view/736046.htm。
③ 大河剧,又称"时代剧",是指背景设定在明治时代(1868年)以前的日本历史题材电视连续剧;以史实为基础,剧本多出自名家之手;在一年时间内以每周一集的进度来演绎历史人物的故事;多由日本广播协会(NHK)摄制。

电视剧(简称"日剧")多出自这两家电视台。其余三家的电视剧制作量较少,朝日电视台(ANB)长于新闻类节目,日本电视台(NTV)长于综艺类节目,而影响力最小的东京电视台(TX)是日本制作动画片最多的电视台。

在韩国,国营的韩国广播公司(KBS)、民营的韩国文化广播公司(MBC)和首尔广播公司(SBS)三大电视台制播了大部分的电视剧。

2. 内地"自制剧"的发展

中国内地电视剧最初也大都是由电视台制作,实行"制播合一"体制。当时的电视台都有自己专门的影视制作部门。北京电视台制作的《渴望》(1990年)、《编辑部的故事》(1991年)都是早年内地"自制剧"中的精品,播映时可谓万人空巷。

与现在不同的是,当时的电视剧资源严重贫乏,电视台之间的商业行为不明显,关系也相对和谐,相互间实行资源互换,以剧换剧,从而达到资源利用的最大化。

湖南电视台是内地最早实行"自制自播"的电视台之一。1986年,湖南电视台就制作了电视剧《乌龙山剿匪记》,结合本土化元素,曾经风靡一时。后来,湖南台还自制了《六个梦》系列、《还珠格格》系列等"琼瑶剧"。

随着民营影视公司的日渐增多,电视剧逐渐演化成社会公司投资拍摄,进而发展到民营机构的介入与融资,电视台则以叫价的方式进行购剧,从而确立了"制播分离"体制。

近年来,作为创收的主要支柱之一,电视台之间对电视剧的竞争呈白热化状态,导致电视剧的购买、编排、播映混乱不堪,同质化程度相当严重,甚至出现过十几家电视台同时播映同一部电视剧的现象。

之后,实力较强的省级卫视推出"独播剧"或"首播剧",寻求电视剧的差异化竞争。但由于投入高、风险大,效果不尽如人意。而各家卫视争抢首播权,哄抬价格,其结果往往是一部电视剧多家卫视同时播映,独播剧有名无实,而且独播剧的版权仍旧归属于制作方。

于是,"自制剧"成为各电视台的必然选择,是许多电视台每年列入计划的重头戏。

2008年7月,东方卫视推出自制剧《网球王子》。同年9月,湖南卫视的自制剧《丑女无敌》高调登场,大获成功。"山寨剧"的争议和无孔不入的植入式广告都成为坊间津津乐道的话题,收视率在争议中一路飙升,也让"自制剧"这一概念进入了大众视线。

随后,湖南卫视又开播了《微笑在我心》(2009年)、《一起来看流星雨》(2009年)等一系列收视率不错的"自制剧"。各家卫视在"自制剧"中大量起用自己人或力推新人,从而有效地控制片酬、降低成本。

各家卫视在"自制剧"上的资金投入也越来越大。例如,江苏卫视投资上亿、大张旗鼓地将"海岩生死之恋三部曲"(《玉观音》、《拿什么拯救你,我的爱人》、《永不瞑目》)翻拍成青春偶像剧,而湖南卫视的《新还珠格格》(2011年)也号称投资过亿。

如今,随着"自制剧"的火热播映,搜狐等一批门户或视频网站也开始推出自己的"自制剧",如《钱多多嫁人记》(2011年)和《疯狂办公室》(2011年)等。

在"制播分离"的体制下,如果多家电视台去高价竞购一部电视剧,就会造成恶性竞争。而发展"自制剧"在一定程度上可以避免这种趋向,将竞争导向良性化。因此,"制播合一"与"制播分离"在很长一段时间内会平行存在,内地"自制剧"的发展将是大势所趋。

3. "自制剧"的剧本创作

"自制剧"的发展无疑使得电视台之间的竞争更加激烈,而有竞争才会有进步。在这种竞争背景下,"自制剧"发展进程中对高质量剧本的迫切需求已日益凸显出来。

高质量的"自制剧"剧本需要具有以下三点特征:

(1) 原创性

湖南卫视制作的《又见一帘幽梦》(2007年)、《丑女无敌》(2008年)、《一起来看流星雨》(2009年)、《一不小心爱上你》(2011年)、《新还珠格格》(2011年)等,无一不是翻拍剧和偶像剧。而《海岩生死之恋三部曲》的旧版未过十年便又经江苏卫视翻拍。

可见,目前各家卫视的"自制剧"都以偶像剧和翻拍剧为主,剧本严重缺乏自主创新。频繁的翻拍、重拍导致"自制剧"题材狭窄,难以摆脱"山寨"恶名。而一些电视台,尤其是弱势电视台,由于没有强大的资金和技术支持,在制作上更是偷工减料。

有业内资深人士指出:"国外的自制剧,有自己的编剧团队,多为原创,才能做成系列长剧。国内的自制剧多用已经成功过的剧本二次加工,观众买不买账,真不好说。"即便是成绩最突出的湖南卫视,以上那些"自制剧"的绝大部分观众也仍是尚未形成成熟世界观的"90后"学生。

要彻底摆脱"山寨"恶名,就必须从其根本着手,即创作高质量的原创剧本。

在这一方面,电视台应当加强与影视公司的合作,借重其人才资源,先打造出好剧本,才能制作出精品电视剧。同时,开拓"自制剧"的题材范围,可以与其他电视机构强强联合,制作高投入和大制作的电视剧,避免"自制剧"的类型过于单一。

(2) 针对性

近年来,电视台之间的竞争越来越强调风格化和差异化,各省级卫视开始努力塑造自身的品牌特色。其中,多家卫视已逐渐在业界、观众、广告客户中形成了相对稳定的品牌联想,如湖南的娱乐、北京的资讯、浙江的文化,初步建立了品牌差异度。为了笼络年轻观众,它们甚至推出了芒果黄(湖南卫视)、番茄红(东方卫视)、中国蓝(浙江卫视)等一整套视觉包装系统。而所购电视剧的内容方向却很难与各电视台打造自身品牌的战略相结合,对此,许多卫视宁愿拿出一部分购剧资金来拍摄"自制剧"。

因此,编剧要注意创作有针对性的、有特色的"自制剧",与相关卫视的品牌定位相契合,使电视剧打上频道特色的烙印。天津电视台购片中心主任刘郡曾表示,电视台"自制剧"已经成为省级卫视竞争的法宝,"根据一个电视台的定位、地域特色,进行制与播,将是未来的一个趋势。"①

例如,湖南卫视的定位是"快乐中国",收视群体集中在年轻人,其"自制剧"大多是青春剧,如《丑女无敌》系列、《一起来看流星雨》(2009年)等;即便是红色主旋律剧,也打上了青春的印记,如《恰同学少年》(2007年)、《八千湘女上天山》(2009年)等。

《恰同学少年》剧照

江苏卫视的定位为"情感世界,幸福中国",情感剧便成为其"自制剧"的最大题材类型,"海岩生死之恋三部曲"是其最新推出的重点作品。

天津卫视地处北方,定位为"看天津卫视,过快乐生活",幽默的情景喜剧是其杀手锏,如《杨光的快乐生活》系列、《追着幸福跑》(2007年)等。

(3)灵活性

"自制剧"不但有利于电视台的品牌塑造,还可以获得可观的广告收益。电视台投资一部电视剧的成本大约在1000万元左右,而"软性广告"的招商很容易就能过千万。"软性广告"的植入使电视台在制作方面无需担心成本的回收。

例如,《丑女无敌》第一季连续17次拿下全国收视率同时段第一,并有超过1000万元的"软性广告"植入。在第二季中,很多商家看准了商机而加入进来,并且以巧妙的方式融入到电视剧画面之中。其中除了一些传统的化妆品品牌外,更有一些世界顶尖的奢侈品服饰。《丑女无敌》前三季的主演各方面都有品牌赞助,洗发水、服装、电脑等,总值高达5000万元,广告无处不在。

安徽卫视筹拍了台湾电视剧《王子变青蛙》(2005年)的续集《幸福一定强》(2010年),拿下超过2000万元的广告植入。东方卫视、浙江卫视、江苏卫视的"自制剧"也都获得了不同程度的广告收益。

其实,并非这些电视剧的口碑有多好,而是"自制剧"本身就是广告的最佳切入口。尤其在"限广令"的背景下,广告植入更成为"自制剧"不可分割的一部分。因此,编剧在创作剧本时就应当具有"灵活性",适当地为商业品牌量身定制一些"广告植入点"。

植入广告的泛滥会引起观众的不满,但就剧本创作而言,其实与广告植入并不矛盾,尤其在现代时装戏中,根本无法避免出现意想不到的广告效果。所以,只要手法巧妙,而非没有原则,广告的植入并不会影响到剧本的质量。

如今,"自制剧"发展已渐入高潮,必将成为荧屏主流,前景看好。而其长远发展,需要

---

① 《2009年中国电视剧:类型片日趋成熟》,来源:新华网,http://news.xinhuanet.com/society/2009-12/29/content_12722063.htm。

打造完整的产业链条,改变依赖广告植入的单一盈利状况,寻求新的盈利模式。

例如,上游是"自制剧"的版权出售,通过授权等方式在其他电视台或是视频网站播映,获得一定的回报;中端是联合发行公司,通过发行音像制品,直接面对市场,获得市场利润;下游是加大与"自制剧"相关的文化产业的开发力度,比如图书、漫画、服装、玩具等,形成以"自制剧"为高端、带动文化产业、实现盈利的产业链。

而这一切都要基于电视剧自身过硬的质量,都要基于编剧为其夯实的剧本基础。

二、"季播剧"的创作

近年来,《反恐24小时》、《越狱》、《迷失》、《绯闻少女》等美国电视剧(简称"美剧")风靡中国内地,令观众欲罢不能。而随着2011年内地几大视频网站陆续在海外上市,必将有更多优秀的美剧与观众见面。

美剧往往以新颖的题材和精彩的情节来形成独特的魅力,而其采用的"季播"模式也迥异于内地电视剧的静态播映模式,带给观众一种新颖、别样的观赏体验。

所谓"季播",就是按"季"播出,是指电视播出机构根据观众的收视习惯以及收视波动所呈现出的季节性变化来划分电视播映季节,对节目配置、播出安排进行应对性调整,是一种源自美国、颇为流行的电视节目编排、制作模式。"季"就是指播映季节,也称"演季"、"映季"或"播出季"。

1. 美国"季播剧"的模式

"季播"是美剧在长期发展中形成的播映传统。一般来说,美国商业电视以每年9月中旬至次年4月下旬这段时间为一个播映季节,跨度近7个月,时长约30周,以美国电视艺术与科学学院主办的"艾美奖"颁奖典礼为序幕。

这段时间自9月秋季开始,天气转冷,黑夜转长,人们的户外活动相应减少,晚间在家观赏电视节目的时间增加;同时,美国学生也自9月起返校上课,重新开始有规律的生活。电视的开机率、收视率和收视观众规模均随之大幅提升。

据尼尔森[①]数据显示,美国秋季期间的电视观众比夏季增加10%以上。因此,这段时间的电视节目收视率最高,是全年电视播映时段的重中之重。而5至8月份就是所谓的"季外时期"。

全年电视播映时段还可以进一步划分为秋季首映期(9月至12月)、关键编排期(12月底至次年1月)、旺季播出期(2月至5月)和夏季重播期(6月至8月)。前三个时段为收

---

① 尼尔森媒介研究是目前全球最大的市场调查公司,也是历史最为悠久的从事视听率调查的商业公司,1923年成立于美国芝加哥,1999年被荷兰出版集团VNU收购,2004年与AGB集团合并,更名为AGB尼尔森媒介研究。

视"旺季",最后一个时段则为收视"淡季"。

尽管美国各大电视网也会根据自己的定位、资源、目标受众来制定不同的节目编排表,但总体上都认同这种"旺季"和"淡季"的划分。它们在这个黄金播映季节会纷纷推出自己的电视剧新作,或者延续之前已经获得成功的经典电视剧。电视荧屏完全被新的电视剧所占据。

"季播剧"的优势在于能够有效地培育出观众收视的"约会意识"。一到"播出季",观众的注意力就会自觉地转向应"季"的电视剧上。电视公司通过尽可能细微地固化电视播映的每个环节,以有效固化观众的收视习惯和规律,从而建立起易于掌握和分析的相应的收视"约会意识",更为简单、方便、快捷地进行电视剧及广告的投放和调整。

同时,"季播剧"可以充分发挥优秀电视剧的品牌效应。收视率高的电视剧,其品牌号召力可以把大量观众固定在某个频道的某个时段,从而相应地带动此时段的广告价位。这就促使电视公司不断追加投资、继续拍摄,一方面尽可能地延长电视剧的寿命,另一方面不断提升其品牌知名度和影响力,从而赢得更多的广告收入,也造就了许多电视剧精品佳作。

2004年5月6日,已经在NBC播映达十年之久的《六人行》终于推出了大结局。5000万美国观众守在家中的电视机前等候收看;3000多人在纽约时代广场席地而坐,一边看着大屏幕,一边流下惜别的眼泪。

《六人行》海报

2. 内地"季播剧"的尝试

"季"的划分是以观众的收视习惯作为依据的,而中国内地观众在生活习惯上与美国观众差异很大,所以,类似美国的"播出季"划分并不适合于中国内地,内地之"季播"与美国之"季播"也必然大相径庭。

美国的暑假长达3个月,期间,美国观众通常会选择外出旅游或休假,收看电视的观众人数降到最低。而寒假则相对较短,于是,全年收视率的波峰、波谷显得相对集中。因此,能够清晰地划分出收视的"旺季"和"淡季",有利于"季播剧"的规划、创作和编排。

而中国内地则恰恰相反。每逢寒假、暑假或其他长假，内地观众才有大量的空闲时间来收看电视，这期间的收视率远远高于平时。因此，内地"季播剧"的初期探索大多集中在寒假、暑假以及"五一黄金周"、"国庆黄金周"等短周期内。

内地电视界的第一轮"季播剧"尝试，是向国外学习经验，移植和翻拍国外"季播剧"。

湖南卫视制播的《丑女无敌》是较为成功的案例。该剧翻拍自美国电视剧《丑女贝蒂》，而美剧《丑女贝蒂》则是翻拍自哥伦比亚同名电视剧，自2006年9月起共制播了四季。

湖南卫视版《丑女无敌》也相应制播了四季，如下：

第一季：40集，2008年9月28日首播。
第二季：68集，2009年1月12日首播。
第三季：48集，2009年8月30日首播。
第四季：26集，2010年2月20日首播。

以上四季均取得了高收视率，并在暑假和寒假期间为该剧确立了"季"的概念。但是，《丑女无敌》徒具"季播剧"的外在形态，却并无其内在精髓。该剧虽然在剧情内容上进行了一些本土化改造，但仍是不折不扣的"山寨版"，是仰赖国外的创意和资源，把为别国观众量身定制的"季播剧"套用给中国内地观众。

因此，在这一轮尝试中，"季播剧"更多的是一种"炒作概念"的商业手段，是一种吸引广告主的宣传策略，并未实际体现在创作环节中。

那么，要为内地观众量身定制"季播剧"，就要研究其观赏趣味。内地电视界的第二轮"季播剧"尝试，就是试图在新年之际或暑假期间通过播映谍战题材电视剧来开辟一个"谍战季"，与《丑女无敌》几乎同时问世的《敌营十八年》和《谍影重重》是代表案例。

新版电视连续剧《敌营十八年》是最早尝试"季播"模式的内地电视剧之一。该剧以中共地下党员江波卧底敌营为主线，剧情跨越土地革命、抗日战争、解放战争三个历史时期，由"卧心"、"雄心"、"丹心"三部曲组成；计划摄制120集，每部40集。

该剧第一部于2008年12月11日开播，共40集；第二部（更名为《虎胆雄心》）则于2009年8月1日开播，共44集。两部均是在央视八套晚间黄金档以每日三集的进度播映。

而号称"中国首部百集谍战季播剧"的《谍影重重》系列的构想更为宏大。整个系列电视剧计划分为《谍影重重之上海》、《谍影重重之武汉》、《谍影重重之重庆》、《谍影重重之南京》四部，在两年内完成拍摄，并按"季"播出。其第一季《谍影重重之上海》于2009年9月5日在央视八套晚间黄金档以每日三集的进度播映。

以往的内地热播剧，如《康熙微服私访记》、《铁齿铜牙纪晓岚》等，在大获成功后，都会紧接着开拍续集。而《敌营十八年》和《谍影重重》两部系列电视剧与之不同，它们在开拍之初就已经将整个系列的时间、地点、人物命运乃至故事情节设计成型，有较为完整的按"季"拍摄和播映计划，也就是开始尝试培育观众的"约会意识"。

但是事与愿违，两个系列均未收到预期的热烈反响。《敌营十八年》目前仅有两部问世,《谍影重重》则止步于第一季。其失利的原因很明显:在大量谍战剧充斥荧屏的"谍战年"格局中,开辟出一个独特的"谍战季"是不可思议的,更无法指望观众对其有"约会意识"。

俗话说:"不谋全局者,不足以谋一域;不谋万世者,不足以谋一时。"已经认识到这一点的内地电视界开始打破节假日的局限,拓展更广阔的"季播"时段。于是,内地几大卫视开始了第三轮"季播剧"尝试——在全年中划分"播出季",将同类型电视剧整合营销。

各大卫视的通行做法是,根据品牌定位,依托优势资源,在全年时间段中合理规划出不同的"播出季"。由于各大卫视是从自身角度出发,寻求差异化竞争,因而对"季"的划分也千差万别,尚无共识。

湖南卫视从 2011 年起将全年划分成五个"播出季",即新春合家欢季、幸福生活季、红色青春季、励志偶像季、金色梦想季。在每个"播出季"中,有效整合节目资源,电视剧、栏目、活动全面联动,进行全方位包装和推广,使观众形成"约会"意识。期间播映的电视剧均取得了不错的收视成绩。

以"剧行天下"为口号的安徽卫视近年来率先引进泰国电视剧(简称"泰剧"),已培育出相应的观众群体。于是,安徽卫视从 2011 年 3 月开始推出"魅惑泰风季",在 120 天的时间内连播 150 集泰剧。

浙江卫视将七部谍战题材电视剧整合在 2011 年 3 月至 6 月期间集中播映,形成"谍战英雄季"。

这一轮尝试的意义在于,深化了"季"的概念,开拓了"季"的时段,明确了"季"的划分。各大卫视都取得了一定成功,提升了各自的收视率和影响力。

同时,内地电视界的第四轮"季播剧"尝试也逐步开启——从整合电视剧资源进行"季播"转向量身定制"季播剧"。编剧从这一轮尝试开始,正式参与到"季播剧"的创作中,取代电视播出机构(电视台),成为"开路先锋"。

例如,郭靖宇编剧、黄健中执导的电视剧《王海涛今年四十一》(2011 年)号称"中国首部家庭伦理季播剧",结合内地观众热议的社会话题,讲述了"中国式男人"在 40 岁的年龄段中面对家庭、婚姻、亲情所承担的责任。

黄健中表示:"如果《王海涛今年四十一》观众喜欢,接下来就有《王海涛今年四十二》、《王海涛今年四十三》……"相比于单纯拍摄续集,该剧在接纳观众意见方面有所进步,"计划搭建一个平台,由观众选择希望看到哪些人物继续在第二季里面出现,并且欢迎观众把自己身边的故事提供给剧组。"

3."季播剧"的剧本创作

央视—索福瑞①总经理王兰柱将美国和中国内地的"季播"区分为"映季"和"应季",前

---

① 央视—索福瑞媒介研究,简称 CSM,1997 年成立于北京,是央视市场研究股份有限公司(CTR)与世界领先的市场研究集团——TNS 共同建立的中外合资公司,致力于专业的电视收视市场研究,为中国内地和香港传媒行业提供电视观众调查服务。

者主动规划制作与播出,后者是盲目地概念化操作或被动地市场应对。①

的确,中国内地"季播剧"的创作应因地制宜,不能盲目出击。而"季播"成行,剧本先行。"季播剧"的剧本必须具备"三强"的优势特征。

(1)定位性强

创作"季播剧"必须分析市场、清晰定位,从而引导观众的收视习惯。这样,"季播剧"的概念才能真正树立起来。

因此,编剧必须根据各电视台不同"播出季"的特点,对自己所创作的剧本,从类型、题材到内容、风格,均进行清晰定位,然后突出特色、量身创作;要将频道定位、季播主题、观众需求三者都纳入到剧本创作中,进行统筹考虑。

(2)竞争力强

在美国,"季播"是整个电视行业的主流模式。各大电视网会从数以千计的电视剧剧本中挑选出最具竞争力的剧本来进行试拍和试播,从而保证其在"播出季"开始时能够推出最具竞争力的电视剧。对剧本"择优而用"是美国"季播剧"的竞争力之源。

而在中国内地,"季播"目前还是实力较强的几家卫视频道的新举措。所以,无论为电视台创作的"季播剧"是何种题材,同题材的电视剧都可能在其他电视台的全年不同时段播映。

因此,"季播剧"如果没有过硬的质量,就无法脱颖而出、吸引观众,无法为观众确立"约会意识",而欠缺竞争力的剧本也必然不会被选用。高质量剧本稀缺,正是目前内地"季播剧"发展的瓶颈。

例如,《敌营十八年》、《谍影重重》两部电视剧都可谓中规中矩,但放在众多的谍战剧中进行比较,却并无过人之处。如此,又怎能担起"季播"的重任?

(3)互动性强

如今,将"季播"模式仅仅局限在电视剧的编排上是短视之举。

"季播剧"的生命力来源于其与观众之间的互动,要根据前一季的观众反应和收视率来确定下一季的剧情走向以及人物设置。可以说,一部"季播剧"的成败,取决于观众的态度。如果观众的反响好,这部"季播剧"可以继续推出第二季、第三季……如果观众的反响差,那么"季播"就无从谈起。

因此,在规划"播出季"时,要满足观众的需求;在剧本创作中,更要考虑观众的反馈意见,带给观众参与感。这样,"季播"模式才能逐步深入观众内心,使观众对"季播剧"产生由衷的期待感。

电视台要重视对收视市场的调查。编剧也要加强与观众的联系和互动,注意吸纳观众的意见,可以广泛利用微博、博客、论坛等新媒体互动渠道。

---

① 参阅路明涛:《中国式"季播"》,《视听界》2011年第5期。

相比于国外成熟的"季播剧"模式,中国内地"季播剧"的发展才刚刚起步,所以必须从"季播"的本质入手,结合内地观众的收视特点,进行本土化改造,探索出符合国情的"季播剧"模式。

三、"周播剧"的创作

周播剧是采取"周播制"(以一周一集至两集的进度来进行播映)的电视剧。欧美日韩以及中国台湾等国家和地区的电视剧普遍采用"周播制","周播剧"是其电视剧的主流,观众在每周七天可以看到不同的"周播剧"。

这也正是中国内地"季播剧"与美国"季播剧"的最大差异所在。例如,湖南卫视推出的《丑女无敌》翻拍自美剧《丑女贝蒂》,但两者在具体播映模式上迥然不同。《丑女贝蒂》采用"周播制",每周播映一集,一季24集;而《丑女无敌》则采用"日播制",每日播映两集,几周时间内播完一季。

美国电视剧(简称"美剧")采取的是"季播"和"周播"相结合的模式,如同一驾马车的两只车轮,相辅相成。相比之下,单纯采用"季播"模式的内地"季播剧"则犹如跛行,难以久远。

1. 国外"周播剧"的模式

在美国,电视节目黄金时段为周一至周六的20:00—23:00、周日的19:00—23:00,也是电视剧集中播映的时间。各大电视网在每周会有四五十部情景喜剧和二三十部情节剧轮番播映,同时还会有少量的电视电影。如果再加上白天的肥皂剧和各地电视台首轮播映的情节剧,美国电视观众每年将看到5000多集全新的电视剧。

除去冬歇期和偶尔插播的一些特别节目,美剧一般每周只播映一集。一部电视剧在一季中的播出量一般保持在25集左右。以福克斯广播公司出品的《24小时》为例,剧中特工在一天24小时内发生的故事,观众要用一季7个月的时间才能看完。

此外,因为电视剧大多在整点或某点30分开始播映,所以其时长均为30分钟或60分钟左右,且时长相对固定:包括广告时间在内,情景喜剧一般为30分钟,其他电视剧为60分钟,电视电影为2小时。

一般来说,除了晚间黄金时间播映一遍之外,美国电视剧在近期不再安排重播。因此,观众如果喜爱某部电视剧就会一直追看,不愿轻易放弃。当每周电视剧播映的那一天,观众们会迫不及待地赶回家收看。一旦错过,就只能等到明年甚至后年才能看到重播。这也是美剧大多数能够保持稳定收视率的原因。

>> 【资料链接】美剧分类

肥皂剧:以家庭妇女为主要观众,家庭日用品商家为赞助商,普通家庭生活环境为舞台,又分为日间肥皂剧和晚间肥皂剧。

日间肥皂剧:以18至49岁的家庭妇女为受众,每周白天固定播5集。

晚间肥皂剧:在结构上与日间相似,但却在晚间黄金时段以每周一集的频率播出。该类型在20世纪80年代末逐渐退出荧屏。

情景喜剧:时长一般为30分钟左右(包括广告时间),播映时往往伴随着现场观众(或后期合成)的笑声。新作总在演季的晚间黄金时段播映,每周播一集,每年25集左右。

情节剧:绝大部分在演季的晚间黄金时段播映,每周播一集,每年25集左右。

日本电视剧(简称"日剧")也是以季度为档期,在一年中分为冬季剧(1—3月)、春季剧(4—6月)、夏季剧(7—9月)、秋季剧(10—12月)。常规日剧只有10至13集,每周播一集,一般在一个季度(三个月)内播完。而大河剧则比较长,一般播映一年之久,每周播一集,在50集左右。日剧一般每集时长46分钟左右,加上广告是1小时。

两个季度之间有短暂的休整期,会播映日剧的特别篇、音乐节目等。

特别篇,也称"特典",一般是热播电视剧的番外篇[①](外传)、前传或续集,时长两小时左右,相当于一部电视电影,在每一季接档的空闲时间播映。

例如,关西电视台的冬季推理剧《不公平》在2006年每周二播映一集,共11集;其特别篇于夏秋之际播映。该剧由佐藤嗣麻子编剧,筱原凉子、瑛太等主演。

其分集提要标题如下:

第1集 干练女刑警VS预告杀人

第2集 杀人预告以三千万买到

第3集 女刑警和嫌疑人!危险的爱

第4集 真凶现身!所有谜题都……

第5集 爱女消失了!冲击的募捐型绑架

第6集 冲击的绑架犯本尊!神秘的要求

第7集 急转直下!恐怖的子弹袭击了刑警!

第8集 女人的执著!哀伤犯人的末期

第9集 新章!忍耐的黑幕和禁断之吻

第10集 绝望的眼泪!对黑幕与命运的对决

第11集 今晚一切真相都……

特别篇 密码破解[②]

日剧的黄金时段也是晚间的20:00—23:00。在特定时间段播映的日剧各有其特殊称谓,其中,月九剧、木十剧、金十剧、土九剧、日九剧比较受关注。

---

① 番外篇,也称"外传",是指以主线人物之外的配角人物为中心而改编成的故事、动漫、小说等。

② 参阅百度百科,http://baike.baidu.com/view/76733.htm。

这些特殊称谓源自中国古代的"七曜历",即以七天为一星期的历法。"七曜"是指日、月和水、火、木、金、土五星。从周一至周日分别对应月、火、水、木、金、土、日。日本、韩国至今仍然沿用这样的称呼。其对应如下:

日曜日——周日　　　　水曜日——周三　　　　金曜日——周五
月曜日——周一　　　　木曜日——周四　　　　土曜日——周六
火曜日——周二

一般来说,东京广播公司(TBS)的强档是金十剧(周五晚十点剧)和日九剧(周日晚九点剧);富士电视台(CX)的强档则是月九剧(周一晚九点剧)和木十剧(周四晚十点剧)。还有一些特殊时段的日剧,如深夜剧、晨间剧、午间剧、夕方剧等。

韩国电视剧(简称"韩剧")中,既有几十集甚至上百集长的"日日剧",也有大量的"周播剧"。韩国广播公司(KBS)、韩国文化广播公司(MBC)、首尔广播公司(SBS)三大电视台推出的"周播剧"的收视竞争非常激烈。

日日剧,又称"带状剧",周一到周五每天播映,每集30分钟,如《看了又看》(1998年)、《人鱼小姐》(2002年)、《加油!金三顺》(2005年)、《妻子的诱惑》(2008年)等。

韩国"周播剧"的播映方式多为每周两次、每次一集,每集时长在60至70分钟之间。按照"七曜历",不同时间播映的电视剧也各有其特殊称谓。

在周一、周二晚间各播映一集的电视剧为"月火剧",如《善德女王》(2009年)、《富翁的诞生》(2010年)等。

在周三、周四晚间各播映一集的电视剧为"水木剧",如《天使的诱惑》(2009年)、《逃亡者》(2010年)等。

在周六、周日晚间各播映一集的电视剧为"土日剧",又称"周末剧",如《松药店的儿子们》(2009年)、《可疑的三兄弟》(2009年)等。

在周五晚间两集连播的电视剧为"金曜剧",如《我的甜蜜都市》(2008年)、《神的天秤》(2008年)等。

此外,韩剧还有晨间剧、深夜剧、特别策划剧(诸如情景剧、大河剧)等。

"周播剧"具有巨大的营销价值,其能否继续播映完全仰赖于观众的认可度,所以收视率可以基本保持稳定。这就有利于广告主评估效果、投放广告。例如,美剧《六人行》在2004年5月6日推出大结局时,广告价格高达30秒200万美元,创造了美国电视史上的新纪录。

因此,国外"周播剧"中都会打出一个或几个隔断,每个隔断两三分钟不等,作为插入广告的时间。如果剧情极其紧凑、精彩,观众就会被牢牢吸引、欲罢不能。隔断设计和广告插入完全不会影响观众的观赏热情。

2. 内地"日播制"的弊端

20世纪80年代,中国内地电视剧的产量有限,《渴望》等电视剧也是采取一周一集的播映方式。此后，内地电视剧产量提高、观众收视需求增大、"制播分离"体制逐步确立，中国内地电视台开始采取"日播制"，电视剧每日连续播映若干集，一直播完为止。观众可以在短时间内看完一部完整的电视剧。

中国内地电视剧每集时长一般为 45 分钟左右。因为内地电视剧都是将全剧拍摄完成后再采取"日播制"来播映，所以四十多分钟的时长比较灵活自由，可以适应各家电视台做不同的播映安排。

但随着电视剧产业的迅速发展，"日播制"的弊端日益凸显。

一方面，"日播制"导致电视剧资源的"高消耗"。

一部 30 集的电视剧在中央电视台电视剧频道一日播三集，只能播映十天；如果一日播五集，不到一周即播完。而一部电视剧从创作剧本到摄制完成却绝非一朝一夕之功。这对于电视剧资源而言，无疑是一种高消耗；而对于优质剧而言，更是对其收视价值的一种严重浪费。

而随着电视台之间竞争的日益加剧，"日播制"更开始不断"提速"，甚至出现一部电视剧一日狂播十几集、两三天内播完的现象。这种"飙速日播制"带给观众的只能是更明显的收视疲劳。

另一方面，"日播制"造成广告位价值的"高浪费"。

在内地"日播剧"的"速战速决"中，其电视广告位的价值往往被白白浪费。一家电视台广告部的工作人员表示："如果赶上一部收视率奇高的电视剧，广告客户还来不及追加投放就已经播出结束了，结果造成了收视率的白白浪费。即便是很快重播，但毕竟已经不可能安排在最好的黄金时间播出了，自然也创造不了更多的广告收入。"[①]

3. 内地的"伪周播"现象

有鉴于"日播制"的弊端，内地几大卫视开始尝试"周播制"，但概念化操作严重，造成了一系列的"伪周播"现象。

2006 年 1 月 18 日，韩国周播剧《宫》在 MBC 电视台开播，共播映 24 集，大获成功。之后，该剧通过网络在中国内地播映，也很受欢迎。

2007 年，湖南卫视获得该剧的内地独播权后，居然匪夷所思地在暑期采用"周播制"，同样以一周一集的进度来播映这部问世已久的韩国热播剧。其反响平平，可想而知。

2010 年，湖南卫视的自制剧《丑女无敌》第四季也曾计划采用"周播制"。

2011 年，"限娱令"下发之后，"周播剧"的模式进一步受到各大卫视的关注。湖南卫视率先在周末时段推出"芒果周播剧场"，在每周六播映两集电视剧。

之后，中国教育电视台一频道于 11 月 6 日起每周日晚播映电视剧《一芯一意爱上

[①] 《"中国版越狱"是否会水土不服》，来源：《北京商报》，http://www.donews.com/tele/201004/62613.shtm。

你》;湖南卫视则于 11 月 13 日起每周日晚播映悬疑年代剧①《藏心术》(又名《被遗弃的秘密》),作为"芒果周播剧场"的"头炮"。

但是,《藏心术》开播后收视率节节下滑,同期播映的《一芯一意爱上你》更是收视惨淡。从 2012 年元旦起,湖南卫视暂停播映《藏心术》,力推的"芒果周播剧场"也踪迹不见。

"周播剧"首秀惨淡、出师不利,但处于激烈竞争中的各大卫视热情未减,开始寻求不同的定位,并量身定制与其特色相符的"周播剧"。

湖南卫视已计划完善"周播"概念,开拍《童话二分之一》、《轩辕剑》等"周播剧"。江苏卫视计划以王牌栏目《非诚勿扰》为素材来打造"周播剧"。东方卫视则计划以相亲婚恋类节目《百里挑一》作为"周播剧"的创作素材,提高"周播剧"的吸引力。

部分电视剧制作机构也对"周播剧"伺机而上。慈文影视公司摄制的电视剧《青盲》借鉴了美国"周播剧"的创作经验,号称"中国式《越狱》",在 2010 年开拍之初就计划采用"周播制"来播映。2012 年 3 月 1 日,该剧开始在浙江、江西、天津、安徽四大卫视"日播"。所谓"周播"仍是虚张声势。

对于中国内地电视界而言,"周播制"的引入不只是对电视剧编播方式的变革,更是对电视剧创作模式的探索。之所以称以上所述的内地电视剧为"伪周播剧",就是因为它们只披着"周播制"的外壳,却并非真正意义上的"周播剧",可谓是"挂羊头卖狗肉"。其"形式大于内容"的做法已经丧失了"周播剧"的真正魅力,只剩下噱头。

"周播剧"与"日播剧"的最大区别不在于播映时间,而在于创作模式。

欧美日韩以及中国台湾等国家和地区的"周播剧"采用的是国际通行的"边写边拍边播"的创作模式,可以根据观众的反应来及时修改剧本。我们暂且将之称为"三边"创作模式,后面再作详述。

而《藏心术》、《一芯一意爱上你》等内地电视剧原本就是按照"日播制"的模式摄制完成的"日播剧";之后,临时起意,又根据"周播制"的一些要求来进行重新剪辑,再进行"周播",根本无法根据观众反馈来及时调整后面的剧情。而缺乏了与观众的互动,也就失去了"周播剧"的精髓。

当然,大部分内地电视剧制作机构目前还不适应"三边"创作模式,"伪周播剧"初试锋芒,采取的是保守的创作模式,也在情理之中。但其本身质量上的缺陷,又进一步使其陷入万劫不复之境。

4. 内地"伪周播"的症结

美国、日本、韩国等国家的观众早已适应了"周播制",而中国内地观众长期以来接受的是静态的"日播制"。因此,业界对于"周播制"的引入多有疑虑,担心其与内地观众的收视习惯不适应,难以满足内地观众的心理诉求。于是,观众质疑,各方观望。

---

① 年代剧,又称"民国剧",即故事背景设定在民国时期的电视剧。

其实不然。所谓"中国内地观众对'周播剧'无法适应、无法忍耐"的说法是极其荒谬的，中国内地观众中已经存在对"周播剧"的需求。美剧、日剧、韩剧中大量的"周播剧"已在中国内地通过网络播映，已经培养出一定规模的剧迷群体。

"周播剧"和"日播剧"并存，每周多部电视剧同时播映，可以让观众既有慢节奏的缓和，也有快节奏的提速，能够让不同年龄阶段、不同知识层面的观众自由选择，拓展并丰富电视频道的收视群体及结构。此外，"周播制"给观众留下了话题空间，拉长了产业链条，可以推动电视剧的受关注程度。

而"周播制"的关键在于电视剧本身能否对观众产生持续不断的吸引力。在这一方面，中外电视剧之差距显而易见。

美国、日本、韩国等国家的观众适应"周播制"，绝不是因为他们比中国内地观众更有忍耐力，而是因为这些国家的"周播剧"故事精彩、情节紧凑、悬念丛生、环环相扣，而且制作精良，足以吸引观众每周定时守候在电视机前等待观赏。

而中国内地"伪周播剧"收视受挫、遭遇冷遇，并非出于"周播"模式本身的原因，而在于其剧本创作上的缺陷。如今内地绝大多数电视台仍旧是播映"日播剧"，相比之下，几部初试锋芒的"伪周播剧"必须有过硬的质量，才可能脱颖而出，牢牢吸引住观众。那些质量不济甚至低劣的电视剧怎么可能让观众为了观看下一集而耐着性子去等待一周呢？

《藏心术》《一芯一意爱上你》等电视剧本身在剧本创作上就广遭观众诟病，被指"故事太烂"。观众反映说："一看就知道结局，还在那里故弄玄虚。别说一周播两集，天天播都不一定会跟。"

可见，剧情欠佳、无法吸引观众，才是这些"伪周播剧"的症结。因此，内地观众能否接受"周播剧"，要看电视剧本身的质量；而确保剧本质量，则是"周播剧"创作的重中之重。很多电视台在"周播剧"的尝试上裹足不前，恰恰是因为没有好的剧本作为基础。

此外，"周播剧"对各创作部门的要求都非常高，在高质量剧本的基础上还需要有优秀的制作团队来进行精工细作，这也是对电视剧制作水准的一大挑战。在国外，有些电视台参与"周播剧"的制作，有些则包给合作默契、经验丰富的制作公司，制作步调相当快。

因此，尝试制作"周播剧"必须组建起成熟的创作团队和制作班底，做好编剧、演员等人才储备。由于"周播剧"的拍摄周期较长，著名演员往往由于档期问题而不愿参演，但却有利于挖掘新人、打造新星。

由于中国内地观众目前的收视习惯和心理迥异于国外，因此，"周播制"的引入一直存在争议。但随着中国内地观众欣赏水平的提高和收视习惯的演变，"周播剧"的发展已是如箭在弦，虽然受目前制播体制和制作水平所限还难以全面实践，但绝非不可尝试。

四、"三边"创作模式

"周播剧"之精髓在于其创作模式，即一边写、一边拍、一边播，可以随时根据收视率和观众的反馈意见来修改剧本、调整人物角色和剧情走向,甚至临时改变故事结局。在国外,"日播剧"同样采用这种模式。这种模式也是目前国际上最通行的电视剧制播模式,我们暂且将其称为"三边"创作模式。

1. 境外"三边"创作模式简介

美国、日本、韩国以及中国台湾的"三边"创作模式都比较成熟和完善。在"周播剧"的制作上,每周播映的一集或两集电视剧的编写、拍摄、剪辑、后期制作均可在一周时间内完成,其竞争的激烈程度和制作团队所受的压力都远胜于中国内地。

例如,美剧采用"三边"模式,很注重收视率,从剧本的策划与写作到投资制作、再到播映时段的安排都直接与收视率挂钩。美国最权威的收视率调查来自于著名的尼尔森公司。该公司通过自己分布在全国的电视网络,极为细致地统计出相关数据,并将这些数据卖给电视企业和其他新闻机构以及广告主。

因此,只有收视率高的电视剧才能延续到下一个演季。收视率低的电视剧是无法生存的,通常不等播完一个演季就会被停播;无论该剧的情节进展到何处,只要发现无法吸引观众,电视台都会毫不留情地将其"腰斩"。

再如,韩国电视剧(简称"韩剧")的筹拍周期一般为两年半,由电视台或者编剧确定选题后,导演、编剧、制片人三方共同策划剧本。剧组开机时,编剧一般只会写好 1/3 的剧本,后面的部分则是根据拍摄进度边拍边写。在此过程中,他们会不断拿出已经写好的部分剧本和观众座谈或发到网上,以便及时得到改进意见。

韩剧《大长今》的年轻女编剧金英贤曾介绍自己的编剧流程:"在之前一

《大长今》海报

年的企划阶段里,我每周与电视台的制作人员开一次会,先定素材大纲,再做每集的大纲。然后我才开始剧本细节的写作,到半年后开播时写完 10 集。然后边播边写,每周播出 2 集,我就要完成 2 集的剧本。写 1 集要用 40 页 A4 纸,这是定时要交的'作业'。"[①]

中国内地观众观看过的一些韩剧和中国台湾电视剧(简称"台剧")的篇幅甚长,甚至达几百集,且给人以剧情拖沓之感。这是因为这些韩剧、台剧均是"日播剧",同样采用"三边"模式,电视台和观众都不知道会拍多少集,完全视收视率而定。因为这些边写边拍边播的电视剧在网络上无法在线观看或下载,所以观众只能通过电视机来一集一集地观看。

---

① 《穷编剧,富编剧》,来源:《新民周刊》,http://news.sohu.com/20071114/n253246872.shtml。

例如,台湾民视收视率极高的长篇本土剧《意难忘》原定摄制二三百集而已,但收视率居高不下,所以从2004年至2006年连续摄制了526集,每集90分钟,创台湾电视剧集数之最。中国中央电视台电视剧频道引进该剧后,剪辑成807集,在2007年至2009年播映。该剧也超越韩剧《看了又看》(1998年)和《人鱼小姐》(2002年)成为央视有史以来播映过的最长电视剧。

在台湾,采用"三边"模式制作的"日播剧"被称为"ON档戏",意为开放、自由的电视连续剧。被誉为"台湾戏剧一哥"的演员陈昭荣[①]曾介绍说:"台湾的朋友经常讲'ON档戏',就是今天拍,明天就播出了,一边拍一边写剧本。每天早上九点拿到收视率报告,马上所有人开会,编剧、导演甚至到统筹、监制。我们开会讨论到这分钟播什么,为什么收视率特别高;这分钟为什么特别低,是什么原因。隔天编剧马上动笔写,不受欢迎的戏马上不写了,受欢迎的戏继续加棒……或者这个人观众很喜欢,他的戏份马上就上来;如果观众不喜欢这个人,他的戏马上就落掉了。"[②]

2."三边"模式的优势与弊端

相对于电影,电视剧显得更加商业化,只有赢得观众的欢迎与喜爱,才能获得经济收益。所以,电视剧的创作必须充分地研究和引导观众的兴趣与喜好。而"三边"创作模式的灵活性恰恰与此相适应,可以根据观众的反馈意见和收视市场的需求来作出相应的调整和改变。

相比之下,中国内地电视剧的创作模式是很死板的,都是剧本全部写完之后再投入拍摄,全部拍完之后再进行播映;开播之后便无法再作调整,只能被动地接受市场的检验和观众的取舍,再无"还手之力"。

对于编剧来说,"三边"创作模式可以达到"以质论价",公平合理地保障编剧权益。例如,在韩国,编剧与制片方之间借此形成了平等互利的同盟关系。在电视剧播映过程中,广告主会根据观众反馈和收视调查来决定广告投放量。如果观众反馈不好,广告量就会相应减少,制片方的利益就会受损,编剧的报酬和信誉也会受到影响;相反,如果观众反馈比预期好,则编剧的报酬也会相应增加。

所以,在这种全面市场化的运作之下,编剧必须精心创作剧本,每集都必得谨慎细致、步步为营。因为哪怕只有一集让观众们感觉造作或平淡,都可能会造成"一环脱落、整链离失"的危险,最终葬送整部电视剧。

如此,电视剧的质量自然有保证,从而屡出佳作。例如,许多日剧佳作就被评价为:

---

① 陈昭荣,男,1968年生,台湾著名影视演员,被誉为"台湾戏剧一哥",因主演"三立台湾台"的八点档电视连续剧《台湾阿诚》而在台湾及东南亚一举成名;其出演的主要电影故事片有《饮食男女》(1994年)、《征婚启示》(1998年)、《小百无禁忌》(2000年)等。

② 《陈昭荣:台湾媒体曾出钱让我拍李亚鹏王菲女儿》,来源:网易娱乐,http://ent.nfdaily.cn/content/2009-09/30/content_5928305.htm。

"剧情引人入胜,从无冷场,欲罢不能;看完一部剧能反思出很多东西,久久不能忘却;绝大多数日剧都是贴近生活的,人物设定方面相对严谨,情节不拖沓。"①

当然,对于编剧而言,这又是极大的压力与挑战。例如,在美剧《越狱》的第三季中,"萨拉之死"的情节就造成了观众的大量流失,直接导致该剧第三季草草收场。

《越狱》主要角色

维恩·卡里斯饰萨拉

第三季中,因为饰演萨拉的演员维恩·卡里斯怀孕待产,所以这个角色不得不被编剧"置于死地"。编剧在剧中让主人公之一的林肯(多米尼克·珀塞尔饰)匆匆忙忙看了一眼盒子里的人头,然后宣布萨拉死亡。对此,不满的观众们纷纷表示要以罢看来"祭奠"萨拉,编剧只得考虑在第四季中设计"萨拉复活"。

当然,采用"三边"模式也会产生诸多弊端。

一方面,创作上完全受收视率支配,可谓"唯其马首是瞻",难免产生与艺术追求相悖之处,有过于迎合市场之嫌。而且,创作周期过长,又需不断调整修改,难免在剧情上产生疏漏或造成前后脱节。

例如,韩剧巨制《善德女王》(2009 年)②原本计划摄制 50 集,因为大受欢迎而追加至 62 集,可谓人物众多、篇幅浩瀚,这其中就难免存在个别人物性格前后矛盾、年代时间先后交代不清等瑕疵。

另一方面,周期过长,效率不高,相同场景无法集中拍摄,从而产生很大的风险性。一旦拍摄过程中,剧本、演员、场地、天气等方面出现突发状况,都会直接影响到整部电视剧

---

① 参阅百度百科,http://baike.baidu.com/view/16803.htm?fromenter=%C8%D5%BE%E7。
② 韩剧《善德女王》由 MBC 制播,邀请了红遍亚洲的《大长今》(2003 年)的编剧金英贤与导演金根弘携手合作,在 2009 年播映后创造了超过 40%的收视率,成为近年来最受欢迎的韩剧之一。饰演主人公美室的韩国著名女演员高贤贞更是包揽了电视剧界的各大表演奖项。

的拍摄。

例如,一旦主演有所变动,往往影响到剧情的走向。在《越狱》第三季中,之所以会产生"萨拉之死"的情节,其实是在女主演怀孕待产情况下的无奈之举。而香港电视剧(简称"港剧")《创世纪》(1999年)中,饰演女主角霍希贤的陈慧珊因出国养病而中途缺阵,也使得剧情"伤筋动骨"。韩剧《善德女王》在摄制过程中还出现了主要演员金南佶、李承孝接连感染"甲流"而遭隔离的突发状况。类似这种令人"头疼"的情况往往会使编剧大费周章。

3. 内地采用"三边"模式展望

在中国内地,电视剧的销售方式一般都是制作方一次性摄制完成后,再销售给电视台以回收成本和获取利润。电视台的广告收入则是购剧的资金来源和盈利途径。电视剧的效益是通过收视率来体现的,而电视剧的收视率越高,对广告主的吸引力也就越大。

但电视剧的收视率同样很难预期,往往在正式播映之后才见分晓。电视剧制作方对收视率也只能做一个预估。当收视率成为现实时,制作方往往已经失去了对其电视剧的支配权。

因此,电视剧的售价就取决于电视台购剧部门的眼光和魄力以及对受众观赏心理和趣味的把握。但如此"火眼金睛"的购剧部门似乎很少见。很多售价高的电视剧,其收视率却很低迷;一些售价低的电视剧,却创下了高收视率。可见,中国内地电视剧的售价与收视率难成正比,可谓扑朔迷离、难以捉摸。

例如,兰晓龙编剧、康洪雷执导的电视剧《士兵突击》(2006年)在刚刚问世时并不被看好,首轮播映权的售价很低。但该剧在网络和荧屏上播映后却赢得观众的广泛关注,以迅雷不及掩耳之势掀起收视狂潮,可谓大获成功。《士兵突击》红遍了大江南北,而奉献出这部优质剧的制作方却并未获得多少利润。

《士兵突击》海报

之后,《士兵突击》的原班人马又摄制了电视剧《我的团长我的团》(2009年)。由于《士兵突击》的热播为其创作团队聚集了极高的人气,所以观众、媒体在《我的团长我的团》播映之前都怀有很高的期望,各大电视台更是纷纷抢购。最终,该剧售出了每集150万元人民币的高价。该剧在四大卫视以一天4集的进度"飙速"播映,24小时轮番重播。

《我的团长我的团》开播后,观众才发现其剧情拖沓、严重"注水"。因为每集售价可突破百万大关,集数越长自然利润越大。面对观众质疑,该剧在二轮播映时从43集压缩至20集,其"注水"之严重可想而知。

《士兵突击》与《我的团长我的团》的成败轮回可谓道尽了内地电视剧市场的缺陷和弊端，而这些缺陷和弊端又直接影响着剧本创作。

于是，一些编剧开始肆无忌惮地拖戏、凑戏，完全不顾剧情逻辑；一些制作方也开始变本加厉地偷工减料、注水拉长……因为，电视剧开播之后，才会真相大白；观众谴责之时，钱已经赚进了腰包，而被"忽悠"的电视台只能硬着头皮将其播完，并承担观众谴责和收视恶果。

而"三边"创作模式却可以克制这些缺陷和弊端，避免弄虚作假、以次充好。因此，近年来，一些内地电视机构开始尝试借鉴"三边"模式来创作电视剧。

一些地方电视台的栏目剧和情景喜剧就采用了"三边"模式，只是制作上较为简单。例如，广东电视台的粤语情景喜剧《外来媳妇本地郎》自2000年开播至今已经摄制了两千余集，成为目前国内最长寿的电视剧。

2006年底，东方卫视推出周播偶像剧《青蛙王子》，每周播映一集，也采用了"三边"创作模式，并凭借青年偶像演员的号召力取得了不错的收视成绩。

此外，中央电视台电影频道推出的系列电视电影也在尝试"三边"模式，如《水浒英雄谱》系列、《三言二拍》系列、《聊斋》系列、《共和国名将》系列等。

4."三边"模式中的剧本创作

很多业界人士都表示对内地采用"三边"创作模式抱有期望，认为可以规避创作风险、减少盲目投资。但就目前而言，实际操作难度却很大，一时难以实现，其原因之一就在于内地电视剧必须先备案审查再制作播映。

在内地，一部电视剧问世，需要经过备案、公示、摄制、审查等层层环节，然后才能播映。而备案审查过程较为复杂，这也使得制作方不敢轻易尝试"三边"模式，担心其中一集在审查环节上出现问题，从而导致"断档"。

这确实在很大程度上制约了"三边"模式在内地的实践应用，但并不代表"三边"模式在内地电视剧创作中全无可资借鉴之处；尤其是在"周播剧"的创作中，必须以"三边"模式的要求来指导剧本创作。

(1)在剧本的选题策划上要注重话题性

"周播剧"的剧本必须质量过硬，才能具有较强的竞争力。因此，在其起步阶段的选题策划上就要下大功夫。具体来说，应当充分研究电视台的频道定位、受众特点等情况，为其量身打造具有话题性的剧作。例如，湖南卫视的"周播剧"以年轻人尤其是都市白领为主要收视群体，电视剧选题上就会倾向于时尚新颖的题材和内容。

因此，编剧在选题上就必须开拓创新、勇于尝试，在把握观众心理趣味的基础上，为剧情制造话题焦点，从而对观众产生足够的吸引力。同时，剧情要有较强的拉动性，每集都能产生悬念，从而使话题可以持续发酵，始终牵引观众的观赏兴趣，促使其追看下去。

(2)在剧本的写作过程中要注重互动性

编剧要加强与观众之间的互动，将观众的意见放在首位，让观众介入到剧情创作中，从而有效地保证收视率;可以充分利用网络手段来加强观众与自己及制作方之间的联系,使观众在交流中获得参与快感。

例如,美剧《迷失》就为其观众在网络上开辟了各种交流通道,如网站、论坛、博客等。随后,一些忠实观众又自发地在网络上为《迷失》开辟了更多的交流场所,观众们可以在网络上探讨剧情、追踪线索,甚至为《迷失》创作脚本。在这些活跃用户中,有一些是制作方有意安排进去的。他们会定期发表一些专业的文章来吸引观众,有时也会有意制造一些思想的碰撞来引导观众持续关注。当遇到一些比较好的建议或创意时,制作方也会采纳应用,让观众也能过一回导演瘾。①

(3)在剧本的情节设计中要注重灵活性

由于要边写边拍,剧本大纲必须完备,以确保制作进度;由于要边播边写,参考观众意见,剧情走向又会有多种可能,这就要求编剧在具体的情节设计中掌握一定的灵活度。剧中人物的去留和情节发展的走向都要留出调整的空间,以便将观众的意见吸纳到剧本中。

例如,编剧如果发现观众对剧中某个人物角色不满,往往会在后续情节中安排其"远行"或者"死亡";如果发现观众很喜爱某个人物角色,即便这个人物已死,也会让其"死而复生"或"借尸还魂"。

例如,在台剧《意难忘》中,因为饰演雪莲的演员韩瑜要赶拍另一部戏,所以编剧设计了雪莲坠崖而死的情节。很多喜欢韩瑜的观众大感意外,纷纷要求她"起死回生"。因此,当韩瑜拍完别的戏后,编剧又在剧中安排了一个外貌酷似雪莲的角色——珊妮出场,仍旧由韩瑜饰演。

风靡一时的韩剧《爱上女主播》(2000年)的编剧朴志现则介绍说:"《爱上女主播》最后两集我总共写了三个版本。18集播完之后,我把最后两集剧本对观众公布,通过他们的投票来挑选究竟拍摄哪个结局。"②

对于"周播剧",北京青年文化评论员李星文曾比喻道:"现在连续剧有点像粗放经营大锅菜,而周播剧则有点像私房菜,需要选料精致一些,厨子水平要高一些。"

其实,无论"自制剧",还是"季播剧"、"周播剧",其发展都将是以质取胜。中国内地电视界必须从剧作质量入手,整合创作资源和频道优势,针对内地观众的特点和需求来策划制作,并引导观众的收视习惯,从而创作出具有竞争力的电视剧作品。

---

① 参阅赵巍:《中国电视"季播"发展现状及存在问题》,来源:《今传媒》,http://media.people.com.cn/GB/40628/12213031.html。

② 《韩国编剧解密韩剧成功 剧本只写1/3》,来源:《新快报》,http://ent.sina.com.cn/x/2005-04-08/1313697242.html。

参考文献

曾庆瑞:《电视剧原理·第一卷·本质论》,中国传媒大学出版社 2006 年版。
张巍主编:《中国电影专业史研究·电影编剧卷》,中国电影出版社 2006 年版。
彭吉象:《艺术学概论》,北京大学出版社 1994 年版。
汪流:《电影编剧学》,中国传媒大学出版社 2009 年版。
张觉明:《实用电影编剧》,中国电影出版社 2008 年版。
柳城:《电视电影三字经》,中国电影出版社 2006 年版。
桂青山:《影视剧本创作教程》,北京师范大学出版社 2004 年版。
宋家玲、袁兴旺:《电视剧编剧艺术》,中国广播电视出版社 2002 年版。
王心语:《影视导演基础》,中国传媒大学出版社 2001 年版。
陈吉德:《影视编剧艺术》,中国广播电视出版社 2006 年版。
王志敏主编:《中外电影鉴赏语言》,广西师范大学出版社 2008 年版。
纳塔利娅·热洛斯:《剧作家:好莱坞的新星》,阿根廷《民族报》2009 年 7 月 15 日,转载于《参考消息》。
吴斌:《国内电视栏目剧制播现状和特征》,《现代传播》2006 年第 6 期(总第 143 期)。
《新技术助推〈阿凡达〉》,来源:《每日新报》,http://news.163.com/10/0109/10/5SJ1U0LM000120GR.html。
《詹姆斯·卡梅隆:好莱坞狂人归来》,来源:中国网,http://www.china.com.cn/culture/txt/2009-12/17/content_19083414.htm。
《卡梅隆的〈阿凡达〉创作编年史》,来源:时光网,http://group.mtime.com/avatar/discussion/739615/。
慕容天涯:《〈阿凡达〉:电影历史的分水岭》,来源:天涯论坛,http://www.tianya.cn/publicforum/content/filmtv/1/278167.shtml。
《微博之后流行微电影?》,来源:《解放日报》,http://www.qstheory.cn/wh/whsy/201108/t20110826_105486.htm。
崔兆倩:《浅析微电影的现状及发展》,来源:《新闻爱好者》,http://news.xinhuanet.com/zgjx/2012-03/27/c_131492410.htm。
孙宝国:《电视直播剧节目形态研究》,来源:人民网,http://media.people.com.cn/GB/22114/50421/147036/9160012.html。
赵巍:《中国电视"季播"发展现状及存在问题》,来源:《今传媒》,http://media.people.com.cn/GB/40628/12213031.html。

图书在版编目(CIP)数据

影视编剧教程/陈祖继,于宁编著.--北京:中国传媒大学出版社,2013.1(2024.12重印)
ISBN 978-7-5657-0637-0

Ⅰ.①影… Ⅱ.①陈… ②于… Ⅲ.①电影编剧－高等学校－教材 ②电视－艺术－编剧－高等学校－教材 Ⅳ.①I053.5

中国版本图书馆CIP数据核字(2012)第313398号

影视编剧教程
YINGSHI BIANJU JIAOCHENG

编　　著	陈祖继　于　宁
策划编辑	杨嫦君　万山红
责任编辑	李唯梁
封面制作	钟雪亮
责任印制	李志鹏
出版发行	中国传媒大学出版社
社　　址	北京市朝阳区定福庄东街1号　邮　编　100024
电　　话	86-10-65450528　65450532　传　真　65779405
网　　址	http://cucp.cuc.edu.cn
经　　销	全国新华书店
印　　刷	北京中科印刷有限公司
开　　本	730mm×988mm　1/16
印　　张	24.25
字　　数	501千字
版　　次	2013年2月第1版
印　　次	2024年12月第12次印刷
书　　号	ISBN 978-7-5657-0637-0/I・0637　定　价　49.80元

本社法律顾问:北京嘉润律师事务所　郭建平